关务水平测试教材

U0772875

关务基础知识

2020年版

中国报关协会◎编

GUANWU JICHU ZHISHI

中国海关出版社有限公司

中国·北京

图书在版编目（CIP）数据

关务基础知识：2020年版/中国报关协会编．
—北京：中国海关出版社有限公司，2020.6
ISBN 978-7-5175-0434-4

Ⅰ.①关…　Ⅱ.①中…　Ⅲ.①海关—业务—中国　Ⅳ.①F752.5

中国版本图书馆 CIP 数据核字（2020）第 094504 号

关务基础知识（2020 年版）

GUANWU JICHU ZHISHI（2020 NIAN BAN）

编　　者：中国报关协会	
责任编辑：夏淑婷　刘白雪	
出版发行：中国海关出版社有限公司	
社　　址：北京市朝阳区东四环南路甲 1 号	邮政编码：100023
网　　址：www.hgcbs.com.cn	
编辑部：01065194242-7539（电话）	01065194231（传真）
发行部：01065194221/4227/4238/4246（电话）	01065194233（传真）
社办书店：01065195616（电话）	01065195127（传真）
http://www.customskb.com/book（网址）	
印　　刷：北京铭成印刷有限公司	经　　销：新华书店
开　　本：889mm×1194mm　1/16	
印　　张：27.5	字　　数：772 千字
版　　次：2020 年 6 月第 1 版	
印　　次：2020 年 6 月第 1 次印刷	
书　　号：ISBN 978-7-5175-0434-4	
定　　价：56.00 元	

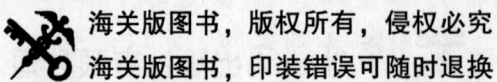

关务水平测试扫码报名

从 2018 年起，中国报关协会组织开展关务水平测试，本书系关务水平测试辅导教材。关务水平测试报名时间敬请留意中国报关协会相关通告。测试报名通道开放后，扫描以下二维码即可进入考试报名系统。

增值服务说明

◎ PPT 课件

本书配有相关 PPT 课件，具体咨询可以发送至邮箱：764392242@qq.com 或拨打编辑部电话：010-65194242-7539。

◎ 视频课件

本书部分知识点配有视频，以满足读者对相关关务知识的储备及拓展需求。

1. 购买本书的读者可刮开图书封面防伪涂层，打开手机微信，扫描二维码，即可开通观看权限。

注：每个二维码只能被扫描一次并开通权限，不能重复扫描。

2. 获取权限后，扫描书中部分知识点对应的二维码，即可观看相关内容。

注：部分知识点的视频内容仅为参考、延展、阅读所用，水平测试中所有知识点仍以书中讲解内容为准，特此说明。

序

在跨境贸易中，向海关依法合规办理通关事务对进出口收发货人及其他利益相关者至关重要。近年来，随着我国全面开放格局的形成和跨境贸易营商环境的迅速改善，报关及相关行业再一次迎来了新的机遇与挑战。党的十九大召开后，我国海关勇于担当，锐意进取，成功推进了全国海关通关一体化、国际贸易"单一窗口"全面覆盖等重大改革措施，关检全面融合使我国海关走入了中国特色社会主义"新海关"建设的新时代。新时代推动着"新关务"行业的转型升级，也对国际化关务人才提出了更为迫切的需求。

整体上看，跨境贸易流程中的专业性服务已经呈现出横向业务整合与纵向业务深化并进的特点。一方面，报关行业与货代、物流、贸易、财会、法律、信息科技甚至跨境电商、供应链金融等新兴行业不断融合，以合规、便利、安全为理念的横向整合型跨境供应链综合服务正在成为相关企业的急迫需求和新的价值增长点；另一方面，报关行业中的归类、估价、原产地、贸易管制、AEO、保税等涉及的"单、证、税、货"特色专业知识与技能，也正在融合出入境检验检疫的业务，逐步得到企业的高度认可，成为企业合规管理与实施的关键环节，为企业进出口业务的健康运行提供有力的保障。

在广大会员单位和各界人士的呼吁下，为了培养"新关务"人才，搭建由操作型人才向管理型人才发展的职业阶梯，中国报关协会根据国家政策开始在行业内建立关务水平评价机制。"关务水平评价"是依据有关法律法规和行业标准，结合行业发展需求，科学设置评价要素、方式和标准，对自愿参评人员职业技能和专业知识进行的综合性多维量化职业能力评价。中国报关协会秉承公平、公正、公开的原则，委托国际权威专业评测机构独立进行评价，对自愿参加关务水平评价者出具成绩报告，对达标者颁发"关务水平证书（初级、中级、高级）"。自开展以来，关务水平评价的专业性、权威性和公信力已经得到了社会的广泛认可。

为顺利进行关务水平评价，中国报关协会精心组织专家、学者编写了本套辅导教材。这套教材紧跟政策和业务发展变化，力求及时、准确、全面地反映关务人员应具备的基础知识和基本技能，尽可能体现海关业务改革和"新关务"行业发展的最新进展。因此，本书可作为关务水平评价参考用书，也适合作为企业招聘人员岗前和岗位培训用书，还适合各类院校作为教学用书。

中国报关协会将继承光荣历史、秉承服务理念，一如既往地致力于行业人才的建设和服务我国全面对外开放、贸易高质量发展等国家战略及"一带一路"倡议的实施。

中国报关协会副会长 葛基成

2020 年 6 月 18 日

关务水平测试系列教材编审委员会

（排名不分先后）

《关务基础知识（2020年版）》编写组

（排名不分先后）

主　编：

徐　晨

编写成员：

田书军　王静松　任　娟　凌定成　翟　明　彭旭桂　吴　琳
庄　艳　程光远　徐　婷

前　言

关务管理工作有三个方面的基础知识，分别是国际贸易实务（含国际货物运输）、海关及相关政府部门管理（外贸、税务、外汇等），以及关务合规管理。关务合规管理除了报关行业的基础知识之外，还应当包含贸易合规、贸易安全、贸易便利及企业视角下国际供应链管理的有关知识。可见，作为"新关务"的关务管理，是一个综合性、交叉性、实践性的学科体系和业务体系。

本书从上述理解出发，为关务管理所涵盖的知识范围进行了基础性梳理，以提供从事关务工作应知应会的入门基础知识的学习路径。本书内容覆盖全面，难度上以够用为度，以描述清晰为目标，重在条理而非内容，主要以供参加关务水平评价者参考和学习。关务管理有着极强的实践特征，在现实中内容复杂，变化更新极快。因此，更为详细的操作知识将在《关务基本技能》中进行阐述。

本书可以作为从事关务工作人员的参考用书，也可以作为大专院校相关专业的教材和教学参考用书。本书的编写得到了各方面多位专家的大力支持，在此一并表示感谢。对于书中错漏之处，敬请批评指正。

编者
2020 年 5 月

目 录

第一篇 海关制度基础知识

第二篇 关务合规实务基础知识

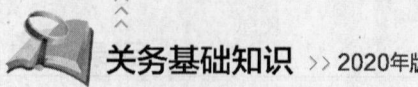

第三篇 国际贸易实务基础知识

第一篇

1

海关制度基础知识

导 读

众所周知，关务的核心内涵是指与海关相关的企业事务的筹划、处理和实施。关务中的"关"，指的就是海关，可见关务工作与海关制度密不可分。因此，广泛而准确地理解我国海关的基本知识、主要特点和各项主要业务制度，是学习与从事关务工作的前提和基础。

随着我国海关全面深化改革的推进，海关制度中的新概念、新事物不断出现，我国海关的现代化治理体系不断完善，现代化治理能力不断提升。在这样的背景下，关务的知识体系也在逐步更新。2019年，中国报关协会率先提出"新关务"的理念，标志着关务行业转型从理论到实务趋于成熟。关务作为贸易服务供应链中枢的地位大大提高，关务转型升级成为对外贸易高质量发展的必然趋势和要求。

要做好关务就要了解海关。因此，学习本篇要从海关基本概念出发，特别关注和充分理解与我国海关改革发展相关的内容。"关检融合，建设新海关""全国通关一体化""优化口岸通关环境"等最新内容都将对关务的发展产生极大的影响。我国海关业务改革快速引领关务业务转型升级和报关作业方式变革也是本套教材编写更新的重要方向。

本篇结构安排合理，课时适量，亦可独立用于海关导论或海关概论课程的教学。本篇课时安排见下表。

第一篇 总课时 （42课时，不含练习）	第一章（5课时）	第一节	1课时
		第二节	2课时
		第三节	2课时
	第二章（8课时）	第一节	2课时
		第二节	2课时
		第三节	2课时
		第四节	2课时
	第三章（16课时）	第一节	4课时
		第二节	4课时
		第三节	4课时
		第四节	2课时
		第五节	2课时
	第四章（13课时）	第一节	2课时
		第二节	2课时
		第三节	2课时
		第四节	2课时
		第五节	1课时
		第六节	1课时
		第七节	1课时
		第八节	2课时

第一章 >> 海关基础知识

第一节　海关概述

【学习目标】

本节内容旨在让学习者掌握海关的基本概念和内涵，了解我国海关的管理体制与执法属性。

完成本节学习，学习者应获得以下成果：

1. 掌握海关作为进出境管理机构的行政执法机构属性；

2. 了解中国海关和世界海关组织的基本知识。

【基本概念】

海关、关境、中国海关、世界海关组织、海关监管、海关征税、查缉走私、海关统计

【建议学习时间】

1 课时

一、海关概述

（一）海关的含义

在全球范围内，一国（地区）为了在国际经济交往中保护本国（地区）企业和公民的利益，同时维护良好、公平的进出境秩序，必然要对进出境活动进行管理。在世界贸易组织（World Trade Organization，缩写为 WTO）的框架下，除"一般例外规定"[①] 之外，关税是保护国内经济的唯一合法手段，且各国（地区）均由海关行使这一主权。无论设在何种地点，凡是对进出境货物、物品、运输工具和人员执行监督检查及征收关税等职能的行政机构均统称为海关。

从上述基本认识出发，国际上对海关的核心职能即征收关税和对进出境贸易及相关活动实施管理具有高度一致的认识。该认识也体现在多数国家（地区）普遍接受的《京都公约》[②] 中关于海关的解释。根据《京都公约》总附约第二章 E6 条的解释，海关指负责海关法的实施、税费的征收并负责执行与物的进口、出口、移动或储存有关的其他法律、法规和规章的政府机构。也就是说，海关是依据本国（地区）的海关法律、法规和本国（地区）所承担的国际义务代表国家

[①] 根据《1994 年关税与贸易总协定》（GATT 1994）第 20 条，一般例外规定是指对诸如保护国家安全，维护公共道德，保障人民、动植物的生命或健康，保护本国文物，以及保护可能用竭的天然资源等目的，可以作为例外采取禁止或者限制进出口的措施。

[②] 《京都公约》（Kyoto Convention），中文全称是《关于简化和协调海关制度的国际公约》，于 1973 年 5 月 18 日由海关合作理事会（现更名为世界海关组织）在京都制定，并于 1974 年 9 月 25 日正式生效，又于 1996 年 6 月针对经济贸易环境的变化、信息科技快速发展的需要而重新修正，被世界海关组织称为"21 世纪关务程序现代化及效率的蓝图"。

（地区）统一行使关税征收和进出关境监督管理职权的行政机关。

海关的基本职责是保证国家涉外经济管理措施的有效实施。为此，国家需要设立一系列特定的海关制度将进出境活动置于海关的有效控制之下。例如，要求一切进出境的人员、运输工具、货物和个人行李及邮递物品除另有规定外，都必须从设立海关的地点进出境，同时向海关进行申报并接受监管。再如，大多数国家（地区）要求向海关申报的人员无论是自理还是代理都必须满足特定的要求。

当今世界各国海关的职能与隶属关系除征收关税一致之外，其余各不相同。例如，日本就将海关称为"税关"并设在大藏省（财政部）之下；美国在"9·11"恐怖袭击后改组涉及国土安全和反恐的各个联邦政府部门成立国土安全部，海关隶属于国土安全部，但是分为两个职能部门，即海关与边境保护局（U. S. Customs and Border Protection, CBP）、移民与海关执法局（U. S. Immigration and Customs Enforcement, ICE），分别负责边境执法与案件调查。

应注意的是，就实施进出境监督管理职权而言，各国海关并不完全等同于国家的出入境管理部门。例如，我国的国家移民局（出入境管理局）亦属于出入境管理部门，负责对出入境个人的管理，行使检查旅客旅行相关文件、逮捕国际通缉在逃犯，以及阻止被视为危险人物的个人进入国境等职权。

（二）关境的含义

海关的管辖范围通常以专业用语"关境"来指称。关境是指实施同一海关法规和关税制度的境域，即国家（地区）行使海关主权的执法范围。世界海关组织对关境的定义是"完全实施同一海关法的地区"。

一般情况下，关境等于国境，但在某些特殊情况下关境与国境并不一致。如果几个国家（地区）结成关税同盟，实施统一的海关法规和关税制度，组成一个共同关境，其成员方的货物在彼此之间的国境进出不征收关税，此时关境大于其成员方的各自国境。例如，根据《欧盟海关法典》中对统一欧盟海关关境的规定，欧盟海关关境大于各成员国的国境。关境小于国境的情况，多数具有历史或者地理的原因。美国的关岛、法国的圣皮埃尔和密克隆岛等海外领土，在美、法两国海关法中也都被列入各自关境以外地区。

针对特殊情况下的地区，世界贸易组织的前身关税及贸易总协定（GATT）规定，经其主权国声明和证实，可以单独成为关税及贸易总协定的一个成员，由此产生了所谓的"单独关境"，又称"单独关税地区"。例如，1986年英国政府就发表声明允许香港作为单独关境；之后中国政府也发表声明承诺在香港主权回归中国后仍保留其单独关境的地位。目前，我国的香港特别行政区、澳门特别行政区和台湾地区都是单独关境。

（三）中国海关

在我国历史上，"关"起初设于内陆，是指具有军事和商贸意义的关塞要道。其后随着社会经济的发展，逐渐从边疆移往内地、从陆地推向沿海。我国古代陆地边关自周代生成雏形以后，在漫长的历史过程中一直存在于陆地边境。

清初，为了断绝东南沿海等抗清武装的物资供应，清政府实行海禁政策，严令禁止官民擅自出海贸易，违者按通敌罪论处。1683年，清政府统一台湾，次年废除"禁海令"，指定广东澳门、福建漳州、浙江宁波和江南云台山四处为对外通商口岸并设关。

1685年，清政府正式设立粤海关、闽海关、浙海关和江海关，准许外商来华贸易。这是中国历史上第一次以"海关"两字命名贸易管理机构，标志着我国近代海关制度的创始。

第一次鸦片战争后，清政府被迫与英国签署《南京条约》。《南京条约》，开放上海、福州、厦门、宁波、广州五地为对外通商口岸，迫使中国订立片面协定税则，并剥夺了我国海关的关税自主权。自1859年英国人李泰国出任中国海关总税务司起，至1949年中华人民共和国成立之前历任海关总税务司均为外国人，中国海关的控制权被帝国主义国家控制将近100年之久。这一时期的海关也被称为"洋关"。

中华人民共和国成立之后，中华人民共和国海关总署（以下简称"海关总署"）于1949年10月25日正式成立，标志着中国经济大门的金钥匙回到了人民手中。1951年3月23日，政务院第77次会议讨论通过《中华人民共和国暂行海关法》，并于5月1日起正式施行。这是中华人民共和国成立后最早颁布的正式海关法律。

中华人民共和国成立后，随着国内外政治经济形势的发展变化，中国海关经历了曲折的发展过程，尤其是职能的调整和变化。改革开放后，中国海关的发展步入了正轨并开启了新的篇章。

1987年7月1日开始实施的《海关法》[①] 第二条规定："中华人民共和国海关是国家的进出关境（以下简称进出境）监督管理机关。海关依照本法和办理其他有关法律、行政法规，监管进出境的运输工具、货物、行李物品、邮递物品和其他物品（以下简称进出境运输工具、货物、物品），征收关税和其他税、费，查缉走私，并编制海关统计和办理其他海关业务。"该法律条文首次对海关的性质、执法依据和职能任务进行了明确的表述。

1998年7月，中央决定开始实行"联合缉私、统一处理、综合治理"的缉私新体制，组建海关缉私警察，专门负责缉私业务。1999年1月，我国海关缉私警察队伍成立。

2001年起，全国海关按照当时"依法行政、为国把关、服务经济、促进发展"海关工作方针，以建立现代海关制度为目标，逐步建立和完善了监管制度、税收制度、保税监管制度、统计制度、稽查制度、缉私制度和风险管理制度。

2006年5月，国务院同意将海关总署口岸规划办公室更名为国家口岸管理办公室，明确海关总署是国家口岸管理职能部门，赋予了口岸开放规划管理、口岸工作组织协调、指导和协调地方政府口岸等职责。海关对口岸的管理职能得到加强。

2009年—2010年，海关总署决定在全国海关推行大监管体系建设。该体系对海关总署和各海关进行职能调整，构建综合协调、业务职能管理、业务执行管理、监督内控和综合保障等五大功能模块，进一步提升海关监管的整体效能。

尤为重要的是，党的十八大之后，在十八届三中全会通过的《中共中央关于全面深化改革若干重大问题的决定》为海关全面深化改革指明了方向，特别是在转变政府职能、构建开放型经济新体制等方面，对改革海关监管管理体制，加快海关特殊监管区域整合优化，推动内陆同沿海沿边通关协作，实现口岸管理相关部门信息互换、监管互认、执法互助等部署了具体任务。

2018年4月，国家出入境检验检疫管理职责和队伍划入海关总署。新海关以习近平新时代中国特色社会主义思想为指导，坚持政治建关、改革强关、依法把关、科技兴关、从严治关，以

---

① 以下除特殊说明外，各个时期修订的《中华人民共和国海关法》本书均简称《海关法》。

流程整合优化为主线，以风险集中统一防控为重点，以信息系统一体化为支撑，理顺职责关系，优化职能配置，将检验检疫作业全面融入全国通关一体化整体框架和流程中，实现"统一申报单证、统一作业系统、统一风险研判、统一指令下达、统一现场执法"，建设中国特色社会主义新海关。

（四）世界海关组织

世界海关组织（World Customs Organization，WCO）是其成员方在国际海关事务方面进行沟通和协作的政府间国际组织。该组织成立于1952年1月26日，总部位于比利时布鲁塞尔，建立之初称"海关合作理事会"（Customs Cooperation Council，CCC）。1994年10月后，正式工作名称改为"世界海关组织"，而CCC仍作为官方名称保留。中国政府于1983年7月18日加入《关于成立海关合作理事会公约》，成为海关合作理事会的成员方。

世界海关组织不负责处理关税及贸易争端，这些事务都由世界贸易组织管辖。但世界海关组织为国际贸易和各国海关的发展做出了极其重要的贡献。例如，世界海关组织建立了一套国际标准的商品分类原则，称为《商品名称及编码协调制度》（以下简称《协调制度》），各成员方进出口税则的制定都以该制度为基础，保证了国际范围内货物贸易统计的一致和规范。

世界海关组织还将每年的1月26日定为国际海关日，推广海关合作，促进国际贸易，以及建立各国海关组织间的紧密联系。

世界海关组织的战略目标有七项，如表1-1所示。

表1-1 世界海关组织的七项战略目标

序号	世界海关组织的战略目标
1	促进安全和国际贸易的便利化，包括简化和统一海关手续；
2	促进公平有效率和有效益的税收收入；
3	保护社会公众的健康和安全；
4	加强各国海关能力建设；
5	促进包括成员方海关管理机构、其他政府机构、国际组织、私营部门和其他利益相关者之间的信息交流；
6	提高海关的表现和形象；
7	进行研究和分析。

二、我国海关的性质

现行《海关法》第二条规定："中华人民共和国海关是国家的进出关境（以下简称进出境）监督管理机关。"《海关法》中对于海关性质的这一根本界定，规定了我国海关的三重属性。

第一，我国海关是中央国家行政机关的组成部分。

根据《海关法》第三条的规定，国务院设立海关总署，统一管理全国海关。海关在国务院机构序列中属于国务院直属机构。《海关法》中的"海关是国家的进出关境（以下简称进出境）监督管理机关"明确了海关的主管事项是"进出关境"的"监督管理"，并对监督管理的对象进行了规定，明确了海关"进出关境监督管理"的职能、职权和职责。

第二，我国海关是具备行政执法职能的国家行政机关。

作为国家行政机关的一个部门，海关具有行政管理职能；同时，海关也具备非常明显的行政执法职能，故亦可称为行政执法机关。值得注意的是，《海关法》中关于海关的性质和职能使用了"监督管理"的文字描述，"监督管理"一词就更加突显了海关的行政执法机关的性质。此外，《海关法》中关于执法监督和法律责任的规定，以及海关法律法规体系中关于行政处罚、行政许可、行政强制、行政复议、行政诉讼等相关法律法规，也共同建立了我国海关行政执法的体制和程序，严格规范了我国海关的行政执法行为。有关海关行政执法的具体内容，请参照本章第三节。

《海关法》第二条规定的"海关依照本法和其他有关法律、行政法规"，涉及海关行政执法的法律渊源和范围。这里的"其他有关法律、行政法规"是指由全国人民代表大会或者全国人民代表大会常务委员会制定的与海关进出境监督管理相关的法律规范，如《中华人民共和国宪法》（以下简称《宪法》）、《中华人民共和国刑法》《中华人民共和国对外贸易法》（以下简称《对外贸易法》）、《中华人民共和国进出口商品检验法》（以下简称《商检法》）、《中华人民共和国固体废物污染环境防治法》（以下简称《固体废物污染环境防治法》）等。行政法规是指由国务院制定的法律规范，包括专门适用于海关执法活动的行政法规和其他与海关管理相关的行政法规①。

第三，我国海关是国家进出境监督管理机关。

海关履行国家行政制度的监督职能，是国家宏观管理的一个重要组成部分。海关机构和海关人员由法律授权并通过法律明确，代表国家行使进出境监督管理职权。更重要的是，海关具有对其他部门进出口行政管理的部分验证职能②。海关是代表国家专职负责对进出境运输工具、货物、物品及其相关海关事务实施监督管理并承担相应职责的行政机关。这是海关与其他行政机关的不同之处。

三、我国海关的职责任务

传统上，根据目前《海关法》第二条的规定，海关有四项基本任务，即监管进出境的运输工具、货物、物品，征收关税和其他税、费，查缉走私，编制海关统计。随着社会发展和国家形势的变化，尤其是我国加入世界贸易组织以后，海关履职的任务更加艰巨，维护贸易安全与便利、保护知识产权、履行原产地管理职责、协助解决国际贸易争端、实施贸易救济和贸易保障、参与反恐和防止核扩散等非传统职能任务不断加重。出入境检验检疫管理职责和队伍划入海关总署后，进出境检验检疫成为海关新的职责任务。③

（一）海关监管

海关监管④是指海关在规定的时间期限和特定地域范围内，依法对进出关境的货物、物品和

---

① 海关事务属于中央立法事权，立法者为全国人民代表大会及其常委会，以及国务院。除此以外，海关总署可以根据法律和国务院的法规、决定、命令制定规章，作为执法依据的补充。省、自治区、直辖市人民代表大会和人民政府不得制定海关法律规范，其制定的地方法规、地方规章也不是海关执法的依据。

② 这一职能可形象地称为"闭环式管理"。

③ 目前，海关推进改革的进程，正在进行海关法律规范立改废释工作，以健全海关法律法规体系，《海关法》也有可能在不久的将来重新修订。在目前尚未系统出台新的法律、行政法规的情况下，本教材对海关工作任务的表述暂不作变更。

④ 需要强调的是，这里所讲的"海关监管"不是海关监督管理的简称，仅是一个狭义的业务范畴。

运输工具进出境活动，通过采取审查单证及数据、检查及监控客观事物等措施，对其合法性、真实性进行审查并实施全过程监控的行政执法活动。

传统的海关监管主要是在货物、物品、运输工具实际进出境时，通过货物、物品的申报、查验等管理行为实现的。现代的海关监管建立在海关对进出口货物供应链的风险控制基础之上，除了传统的海关监管以外，还延伸到保税、减免税等货物在海关放行后的后续管理，以及对进出口货物收发货人、报关企业等经营活动实施的规范性风险评估、海关稽查等措施。

根据监管对象的不同，监管制度可分为运输工具监管、货物监管和物品监管三大制度体系；根据监管措施的不同，监管制度可分为通关监管、保税监管、海关稽查、企业管理等制度体系。每个体系都有一整套规范的管理程序与方法。海关为了实现"严密监管与高效运作"的统一，还不断从监管的工作模式、组织机构及人员、监管的技术设备、计算机网络科技等方面进行改革和科学配置，推出了快速通关、便捷通关、无纸通关、区域通关等一系列举措，成立了审单、物流监控、查验等中心或区域职能机构，以增强监管的能力和提高监管的水平，提高监管的工作质量，保证履行监管的职能。

有关海关监管职责的具体制度内容，详见本篇第三章。

（二）海关征税

海关征税的主要内容是依据《海关法》《中华人民共和国进出口税则》（以下简称《税则》）及其他有关法律、行政法规来确定税率、计税办法和完税价格，征收关税和进口环节海关代征税。国家通过对境外生产的货物征收进口关税，提高其进口成本，降低其竞争能力，从而达到保护国内经济的目的。各国对出口货物基本不征收出口关税，通常只对资源性产品征收出口关税以达到保护国内生产的目的。所以，通常所说的关税都是指进口关税。

根据世界贸易组织的国民待遇原则，进口货物在征收关税后应享有与国产货物相同的待遇。由于国产货物在境内流通要征收国内税（我国为增值税、消费税），所以对进口货物也应征收与国产货物相同的国内税。考虑到海关对进口货物征收关税的同时征收国内税比较方便，同时也可避免货物进入境内后另行征收可能造成的漏征，各国大都由海关在进口环节对进口货物征收国内税。我国海关总署与国家税务总局均为国务院直属机构，不隶属于财政部，因此，海关征收的进口环节国内税是代国内税务部门征收，称为进口环节海关代征税。我国进口环节海关代征税包括增值税、消费税。

此外，海关还负责对来自中华人民共和国境外港口进入境内港口的船舶征收船舶吨税。船舶吨税用于港口、助航设施的建设和维护。

需要指出的是，海关对进出境货物开展征税业务还需要开展商品归类、原产地规则适用、海关估价等基础工作。

有关海关征税职责的具体制度内容，详见本篇第三章。

（三）查缉走私

走私是指违反海关法律、法规，逃避海关监管，非法运输、携带、邮寄国家禁止或限制进出境，或依法应当征收关税和进口环节海关代征税的货物、物品进出境时，逃避国家贸易管制，偷逃应纳税款，或者未经海关批准并缴纳税款，将保税货物、特定减免税货物等海关监管货物、物品进境，并在境内销售的行为。海关查缉走私的任务是海关监管的延续。

《海关法》规定："国家实行联合缉私、统一处理、综合治理的缉私体制。海关负责组织、协调、管理查缉走私工作。"这从法律上明确了海关打击走私的主导地位及与有关部门的执法协调。为了严厉打击走私犯罪活动，根据党中央、国务院的决定，国家在海关总署设立专门侦查走私犯罪的公安机构，配备专职缉私警察，负责对其管辖的走私犯罪案件的侦查、拘留、执行逮捕和预审工作。根据我国的缉私体制，除了海关以外，公安、工商、税务、烟草专卖等部门也有查缉走私的权力，但这些部门查获的走私案件，必须按照法律规定，统一处理。各有关行政部门查获的走私案件，应当给予行政处罚的，移送海关依法处理；涉嫌犯罪的，应当移送海关缉私部门或地方公安机关依据案件管辖分工和法定程序办理。

有关海关查缉走私职责的具体制度内容，详见本篇第四章。

（四）海关统计

国家为了对宏观经济进行调控，对对外贸易活动进行分析，制定对外贸易政策，需要编制对外贸易统计。对外贸易统计是国民经济统计的重要组成部分，包括对外货物贸易统计和对外服务贸易统计。由于海关在对进出口货物征收关税、进口环节海关代征税和实施对外贸易管制措施的过程中，获取的进出口商品的品种、数量、金额、贸易方式等信息，基本能够满足对外货物贸易统计的需要，因此，世界各国都将对外货物贸易统计交由海关承担，故称为海关统计。我国海关不仅负责收集、汇总和整理进出口统计数据，还负责海关统计资料的编制、发布和分析。

海关统计工作包含三方面的内容：一是海关统计资料，即通过海关实际进出口货物的数据统计；二是海关统计工作，即收集、整理和分析海关统计资料的过程，或者说是对海关实际进出口的数量方面的调查、整理和分析研究；三是海关统计原则和方法，此为部门统计学的一个组成部分，即统计学原理在海关监管领域的运用，是统计学原理与海关管理理论及业务的结合。

有关海关统计职责的具体制度内容，详见本篇第三章。

总之，海关的四项基本任务是一个有机统一的整体，构成了海关任务的目标体系，反映了海关的性质和职能要求，也为海关各部门分工合作、有序履职规定了工作方向和内容。监管工作通过监管进出境运输工具、货物、物品的合法进出，保证国家有关进出口政策、法律、行政法规的贯彻实施，是海关四项基本任务的基础。征税工作所需的数据是在海关监管的基础上获取的，征税与监管有着十分密切的关系。缉私工作则是监管、征税两项基本任务的延伸，对在监管、征税工作中发现的逃避监管和偷漏税款的行为，必须运用法律手段予以制止和打击。统计工作是在监管、征税工作的基础上完成的，它为国家宏观经济调控提供了准确、及时的信息，同时又对监管、征税等业务环节的工作质量起到检验评估的作用。

【复习思考题】

1. 海关的基本职责和管辖领域是什么？
2. 我国海关的性质是什么？
3. 我国海关的主要工作任务是什么？

第二节　海关管理体制

【学习目标】

本节内容旨在让学习者了解我国海关的行政管理体制。

完成本节学习，学习者应获得以下成果：

1. 了解海关行政管理体制的特点；

2. 了解海关组织机构的基本结构；

3. 了解关检融合后我国海关的组织架构及其功能。

【基本概念】

垂直管理体制、三级事权管理、海关总署、直属海关、隶属海关、海关关衔

【建议学习时间】

2 课时

一、海关管理体制

（一）垂直管理

我国海关实行集中统一的垂直管理体制。现行《海关法》第三条规定："国务院设立海关总署，统一管理全国海关。国家在对外开放的口岸和海关监管业务集中的地点设立海关。海关的隶属关系，不受行政区划的限制。海关依法独立行使职权，向海关总署负责。""各地方、各部门应当支持海关依法行使职权，不得非法干预海关的执法活动。"这在法律上对海关垂直管理体制进行了明确。

垂直管理体制是单一制国家政体中行政管理体制的一种类型，具有事权集中、权责明确、指挥统一、便于控制等优点。当两个单位处于绝对领导和被领导关系时，这两个单位就呈垂直领导关系。上级对下级，具有绝对领导权，即人事权、财务权、业务权等的绝对管辖；下级对上级，呈绝对服从关系。

海关实行垂直管理体制是改革开放和维护国家整体利益的需要。中华人民共和国成立初期，国家领导人曾指出海关执行着国家的统一政策、法律和法规，但由于全国各地区开放程度和经济发展的情况不一致，必然需要垂直管理体制来保障各项政令的统一。海关是国家对涉外经济实行宏观监控的部门，其工作具有鲜明的涉外性，必须排除各种干扰，独立行使职权，才能发挥海关维护国家主权和利益的整体效能。

（二）三级事权管理

按照集中统一的垂直管理体制，海关实行海关总署、直属海关、隶属海关三级行政管理

11

体系。

海关总署由国务院设立，是全国海关的最高领导机关。在全国设立 42 个直属海关，直接由海关总署领导，向海关总署负责，负责管理一定区域范围内的海关业务。直属海关在海关三级事权管理中发挥着承上启下的作用。隶属海关在三级事权管理中处于最基层，由直属海关领导，向直属海关负责，负责办理具体海关业务。

另外，全国各海关还设有多个办事机构，办事机构不是一级海关行政组织，而是直属海关或隶属海关的派出机构，其职权和业务范围由派出单位确定并管辖。广东分署、天津特派办、上海特派办是海关总署的派出办事机构。

二、海关组织结构

（一）海关总署的主要职责

海关总署是正部级国务院直属机构。海关总署贯彻落实党中央关于海关工作的方针政策和决策部署，在履行职责过程中坚持和加强党对海关工作的集中统一领导。其主要职责如表 1-2 所示。

表 1-2　海关总署主要职责明细表

职责	职责明细
负责全国海关工作。	拟订海关（含出入境检验检疫，下同）工作政策，起草相关法律、法规草案，制定海关规划、部门规章、相关技术规范。
负责组织推动口岸"大通关"建设。	1. 会同有关部门制定口岸管理规章制度，组织拟订口岸发展规划并协调实施，牵头拟订口岸安全联合防控工作制度，协调开展口岸相关情报收集、风险分析研判和处置工作。 2. 协调口岸通关中各部门的工作关系，指导和协调地方政府口岸工作。
负责海关监管工作。	1. 制定进出境运输工具、货物和物品的监管制度并组织实施；按规定承担技术性贸易措施相关工作。 2. 依法执行进出口贸易管理政策，负责知识产权海关保护工作，负责海关标志标识管理。 3. 组织实施海关管理环节的反恐、维稳、防核扩散、出口管制等工作。 4. 制定加工贸易等保税业务的海关监管制度并组织实施，牵头审核海关特殊监管区域的设立和调整。
负责进出口关税及其他税费征收管理。	1. 拟订征管制度，制定进出口商品分类目录并组织实施和解释。 2. 牵头开展多双边原产地规则对外谈判，拟订进出口商品原产地规则并依法负责签证管理等组织实施工作。 3. 依法执行反倾销和反补贴措施、保障措施及其他关税措施。
负责出入境卫生检疫、出入境动植物及其产品检验检疫。	收集分析境外疫情，组织实施口岸处置措施，承担口岸突发公共卫生等应急事件的相关工作。
负责进出口商品法定检验。	1. 监督管理进出口商品鉴定、验证、质量安全管理等。 2. 负责进口食品、化妆品检验检疫和监督管理，依据多双边协议实施出口食品相关工作。

表1-2 续

职责	职责明细
负责海关风险管理。	1. 组织海关贸易调查、市场调查和风险监测,建立风险评估指标体系、风险监测预警和跟踪制度、风险管理防控机制。 2. 实施海关信用管理,负责海关稽查。
负责国家进出口货物贸易等海关统计。	发布海关统计信息和海关统计数据,组织开展动态监测、评估,建立服务进出口企业的信息公共服务平台。
负责全国打击走私综合治理工作。	依法查处走私、违规案件,负责所管辖走私犯罪案件的侦查、拘留、执行逮捕、预审工作,组织实施海关缉私工作。
负责制定并组织实施海关科技发展规划、实验室建设和技术保障规划。	组织相关科研和技术引进工作。
负责海关领域国际合作与交流。	代表国家参加有关国际组织,签署并执行有关国际合作协定、协议和议定书。
垂直管理全国海关。	
完成党中央、国务院交办的其他任务。	

(二) 海关总署内设主要机构及职责

1. 办公厅 (国家口岸管理办公室)

办公厅负责机关日常运转,承担安全、保密、信访、政务公开等工作;牵头起草口岸管理规章制度,组织拟订口岸发展规划、电子口岸规范并协调实施;牵头拟订口岸安全联合防控工作制度,协调口岸通关中各部门的工作关系,指导和协调地方政府口岸工作。

2. 政策法规司

政策法规司负责起草相关法律法规草案和部门规章,承担有关国际合作协定、协议和议定书草案及规范性文件的合法性审查工作,承担海关标准化工作,承担有关行政复议和行政应诉工作。

3. 综合业务司

综合业务司承担日常业务统筹协调、综合管理事项,承担全国通关一体化相关工作;牵头拟订海关业务综合发展规划,组织拟订与海关有关的技术规范;协调开展与海关管理相关的技术性贸易措施工作,拟订国家禁止或限制进出境货物、物品的海关监管制度;承担通关流程标准、申报规范、通关运行管理工作;组织实施知识产权海关保护工作;承担海关重大改革事项的统筹规划、综合协调、整体推进、督促落实工作。

4. 自贸区和特殊区域发展司

自贸区和特殊区域发展司负责牵头拟订自由贸易区等海关特殊监管区域的发展规划、监管制度,承担自由贸易区等海关特殊监管区域的设立和事中事后监督工作。

5. 风险管理司

风险管理司负责拟订海关风险管理制度并组织实施;承担组织海关风险监测工作,建立风险评估指标体系、风险监测预警和跟踪制度、风险管理防控机制;协调开展口岸相关情报收集、风险分析研判和处置工作,研究提出大数据海关应用整体规划、制度、方案并组织实施,定期发布

口岸安全运行报告，指挥、协调处置重大业务风险和安全风险工作。

6. 关税征管司

关税征管司负责承担关税税政和立法的相关工作，参与制定进出口税则和进出口税收政策、税目税率的调整及相关的对外谈判，拟订进出口关税及其他税费征管规定并组织实施；承担进出口商品分类目录、原产地规则及签证管理、海关估价等相关工作；承担多双边原产地规则对外谈判工作；组织实施国家关税和进口环节税减免；组织实施反倾销和反补贴措施、保障措施及其他关税措施。

7. 卫生检疫司

卫生检疫司负责拟订出入境卫生检疫监管的工作制度及口岸突发公共卫生事件处置预案；承担出入境卫生检疫、传染病及境外疫情监测、卫生监督、卫生处理，以及口岸突发公共卫生事件应对工作。

新冠疫情发生后，新增负责对接国家生物安全工作协调机制，牵头协调海关生物安全相关工作，拟订海关生物安全的发展规划、工作机制和管理制度的职责。

8. 动植物检疫司

动植物检疫司负责拟订出入境动植物及其产品检验检疫的工作制度；承担出入境动植物及其产品的检验检疫、监督管理工作，按分工组织实施风险分析和紧急预防措施；承担出入境转基因生物及其产品、生物物种资源的检验检疫工作。

9. 进出口食品安全局

进出口食品安全局负责拟订进出口食品、化妆品安全和检验检疫的工作制度，依法承担进口食品企业备案注册和进口食品、化妆品的检验检疫、监督管理工作，按分工组织实施风险分析和紧急预防措施工作；依据多双边协议承担出口食品相关工作。

10. 商品检验司

商品检验司负责拟订进出口商品法定检验和监督管理的工作制度，承担进口商品安全风险评估、风险预警和快速反应工作；承担国家实行许可制度的进口商品验证工作，监督管理法定检验商品的数量、重量鉴定；依据多双边协议承担出口商品检验相关工作。

11. 口岸监管司

口岸监管司负责拟订进出境运输工具、货物、物品、动植物、食品、化妆品和人员的海关检查、检验、检疫工作制度并组织实施；拟订物流监控、监管作业场所及经营人员管理的工作制度并组织实施；拟订进出境邮件快件、暂准进出境货物、进出境展览品等监管制度并组织实施；承担国家禁止或限制进出境货物、物品的监管工作；承担海关管理环节的反恐、维稳、防核扩散、出口管制等工作；承担进口固体废物、进出口易制毒化学品监管等口岸管理工作。

12. 统计分析司

统计分析司负责拟订海关统计制度并组织实施，承担国家进出口货物贸易等海关业务统计和统计分析工作，发布海关统计信息和海关统计数据，编制和发布国家对外贸易指数；承担报关数据和单证管理工作；研究分析国家宏观经济和对外贸易政策、形势，拟订海关事业发展规划；承担相关动态监测、评估工作，推动服务进出口企业的信息公共服务平台建设工作。

13. 企业管理和稽查司

企业管理和稽查司负责拟订海关信用管理制度并组织实施，拟订加工贸易等保税业务的管理制度并组织实施，拟订海关稽查及贸易调查、市场调查等制度并组织实施。

14. 缉私局（全国打击走私综合治理办公室）

缉私局负责拟订反走私社会综合治理政策措施并组织实施，查处走私、违规案件，侦办走私罪案件，开展缉私情报工作；组织开展打击走私国际（地区）间合作，承担世界海关组织情报联络工作。缉私局受海关总署和公安部双重领导，以海关总署领导为主。

（三）直属海关设置

《海关法》规定："国家在对外开放的口岸和海关监管业务集中的地点设立海关。海关的隶属关系，不受行政区划的限制。"各级海关依法履行职权，与所在地政府及其各职能管理部门没有从属、支配关系。各级海关按照《海关法》和国家有关法律、行政法规，在国家赋予的职权范围内自主地、全权地行使海关对进出境的监督管理权，不受地方政府和有关部门的干预。

目前，除中国香港、中国澳门和台澎金马三个单独关税区外，我国在全国的 31 个省、市、自治区设立了 42 个直属海关，如表 1-3 所示。

表 1-3　全国 42 个直属海关明细表

省、市、自治区	数量	直属海关
北京市	1	北京海关
山西省	1	太原海关
天津市	1	天津海关
河北省	1	石家庄海关
内蒙古自治区	2	呼和浩特海关、满洲里海关
辽宁省	2	大连海关、沈阳海关
吉林省	1	长春海关
黑龙江省	1	哈尔滨海关
上海市	1	上海海关
江苏省	1	南京海关
浙江省	2	杭州海关、宁波海关
安徽省	1	合肥海关
福建省	2	福州海关、厦门海关
江西省	1	南昌海关
山东省	2	济南海关、青岛海关
湖北省	1	武汉海关
河南省	1	郑州海关
湖南省	1	长沙海关
广东省	7	广州海关、深圳海关、拱北海关、汕头海关、黄埔海关、江门海关、湛江海关
海南省	1	海口海关
广西壮族自治区	1	南宁海关

表1-3 续

省、市、自治区	数量	直属海关
重庆市	1	重庆海关
四川省	1	成都海关
贵州省	1	贵阳海关
云南省	1	昆明海关
西藏自治区	1	拉萨海关
陕西省	1	西安海关
甘肃省	1	兰州海关
青海省	1	西宁海关
宁夏回族自治区	1	银川海关
新疆维吾尔自治区	1	乌鲁木齐海关

(四) 派出和其他机构

海关总署在广州设立广东分署，其主要任务除了监督、检查、指导广东省内七个直属海关的工作外，还负责对广东省内海关及长沙、南宁、海口、重庆、成都、贵阳、昆明海关实施监督、审计、巡视和培训。

天津特派员办事处主要负责监督、检查华北地区的北京、天津、石家庄、郑州、太原、呼和浩特、满洲里七个海关和秦皇岛培训学校的工作。

上海特派员办事处主要负责监督、检查华东地区的上海、南京、杭州、宁波、合肥、福州、厦门、南昌、青岛九个海关和上海海关学院的工作。

上述三个海关总署派出机构均不办理具体海关业务。

此外，海关总署设有上海海关学院，并在学院内设有中共海关总署党校；在秦皇岛市设有中国海关管理干部学院。

三、海关关衔制度

《中华人民共和国海关关衔条例》（以下简称《海关关衔条例》）于2003年2月审议通过并实施。这标志着海关成为继中国人民解放军实行军衔、人民警察实行警衔制度后又一支实行衔级制度的队伍。

实行海关关衔制度的主要目的有以下四点：

一是海关行政执法活动具有反走私斗争的尖锐性、对抗性，要求指挥统一、行动快捷、反应迅速、纪律严明，以确保政令畅通，维护海关执法的严肃性。海关工作人员在打击走私第一线佩戴关衔，明确现场海关工作人员的级别，有利于现场指挥，避免临阵紊乱、贻误时机。

二是我国加入世界贸易组织后，海关需要在有效监管的前提下提高通关效率。实行关衔制度，有利于完善通关作业现场的监督制约、层级管理机制，适应海关业务现场管理及时处置的特点，便于及时处理监管现场发生的紧急复杂事项。

三是实行关衔制度，有利于海关工作人员增强责任感、荣誉感，激发进取心，更加忠实地依法履行自己的职责。同时，也便于人民群众对海关工作人员进行监督，有利于提高执法队伍的素质，促进海关廉政建设。

四是实行关衔制度，符合国际通行做法。

（一）海关关衔等级

海关关衔按照职务等级编制，体现了以职务等级为主，以关衔为辅的原则。根据《海关关衔条例》的规定，关衔设五等十三级，如表1-4所示。

表1-4　关衔等级明细表

关衔等级	关衔
一等	海关总监、海关副总监
二等	关务监督一级、二级、三级
三等	关务督察一级、二级、三级
四等	关务督办一级、二级、三级
五等	关务员一级、二级

根据《海关关衔条例》的规定，海关工作人员职务与关衔等级之间的对应关系，即从局级副职以下职务开始，下一职务的最高关衔是上一级职务关衔的第二档，这符合海关队伍和海关的局、处、科三级机构层次的特点。职务等级与关衔衔级对应关系，如表1-5所示。

表1-5　职务等级与关衔衔级对应关系明细表

职务等级	关衔衔级
署级正职	海关总监
署级副职	海关副总监
局级正职	一级关务监督至二级关务监督
局级副职	二级关务监督至三级关务监督
处级正职	三级关务监督至二级关务督察
处级副职	一级关务督察至三级关务督察
科级正职	二级关务督察至二级关务督办
科级副职	三级关务督察至三级关务督办
科员职	一级关务督办至一级关务员
办事员职	二级关务督办至二级关务员

（二）关衔授予及晋升

经考试录用的海关工作人员、接收安置的军队转业干部或者从其他单位调入海关工作的人员，在确定职务后授予相应关衔。关衔的晋升、选升、降级按照规定进行。海关工作人员由关务员晋升关务督办、关务督办晋升关务督察、关务督察晋升关务监督，须培训合格后晋升。海关工

作人员退休后，其关衔予以保留，关衔标志和授衔命令证书由本人保管，非经关衔主管部门批准，不得再佩戴关衔；调离海关系统，辞职或被辞退的，其关衔不予保留，关衔标志予以收回；受到开除处分的，应取消其关衔，关衔标志和授衔命令证书均应收缴。

【复习思考题】

1. 我国海关管理体制的基本特点是什么？
2. 我国直属海关设立的原则是什么？
3. 设立关衔制度有什么作用？

第三节　海关执法

【学习目标】

本节内容旨在让学习者了解我国海关执法的基础知识。

完成本节学习，学习者应获得以下成果：

1. 了解海关执法的基本概念和基本要求；
2. 熟悉海关执法权力的种类和内容。

【基本概念】

海关执法要素、海关执法范围、海关监管区、海关附近沿海沿边地区、监管起讫时间、海关执法权力、海关行政许可、海关行政强制

【建议学习时间】

2 课时

海关执法是指海关依据法律、行政法规和行政规章，处理进出境活动中具体事项的行政行为，是海关依法行政的具体体现，是海关对进出境活动实施管理的主要手段。

一、海关执法的要素

海关执法在海关工作中居于核心地位，鉴于对海关执法的深刻理解需要涉及较多的法律基础知识，这里仅从以下几个方面进行主要介绍。

第一，海关执法属于行政执法，执法的主体是海关。行政执法的主体必须是国家行政机关，遵循的是具有迅速、简便、以效率为优先特征的行政程序性要求。

第二，海关执法属于具体行政行为。海关执法的具体对象包括进出境的"物"、进出境活动当事人所做出的"行为"，以及进出境活动当事人自身即"人"，这三个因素构成统一而具体的整体。具体行政行为的对象是特定的，其行为效力仅限于特定人、特定事。

第三，海关执法同其他行政执法行为一样，具有主动性和单方意志性，以及具有一定的自由

裁量权。这些都是非常重要的特征，对关务活动的开展具有直接和重大的影响。

综上所述，海关执法行为具有五大要素：

一是主体要素，即执法主体为海关；

二是客体要素，即海关执法的对象具体化；

三是内容要素，即法律赋予海关的权力与当事人履行义务的统一；

四是形式要素，即通过执法的形式要件来表现海关执法的内容；

五是依据要素，即海关执法的依据是《海关法》，进出境检验检疫方面的法律、法规及其他与进出境管理相关的法律、法规。这是海关判断、衡量、处理海关执法问题的基本标准。

二、海关执法的范围

海关执法的范围是指海关行使执法权的时间范围和区域范围。海关执法工作的特性决定了海关执法有其特定的范围限制，正确理解和掌握海关执法的范围，有助于海关正确、有效地行使海关执法职权，避免滥权、越权，保证海关执法的严肃性。

（一）时间范围

海关执法中的时间期限通常在具体法律条文规定中体现，可分为法定期间和指定期间。

1. 法定期间

法定期间可以分成按日计算、按月计算、按年计算三种，目前在海关法律体系中有四种规定的情形。

① 期间的开始

目前，海关监管法规定的有两种情况："之日起"和"……后起"。

② 期间的届满

按日计算的，以最后一天为届满日。按月或按年计算的，应以最后一个月相当于开始月份的那一天为届满日。

③ 节假日处理

如期间届满的最后一天是节假日，以节假日后的第一个工作日为期间届满日。由于期间进行的不可间断性，所以节假日在期间中间的，不予扣除。

④ 期间的顺延

当事人因不可抗力的事由或其他客观原因而耽误办理有关海关手续或履行其他义务的，经海关批准，一般可在原定期间的范围内顺延一次。

2. 指定期间

指定期间即海关依照监管职权，对进出境活动的当事人履行其义务所指定的时间。这种期间是相对于法定期间而言的，是法定期间的一种补充。指定期间在海关监管法上没有明确的规定，但在海关监管实践中时常有运用。海关的监管起讫时间即为指定期间的重要体现。

从业务流程上看，对从事进出境运输业务的各类运输工具的监管早于对货物的监管，海关的监管应当从运输工具进境起至结关离境止。监管的起始，无论是否申报，只要进境就必须接受海关监管；而监管的结束，则强调了必须办理结关手续并实际离境。但对属于我国国籍的运输工具经营进出境运输的，监管应从其经海关办理运输工具注册登记经营国际运输业务开始时间起直到结束国际运输业务并办理了结关核销手续的时间止。境内运输企业的运输工具在境内如承运海关监管货物或物品的，虽然其并未实际进出境，但因运输对象受海关监管，该运输工具自起运地装载海关监管货物或物品起至货物或物品运抵指运地止须接受海关监管。

对进口货物监管的起始，与进出境运输工具相同，即不论申报与否，只要进境就应接受海关监管。而对于进口货物监管的结束，因其进出境的物流状态及适用的海关税收征管、贸易管制及检验检疫措施等制度的不同，导致办结海关手续的程序不同，实际延续的时间也有较大的区别。由于进出境货物的情况较为复杂，海关税收、贸易管制及检验检疫措施的管理方式不尽相同，所以，监管的起讫时间要视货物进出境的物流状态及适用的海关制度而定（详见本篇第三章第一节海关监管有关内容）。

进出境物品的监管起讫时间与进出境货物的监管起讫时间相类似。

（二）区域范围

海关执法的区域一般限于"海关监管区"（主要办理一般的海关执法业务）和"海关附近沿海沿边规定地区"（办理部分延伸性海关业务）。

《海关法》对"海关监管区"的概念做了明确的阐述："海关监管区，是指设立海关的港口、车站、机场、国界孔道、国际邮件互换局（交换站）和其他有海关监管业务的场所，以及虽未设立海关，但是经国务院批准的进出境地点。"

这一规定使海关监管区的确立方式得以规范，并使各海关在界定这一区域时有了统一的原则。在海关监管区的概念中"有海关监管业务"则十分简明地规定了海关监管区内涵的核心。所谓"有海关监管业务"，是以对进出境运输工具、货物、物品的活动实施有效执法为基本特征，以履行《海关法》所规定的各项海关手续为具体表现形式。因此，所谓海关监管区，就可以理解为："海关对进出境运输工具、货物、物品的活动，依法办理海关手续的规定区域。"

海关附近沿海沿边地区是指海关总署和国务院公安部门会同有关省级人民政府确定的边境或沿海设关地周围的一定区域。

应当注意的是，《海关法》确定的海关执法特定区域与《海关法》的效力范围，是两个既有联系但又不同的概念，不能混为一谈。

还应当注意的是，为强化海关作为国家缉私和进出境检验检疫职能部门的地位，《海关法》及进出境检验检疫方面的法律、法规明确规定：在上述两个区域以外，海关在调查走私案件时，对有走私嫌疑的运输工具和除公民住所以外的有藏匿走私货物、物品嫌疑的场所，经直属海关关长批准，可以进行检查。在特定情况下可以径行检查，可以扣留有走私嫌疑的运输工具、货物、物品；海关在履行检验检疫后续监管职责时，可以对进入国内市场商品进行抽查，对进出口商品安全问题进行追溯调查，对企业遵守进出境检验检疫法律、法规状况进行检查。

三、海关执法的权力

海关执法权是指在海关监督管理职权的范围内由《海关法》及其他法律、行政法规授予海关的一种支配和指挥的力量，是海关监督管理职权的具体化和表现形式，也是国家意志得以实现的重要保障。

出入境检验检疫管理职责和队伍划入海关总署后，海关依法推进改革，根据改革进程，正在

进行法律规范的立改废释工作，以健全海关法律法规体系。在目前尚未系统出台新的法律、行政法规的情况下，本教材对海关执法权的表述暂不作变更。

（一）进出境监管

海关依据有关法律法规，对货物、物品、运输工具进出境活动实施监管。其具体包括：

1. 检查

海关有权对进出境的运输工具，以及在海关监管区和海关附近沿海沿边规定地区对有走私嫌疑的运输工具，有藏匿走私货物、物品嫌疑的场所和走私嫌疑人的身体行使检查。

在海关监管区和海关附近沿海沿边规定地区以外的地区，海关在调查走私案件时，经直属海关关长批准，有权对有走私嫌疑的运输工具和除公民住所外的藏匿走私货物、物品嫌疑场所进行检查。

2. 查验

海关有权对进出境的货物和物品进行核验。海关认为必要时可以径行提取货样。

3. 查阅

海关有权对进出境人员的身份证件，与进出境运输工具、货物、物品有关的凭证和文件资料等进行查阅。

4. 询问

海关有权对违反《海关法》或其他有关法律、法规的嫌疑人进行询问。

5. 稽查

海关在法律规定的年限内，有权对企业进出境活动及与进出口货物有关的财务记账凭证、单证、资料等进行核查和审计。

6. 查询

海关在调查走私案件时，经直属海关关长批准，有权查询涉案单位和人员在金融机构、邮政企业的存款、汇款账户。

7. 复制

海关有权对与进出境运输工具、货物、物品有关的凭证和文件资料等进行复制。

（二）进出境税费征收

税费征收是指海关有权依据有关法律法规的规定对进出境货物、物品和运输工具征收税费。

这项权力还包括依法对特定的进出口货物、物品减征或免征关税；对海关放行后的有关进出口货物、物品，发现少征或者漏征税款的依法补征、追征税款；对进出口货物的价格进行审查；对申报进出口货物、物品的属性有疑问，经现场查验不能确认的，提取货样进行化验鉴定；征收滞纳金与滞报金。

（三）海关行政许可

海关行政许可是指海关依据有关法律法规的规定，经国务院批准，对公民、法人或者其他组织的申请，经依法审查准予其从事与海关进出境监督管理相关的特定活动的权力。

海关主要行政许可事项如表1-6所示。

表1-6 海关行政审批事项公开目录（截至2020年2月28日）

审批部门	项目名称	子项	审批类别	共同审批部门	审批对象	备注
海关总署	报关企业注册登记	无	行政许可	无	企业	直属海关或其授权的隶属海关审批
海关总署	出口监管仓库、保税仓库设立审批	1. 出口监管仓库设立审批	行政许可	无	企业	直属海关审批
		2. 保税仓库设立审批	行政许可	无	企业	直属海关审批
海关总署	免税商店设立审批	无	行政许可	无	企业	海关总署审批
海关总署	海关监管货物仓储审批	无	行政许可	无	企业	直属海关或隶属海关审批
海关总署	保税物流中心（A型）设立审批	无	行政许可	无	企业	直属海关审批
海关总署	保税物流中心（B型）设立审批	无	行政许可	财政部、税务总局、外汇局	企业	海关总署审批
海关总署	从事进出境检疫处理业务的单位及人员认定	1. 从事进出境动植物检疫处理业务的单位认定	行政许可	无	事业单位、企业	直属海关审批
		2. 从事进出境检疫处理业务的人员认定	行政许可	无	公民个人	直属海关审批
海关总署	口岸卫生许可证核发	无	行政许可	无	企业	主管海关审批
海关总署	进境动植物产品的国外生产、加工、存放单位和出境动植物及其产品、其他检疫物的生产、加工、存放单位注册登记	1. 进境动物产品国外生产、加工、存放单位注册登记（包括进境后动物产品涉及单位）	行政许可	无	企业	海关总署审批
		2. 进境植物产品国外生产、加工、存放单位注册登记（包括进境后植物产品涉及单位）	行政许可	无	企业	海关总署审批
		3. 出境动物及其产品、其他检疫物的生产、加工、存放单位注册登记	行政许可	无	企业	直属海关审批
		4. 出境植物及其产品、其他检疫物的生产、加工、存放单位注册登记	行政许可	无	企业	直属海关审批
海关总署	进境（过境）动植物及其产品检疫审批	1. 进境（过境）动物及其产品检疫审批	行政许可	无	企业或公民个人	海关总署或者经授权的直属海关审批
		2. 进境（过境）植物及其产品检疫审批	行政许可	无	企业或公民个人	海关总署或者经授权的直属海关审批

表1-6　续

审批部门	项目名称	子项	审批类别	共同审批部门	审批对象	备注
海关总署	进口可用作原料的固体废物国外供货商及国内收货人注册登记	1. 进口可用作原料的固体废物国外供货商注册登记	行政许可	无	企业	海关总署审批
		2. 进口可用作原料的固体废物国内收货人注册登记	行政许可	无	企业	直属海关审批
海关总署	进口食品生产企业注册和出口食品生产企业备案	1. 进口食品境外生产企业注册	行政许可	无	企业	海关总署审批
		2. 出口食品生产企业备案核准	行政许可	无	企业	主管海关审批
海关总署	出入境特殊物品卫生检疫审批	无	行政许可	无	事业单位、企业、个人	直属海关审批
海关总署	进出口商品检验鉴定业务的检验许可	无	行政许可	无	企业	海关总署审批

（四）海关行政强制

海关行政强制权力的内容包括海关行政强制措施和海关行政强制执行两个方面。

1. 海关行政强制措施

海关行政强制措施是指海关在行政管理过程中为制止违法行为、防止证据损毁、避免危害发生、控制危险扩大等情形，依法对公民的人身自由实施暂时性限制，或者对公民、法人及其他组织的财物实施暂时性控制的行为。

海关行政强制措施主要包括：

（1）扣留

海关有权对违反海关法律、法规的进出境运输工具、货物和物品，以及与之有关的凭证、文件资料等行使扣留；对涉嫌侵犯知识产权的货物，海关可以依法申请扣留；对走私犯罪嫌疑人，经直属海关关长批准，可以限时扣留审查。

（2）封存

海关发现被稽查人的进出口货物有违反有关法律、法规嫌疑的，经直属海关关长批准，可以封存有关进出口货物；发现被稽查人有可能篡改、转移、隐匿、毁弃账簿和单证等数据的，经直属海关关长批准，在不妨碍被稽查人正常的生产经营活动的前提下，可以暂时封存其账簿、单证等有关资料。

（3）税收保全

进出口货物纳税义务人在海关依法责令其提供纳税担保，而纳税义务人不能提供纳税担保的，经直属海关关长批准，海关可以采取相关税收保全措施书面通知纳税义务人开户银行或者其他金融机构暂停支付纳税义务人相当于应纳税款的存款，扣留纳税义务人价值相当于应纳税款的货物或者其他财产。

2. 海关行政强制执行

海关行政强制执行是指海关在有关当事人不依法履行义务的前提下，为实现监督管理职能，

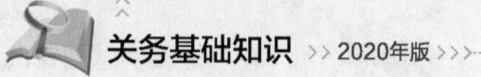

依法强制当事人履行法定义务的行为。

海关行政强制执行主要包括：

（1）提取货物变卖与先行变卖

进口货物超过三个月未向海关申报，海关可以依法提取变卖处理；进口货物收货人或其所有人声明放弃的货物，海关有权依法提取变卖处理；海关依法保留的货物、物品，不宜长期保留的，经直属海关关长批准，可以先行依法变卖；在规定期限内未向海关申报及误卸或溢卸的不宜长期保留的货物，海关可以按照实际情况提前变卖处理。

（2）强制扣缴和变价抵缴关税

对超过规定期限未缴纳税款的，经直属海关关长批准，海关可以通知其开户银行从其账户存款内扣缴税款，或将应税货物依法变卖，以变卖所得抵缴税款；查扣并依法变卖其价值相当于应纳税款的货物或者财产以变卖所得抵缴税款。

（五）海关行政处罚

海关有权对不予追究刑事责任的走私行为和违反海关监管规定的行为，以及违反法律、行政法规规定由海关实施行政处罚的行为进行处罚。

（六）走私犯罪侦查

海关缉私部门有权侦查有走私犯罪嫌疑的人员、货物、物品和行为。

（七）配备和使用武器

海关为履行职责，可以配备并使用武器。

（八）连续追缉

海关对违反海关法逃逸的进出境运输工具或者个人进行追缉。

（九）其他

海关还有行政裁定、行政复议、对知识产权实施边境海关保护等权力。

【复习思考题】

1. 海关执法有哪些要素？
2. 海关执法的时间范围有哪些？
3. 海关执法的区域范围有哪些？
4. 海关执法的权力有哪些？

第二章

我国海关的改革与发展

第一节　全国海关通关一体化

【学习目标】

本节内容旨在让学习者了解我国海关通关一体化格局建设的基本情况。

完成本节学习，学习者应获得以下成果：

1. 了解全国海关通关一体化改革的业务运行机制；
2. 了解全国海关通关一体化改革的业务运行模式。

【基本概念】

海关风险防控中心、税收征管中心、口岸型海关、属地型海关、综合型海关、协同监管机制、"一次申报、分步处置"

【建议学习时间】

2 课时

一、全国海关通关一体化管理格局建设的背景

党的十八大以来，党中央对全面深化改革做出了一系列战略部署。十八届三中全会通过的《中共中央关于全面深化改革若干重大问题的决定》，为海关全面深化改革指明了方向，特别是在转变政府职能、构建开放型经济新体制等方面，对改革海关监管管理体制，加快海关特殊监管区域整合优化，推动内陆同沿海沿边通关协作，实现口岸管理相关部门信息互换、监管互认、执法互助（以下简称"三互"）等方面部署了具体任务。十八届四中全会提出加快建设社会主义法治国家、全面推进依法治国，确保改革在法治轨道上稳步推进。海关改革与发展面临全新的机遇和挑战。

随着经济全球化和区域经济一体化带动货物、服务、资本和技术的跨境流动规模持续增长，新型贸易业态不断涌现，国际贸易规则面临重建。世界海关正在经历深刻转型，全球贸易安全与便利标准框架、21 世纪海关等国际海关标准和工具逐步实施，大数据、云计算、物联网、移动互联网等新技术不断地影响和改变着海关管理。我国已成为世界第一大货物贸易国、第二大经济体，全方位开放新格局纵深推进，参与经济全球化的基础和条件发生重大变化，进出境领域面临的各方面安全威胁逐步上升，广大进出口企业和社会各界对海关公正执法、高效服务提出更高期望，保障安全便利、促进外贸健康稳定增长成为海关长期任务。

经过现代海关制度"两步走"战略实施和大监管体系建设，中国海关改革与发展取得了较好成效，有力保障了海关正确履行职责，支持和促进了国家经济建设与开放发展。但一些深层次矛盾和问题仍然亟须解决，监管水平与服务"五位一体"总布局要求不相适应，通关便利化水平与构建开放型经济新体制要求不相适应，海关职能实现方式与国家治理体系和治理能力现代化

要求不相适应，关区藩篱和业务条线"蜂窝煤"现象突出，全方位、全过程、集中统一的风险防控能力还不强，管理重点不突出，资源配置不科学，科技应用不足。这些矛盾和问题制约了海关现代化的进一步发展。

在新的历史起点上，海关全面深化改革，是贯彻落实中央要求，顺应人民群众期待，提升全面履职能力的迫切需要。全国海关必须围绕全面深化改革，凝心聚力、攻坚克难，扎实推进海关现代化建设。

二、全国海关通关一体化的主体架构

全国海关通关一体化不是以往区域通关一体化的简单拼合，而是通过机构重组、制度重构、流程再造，以"两中心三制度"①为结构支撑，实现海关监管管理体制改革，确保海关全面深化改革的系统性、整体性、协同性。

全国海关通关一体化的主体架构是"两中心、三制度"。"两中心"是指海关风险防控中心（又称"一级风险防控中心"）、税收征管中心，"三制度"是指"一次申报、分步处置"、海关税收征管方式改革以及全国隶属海关功能化建设。

"两中心"是要通过建设实体中心，实现全国海关关键业务统一执法、集中指挥，把安全准入、税收征管等方面的风险防控要求以具体指令形式直接下达到现场一线来执行。"三制度"是要通过打造制度灵魂，为"两中心"协同运作提供保障，确保"两中心"职责分工相对分离，监管时空得以延伸；归类、价格、原产地等税收要素审核集中在通关。"两中心、三制度"紧密联系、相互联动，共同提升全国海关整体监管效能。在推进全国海关通关一体化的同时，积极推进"三互"大通关建设，加快口岸管理相关部门之间互联互通、协同治理，避免因为与其他部门协作不畅导致的"最后一公里"问题，影响到海关改革的预期成效。

三、全国海关通关一体化业务运行机制

全国海关通关一体化业务的运行是围绕着"两中心"来运转的，换言之，"两中心"是全国海关通关一体化主体架构中和三级海关机构设置共同形成运行机制的重要架构设计。"两中心"是要通过建设通关管理的实体中心，实现全国海关关键业务统一执法、集中指挥，把安全准入、税收征管等方面的风险防控要求以具体指令的形式直接下达到现场一线。

（一）风险防控中心的整体架构设计

1. 组织机构

海关风险防控中心由海关总署和直属海关两级风险防控中心组成。两级风险防控中心按照"防控结合、分层防控、合理错位"的思路设立。

根据《全国通关一体化改革框架方案》（以下简称《框架方案》），海关总署风险防控中心按照"1+N"的模式建立。其中，"1"指在海关总署建立海关总署风险防控中心；"N"指依据《框架方案》机构设置的原则，在现有海关总署风险参数维护管理分中心的基础上，建立三个

---

① "两中心"现已经分别改名为风险防控局和税收征管局。为表述"两中心"方便，后文仍然写作风险防控中心和税收征管中心。

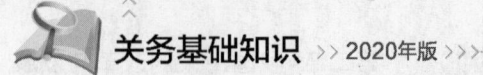
"海关总署风险防控中心（上海、青岛和黄埔）"。

直属海关风险防控中心（又称"二级风险防控中心"）分设在42个直属海关。

海关总署设立海关总署风险防控中心，由稽查司承担海关总署风险防控中心相应的工作职责，并作为海关业务风险的职能管理部门，负责加强全国海关业务风险的统筹管理；指挥、协调处置涉及国家秘密的业务风险或重大安全准入风险。

海关总署风险防控中心筹备处协助海关总署风险防控中心实施风险处置；继续探索运作，在条件成熟时，根据海关总署的统筹安排，落实国务院关于建设国家口岸布控中心的相关部署，并承接相关工作。各直属海关风险管理部门建立二级风险防控中心；未设风险管理处的直属海关，指定正处级现场机构，承担二级风险防控中心职责。

2. 职能定位

（1）海关总署风险防控中心

海关总署风险防控中心是海关总署业务风险职能管理部门，一般不进行具体操作。

（2）海关总署风险防控中心（上海、青岛和黄埔）

海关总署风险防控中心（上海、青岛和黄埔）接受海关总署风险防控中心的领导，属于基层单位，是总署各司局作业要求直达一线的服务平台，也是总署直接指挥业务运行的作业平台。

海关总署风险防控中心（上海、青岛和黄埔）按照分工，围绕通关一体化改革，实行"7×24"小时作业。

（3）直属海关二级风险防控中心

二级风险防控中心属于基层单位，是本关业务风险的统筹管理部门，也是关区各业务职能部门作业要求直达一线的统一作业平台。

二级风险防控中心接受一级风险防控中心的业务指导，视情况实行"7×24"小时作业。同时，负责本关区快件、跨境电商等非贸领域业务风险防控，并逐步向其他非贸领域拓展。

在出入境检验检疫管理职责和队伍划入海关总署后，检验检疫风险已纳入安全准入风险，实施集中统一研判、处置和整体防控，检验检疫作业融入风险防控中心和现场海关作业。

（二）税收征管中心的整体架构设计

1. 组织机构

根据《框架方案》确立的布局原则，税收征管中心按照"1+3"的模式建立。其中，"1"指在海关总署建立海关总署税收征管中心管理办公室；"3"指依托直属海关建立三个海关总署税收征管中心（上海、广州、京津）。

2. 职能定位

（1）海关总署税收征管中心管理办公室

海关总署设立税收征管中心管理办公室，由关税司承担相应职责，对税收征管中心业务运行进行职能管理，承担税收征管中心工作制度及作业规范建设、业务协调、运行监控、审定优化税收风险参数、指令和税收风险分析模型以及综合保障等职责，指导税收征管中心开展重大税收风险防控专项行动，指挥协调税收征管中心应急处置等工作。

（2）海关总署税收征管中心（上海、广州、京津）

在海关总署税收征管中心（上海）、税收征管中心（广州）的基础上，增设税收征管中心（京津）。三个税收征管中心实现全部运输方式和税则各章节税收征管要素风险管理的全覆盖。

税收征管中心按照商品分工管理税收征管要素申报的合规性并开展风险防控。其主要职责是：

①开展税收风险分析，包括搜集与分工商品和行业相关的数据、信息，建立和维护税收征管大数据资源库；

②加工（研发）、设置税收风险参数、实货验估指令和税收风险分析模型；

③对存在重大税收风险且放行后难以有效稽（核）查或追补税的，实施放行前的税收征管要素风险排查处置；

④实施放行后批量审核、专项审核和抽样评估；

⑤根据审核结果或审核需要，向业务一线下达报关单修撤、退补税、验估、稽（核）查等指令，向缉私部门移交涉税风险相关线索；

⑥监控税收风险参数、指令执行情况和税收风险分析模型运行情况，并评估效能、改进优化，同时开展内控监督；

⑦对分工商品的税收征管要素申报质量进行评估，定期发布商品和行业税收状况分析报告；

⑧为通关监管全链条提供关税技术支持。

（三）推动隶属海关差别化改革

1. 隶属海关的功能类型

隶属海关划分为口岸型、属地型、综合型三大类。

（1）口岸型海关

口岸型海关是指处在沿海、沿边出入国境的港口、车站、国界孔道，或国际机场、国际邮件互换局（交换站）、国际多式联运监管点上的海关，管辖范围限定为港口、车站、国界孔道、国际机场、国际邮件互换局（交换站）的海关监管区和海关附近沿海、沿边规定地区。

口岸型海关主要负责"一次申报、分步处置"第一步处置的执行反馈，具体职责为口岸通关职责，包括运输工具检查、货物查验和物品监管、现场验估（通关）、海关监管作业场所规范管理、口岸应急事务处理等。执行"两中心"下达的查验（检查）、验估等指令，并将指令执行结果反馈至"两中心"。

口岸型海关侧重于现场实际监管，突出正面拦截作用，重点承担口岸通关中的安全准入风险处置作业，压缩通关时间，降低物流成本。

（2）属地型海关

属地型海关是指处在非沿海沿边以及非国际机场、国际邮件互换局（交换站）、国际多式联运监管点上的海关，管辖除口岸型海关管辖范围以外的区域。

属地型海关主要负责"一次申报、分步处置"第二步处置的执行反馈，具体职责为属地管理职责，包括稽（核）查、企业管理、现场验估（后续）、减免税审核等。执行"两中心"下达

的报关单修撤、退补税、验估、稽（核）查等指令，并进行指令后续处置。同时，根据工作需要，执行直属海关范围内稽查等后续管理专项任务。

属地型海关侧重于后续监管和属地企业管理，发挥熟悉本地企业情况的优势，重点承接口岸通关后的税收风险处置作业，加强企业信用管理、稽（核）查等手段的运用，积极反馈风险信息和处置建议，将属地管理结果以风险参数、布控指令建议等方式，作用于口岸通关。

（3）综合型海关

综合型海关是指兼有口岸型海关和属地型海关业务的海关，管辖区域包含口岸型海关和属地型海关的管辖区域。综合型海关分为偏口岸综合型海关和偏属地综合型海关。偏口岸综合型海关一般是口岸型海关兼有属地管理职责，如保税港区海关等。偏属地综合型海关一般是属地型海关兼有口岸通关职责，如特殊监管区域海关和市场采购、跨境电商等新型贸易业态所在地海关等。

2. 隶属海关业务资源的整合优化

在隶属海关功能化分类的基础上，充分发挥信息、智能、技术等要素资源的集聚效应，统筹资源配置，优化管理流程，推进统一执法，强化整体功能。各直属海关单位综合考虑关区内各隶属海关机构设置、管辖范围、地理位置、交通条件、后勤保障等因素，根据实际条件可采取以下措施，在全关范围或按片区对隶属海关的监管布局、业务模块、业务环节进行集约化管理，通过隶属海关功能化建设改革，由指定隶属海关集中开展相关业务。

（1）作业场所优化

统筹考虑地理位置、集群规模、辐射范围等因素，推动对业务萎缩、人均工作量不饱和、利用效率不高的海关监管作业场所进行整合撤并，对隶属海关业务管辖范围进行重新划分，形成业务分布相对均衡、监管资源相对集约的布局。

（2）业务模块整合

根据隶属海关在监管链条中所处的位置和优势，对通关监管（进出境运输工具、货物、物品）、加工贸易及保税监管、稽（核）查、企业管理、统计等业务模块的一部分或全部进行整合，建立各具特色、优势集成的功能型海关。

（3）业务环节集约

优化信息流、单证流管理，对物流监控、视频监控等监控职能、H986图像审核职能，以及加工贸易、暂时进出、减免税审核等无纸化、电子化执法操作业务进行集约和专业管理。

3. 完善创新隶属海关运行机制

根据隶属海关功能化建设的需要，衔接全国通关一体化改革，完善协调配合机制，加大科技装备投入，形成既有利于海关有效监管，又有利于企业进出口贸易便利的工作机制。

（1）推动业务统一受理

结合现场接单岗位改造，在隶属海关设置综合业务机构，承担现场业务办理职责。推动业务统一受理，探索设置统一综合服务窗口，实施海关业务"通受通办"，一口对外受理关区所有海关业务，一口对内负责海关内部事务协调。综合服务窗口受理业务后，可转交相关业务部门或其他隶属海关办理，办理结果由综合服务窗口统一反馈。

（2）加强信息科技保障

探索执法活动的新技术实现手段，构建标准化、网络化、集约化的信息系统体系。一是推进"互联网+海关"建设。建设全国海关一体化网上办事平台，实现海关业务全领域、全流程线上办理。推动"互联网+海关"和中国国际贸易单一窗口（以下简称"单一窗口"）的互联互通，涉及口岸大通关业务办理和信息共享借助"单一窗口"实现。二是推广应用远程交互系统。海关、企业之间可就有关业务问题进行在线磋商，实现"实时沟通、即时传递"。三是探索"新技术"执法。推进外勤执法活动的规范化、信息化、透明化，实现外勤执法活动的全程记录和标准操作。

（3）完善综合保障机制

结合隶属海关功能化建设，在总结经验的基础上，完善工作机制，继续推进隶属海关办公、人事教育、政工、监察、技术、财务、关务保障、后勤等工作的优化整合。实施综合保障一体化的区域，要合理划分职责，明确区内各隶属海关党建、党风廉政建设等队伍建设职责，加强和规范党内政治生活，强化党内监督，落实"两个责任"，确保全面从严治党要求的有效落实。

（4）强化风险防范手段

坚持内控监督机制完善与隶属海关功能化建设同步设计，在适当授予隶属海关一定的标准化处置权限、提高执法效能的同时，切实落实"选、查、处"三个环节执法相分离、"双随机"机制等相关风险防范制度，转变海关职能的实现方式和权力行使方式，压缩自由裁量空间，将是否有效防范风险作为功能化建设成效的重要指标。要积极探索隶属海关纪检监察工作统筹优化机制，加强监督执纪问责，做到纪检监察工作全覆盖。

四、全国海关通关一体化业务运行模式

（一）一次申报、分步处置

"一次申报、分步处置"是指基于舱单提前传输，通过风险防控中心、税收征管中心对舱单和报关单风险甄别和业务现场处置作业环节的前推后移，在企业完成报关和税款自报自缴手续后，安全准入风险主要在口岸通关现场处置，税收风险主要在货物放行后处置。

1.货物申报前海关作业流程

货物申报前海关通关一体化的作业流程如表2-1所示。

表 2-1 货物申报前通关一体化作业内容

时间		海关职责	收发货人或其代理人职责
货物申报前	舱单传输前	加工提炼准入风险参数和指令①	
		加工提炼税收风险参数和指令②	
		统一加载风险参数、下达布控指令③	
	舱单传输后至报关单申报前	舱单数据逻辑检控和审核	舱单传输④（传输义务人）
		物流风险甄别与处置⑤	
	税款担保备案⑥	采用税款担保放行的，办理备案	自主选择缴税放行或税款担保放行

2. 货物现场通关时海关作业流程

货物现场通关时海关通关一体化的作业流程如表 2-2 所示。

---

① 风险防控中心收集、整合能够获取的海关内、外部信息资源，重点收集运输工具舱单等物流信息和运输企业及供应链其他相关信息，结合运输企业信用等级认定，构建风险分析模型，下达布控查验指令，加工加载安全准入风险参数（含报关单安全准入风险参数，即 H0 参数）。

② 税收征管中心收集商品和行业相关信息情报，结合企业纳税资信状况，分析研判商品信息、历史申报、关联信息等数据，加工提炼形成税收风险参数（H1 参数——重大税收风险参数；H2 参数——单证验核风险参数；H3 参数——一般税收风险参数）和实货验估指令。

③ 按照"一次申报、分步处置"模式要求，通关前加载的风险参数包括安全准入风险参数（H0）、重大税收风险参数（H1）、单证验核风险参数（H2）、一般税收风险参数（H3）。布控指令包括舱单布控指令、报关单布控查验指令（安全准入）和实货验估指令。"两中心"按照分工，加工提炼风险参数和指令后，由风险防控中心统一加载风险参数、下达布控指令。

④ 舱单传输义务人按照海关规定时限和填制规范向海关传输舱单及相关电子数据。舱单管理系统对传输的舱单数据实施逻辑检控和审核，对于不符合舱单填制规范的，系统退回舱单传输义务人，让其修改。对于通过逻辑检控和审核的舱单数据，进入物流（舱单、运输工具）风险待甄别环节。

⑤ 根据已加载的安全准入风险参数和风险判别规则（风险模型）以及已下达布控查验指令，甄别高风险舱单和运输工具并实施分流处置。在必要情况下，风险防控中心舱单分析岗可要求口岸海关运输工具检查岗、货物查验岗在舱单确报后分别依职责实施运输工具登临检查和货物查验，处置排查安全准入风险。

⑥ 对于需要缴纳税款的货物，企业可自主选择缴税放行或税款担保放行两种方式。对于采用税款担保放行的，企业应在通关前根据相关规定向海关提供担保并备案，其中，对符合规定免除担保条件的企业可向海关申请免除担保，并按照海关规定办理有关手续。

表 2-2　货物现场通关时通关一体化作业内容

时间	海关职责	收发货人或其代理人职责
货物现场通关时	海关通关作业管理系统进行规范性、逻辑性检查，对舱单、许可证件、电子备案信息等进行核注①	企业向海关申报报关单及随附单证电子数据和自行核算的应缴税款
		企业收到接受申报回执的，如选择缴纳税款则可自行向银行缴纳税款，如选择担保则海关办理担保核扣手续；收到退单回执的，企业需重新办理有关申报手续
	海关报关单风险甄别与处置②	
	货物放行③	对符合放行条件的，海关放行信息自动发送至卡口，企业根据海关的放行信息，办理实货提离手续
		对不符合放行条件的，企业根据海关要求办理相关手续

3. 货物放行后海关作业流程

货物放行后海关通关一体化的作业流程如表 2-3 所示。

---

　　①　企业向海关申报报关单及随附单证电子数据和自行核算的应缴税款。海关通关作业管理系统进行规范性、逻辑性检查，对舱单、许可证件、电子备案信息等进行核注。对于符合条件的，海关接受申报，向企业发送接受申报回执；对于不符合条件的，系统自动退单，发送退单回执。企业收到接受申报回执的，如选择缴纳税款则可自行向银行缴纳税款，如选择担保则海关办理担保核扣手续；收到退单回执的，企业需重新办理有关申报手续。

　　②　——未被任何参数或指令捕中且不涉及许可证件的报关单，通关管理系统自动放行；涉及许可证件且已实现联网监管的，通关管理系统直接核扣电子数据后自动放行；涉及许可证件但未实现联网监管的，由现场海关综合业务岗人工核扣。

　　——被安全准入风险参数（H0）命中的报关单，优先流转至现场综合业务岗。现场综合业务岗根据处置参数要求进行处置，发现涉及安全准入风险的，将相关信息推送至风险防控中心的风险处置岗。风险处置岗做出具体处置决定并将相关信息推送至现场综合业务岗，由现场综合业务岗执行。根据处置需要，风险处置岗可对需查验的报关单下达布控查验指令。

　　——对被重大税收风险参数（H1）捕中的，由税收征管中心进行放行前的税收征管要素风险排查处置，并根据审核结果或审核需要下达报关单修撤、退补税或单证验核、实货验估等指令，现场综合业务岗、验估岗、查验岗根据指令要求进行相关处置，按规定向税收征管中心反馈处置结果。

　　——对被单证验核风险参数（H2）捕中的，由现场验估岗在货物放行前进行单证验核，留存有关单证、图像等资料后放行报关单数据。

　　税收征管中心或现场验估岗处置过程中决定调整商品归类的，通关管理系统自动判断是否涉证。涉及许可证件验核且涉及安全准入风险的，相关报关单转风险处置岗进行处置。涉嫌违规的，移交缉私部门处置。对于已实现联网监管的，系统直接核扣电子数据；未实现联网监管的，转现场海关综合业务岗人工核扣。

　　——被一般税收风险参数（H3）命中的报关单，通关管理系统置放行后批量审核标志，放行后分流至税收征管中心专家岗研判处置。

　　——被风险防控中心布控查验指令或/和税收征管中心实货验估指令命中的报关单，由口岸海关现场查验人员实施准入查验或/和验估查验操作。"两中心"通过远程视频、网上答疑等形式向查验人员提供技术支持或操作指导。查验人员实施准入查验或/和验估查验，完成操作（含取样、留像等存证操作）后，按指令来源分别向"两中心"反馈查验结果。"两中心"依据反馈的结果进行相关后续处置。

　　查验异常的，按查验异常处置流程处置。

　　③　经风险处置后的报关单，由系统自动研判放行条件。对符合放行条件的，海关放行信息自动发送至卡口，企业根据海关的放行信息，办理实货提离手续；对不符合放行条件的，企业根据海关要求办理相关手续。

表2-3　货物放行后通关一体化作业内容

时间	海关职责	收发货人或其代理人职责
货物放行后	运用风险模型对放行后的所有报关单数据进行智能筛选，按商品分类由系统分派至税收征管中心专家岗实施研判①	
	税收征管中心专家岗根据系统风险提示和甄别结果，结合企业信用情况，对系统分派的报关单数据实施放行后批量审核	
	现场海关综合业务岗、验估岗、稽查部门、缉私部门根据税收征管中心指令和线索完成作业及处置后，向税收征管中心反馈处置结果②	
	放行后综合风险评估与处置③	

（二）税收征管方式

以企业自报、自缴税款为切入点，建立与"一次申报，分步处置"相适应的征管体制和作业流程。通过建立多维度、立体式的税收风险防控体系，创新税收担保形式，逐步实现征管作业无纸化。

1. 企业自报、自缴税款

进出口企业办理海关预录入时，自行填报报关单各项目，利用预录入系统的海关计税（费）服务工具计算应缴纳的相关税费，并对系统显示的税费计算结果进行确认，连同报关单预录入内容一并提交海关。进出口企业、单位在收到海关受理回执后，自行办理相关税费缴纳手续。

同时，海关受理企业申报后不再开具税单进行缴款告知，由企业缴税后自行选择在海关现场打印税单或由商业银行打印完税凭证。

在强化企业如实申报、依法纳税责任的前提下，海关向企业提供智能化辅助计税服务平台；提供价格、归类、原产地等涉税要素申报内容的系统辅助提示和税款计算工具，打消企业对税款

---

① 税收征管中心专家岗运用风险模型对放行后的所有报关单数据进行智能筛选，形成风险参数为H4的报关单，同时随机抽取一定比例的已放行报关单数据形成风险参数为H5的报关单，连同通关中被税收风险参数（H3）命中的报关单，及放行前实货验估、单证验核后存证放行的报关单，按商品分类由系统分派至税收征管中心专家岗实施研判。

② 税收征管中心专家岗根据系统风险提示和甄别结果，结合企业信用情况，对系统分派的报关单数据实施放行后批量审核。

——对确定存在涉税要素申报差错的，下达报关单修撤、退补税指令，现场综合业务岗办理有关手续；

——对需要通过收集并验核有关单证资料、样品，开展质疑、磋商等方式确定税收征管要素的，下达验估指令，现场验估岗按照指令要求进行处置，并反馈结果；

——对风险存疑，需要对与进出口货物直接有关的企业（单位）的账簿、单证等有关资料和有关进出口货物进行核查的，下达稽（核）查指令，稽查部门按照指令要求开展稽（核）查作业，并反馈处置结果；

——对发现涉嫌违法违规风险线索的，移交缉私部门处置；对发现可能存在安全准入风险的，将有关情况告知风险防控中心。

现场海关综合业务岗、验估岗、稽查部门、缉私部门根据税收征管中心指令和线索完成作业及处置后，向税收征管中心反馈处置结果。

③ "两中心"各自对本部门加工的风险参数和下达的指令实施运行状况及绩效评估，优化完善风险分析模型和规则。在出入境检验检疫管理职责和队伍划入海关总署后，按照全国通关一体化改革、"一次申报、分步处置"通关流程的要求全面梳理现场综合业务和检务职责，以流程整合优化为主线，理顺职责关系，优化现场作业流程，将原检验检疫现场检务部门作业并入现场海关综合业务部门，实现统一现场执法、优化通关流程、提高通关效率的目标。

征纳方式改革的顾虑，进一步扩大企业适用范围；提供移动终端自助缴税功能，实现全程电子缴税。

2. 属地纳税人管理

首先，作为海关企业信用管理制度的一个组成部分，将涉及税收征管的指标、要素统一纳入海关企业信用管理办法和相关企业认证标准，并按照"诚信守法便利"和"失信违法惩戒"原则，在税收征管中实施统一的差别化信用管理措施。

其次，建立以税源企业为基础的税收预测机制。全国通关一体化改革后，企业可选择在全国任何一地海关申报、纳税，以口岸税收流量为基础的税收预测准确性将会发生变化。

最后，将税源企业作为纳税大户，提供其所需的与征税相关的归类、价格、原产地、减免税等专业技术服务，引导企业如实申报、依法纳税，帮助企业用足用好政策、解决疑难问题。同时结合海关企业协调员制度实施，为高信用企业提供更多的个性化服务。

3. 创新税收担保方式，完善汇总征税制度

适应现代金融与担保体制机制改革趋势，研究创新多元化的海关税收担保方式。由以货物为单元的逐票担保方式，向以企业为单元的税收总担保转变。配合 AEO 制度，允许诚信、合规纳税企业设立总担保账户，全国海关共享通用，额度根据企业缴纳入库情况循环使用。同时以企业需求为向导，研究金融创新产品和非金融机构参与海关税款担保的可行性，进一步降低企业融资成本和通关纳税成本。

在企业自报、自缴税款模式下增加在企业依法提供税收担保的前提下，海关先放行货物后汇总缴税措施。将汇总征税适用范围扩大到除失信企业外所有企业；简化合并企业资格和银行保函双备案操作，改为凭银行保函一次性完成备案；将担保缴税方式扩大到所有支付方式。

4. 推广预裁定

根据世界贸易组织《贸易便利化协定》要求，扩大预裁定等优质公共服务，发挥预裁定对便利企业通关的促进作用。

5. 实施归类尊重先例制度

实施归类尊重先例，配套建立归类先例免责制度；优先将进出口频次高、贸易量大的商品纳入归类先例数据库；企业在通关中对同一商品可引用经海关认定的归类先例，海关原则上应予认可，确有异议的，事后按规定启动归类一致性协调解决机制。

（三）海关税收征管作业流程

根据"一次申报、分步处置"流程，税收征管作业主要在货物放行后实施。

1. 货物申报前

收集、处理数据、信息，进行税收风险分析。

2. 货物现场通关时

对报关单数据进行风险甄别和分流，对被税收风险参数和实货验估指令捕中的，实施放行前税收风险排查与处置。

3. 货物放行后

批量开展综合比对分析，进行税收征管要素风险排查或进行税收征管要素风险专项排查或延伸排查。

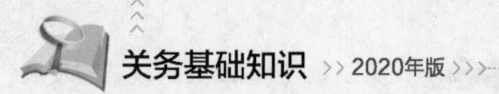
对未发现税收风险的报关单数据予以办结；对存在税收风险的，根据审核结果或审核需要下达相关指令，由业务现场、稽查部门进行相关处置。

对参数、指令和模型的绩效进行评估并改进优化，对涉税要素申报质量进行评估，定期发布商品和行业税收状况分析报告。

【复习思考题】

1. 在全国海关通关一体化运行机制中，风险防控中心的作用是什么？
2. 在全国海关通关一体化运行机制中，税收征管中心的作用是什么？
3. 全国海关通关一体化业务运行模式包括哪些内容？
4. 什么是"一次申报、分步处置"？
5. 企业自报自缴的作用是什么？

第二节　建设关检融合新海关

【学习目标】

本节内容旨在让学习者了解我国海关的最新重大变化和新海关的职能。

完成本节学习，学习者应获得以下成果：

1. 熟悉关检融合的主要内容和主要任务；
2. 了解隶属海关功能化建设的主要内容；
3. 熟悉在全国海关通关一体化改革的基础上实现关检风险业务融合的主要内容；
4. 熟悉通关现场关检综合业务融合的内容；
5. 掌握关检融合整合申报的具体内容；
6. 掌握关检业务"多查合一"的全面融合；
7. 熟悉企业管理关检融合的主要内容。

【基本概念】

关检融合、五个统一、两变两不变、隶属海关功能化建设、关检风险业务融合、通关现场关检综合业务融合、关检融合整合申报、四个一、多查合一、海关企业管理关检融合

【建议学习时间】

2 课时

为认真贯彻执行《深化党和国家机构改革方案》，推进出入境检验检疫管理职责和队伍划入海关总署工作平稳顺利实施，将检验检疫作业纳入全国海关通关一体化整体框架，实现关检业务全面融合，建设中国特色社会主义新海关，海关总署于 2018 年 4 月制定工作方案，规定关检融

合目标、原则与总体思路、主要任务及保障措施等重要事项。

一、关检融合概述

"关检融合"是指将出入境检验检疫管理职责和队伍划入海关总署，这是党中央做出的英明决策。

（一）目标、原则与总体思路

1. 目标

以流程整合优化为主线，以风险集中统一防控为重点，以信息系统一体化为支撑，理顺职责关系，优化职能配置，将检验检疫作业全面融入全国通关一体化整体框架和流程中，实现"统一申报单证、统一作业系统、统一风险研判、统一指令下达、统一现场执法"五个统一。

2. 原则

结合全国海关通关一体化的实际情况，遵循全面融合与平稳过渡相结合、强化监管与简化手续相结合、维护安全与促进便利相结合、防范风险与提升获得感相结合的原则，推进关检业务全面融合。

3. 总体思路

总体工作思路是"两变两不变"，即：

（1）执法内容拓宽，将检验检疫作业融入全国海关通关一体化整体框架和流程中，在"两中心"与现场作业各岗位、各环节中整合检验检疫工作职责与内容；

（2）管理手段延伸，将管理进一步延伸至进出境商品的境外和境内生产、加工、存放、使用单位管理等环节；

（3）业务架构不变，保持全国海关通关一体化"中心—现场式"基本架构；

（4）作业流程不变，保持"一次申报、分步处置"的基本流程。

（二）主要任务

1. 检验检疫风险纳入安全准入风险体系，实施集中统一研判、处置和整体防控

将原检验检疫涉及的口岸公共卫生、生物、进出口商品和食品安全等领域风险防控纳入海关安全准入（含准出，下同）风险体系，实施集中统一研判、处置和整体防控。

2. 将检验检疫作业融入风险防控中心和现场海关作业

（1）审单布控融入

将原检验检疫全国审单布控中心工作并入海关总署一级风险防控中心统一实施。

将原直属检验检疫局审单布控中心工作并入二级风险防控中心实施，必要时可下达指令由现场海关综合业务部门辅助实施纸质单证审核，或由现场海关查验部门核对货证。

（2）现场检务融入

将原检验检疫现场检务部门负责的报检受理、检验检疫单证审核、签证等，并入现场海关综合业务部门负责实施。

（3）现场施检融入

将原检验检疫现场施检部门负责的检验、检疫、查验（核对货证）、鉴定、初筛鉴定、抽样

送检、合格评定、检疫处理监管、拟证等，并入现场海关查验部门负责实施，通过联合作业、委托授权、职责调整等步骤，逐步实现通关监管"查检合一"。

（4）推进检验检疫单证电子化

提高"检验检疫单证审核"信息化系统联网核查的比例，加快推进国际官方间联网核查，实现"签证"互联网服务。

3. 优化作业流程

（1）拓宽申报前的监管服务

进口申报前实施境外预检、境外装运前检验及检验机构监督管理。出口申报前实施出口产地/组货地检验检疫作业，并形成电子底账数据。对国家重点限制和可能影响人体健康、安全、动植物健康的重要敏感商品，如进口废物原料，进口旧机电产品，进口棉花、汽车、玩具、危险品及其包装等，根据其不同的特性，海关通过发布部门规章的形式，依法设定行政相对人资质许可、产品许可等特定管理程序和要求，便于行政相对人在从事相关进出口贸易活动前依法申请办理。

（2）整合申报项目

取消"入境/出境货物通关单""入境/出境货物报检单"。出口申报由信息化系统自动核对出口检验检疫电子底账数据，进口申报电子逻辑校验中增加检验检疫校验参数。

对海关原报关单申报项目和检验检疫原报检单申报项目进行梳理，报关报检面向企业端整合为"四个一"，即"一张报关单、一套随附单据、一组参数代码、一个申报系统"。

（3）扩展"分步处置"内容

统筹规范、优化整合检验检疫作业场所和海关监管作业场所管理。

卫生疫情、动植物疫情等口岸检疫风险，以及按规定必须在口岸实施检验的口岸检验风险等，由口岸海关在"分步处置"第一步中完成现场处置；必须在属地海关监管作业场所进行处置的进口目的地检验风险，由属地海关在"分步处置"第一步中完成现场处置。

可以在属地海关监管作业场所之外进行处置的进口目的地检验风险，以及检验检疫后续监管风险，由属地海关在"分步处置"第二步中完成现场处置。

4. 调整隶属海关功能化建设

承担新的功能及职责，构建新的查验组织形式，整合后续执法措施，配置专门作业人员。

口岸型海关承担进出境运输工具、货物、物品及人员的口岸检验检疫功能与职责；属地型海关承担进口目的地检验、出口产地/组货地检验检疫及后续监管等功能与职责。

实施"查检合一"，研究保留现场查验有特殊专业性要求的岗位设置。

拓展"多查合一"，整合后续监管职责，融合企业稽查、核查、对进入国内市场商品的抽查、进出口商品安全问题追溯调查、对企业遵守检验检疫法规状况的检查等后续执法。

隶属海关综合业务机构配置检验、检疫纸质单证审核和签证人员；口岸型海关查验机构配置施检作业人员；属地型海关设置属地查验机构，配置进口目的地检验、出口产地/组货地检验检疫人员；属地型海关稽查机构配置检验检疫后续监管人员。

5. 整合企业管理

（1）合并企业资质注册登记或备案管理

对通用资质的企业注册登记或备案进行整合；对特定资质的企业注册登记或备案，由相关业

务职能管理部门依职能分别负责。通用资质的企业的注册登记或备案整合，统一由企业管理职能部门负责，如原报关、报检企业注册或备案；对特定资质的企业注册登记或备案，由相关业务职能管理部门依照职能分别负责，如承运海关监管货物企业及运输工具、检验检疫准入企业注册登记或备案等。由企业管理职能部门牵头建设统一的行政相对人管理功能模块，各相关业务职能管理部门通过该模块对行政相对人注册登记或备案实施管理，相关信息共用共享统一发布。

（2）统一企业信用管理

以海关现行企业信用管理制度为主线，整合检验检疫对企业信用的管理要求，形成统一的制度，由海关企业管理职能部门对海关注册或备案企业实施统一的信用管理。以海关现有企业进出口信用管理系统为基础，整合原检验检疫进出口企业信用管理系统有关功能。

总之，在各项作业全面融合的基础上，按照"优化协同高效"的要求，整合优化海关总署和各直属海关有关业务职能管理，推动关检业务深度融合。

二、隶属海关功能化建设

按照全国海关通关一体化关检业务全面融合"两变两不变"的总体思路，在业务架构、作业流程不变的前提下，保持口岸型、属地型、综合型海关的基本功能配置，将出入境检验检疫管理纳入隶属海关功能化建设，在现场作业各岗位、各环节整合检验检疫工作职责与内容，深入推进隶属海关智能化、集约化、专业化、规范化管理，不断完善创新运行机制，差别化设置机构、岗位和配置人员，形成现场一线关检业务协同监管合力。

（一）重新划分隶属海关类型

整合优化隶属海关布局，按照口岸型、属地型和综合型三种类型重新核定隶属海关、办事处等派出机构的功能类型。严控综合型海关的数量，确需定为综合型海关的，要细化为偏口岸综合型海关或偏属地综合型海关。

在功能类型划分基础上，相应增加隶属海关的出入境检验检疫等工作职责。其中，口岸型海关承担进出境运输工具、货物、物品及人员的口岸检验检疫等功能和职责。属地型海关承担进口目的地检验、出口产地/组货地检验检疫及后续监管等功能与职责。综合型海关根据实际需要相应增加上述功能与职责。

落实加工贸易及保税监管通关作业全面实施全国海关通关一体化要求，将加工贸易及保税监管业务纳入隶属海关属地业务进行管理。

（二）实施业务资源整合

各直属海关充分发挥要素资源的集聚效应，在前期推进业务集约化的基础上，进一步统筹资源配置，优化管理流程，推进统一执法，强化整体功能。

1. 结合检验检疫作业场所和海关监管作业场所的清理核查，立足关检原作业场所（场地）建设标准、管理要求、布局特点、设施设置等实际情况，进一步统筹规范、优化整合监管作业场所，强化口岸运行监控，建立统一作业、功能优化、智慧安全的管理体制。

2. 推进海关通关监管领域关检业务融合，实施货物、跨境电商、快件、运输工具、进出境人员行李物品、进出境邮递物品、辐射探测等各通关监管业务领域"查检合一"。推进海关后续

39

管理领域关检业务融合，构建新海关风险防控体系，推动关检企业管理一体化，拓展"多查合一"，整合关检后续监管职责任务，优化后续管理运行机制，提升后续管理效能。

3. 探索卫生检疫、动植物检疫、进出口食品安全、商品检验等出入境检验检疫业务模块的整合，由指定的隶属海关单位承担某一区域的全部或一部分业务，建立各具特色、优势集成的功能型海关。

4. 扩展业务环节整合的范围，加快推进检验检疫单证电子化，将出入境检验检疫的无纸化、电子化执法操作业务纳入整合的内容，进行集约和专业管理。

（三）完善创新运行机制

1. 继续推行业务统一受理，在隶属海关综合业务机构统一设置综合服务窗口，服务范围扩大到检验检疫业务。通过应用新技术，完善联系配合机制，实现"一口（指综合服务窗口）对外受理关区海关和检验检疫业务，一口对外负责海关内部事务协调，一口对外反馈办理结果"。

2. 加大"单一窗口"推广力度，加快"单一窗口"功能在基层海关各个业务领域的应用；积极推进"互联网+海关"建设，按要求将出入境检验检疫政务服务事项纳入海关政务服务事项，进一步推动海关业务网上平台办理，提高"一网通办"水平。

3. 统筹推进综合保障一体化，整合关检保障资源，在落实全面从严治党、党风廉政建设要求的前提下，以有效提升基层综合保障能力为根本目标，结合实际分类开展综合保障一体化改革。

4. 完善内控监督机制，加强岗位和层级控制，落实"选、查、处"三个环节执法相分离、"双随机"机制等相关风险防范制度，防范管理、执法和廉政风险。

（四）整合优化机构和人力资源

1. 科学设置业务岗位

建立以岗位为基本单元的管理机制，将原检验检疫岗位职责融入现场作业流程各业务环节，合理设置口岸、属地型隶属海关单位的业务岗位。

结合实际对岗位进行适当调整和细化，制定符合本单位实际的岗位（职位）说明书，明确各业务岗位，特别是专业性强的检验检疫岗位的管理要求，保障现场业务正常开展。

2. 差别化设置机构

按照全国海关通关一体化作业流程，将现场业务一线原检验检疫科级机构整合到相应的口岸通关管理、属地管理及综合业务科室。企业管理、加工贸易和保税业务量较大或有特殊检验检疫业务功能的隶属海关可单独设置相应的科级机构，通过业务资源整合承担一定区域多个隶属海关的相关业务。

3. 实现关检队伍的深度融合

各直属海关要结合机构改革和隶属海关功能化建设，挖掘人力资源存量，合理调整优化人员配置。按照"人随事走"的原则，原业务现场检验检疫业务队伍融入全国海关通关一体化改革业务流程相应的事中监管、后续监管和综合业务机构中。

三、关检风险业务融合

(一) 调整海关总署风险防控中心职责

基于"两中心、三制度"框架，海关总署风险防控中心在承担原有职责的基础上，实施布控指令细化；全面承接进出境运输工具安全准入分析和防控职责；同时，承接原检验检疫全国审单布控中心负责的审单规则、抽批规则加工加载，以及原检验检疫全国审单布控分中心负责的安控标准、动态风险布控工作。

具体分工如下：

1. 海关总署风险防控中心（北京）

在海关总署建设口岸风险布控中心，海关总署风险防控中心（北京）承办口岸风险布控中心具体事务。

2. 海关总署风险防控中心（上海）

在承担原有职责的基础上，海关总署风险防控中心（上海）承接口岸公共卫生、进境口岸生物及进口食品安全领域安控标准、动态风险布控规则加工加载等工作。

3. 海关总署风险防控中心（青岛）

在承担原有职责的基础上，海关总署风险防控中心（青岛）承接出境口岸生物安全及出口食品安全领域安控标准、动态风险布控规则加工加载等工作。

4. 海关总署风险防控中心（黄埔）

在承担原有职责的基础上，海关总署风险防控中心（黄埔）承接开展进出口商品安全领域安控标准、动态风险布控规则加工加载等工作。

(二) 调整直属海关风险防控中心职责

直属海关风险防控中心在承担原有职责的基础上，承接原直属出入境检验检疫局审单布控中心负责的检验检疫证书电子数据审核和未抽中货物的合格评定，通过指令指挥协调现场海关综合业务部门实施单证审核；开展本关区口岸公共卫生、生物、进出口商品、食品等安全准入风险监控分析，落实对第一进境地或出境地为本关区口岸的货物、运输工具的安全准入风险防控，实施业务调度、流程控制，并开展本关区业务风险防控运行监控；落实本关区业务风险的应急处置要求。

(三) 完善新海关风险作业流程和模式

融合关检风险作业，依托新一代海关风险作业系统，在申报项目整合、查检合一的基础上，完善优化风险作业模式，同步整合归并原海关通道决策、参数、规则、指令和原检验检疫审单规则、抽批规则、安控标准及动态风险布控规则，形成统一的参数、规则和指令体系，实现全流程风险防控，拓展风险防控领域，延伸风险防控环节，丰富风险防控手段。

四、通关现场关检综合业务融合

按照全国海关通关一体化改革，"一次申报、分步处置"通关流程的要求，将原检验检疫现场检务部门作业并入现场海关综合业务部门，实现统一现场执法、优化通关流程、提高通关效率的目标。

海关原现场综合业务部门岗位职责九项，原检验检疫现场检务部门岗位职责十二项，合计二十一项。其中，四项合并，一项删除，两项移除，整合后综合业务部门职责共有十四项。

原检验检疫现场检务部门岗位职责删除一项，即进出口货物的电子放行数据发送；移除两项，即原产地企业备案、管理工作和原产地证签证调查、国外退证查询调查。

整合后现场综合业务部门工作职责共三类十四项。

（一）关检共有并予以保留的业务

1. 报关单修撤，即更改及撤销报关报检业务的审核及受理工作；
2. 办理许可证人工核扣等必要手续的无纸报关单、有纸报关单审核，即进口货物及出口货物受理报检或申报、审单工作；
3. 业务统计，即统计分析和管理、统计核查工作；
4. 理单和档案管理，即检务档案归档及档案管理工作。

（二）海关原有业务

1. 退补税；
2. 联系企业补充提交税款担保等事务性辅助操作；
3. 滞报金、滞纳金征收、减免；
4. 暂时进出境、直接退运等内部核批；
5. 现场验估。

（三）关检融合后新增业务

1. 检验检疫证单的复审、缮制、审校、签发；
2. 空白证单使用；
3. 对已审核通过的原产地证书制证、签字、盖章、发放并归档；
4. 签证印章使用；
5. 实施单证审核和开展未抽中货物的合格评定。

五、关检融合整合申报

按照关检业务全面融合的要求，以便利企业为目的，进一步精简申报项目，参照国际标准，尊重国际惯例，实现单证统一、代码规范、申报系统整合。

整合申报项目主要是对海关原报关单申报项目和检验检疫原报检单申报项目进行梳理，报关报检面向企业端整合形成"四个一"，即"一张报关单、一套随附单证、一组参数代码、一个申报系统"。同步编写并对外发布《关于修订〈中华人民共和国海关进出口货物报关单填制规范〉的公告》（海关总署公告 2018 年 60 号）、《关于修改〈进出口货物报关单和进出境货物备案清单格式〉的公告》（海关总署公告 2018 年 61 号）、《进出口货物报关单申报电子报文格式》（海关总署公告 2018 年 67 号）等公告。

（一）整合申报数据项

按照"依法依规、去繁就简"原则，将原报关、报检单合计 229 个货物申报数据项精简到 105 个。

（二）整合形成新报关单

整合后的新版报关单以原报关单 48 个项目为基础，增加部分原报检内容，形成了具有 56 个项目的新报关单打印格式。

此次整合对进口、出口货物报关单和进境、出境货物备案清单布局结构进行优化，版式由竖版改为横版，纸质单证全部采用普通打印方式，取消套打，不再印制空白格式单证。

（三）随附单证整合

整合简化申报随附单证，形成统一的随附单证申报规范。

（四）参数整合

参照国际标准，实现现有参数代码的标准化。统一八个原报关、报检共有项的代码，包括国别（地区）代码、港口代码、币制代码、运输方式代码、监管方式代码、计量单位代码、包装种类代码、集装箱规格代码。

具体参数代码详见海关总署门户网站→在线服务→通关参数→关检融合部分通关参数查询及下载。

（五）申报系统整合

形成一个统一的申报系统，用户从"互联网+海关""单一窗口"进入。

六、关检业务"多查合一"全面融合

整合关检后续监管职责，构建集约化、专业化的后续管理模式。

后续监管集约化，是指将后续涉企稽查、核查、对进入国内市场商品的抽查、对进出口商品安全问题的追溯调查、对企业遵守检验检疫法规状况的检查等后续执法，交由稽查部门实施；后续监管关检业务融合，是指在全国通关一体化整体框架内，将原海关后续监管中的各类稽查、核查、贸易调查等，与原检验检疫的卫生检疫、动植物检验检疫、商品检验和食品安全监管等业务条线下的后续监管作业项目进行全面融合；运行机制优化，是指稽查部门对海关后续监管涉企执法检查，做到统一指令接收、统一组织实施、统一结果反馈、统一作业标准。

（一）海关后续监管职责统一归口

稽查部门是海关货物放行后涉企检查的归口管理部门，根据法律授权履行下列海关后续监管职责：

1. 企业稽查、减免税核查、保税核查、贸易调查；
2. 一般贸易涉税要素核查；

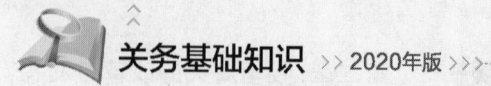

3. 统计核查、企业注册信息核对及其他国家海关机构外事协助核查等执法活动中的外勤核查职责。

走私个案开展的协查和执法互助仍由缉私部门负责。

（二）原检验检疫后续监管职责统一归口

稽查部门根据法律法规及海关总署相关规定统一履行下列检验检疫后续监管职责：

1. 对进入国内市场商品的抽查；

2. 进出口商品安全问题的追溯调查；

3. 对企业遵守检验检疫法规状况的检查。

（三）整合优化运行机制

采用企业稽查、核查两种作业方式，建立完善指令标准，统一规范稽（核）查作业流程和标准。

1. 统一指令接收

海关总署各部门向海关总署"两中心"提交管理要求或指令建议，经"两中心"分析研判后，转化为稽（核）查指令。

直属海关各部门或隶属海关向本关区二级风险防控中心提交管理要求，经二级风险防控中心分析研判后，转化为稽（核）查指令或提交至海关总署风险防控中心的稽（核）查指令建议。

直属海关稽查部门负责统一接收稽（核）查指令。

海关总署和直属海关稽查部门可直接下发稽（核）查指令。

2. 统一组织实施

直属海关稽查部门受理稽（核）查指令，统筹整合指令中的稽（核）查对象、承办单位、实施时间等要素，确定作业开展方式，下发至稽（核）查承办单位执行。

对于直属海关稽查部门接收的指令，风险要素复杂、数额较高、社会影响较大、安全准入和税收风险突出等情况一般按稽查方式开展作业，其他按核查方式开展作业。

3. 统一处置反馈

稽（核）查作业完成后，由直属海关稽查部门向指令发出部门统一反馈稽（核）查处置结论或作业结果。

4. 统一作业标准

推进稽（核）查指令标准化、作业标准化、处置标准化、反馈标准化，形成标准化作业表单，明确执法标准和要求，嵌入稽查作业管理系统之中，促进统一规范执法。

七、海关企业管理关检融合

全面贯彻"以企为本、由企及物"管理理念，将原检验检疫企业注册登记或备案和信用管理全面融入海关企业管理一体化整体框架和统一平台中，实现统筹开展企业资质管理和归口实施企业信用管理，做到三个统一：

1. 统一通用企业资质

企业报关报检资质合并，实现企业通用资质的合二为一，降低企业制度性交易成本。

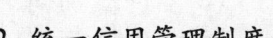

2. 统一信用管理制度

海关实施统一的企业信用管理制度，实现对企业信用的统一认定和信用管理措施统一落实。

3. 统一系统管理平台

建立海关统一的行政相对人管理功能模块，在一个平台上办理企业注册登记或备案手续，实现信息共享共用，完善海关企业进出口信用管理系统。

（1）合并企业资质注册登记备案管理

对通用资质的企业注册登记或备案进行整合，统一由企业管理职能部门负责；对特定资质的企业注册登记或备案，由相关业务职能管理部门依职能分别负责。由企业管理职能部门牵头建设统一的行政相对人管理功能模块，各相关业务职能管理部门通过该功能模块对行政相对人注册登记或备案实施管理，相关信息共用共享、统一发布。

将自理报检企业合并为进出口货物收发货人，将代理报检企业合并为报关企业，将报检从业人员合并为报关从业人员。

（2）统一企业信用管理

以海关现行企业信用管理制度为主线，整合检验检疫业务的企业信用管理要求，形成统一的制度，由海关企业管理职能部门对海关注册登记或备案企业实施统一的信用管理。以海关现有企业进出口信用管理系统为基础，整合原检验检疫进出口企业信用管理系统有关功能。

修订《海关认证企业标准》，整合原检验检疫企业信用管理规章制度的相关规定，针对不同类型的企业制定差异化认证标准，采用"1+N"的形式，"1"为通用标准，"N"为单项标准。

（3）简化和优化报关单位注册登记

自2018年10月29日起，企业在互联网上申请办理报关单位注册登记有关业务（含许可、备案、变更、注销）的，可以通过"单一窗口"标准版（网址：http：//www. singlewindow. cn/）的"企业资质"子系统或"互联网+海关"（网址：http：//online. customs. gov. cn/）"企业管理"子系统填写相关信息，并向海关提交申请。申请提交成功后，企业需到所在地海关企业管理窗口提交申请材料。

新上线的注册登记系统对报关单位情况登记表有关填报事项进行了精简。自2018年10月29日起，对完成注册登记的报关单位，海关向其核发的海关报关单位注册登记证书自动体现企业报关、报检两项资质，原出入境检验检疫报检企业备案表、出入境检验检疫报检人员备案表不再核发。

2018年10月29日前，海关或原检验检疫部门核发的出入境检验检疫报检企业备案表、出入境检验检疫报检人员备案表继续有效。

企业可以通过"单一窗口"或"互联网+海关"查询本企业在海关的注册登记信息。

【复习思考题】

1. 什么是"关检融合"，为什么要进行"关检融合"改革？
2. 隶属海关分为哪些类型，功能有何不同？
3. 如何实现关检业务风险管理的融合？
4. 通关现场综合业务融合的效果是什么？
5. 关检融合整合申报的内容和效果是什么？

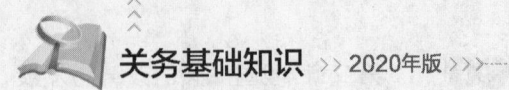

6. "多查合一"中的"查"包括哪些内容?

7. 企业管理如何实现关检融合?

第三节　全面深化新海关改革

【学习目标】

本节内容旨在让学习者了解我国《海关全面深化业务改革2020框架方案》的整体设计。

完成本节学习,学习者应获得以下成果:

1. 了解《海关全面深化业务改革2020框架方案》的背景与重点任务;

2. 熟悉海关"两步申报""两段准入"改革的重点内容。

【基本概念】

两步申报、两轮驱动、两段准入、两类通关、两区优化

【建议学习时间】

2课时

按照中央部署,2018年4月关检融合为新海关。为落实习近平总书记关于机构改革"不光是改头换面,还要脱胎换骨"的重要指示,在关检融合"改头换面"和完成"五个统一"的基础上,进一步全面深化海关业务改革,这既是全国海关通关一体化改革在重点领域和关键环节的延续和深化,也是新时代海关应对新形势、新挑战、新机遇的必然要求。为深化全国海关通关一体化改革,建设新时代中国特色社会主义新海关,深入推进海关治理体系和治理能力现代化,海关总署于2019年3月印发《海关全面深化业务改革2020框架方案》(以下简称《2020框架方案》)对深化改革进行部署。

一、《2020框架方案》概述

《2020框架方案》共四个部分:一是"总体要求",包含指导思想、原则和目标等;二是"主要内容",包含改革现行申报制度、实施"两步申报",改革风险防控方式、实现"两轮驱动",改革监管作业方式、实行"两段准入",改革寄递通关模式、形成"两类通关",改革特定区域监管模式、推进"两区优化"五方面改革举措;三是"配套制度与保障机制",包含健全完善改革配套制度、保障机制等12项措施;四是"推进步骤",按照2019年和2020年两个时间段分步推进。

(一) 总体要求

以习近平新时代中国特色社会主义思想和党的十九大精神为指导,增强"四个意识"、坚定"四个自信"、做到"两个维护",践行以人民为中心的发展思想和总体国家安全观,紧扣重要战

略机遇新内涵，坚持底线思维，提高防控能力，推进政治建关、改革强关、依法把关、科技兴关、从严治关，以"统一执法、分类施策、精准监管、协同高效"为原则，在全国通关一体化框架下，持续推进重点领域和关键环节改革，到2020年，建立高效便捷的申报制度、协同优化的风险管理制度、衔接有序的监管作业制度、统一规范的通关制度、自由便利的特定区域海关监管制度，形成符合新职能需要的监管制度体系。

（二）主要内容

1. 改革现行申报制度，实施"两步申报"

适应国际贸易特点和安全便利需要，企业无须一次性提交全部申报信息及单证，第一步凭提（运）单概要申报即可提货，第二步在规定时间内进行完整申报。

第一步概要申报，企业凭提单信息，提交满足口岸安全准入监管需要等必要信息进行概要申报，无须查验的货物即可放行提离，涉税货物需提供有效税款担保。

第二步完整申报，企业自运输工具申报进境之日起14日内，补充提交满足税收征管、合格评定、海关统计等整体监管需要的全面信息及单证。

基本流程：舱单提前传输→第一步概要申报→准入检查→货物提离→第二步完整申报→办理相关手续→结关。

实施"两步申报"的同时，继续保留"一次申报"模式，企业可自主选择。海关特殊监管区域境外入区货物适用"两步申报"。

2. 改革风险防控方式，实现"两轮驱动"

以随机抽查掌控风险防控覆盖面，以精准布控靶向锁定风险目标，构建随机抽查与精准布控协同分工、优势互补的风险统一防控机制。

实施科学随机抽查。依据科学抽样原理和方法，建立跨部门随机抽查决策机制，综合国别、航线、口岸和相关政策特殊需要等，建立随机抽查规则，形成覆盖全面、评估客观、震慑有力、规则相对稳定的随机抽查模式。

提升精准布控水平。依托大数据、情报信息、人工智能和专家研判等，强化人工风险分析，突出布控精准性；强化布控指令运行评估，注重布控有效率。对风险目标实施精准识别，建立实现精准打击的风险布控规则。

强化风险协同防控。业务职能部门根据职责和管理需要，负责提出风险规则需求并规范检查要求。风险管理部门统筹海关各业务职能部门的相关需求，组织开展风险分析、下达布控指令，及时对内发布风险预警。直属海关、隶属海关根据辖区口岸特点，加强风险信息收集，畅通布控需求渠道，强化布控指令执行，完善执行反馈机制。

3. 改革监管作业方式，实行"两段准入"

将进口货物准予提离口岸监管作业场所视为口岸放行，以口岸放行为界，根据是否允许货物入境和是否允许货物进入国内市场销售或使用，分段实施货物准予提离、货物准予销售或使用监管。

在卡口前实施货物准予提离监管。禁限管制（核生化爆、毒品等）、重大疫情、高风险商品安全出现异常等重大紧急或放行后难以管控的风险，以及法律、行政法规有明确要求的，须在口岸放行前实施"货物准予提离"监管。

口岸不具备监管条件的隔离检疫、冷链仓储、粮谷加工、危险货物及其包装检验等，可在卡口外海关指定场所实施货物准予提离监管。

在货物准予提离监管中，对检查结果符合规定方可提离的口岸检查货物，实施合规提离；对无须等待检查结果可予提离的口岸检查货物，实施附条件提离，检查结果确定前不准销售或使用。

在风险可控的条件下，探索对附条件提离的鲜活易腐等货物准予销售或使用，发现问题须及时召回。

在卡口后实施货物准予销售或使用监管。非高风险商品检验、风险可控的检疫等其他准入风险可在口岸放行后实施货物准予销售或使用监管。货物准予销售或使用监管可在口岸放行前与货物准予提离监管合并实施。

4. 改革寄递通关模式，形成"两类通关"

逐步将邮寄、快递、跨境电商纳入全国通关一体化，针对邮寄、快递的物品及该渠道的小批量、多批次货物，统一规范通关模式，形成货运渠道和寄递渠道"两类通关"。

统筹系统建设。集成整合邮寄、快递渠道现有信息化系统，推进实现货运渠道和寄递渠道数据互联互通、监管协同联动。

规范通关监管。将C类快件纳入货物的一体化通关管理。推进邮件和A类、B类快件通关整合。根据寄递渠道特点设置差异化申报要求，简化申报项目。推动企业向海关全面开放交易、支付、物流等数据，获取原始数据，强化数据验证。对接邮政、快递、仓储、场站等企业生产作业系统，布控查验指令直接作用于生产分拣线，自动挑拣检查目标。

健全管理机制。建立健全寄递渠道监管制度。推动建立寄递渠道跨境电商统计机制。推动对寄递收发件人实施海关信用管理。

5. 改革特定区域监管模式，推进"两区优化"

优化海关特殊监管区域和自贸试验区海关监管制度，发挥海关特殊监管区域开放型经济重要平台和自贸试验区试验田作用。

优化海关特殊监管区域管理。区内以电子账册和稽核查管理为主要方式，简化业务核准手续，全面推广企业自主备案、自定周期、自主核报、自主缴税；依托生产加工企业ERP系统、仓储物流企业WMS实施联网监管、账册自动审核、自动核销，基于数据监测和风险分析对异常线索开展稽核查。厘清卡口管理职责，明确功能定位，强化信息采集触发功能。检疫及出境检验的口岸查验、高风险入境检验在"一线"实施，非高风险入境检验在"二线"实施。对"二线"入（出）区货物，在风险可控的条件下，实施分送集报管理。简化区内、区间保税货物流转手续，实现数据自动比对。

优化自贸试验区海关监管制度。加快建设具有国际先进水平的"单一窗口"，率先在自贸试验区推广应用"单一窗口"创新功能；对自贸试验区内的海关特殊监管区域内企业，试点取消工单核销和单耗管理；在自贸试验区内探索创新服务贸易海关监管制度。

（三）配套制度与保障机制

1. 配套制度

（1）完善舱单管理制度。优化运输工具申报管理，并与舱单管理有效衔接，落实运输工具

负责人申报义务和法律责任。健全并落实舱单管理规定，进一步明确承运人及货运代理人等舱单传输人的传输义务和法律责任。细化运输工具及舱单管理有关处罚程序和标准。将相关责任主体纳入海关信用管理体系。

（2）完善海关担保制度。建立健全总担保制度。扩大担保主体范围，推广应用企业增信担保、企业集团财务公司担保等方式。对符合条件的高级认证企业自动免除税款担保。拓展海关事务担保领域。

（3）完善提前申报制度。加强与口岸相关部门和运营单位的协同，依托"两步申报"，支撑进口提前申报，推动实现进口卸货直提；完善出口提前申报管理，在符合条件的口岸实现运抵直装。

（4）完善主动披露制度。建立健全主动披露相关管理制度，结合企业资信和行为分析，完善主动披露的认定、处置等程序和要求。建立自报自缴容错机制，对企业自行发现并提出修正申请的涉税申报错误，经海关认定确属工作差错的，不作为案件线索移交。

（5）建立货样预裁定制度。优化预裁定实现方式，应企业申请，海关对进口货样实施检验及归类、原产地等确定，其结果可用于后续相同货物批量进口监管依据。

（6）完善加工贸易监管制度。基于信用管理，构建集中审核、实地稽核查、协同监管"三位一体"的新时代加工贸易监管制度体系。优化以企业为单元的监管模式，实施全程电子化管理。

2. 保障机制

（1）加强法律法规保障。依法推进改革。根据改革进程，做好法律规范立改废释工作，健全海关法律法规体系。

（2）优化职能实现方式。厘清职能管理和执行管理边界，推动职能归口管理。建立第三方检验结果采信制度，检验结果适用于全国。实施直属海关稽查集约化、核查属地化管理。统筹行政处罚事项，优化管理机制。建立健全维护海关现场执法权威的相关制度。加快推进口岸安全风险联防联控机制建设。

（3）突出科技支撑作用。将 H2010 通关系统、e-CIQ 主干系统功能整合到新一代海关信息系统。提升监管装备科技水平，全面开发应用智能审图等技术，加快研发快速、准确、高通量的进出口检验检测方法。统筹全国实验室资源，优化功能布局，推进检测结果实时反馈、共享共用。健全信息资源、系统应用功能目录管理，支持全国海关调用信息资源、使用相关功能。

（4）强化大数据应用。以企业和相关自然人为基础，科学规范收集数据信息，构建完善的海关大数据池；保障数据安全，推进数据资源整合和开放共享；强化大数据应用基础建设，丰富和升级大数据分析工具，建立国内领先的大数据应用平台；全领域加强大数据应用，提高海关洞察力。

（5）建立业务指标体系。统筹制度规范和技术标准，推进基础业务数据标准化，加强数据质量管控，建立全国海关统一的业务指标体系，区分核心指标、一般指标等属性，实施目录管理，由一个部门统筹发布。深化隶属海关功能化改造，统一全国海关业务岗位设置，实施目录管理，明确各岗位职责及其对应的信息化系统角色权限，统一维护、自动授权。

（6）完善业务运行监控。依托监控指挥中心，分级建设运行监控平台，实行"综合部门定标、职能部门定需、全员分级应用"的运作模式，承担通关全过程全领域运行状况监控展示、

辅助指挥、内控监控、督办问效、应急管理及重大活动运行保障等职责，及时发现、分析、处置现场通关异常、违规操作、管理不当、突发事件等情况，全链条监督制约权力运行。

（四）推进步骤

按 2019 年和 2020 年两个时间段，有步骤、有重点地推进改革任务落实。

2019 年：在全国通关一体化整体框架下，研究制定各项改革的实施方案。其中，申报制度、风险防控、分段准入三项改革互为支撑，完成流程设计和系统改造，率先启动试点并一揽子协同推进；推进邮件和 A 类、B 类快件通关整合，将 C 类快件纳入货物的一体化通关管理；研究细化特定区域监管改革举措，其中"两步申报"可在自贸试验区先行先试；相关配套保障改革举措取得实质性进展。

2020 年：相关改革在试点基础上适时在全国海关推广；形成货运渠道和寄递渠道两类通关模式并行的通关格局；实现海关特殊监管区域和自贸试验区监管制度"双优化"。形成职能优化、管理协同、运行高效的新海关业务管理体系。

目前，"两步申报"改革已于 2019 年 8 月在部分海关试点，2020 年 1 月在全国推广。"两段准入"改革已于 2019 年 11 月 15 日起实施。"两轮驱动"改革已于 2019 年底在海关内部实施。"两类通关""两区优化"改革正有序推进。限于本教材篇幅，下面仅对与报关企业密切相关的"两步申报""两段准入"加以介绍。

二、"两步申报"

2019 年 6 月 10 日，国务院常务会议提出，"要按照推动更高水平对外开放的要求，继续简化一体化通关流程，实施进口概要申报+完整申报的'两步申报'通关模式改革，大幅压缩通关时间。""两步申报"是国务院常务会议确定启动的海关通关模式改革，是"新海关 2020 改革"的核心，是具有牵引性的改革项目。在"两步申报"通关模式下，企业不需要一次性提交全部申报信息及单证，整个申报过程可以分两步进行。

第一步概要申报（也称提货申报）：企业凭提单（舱单）信息，提交口岸安全准入需要的相关信息进行概要申报，此时企业须向海关申报进口货物依法是否需要监管证件、是否需要检验检疫、是否需要缴纳税款，并按照规定填制相应项目［申报项目可概括为"9+2+N"（申报 9 个基础项目、确认 2 个物流项目，如果涉证、涉检分别补充相应申报项目），详见以下"（三）主要作业流程"中的"概要申报"描述］。概要申报环节企业无须上传随附单据。对于概要申报的以报关单满足海关风险排查处置要求，无须人工审核处置及货物已实际运抵的，系统自动允许货物提离海关监管作业场所（场地）。概要申报阶段，海关主要针对货物安全准入事项进行风险排查处置，一般不对税收风险进行审查确认。特殊情况下，如海关认为在货物放行后无法进行稽核查或追补税等情况的，在概要申报阶段也可对税收要素进行风险排查处置。

第二步完整申报：企业在概要申报货物提离后，运输工具申报进境之日起 14 日内在概要申报信息的基础上补充完成完整申报信息，补充提交满足税收征管、海关统计等所需要的相关信息和单证，并按规定完成税款缴纳等流程。完整申报阶段，海关主要解决税收征管、统计等事宜。

实施"两步申报"模式的同时，继续保留"一次申报、分步处置"模式，企业可根据自身情况及需要自主选择申报模式。"两步申报"与"一次申报、分步处置"申报模式的主要区别有：一是"时点申报"变为"过程申报"，企业不必一次性填报完整，而是根据掌握的信息分步填报，概要申报环节仅申报"9+2+N"，其他项目在完整申报补充；二是货物提离加快，第一步概要申报后，如果货物不需要查验，即可将货物提离海关监管场所；三是税收担保创新，依托社会信用体系，建立概要申报的担保制度，高级认证企业可向海关申请免除担保；四是监管理念转变，秉承"告知承诺制"，企业在概要申报阶段自行确认是否涉证涉检涉税，这一确认行为视同企业向海关做出守法承诺。

（一）"两步申报"模式需要满足的条件

境内收发货人信用等级是一般信用及以上；经由试点海关实际进境货物；涉及的监管证件已实现联网核查。

此外，试点企业需要具备在电子口岸进行报关单录入、暂存、查询、申报等权限，即采取"两步申报"模式的企业需要具备无纸化报关资格。

（二）"两步申报"模式适用货物类型

"两步申报"仅适用进口货物。试点期间，转关业务暂不适用"两步申报"模式。另外，在概要申报阶段已发生滞报的，以及概要申报提离货物后未在运输工具申报进境之日起14日内完成完整申报的、未使用新舱单系统及新查管系统的、未使用金关二期备案加贸手册的情况均不适用两步申报模式。

（三）主要作业流程

以报关单申报及报关单放行为时间节点，可将"两步申报"分解为以下三个步骤。

1. 申报前

（1）舱单提前传输

在报关单申报前，舱单传输义务人必须按照《关于调整水空运舱单管理相关事项的公告》（海关总署公告2019年144号）规定的时限和填制规范通过"单一窗口"或"互联网+海关"一体化办事平台向海关传输舱单数据。对于不符合舱单填制规范的，海关作业系统退回舱单传输义务人，让其修改。

在得到进境运输工具启运信息后，海关即依据企业、运输工具轨迹、物流等相关信息启动风险甄别，根据随机布控和人工精准布控来确定风险处置对象，由风险防控部门、现场海关对应岗位排查处置相关风险。对需要处置的风险，在申报前即可锁定并通过舱单布控等方式确认及排除风险。

（2）监管证件及涉检信息办理

进口货物有监管证件管理要求的，企业应在申报前根据相关规定办理进口所需的监管证件。进口货物涉及检疫准入、境外预检、境外装运前检验等需在进口申报前实施检验规定的，相关企业应在申报前根据规定办理相关手续，取得相应的进口批准文件及证明文件。

（3）税款担保备案

对应税货物，鉴于概要申报时无法确定最终需缴纳的税款，为便于企业在概要申报后即可提离货物，企业需在概要申报前完成税收担保备案，并在概要申报时提供相应的担保信息。担保备案由进口企业属地直属海关受理，直属海关同时审定担保方式和担保额度（额度标准参考企业上年度月均纳税额或单月最大纳税额；新注册企业根据企业自报的年度进口计划审定）。进口货物属于特定及临时减免税的且进口时尚未办妥相应减免税手续的，减免税货物进口人应在概要申报前按照现行规定向减免税主管地海关申请办理减免税审核确认手续及在注册地直属海关办理税款担保手续。高级认证企业可向注册地直属海关申请免除担保。

2. 申报后放行前

进口货物在舱单传输义务人按照规定向海关传输后，即可办理概要申报。涉及监管证件、涉检信息办理及税费缴纳等情况的需要提前办妥相关手续。

（1）概要申报环节（报关单申报到货物提离）

基本流程：概要申报→风险甄别排查处置→监管证件比对→通关现场作业→允许货物提离→货物提离。

①概要申报

企业进行概要申报时需先确定，申报进口货物是否属于禁限管制（简称"涉证"），是否需要实施检验或检疫（简称"涉检"），是否需要缴纳税款（简称"涉税"），并如实申报。根据是否涉证、涉检、涉税，确定相应的概要申报项目。报关单不属于禁限管制证件、不属于依法需检验或检疫、不属于涉税的，企业只需申报九个基础项目（见表2-4），确认涉及物流的两个项目（见表2-5）；报关单仅涉监管证件的，在九个基础项目和两个物流项目基础上需再增加申报两个项目（见表2-6）；报关单仅涉检的，在九个基础项目和两个物流项目基础上需再增加申报五个项目（见表2-7）；报关单仅涉税的，在九个基础项目和两个物流项目基础上须选择符合要求的担保备案编号。

表2-4 概要申报的九个基础项目

序号	申报项目	项目名称	填报方式
1	企业信息	境内收发货人	必填
2	运输信息	运输方式/运输工具名称及航次号	必填
3		提运单号	必填
4	监管方式	监管方式	必填
5	货物属性	商品编号（六位）	必填
6		商品名称	必填
7		数量及单位	必填
8		总价	必填
9	国别（地区）信息	原产国（地区）	必填

注：境内收发货人及货物属性栏目是海关监管的最基本要素。对于进口货物，海关作为监管部门需要知道是谁进口的，进口什么货物，才可与后续的监管措施匹配。同时境内收发货人还用于确定申报的法律主体。总价填报同一项号下进口货物的实际成交商品总价和币制，概要申报时无法确定实际成交商品总价的可以填报预估总价，在完整申报时自行按照实际情况修改。运输信息栏目用于关联舱单，海关风险部门可以据此开展舱单等物流轨迹分析，是货物卡口放行的关键信息。监管方式是电子审单判别的关键项目，用于判断货物是否涉税及其他货物关键属性等信息。国别（地区）信息用于判别货物是否来自疫区以及落实贸易管制措施、关税国别待遇等措施。

表2-5　企业提离货物所需的两个物流项目

序号	来源	项目名称	填报方式
1	舱单自动获取，企业确认	毛重	确认
2		集装箱号	确认

注：毛重用于核销舱单，并与集装箱号共同完成卡口放行，允许货物提离。

表2-6　涉及监管证件需增加的两个申报项目

序号	申报项目	项目名称	填报方式
1	监管证件号	许可证号/证件编号	必填
2	集装箱信息	集装箱商品项号关系	必填

注：监管证件号在概要申报环节用于比对真伪但不对具体项目进行核对。完整申报环节再进行证件内容的核查及核扣。

表2-7　涉及检验检疫需增加的五个申报项目

序号	申报项目	项目名称	填报方式
1	商品信息	产品资质（产品许可/审批/备案）	必填
2		商品编号（13位）	必填
3		货物属性	必填
4		用途	必填
5	集装箱信息	集装箱商品项号关系	必填

注：产品资质（产品许可/审批/备案）用于进口货物准入审核。商品编号（13位）用于抽批规则。货物属性用于部分产品的抽批，如危险品、危化品等。其用途为细化海关查验指令。

概要申报项目中，商品编号（六位）填报《税则》和《中华人民共和国海关统计商品目录》（以下简称《海关统计商品目录》）确定编码的前六位。需要注意，当货物涉检时需申报十位商品编号且一并申报对应的检验检疫名称；数量及单位填报成交数量、成交计量单位；总价填报同一项号下进口货物实际成交的商品总价格和币制，如果无法确定实际成交商品总价格则填报预估总价格。概要申报其他项目填制要求按照《海关总署关于修订〈中华人民共和国海关进出口货物报关单填制规范〉的公告》（海关总署公告2019年18号）执行。

企业通过"单一窗口""互联网+海关"一体化办事平台进行概要申报后，系统对申报要素进行规范性、逻辑性检查，对舱单、监管证件、担保等进行校验，符合条件的，海关接受申报；在完成概要申报后，企业通过"单一窗口"收到"补充申报"回执的，表明海关无法通过现有信息做出是否可予安全准入的判断，相关企业应在运输工具申报进境之日起14日内一次性完成完整申报。其他不符合概要申报条件的，系统自动退单。

海关接受概要申报，企业发现概要申报项目有误的，按照系统程序设置不允许修改，此时应向海关提交撤销概要申报申请，撤销报关单后重新申报。

②风险甄别排查处置

海关风险防控、税收征管部门按照分工实施全过程风险防控，综合运用包括大数据在内的多种手段，全面收集整理各类风险信息（包含情报、企业信用、预警通报等），根据安全准入要求，构建风险研判模型，加工风险规则，按照处置环节分别作用于舱单管理和通关作业管理等系统。海关风险防控部门对安全准入风险进行甄别，下达货物查验指令并由海关现场查验岗实施查验，或下达单证作业指令并由海关综合业务岗实施单证作业。口岸海关在货物提离海关监管作业场所（场地）前按照指令要求完成货物准予提离风险排查处置，目的地海关在货物提离后按照指令要求完成货物准予销售或使用风险排查处置。特殊情况下，对放行后无法顺利稽核查或追补税等作业程序的重大税收风险参数命中报关单，也可在概要申报阶段由税收征管局进行放行前税收风险排查处置。

③监管证件比对

涉及监管证件且实现联网核查的，系统自动进行电子数据比对。概要申报阶段，海关系统仅对监管证件、证号是否有效进行判断，不对证件内容进行比对。

④通关现场作业

通关现场作业主要包括现场单证作业及货物查验与处置环节。

现场单证作业。申报地海关综合业务岗根据指令要求进行单证作业，进行人工审核。如许可证件未能实现系统自行比对，校验失败的；需要人工检务处理的；修理物品和租赁贸易、货样广告品等特定监管方式需要转人工审核等情况的。

货物查验与处置。口岸海关查验岗按照指令要求对货物进行查验。完成查验且无异常的，人工审核通过；查验异常的按异常处置流程处置。

如无单证作业及查验指令的，由系统自动完成审核。多数概要申报报关单无须经过通关现场作业环节。

⑤允许货物提离

对系统或人工审核通过的报关单，允许货物提离。

⑥货物提离口岸监管作业场所（场地）

允许提离货物，系统向监管作业场所（场地）卡口发送放行信息，向企业发送允许货物提离信息，企业办理货物提离手续。

需要特别注意的是，进口货物准予提离，是指货物可由企业自行运输出海关监管作业场所，并非意味着海关对货物做出放行的决定，对货物提离后有目的地检查要求、监管证件核销、合格评定等要求的，必须待海关通知后方可销售或使用。可参见下述关于"两段准入"的描述或海关总署 2019 年 160 号公告。

（2）完整申报环节（完整申报到报关单放行）

进口企业完成概要申报货物经海关允许提离后，在自运输工具申报进境之日起 14 日内应完成完整申报，办理缴纳税款等其他通关手续。未在规定期限内办理完整申报的，该票单据将因违反海关规定取消两步申报资格甚至引起相应处罚。

基本流程：完整申报→风险排查处置→监管证件比对核查、核扣→计征税费→通关现场作业→报关单放行。

①完整申报

完整申报是针对概要申报报关单的补充申报。完整申报项目填制要求按照《海关总署关于修订〈中华人民共和国海关进出口货物报关单填制规范〉的公告》（海关总署公告 2019 年第 18 号）执行。企业在运输工具申报进境之日起 14 日内向接受概要申报的海关补充申报报关单完整信息及随附单证电子数据，即在完整申报环节，补充除概要申报阶段已经申报的"9+2+N"之外的信息即可。除上述形式的补充申报外，还可能存在在概要申报阶段货物提离前系统即提示需要补充申报的情形，此时应按照要求完成全部申报即完整申报所需要的信息。完整申报之后海关作业系统将对申报信息进行规范性、逻辑性检查，不符合条件的，例如在完整申报环节，海关计算机系统判别发现企业在概要申报阶段的是否涉证、是否涉检、是否涉税等选项选择有误的，系统即会自动退单；符合申报条件的，海关接受完整申报。

针对境外进入海关特殊监管区域保税货物采用"两步申报"的，先概要申报，后申报保税核注清单并生成完整申报的报关单。第一步概要申报环节不使用保税核注清单，第二步完整申报时，企业从金关二期加贸系统录入或导入核注清单，在核注清单表头填写已放行的报关单号，核注清单预审核通过后，自动生成报关单草稿数据，在"单一窗口"中查询核注清单生成的完整申报的报关单草稿，并进行补充修改，提交完整申报。

另外，按照海关"两步申报"模式系统设计，企业可在"两步申报"模式下选择一次性完整申报的方式，即企业一次性完成报关单全部申报要素及随附单证电子信息的提交确认。此时，海关将分步进行风险甄别排查处置，先甄别排查处置安全准入风险并允许货物提离，后分析处置税收风险完成报关单放行。该"两步申报"下一次性完整申报方式与"一次申报、分步处置"的一次性申报的重要区别在于前者需要事先提供担保，提供担保后缴税放行前货物即可提离，而提供担保不是后者的必备条件。

完整申报报关单审结后，允许报关单修改和撤销。报关单的修改与撤销操作与现行"一次申报、分步处置"模式相同。

②风险排查处置

对完整申报的报关单，海关税收征管局、风险防控局开展税收等风险甄别和排查处置，各直属海关风险防控部门对税收风险进行甄别，以上两级海关机构根据甄别及排查的结果下达单证验估指令或稽（核）查指令，交现场海关执行并反馈。

③监管证件比对

涉及监管证件且实现联网核查的，系统自动进行电子数据比对核查、核扣。比对方式同现行的"一次申报、分步处置"申报模式。

④计征税费

企业利用预录入系统的海关计税（费）服务工具计算应缴纳的相关税费，并对系统显示的税费计算结果进行确认，在收到海关通关系统发送的回执后，自行办理相关税费缴纳手续。确认及缴纳税费的方式同现行的"一次申报、分步处置"申报模式。

税款缴库后，企业担保额度自动恢复。如概要申报时选择不需要缴纳税款，完整申报时经确认为需要缴纳税款的，企业应当按照进出口货物报关单撤销的相关规定办理。

⑤通关现场作业

现场作业指令来源于上述"风险排查处置"环节的税收征管局、风险防控部门开展税收等风险甄别和排查处置结果。申报地海关验估岗根据税收征管局指令进行单证验核（主要对部分重点敏感报关单归类、完税价格、原产地等涉税关键要素进行核实），留存有关单证、图像等资料，进行人工审核；申报地海关综合业务岗根据风险防控部门指令要求进行单证作业（如针对证件实施人工验核等），进行人工审核；无单证审核要求的，系统自动审核。多数完整申报报关单无须经过通关现场作业环节。其中，经过申报地海关验估岗人工处置的报关单多为重大涉税风险报关单。

⑥报关单放行

对系统自动审核通过或经人工审核通过的完整申报报关单，系统自动完成放行。

3. 放行后

海关风险防控部门放行后的报关单对经甄别需通过稽（核）查指令予以处置的事项，下达稽（核）查指令。海关税收征管局根据职责对放行后报关单实施研判处置。属地海关稽（核）查部门根据税收征管局、风险防控部门稽（核）查指令开展作业。申报地海关现场验估岗位按照税收征管局的要求开展放行后验估作业，统计部门负责报关单数据质量控制，开展运行监控，做好统计复核和数据质量防控。

相关企业需要特别注意，海关对完整申报报关单的放行不意味着在放行后不再对报关单进行复核，该环节与"一次申报、分步处置"模式一致。企业在此环节如遇海关后期进行稽核查、验估等，应做好相应配合工作。

三、"两段准入"

为适应国际贸易供应链物流特点，以口岸放行为界厘清"两段"的分界点，综合考量风险类型、等级以及紧急状况，通过区分不同监管作业环节、不同作业要求实施"两段准入"，第一段货物准予提离类风险须在口岸放行前处置，第二段货物准予销售或使用类风险在口岸放行后处置，既保证安全准入风险有效防控，又促进口岸快速通关。通过实施"两段准入"，解决改革前海关监管力量过于集中在口岸放行前处置，不利于口岸快速通关和监管资源合理配置等问题。"两段准入"非必须在"两步申报"模式下实现，"一次申报、分步处置"申报模式报关单也可施行"两段准入"。

（一）货物准予提离（第一段）

进口货物属于下列情形之一的，凭海关通知准予提离进境地口岸海关监管区：

1. 无海关检查（指对进口货物依法实施的检疫、查验或商品检验作业）要求的。

2. 仅有海关口岸检查要求且已完成口岸检查的。其中，进境地口岸海关监管区内不具备检查条件的，收货人可向海关申请在监管区外具备检查条件的特定场所或场地实施转场检查。

3. 仅有海关目的地检查要求的。

4. 既有海关口岸检查又有目的地检查要求，已完成口岸检查，或经进口货物收货人或其代理人申请在进境地口岸合并实施且已完成相关检查的。

对上述1、2情形，属于"一次申报、分步处置"模式申报的，监管区卡口提离（报关单放行）或转场检查无误完毕即可销售或使用。属于"两步申报"模式申报的，提离（海关监管卡口放行，非报关单放行）后可销售或使用（涉证或未完成合格评定的除外），并于规定日期之前

需完成完整申报。其中，对需在口岸实施检查但口岸监管区内不具备检查条件的，如隔离检疫、冷链仓储监管、粮谷加工监管、危险货物及其包装检验等，由企业提出申请，口岸海关审核同意后准予将货物提离至卡口外场地实施检查。对卡口外场地不属于本口岸海关主管的，需向卡口外场地主管海关转发检查指令。

对属于3、4情形的，仅可提离海关监管卡口，完成目的地检查等手续后可予销售或使用。对既有海关口岸检查又有目的地检查要求的，经进口货物收货人或其代理人申请可在进境地口岸合并实施相关检查。

海关对部分货物建立可实施附条件提离监管清单，对已完成口岸监管区内检查且检查结果正常、已取样送检尚未反馈实验室结果但准入风险可控的，准予企业先行提离，但在海关实验室反馈检验检测结果合格前不得销售或使用。

对有口岸禁限规定，不满足进境要求的货物，海关将禁止卸货或禁止入境。

（二）货物准予销售或使用（第二段）

企业提离货物运至目的地海关接受检查，目的地海关监管查验岗根据指令实施检查，对检查无异常且无须取样或取样送检经实验室检验检测合格，海关已完成合格评定程序以及海关已核销相关监管证件（"两步申报"模式完整申报报关单）的，海关系统对舱单、监管证件、税费、保税账册等数据进行核注核销，对报关单置"放行"标志，对此前要求企业货物不得销售或使用的，通知企业取消限制。

在上述各环节监管中发现存在违反海关监管规定或走私嫌疑、卫生检疫异常、动植物检疫异常、食品安全不合格或商品检验不合格（包含假冒伪劣）等异常情况的，移交异常处置岗办理，进入异常处置程序。异常处置程序的相关措施包括但不限于检疫处理、技术整改、停止装卸、停止进口、扣留、退运、销毁、拍卖、没收违法所得、罚款、移交缉私等。经过异常处置后，仍需继续通关的，则返回原通关监管流程；无须继续通关的，终止通关流程。

【复习思考题】

1. 《2020框架方案》的主要内容是什么？
2. 什么是"两步申报"？
3. 什么是"两轮驱动"？
4. 什么是"两段准入"？
5. 什么是"两类通关"？
6. 什么是"两区优化"？
7. "两步申报"与"一次申报、分布处置"有何区别？

第四节　口岸通关环境优化与贸易便利化

【学习目标】

本节内容旨在让学习者了解我国海关口岸通关环境优化与贸易便利化的最新发展和

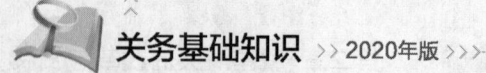

成就。

完成本节学习，学习者应获得以下成果：

1. 了解口岸通关环境优化的背景与重点任务；

2. 熟悉海关实施口岸通关环境优化的具体措施。

【基本概念】

联网核查、先验放后检测、第三方采信制度、口岸物流信息电子化、口岸查验智能化

【建议学习时间】

2 课时

2018 年 10 月 13 日，国务院印发《优化口岸营商环境促进跨境贸易便利化工作方案》（以下简称《工作方案》），着力深入推进"放管服"改革，营造稳定、公平、透明、可预期的口岸营商环境，促进外贸稳定健康发展。在工作目标中，分 2018 年、2020 年和 2021 年三个时间点进行贯彻落实。

一、《工作方案》总体要求

（一）指导思想

全面贯彻党的十九大和十九届二中、三中全会精神，以习近平新时代中国特色社会主义思想为指导，统筹推进"五位一体"总体布局和协调推进"四个全面"战略布局，按照党中央、国务院决策部署，坚持稳中求进工作总基调，坚持新发展理念，深入推进"放管服"改革，对标国际先进水平，创新监管方式，优化通关流程，提高通关效率，降低通关成本，营造稳定、公平、透明、可预期的口岸营商环境。

（二）基本原则

1. 简政放权，改革创新

进一步削减进出口环节审批事项，规范审批行为，优化简化通关流程，取消不必要的监管要求，清理不合理收费，加快完善与我国经济社会发展要求相适应的跨境贸易管理体系。

2. 对标国际，高效便利

充分利用信息化、智能化手段，提高口岸监管执法和物流作业效率。借鉴国际经验，建立符合我国口岸管理实际、与国际通行做法对接并可比的口岸营商环境评价机制。

3. 目标导向，协同治理

充分发挥国务院口岸工作部际联席会议制度作用，加强各有关部门、各地方协作配合，找准制约口岸营商环境持续优化的短板，从企业和社会实际需要出发，着力压缩整体通关时间，降低进出口环节合规成本。

（三）工作目标

到 2018 年底，需在进出口环节验核的监管证件数量比 2017 年减少三分之一以上，除安全保密需要等特殊情况外，全部实现联网核查，整体通关时间压缩三分之一。以上目标已经全部实现。

到 2020 年底，相比 2017 年集装箱进出口环节合规成本降低一半。到 2021 年底，整体通关时间比 2017 年压缩一半，世界银行跨境贸易便利化指标排名提升 30 位①，初步实现口岸治理体系和治理能力现代化，形成更有活力、更富效率、更加开放、更具便利的口岸营商环境。

二、重点任务及落实情况

（一）简政放权，减少进出口环节审批监管事项

1. 精简进出口环节的监管证件

（1）工作任务

取消一批进出口环节的监管证件，能退出口岸验核的全部退出。截至 2018 年 11 月 1 日，在进出口环节验核的监管证件减至 46 种；除安全保密需要等特殊情况外，通过多种形式全部实现联网、在通关环节比对核查。

（2）落实情况

2018 年底以上目标已经全部按期实现。

2. 优化监管证件办理程序

（1）工作任务

除安全保密需要等特殊情况外，截至 2020 年底，监管证件全部实现网上申报、网上办理。

（2）落实情况

商务部将十种汽车零部件的自动进口许可证下放至地方办理，并从 2018 年 10 月 15 日起实现自动进口许可证和进口许可证（除消耗臭氧层物质外）申请、签发、通关全流程无纸化，并将调整有关进口许可管理目录。调整完成后，预计机电产品自动进口许可管理目录和限制进口旧机电产品管理目录的产品数量、办证份数、金额将大幅减少。

原产地证书可通过"单一窗口"等方式在线申请并收到审核结果。国家市场监督管理总局的特种设备行政许可项目已实现网上办理全流程。国家移民管理局开展边检行政许可网上窗口建设。

除四种不能联网外，其余 42 种监管证件全部依托"单一窗口"实现联网核查。

（二）加大改革力度，优化口岸通关流程和作业方式

1. 深化全国通关一体化改革

（1）工作任务

推进海关、边检、海事一次性联合检查。海关直接使用市场监督、商务部等部门的数据办理

---

① 该目标已经实现。根据世界银行发布的《2020 年营商环境报告》，中国的总体排名从 2018 年的第 78 位上升至第 31 位；跨境贸易便利化指标排名从第 97 位上升到第 65 位。

进出口货物收发货人注册登记。加强关铁信息共享，推进铁路运输货物无纸化通关。截至2018年底，海关与检验检疫业务全面融合，实现"五统一"，即统一申报单证、统一作业系统、统一风险研判、统一指令下达、统一现场执法。

（2）落实情况

2018年8月1日，实现统一申报单证；9月30日启动统一风险研判、统一指令下达试点，年底前推广到各直属海关。推进"查检合一"和"多查合一"，2019年底已实现统一现场执法、统一作业系统。

国家市场监督管理总局已向海关总署提供涉企信息。中国铁路总公司会同海关总署推动铁路运输货物无纸化通关，铁路运输工具和舱单管理系统于2018年11月15日上线运行。

2. 全面推广"双随机、一公开"监管

（1）工作任务

从进出口货物一般监管拓展到常规稽查、保税核查和保税货物监管等全部执法领域；推进全链条监管"选、查、处"分离，提升"双随机"监管效能。

（2）落实情况

"双随机、一公开"实现执法领域全覆盖，2018年底已完成全部执法领域12种抽查事项的全覆盖，除现场出现特殊异常情况外，已全面实现"随机选择布控"和"随机派员查验"。

3. 推广应用"提前申报"模式

（1）工作任务

提高进口货物"提前申报"比例，鼓励企业采用"提前申报"，提前办理单证审核和货物运输作业，非布控查验货物抵达口岸后即可放行提离。

（2）落实情况

优化口岸通关流程和作业方式，实际进境货物不限企业信用等级、运输方式、通关类型，均适用"提前申报"模式；对于采用无纸化申报、电子支付税款且不涉及布控查验的货物，企业可利用货物运输阶段完成申报前准备和申报手续，实现货物到港即提离，大幅提升通关效率。与此同时，海关高度重视进口货物"提前申报"容错机制，对非由企业主观故意引起且企业主动向海关书面报明并能够及时纠正的违规行为，可从轻、减轻或免于处罚。"提前申报"应用范围不断扩大，上海海关提前申报比例已经达到20%。积极推进报关单运行实时监控系统建设。

中国铁路总公司与俄罗斯铁路自2019年9月1日起在满洲里、绥芬河两个口岸实现信息交换，两个口岸的铁路国际联运运单信息和进出境列车编组信息能够实现预报，下一步将推进与哈萨克斯坦铁路和蒙古国铁路的信息共享。

4. 创新海关税收征管模式

（1）工作任务

全面创新多元化税收担保方式，推进关税保证保险改革，探索实施企业集团财务公司、融资担保公司担保改革试点；全面推广财关库银横向联网，加快推进税单无纸化改革。

（2）落实情况

海关总署加大关税保证保险改革力度，由前期的本地保单本地使用扩大至保单全国通用。截至2020年3月，中国人民财产保险、中国太平洋财产保险、中银保险、平安财险、大地财险、国寿财险、阳光财险、太平财险等保险公司通过"单一窗口"联网海关系统，实现保单验真和

保险额度自动核扣。

2018 年 10 月 22 日税单统一电子印章已经正式上线运行，11 月 19 日起在全国推广海关专用缴款书企业自行打印，实现海关业务现场的全覆盖。

5. 优化检验检疫作业

（1）工作任务

减少双边协议出口商品装运前的检验数量；推行进口矿产品等大宗资源性商品"先验放，后检测"的检验监管方式；创新检验检疫方法，应用现场快速检测技术，进一步缩短检验检疫周期。

（2）落实情况

"先验放，后检测"政策适用范围进一步扩大。自 2018 年 10 月 19 日起，海关总署将进口铁矿"先验放，后检测"监管模式推广到锰矿、铬矿、铅矿、锌矿等矿产品领域。自 2019 年 11 月 1 日起，海关对进口大宗商品从逐批实施重量鉴定调整为依企业申请实施。进口大宗商品收货人或其代理人需要海关出具重量证书的，收货人或其代理人向海关申报时，应选择一次性完整申报模式，通过勾选"需要重量证书"的方式向海关提出申请，海关依企业申请实施重量鉴定。进口大宗商品收货人或者代理人应如实向海关申报重量。依据现行法律法规，重量鉴定监管方式调整后，海关仍保留实施验证和重量鉴定的职能，可依照职权需要对进口大宗商品实施重量鉴定或验证。

6. 推广第三方采信制度

（1）工作任务

引入市场竞争机制，发挥社会检验检测机构的作用，在进出口环节推广第三方检验检测结果采信制度。

（2）落实情况

海关总署加强和国际检验检疫标准与技术法规研究中心的合作，积极开展在进出口商品质量安全风险预警和快速反应监管体系下的第三方采信机制专项研究。下一步将总结中国（上海）自由贸易试验区等地区的第三方采信试点经验，扩大试点范围，选取两三种一般风险进出口商品在全国范围试行第三方采信制度。

（三）提升通关效率，提高口岸物流服务效能

1. 提高查验准备工作效率

通过"单一窗口"、港口电子数据交换（EDI）中心等信息平台向进出口企业、口岸作业场站推送查验通知，增强通关时效的可预期性。进境运输工具到港前，口岸查验单位对申报的电子数据实施在线审核并及时向车站、码头及船舶代理反馈。

2. 加快发展多式联运

（1）工作任务

研究制定多式联运服务规则；加快建设多式联运公共信息平台，加强交通运输、海关、市场监管等部门间信息开放共享，为企业提供资质资格、认证认可、检验检疫、通关查验、信用评价等一站式综合信息服务；推动外贸集装箱货物在途、舱单、运单、装卸等铁水联运物流信息交换共享，提供全程追踪、实时查询等服务；截至 2019 年底，沿海及长江干线主要港口实现铁水联

运信息交换和共享；截至 2020 年底，基本建成多式联运公共信息平台。

（2）落实情况

海关总署研究制定海关多式联运进出境货物监管办法。中国铁路总公司与宁波港、连云港等开始推行港口与铁路 EDI 信息交换，开发路港装卸和多式联运协同信息系统。下一步，将探索与全国主要港口推行信息交换，推进与船公司、大客户、海关、国外铁路等信息的交换。

3. 创新边境口岸通关管理模式

（1）工作任务

推进与毗邻国家和地区共同监管设施的建设和共用，推动工作制度和通关模式的协调，支持陆路边境口岸创新通关管理模式；在毗邻港澳口岸实施更便利的通关措施，在有条件的口岸推广粤港澳"客、货车一站式通关"模式。

（2）落实情况

边境口岸通关管理模式进一步创新。海关总署、国家移民管理局协调港澳方面，在港珠澳大桥、青茂等口岸实施"合作查验、一次放行"等新型查验通关模式，下一步将复制到其他具备条件的口岸。

4. 加快鲜活商品通关速度

（1）工作任务

在风险可控的前提下优化鲜活产品检验检疫流程，加快通关放行；总结推广合作经验，与毗邻国家确定鲜活农副产品目录清单，加快开通农副产品快速通关的绿色通道。

（2）落实情况

鲜活农副产品通关更加便利。海关已经在新疆和内蒙古的部分边境口岸与哈萨克斯坦、塔吉克斯坦、吉尔吉斯斯坦和蒙古国开通了五条农副产品快速通关的绿色通道；下一步将在其他边境口岸继续推动开通绿色通道。

国家移民管理局在内蒙古满洲里、广西友谊关、云南磨憨等陆地边境口岸我方一侧以及深圳皇岗和珠海拱北口岸内地一侧设立边检专用的绿色通道，为载运水产品、果蔬等鲜活产品的出入境车辆提供优先检查、快速验放服务。

（四）加强科技应用，提升口岸管理信息化智能化水平

1. 加强"单一窗口"① 的建设

（1）工作任务

将"单一窗口"功能覆盖至海关特殊监管区域和跨境电子商务综合试验区等相关区域，对接全国版跨境电商线上综合服务平台；加强"单一窗口"与银行、保险、民航、铁路、港口等相关行业机构合作的对接，共同建设跨境贸易大数据平台；推广国际航行船舶"一单多报"，实现进出境通关全流程无纸化。

截至 2018 年底，主要业务（货物、舱单、运输工具申报）"单一窗口"应用率达到 80%；截至 2020 年底，达到 100%；截至 2021 年底，除安全保密需要等特殊情况外，"单一窗口"功能覆盖国际贸易管理全链条，打造"一站式"贸易服务平台。

---

① "单一窗口"简介见后附知识链接。

（2）落实情况

"单一窗口"建设成效显著。自 2018 年 11 月 1 日起，"单一窗口"在原有 26 项服务项目的基础上，新增八项服务项目并在全国推广应用。截至 2019 年 4 月底，"单一窗口"实现与 25 个部委系统"总对总"对接，完成 12 大基本功能建设，覆盖全国 31 个省（区、市）所有口岸范围，满足海运、空运、公路等各种口岸类型和特殊监管区、自由贸易试验区、跨境电商综合试验区业务办理，主要业务应用率由 2017 年底的 30% 提升至 87% 以上，其中货物申报应用率基本达到 100%，提前完成国务院提出的 2018 年目标任务。

2. 推进口岸物流信息电子化

（1）工作任务

制定完善不同运输方式集装箱、整车货物运输电子数据交换报文标准，推动在口岸查验单位与运输企业中的应用。实现口岸作业场站货物装卸、仓储理货、报关、物流运输、费用结算等环节无纸化和电子化。推动海运提单换提货单电子化，企业在报关环节不再提交纸质提单或提货单。截至 2019 年 6 月底，实现内外贸集装箱堆场的电子化海关监管。截至 2019 年底，在主要远洋航线实现海关与企业间的海运提单、提货单、装箱单等信息电子化流转。

（2）落实情况

口岸物流信息电子化水平进一步提升。海关总署积极推进报关单无纸化，2018 年关检整合申报后应用比例已达 98%。正在开发测试进出口集装箱堆场信息的动态管理功能子系统，努力实现内外贸集装箱堆场的电子化海关监管。国家市场监督总局积极推进跨境电子商务便利化、标准化工作，正在组织全国电子业务标准化技术委员会研究制定九项涉及跨境电子商务的国家标准，包括跨境电商交易服务规范、电子运单规范、电子报关单和订单基础信息描述，以及商务平台服务质量评价规范等技术领域。

3. 提升口岸查验智能化水平

（1）工作任务

加大集装箱空箱检测仪、高清车底探测系统、安全智能锁等设备的应用力度，提高单兵作业设备配备率。扩大"先期机检""智能识别"作业试点，提高机检后直接放行比例。截至 2021 年底，全部实现大型集装箱检查设备联网集中审像。

（2）落实情况

查验设备智能化工作有序开展。2018 年底海关总署在部分海关开展"先期机检"和"智能识别"作业试点，同时将在全国具备条件的海关现场实施"先期机检"和"智能识别"作业；在全国主要沿海、沿边口岸货运查验现场推广集中审像，截至 2019 年 4 月底，全国在用的 H986 设备中已有 80% 连入集中审像系统；在部分直属海关开发监管录证可视化系统，执法作业图像、视频上传至云端，实现查验全程"透明化"；在出入境旅客流量较大的口岸推广、应用人脸识别系统，加快配备旅检智能指挥台、人体快速检查设备等。

（五）完善管理制度，促进口岸营商环境更加公开透明

1. 加强口岸通关和运输国际合作

（1）工作任务

加快修订国际运输双边、多边协定，推动与相关国家在技术标准、单证规则、数据交换等方面开展合作。扩大海关 AEO（Authorized Economic Operator，"经认证的经营者"）国际互认范围，支持指导企业取得认证。截至 2020 年底，与所有已建立 AEO 制度且有意愿的"一带一路"国家海关实现 AEO 互认。加快实施检验检疫证书国际联网核查，重点推进与欧盟签署电子证书合作协议。截至 2021 年底，与所有已签署电子证书合作协议且建有信息系统的国家实现联网核查。

（2）落实情况

我国海关已与欧盟、韩国、新加坡、瑞士、以色列、日本、白俄罗斯等 15 个经济体的 42 个国家（地区）实现了 AEO 互认，并正在开展海峡两岸海关 AEO 互认试点。此外，正与欧盟就检验检疫证书联网合作进行磋商，推动双方电子证书数据交换，同时推进我国的电子证书系统与已签署合作协议且建有信息系统的泰国、墨西哥等国的系统对接。

2. 降低进出口环节合规成本

严格执行行政事业性收费清单管理制度，未经国务院批准，一律不得新设涉及进出口环节的收费项目。清理规范口岸经营服务性收费，对实行政府定价的，严格执行规定标准；对实行市场调节价的，督促收费企业执行有关规定，不得违规加收其他费用。鼓励竞争，破除垄断，推动降低报关、货代、船代、物流、仓储、港口服务等环节经营服务性收费。加强检查，依法查处各类违法违规收费行为。截至 2018 年底，单个集装箱进出口环节合规成本要比 2017 年减少 100 美元以上。本项工作任务已实现。

3. 实行口岸收费目录清单制度

建立价格、市场监管、商务、交通、口岸管理、查验等单位共同参加的口岸收费监督管理协作机制。截至 2018 年 10 月底，对外公示口岸收费目录清单，清单之外不得收费。加强行业管理和行业自律，引导口岸经营服务企业诚信经营、合理定价。本项工作任务已实现。

4. 公开通关流程及物流作业时限

制定并公开通关流程及口岸经营服务企业场内转运、吊箱移位、掏箱和货方提箱等作业时限标准，便利企业合理安排生产、制定运输计划。公布口岸查验单位通关服务热线，畅通意见投诉反馈渠道。本项工作任务已实现。

5. 建立口岸通关时效评估机制

加强对整体通关时间的统计分析，每月通报各省（自治区、直辖市）整体通关时间。开展口岸整体通关时效第三方评估，适时向社会公布评估结果。将各省（自治区、直辖市）整体通关时间和成本纳入全国营商环境评价体系，科学设定评价指标和方法，初步建立常态化评价机制。本项工作任务已实现。

 **知识链接**

国际贸易"单一窗口"（Single Window）的建设

"单一窗口"最早是 2005 年由联合国发起的一种旨在促进贸易便利化的口岸管理措施。通过对国际贸易信息的集约化和自动化处理，达到国际贸易数据共享和提高国际贸易效率及效益的目的。世界海关组织认为，"单一窗口"是通过实现单一电子信息递交来满足口岸执法所有要求，以简化对贸易商和其他经济活动经营者的跨境手续。

联合国贸易便利化和电子商务中心（UN/CEFACT）的33号建议书将"单一窗口"解释为："参与国际贸易和运输的各方，通过单一的切入点提交标准化的信息和单证，以满足相关法律、法规及管理要求的平台。如所提交的信息为电子数据则单个的数据元素应只提交一次。'单一窗口'要求参与贸易管理的政府部门通过一个平台协调各自的管理职责并为办理相关手续提供便利。"

世界贸易组织《贸易便利化协定》第十条第四款要求各成员应努力建立或设立"单一窗口"，使贸易商能够通过一个单一接入点向参与的主管机关或机构提交货物进口、出口或过境的单证和（或）数据要求。待主管机关或机构审查单证和（或）数据后，审查结果应通过该单一窗口及时通知申请人。

目前，国际上"单一窗口"的运行模式主要有三种。一是"单一机构"式，即通过一个机构来协调并执行所有与进出境相关的监管职能，典型国家为瑞典。二是"单一系统"式，即通过一个系统整合、收集、使用并分发与进出境相关的国际贸易电子数据，典型国家为美国。美国的"单一窗口"系统称为"国际贸易信息系统"（International Trade Data System，ITDS），是美国海关和边境保护局的进出口管理系统"自动商务环境"（Automated Commercial Environment，ACE）的基础组成部分。三是"公共平台"式，贸易商通过一个公共平台向不同监管机构一次性申报，上述机构使用各自系统分头处理，并通过该平台，将处理结果传输给贸易商，典型国家为新加坡，中国香港也采用这一模式。新加坡于1989年启用"贸易网"公共平台，将涉及贸易界管理的35个政府机构和企业联结到一个单一的处理平台，为贸易商提供一站式服务。我国采用第三种模式，已经于2017年底前建成我国的国际贸易"单一窗口"。

下一阶段，我国"单一窗口"建设将继续按照"政府主导、协同治理、便利企业、规范安全、创新驱动"的原则，推进电子口岸公共平台的公共化、平等化和单一化，依托中央和地方两级平台，打造全国一体化的"单一窗口"环境。国家标准版依托中国电子口岸平台，以"总对总"方式与各口岸管理和国际贸易相关部门系统对接，实现信息数据互换共享，开展国际合作对接。各地原则上以省（区、市）为单位，依托本地电子口岸建设省域"单一窗口"，并实现省域"单一窗口"间互联互通，探索建设符合国家区域发展战略要求的区域"单一窗口"。

（一）国家标准版"单一窗口"功能

1. 口岸执法与基本服务功能

主要包括货物申报、运输工具申报、税费支付、贸易许可和原产地证书申领、企业资质办理、出口退税申报、查询统计等全流程服务功能。

延展阅读

2. 跨部门信息共享和联网应用

加强口岸管理相关部门数据的联网共享与综合利用，进一步提高口岸管理相关部门的联合执法和科学决策能力。

3. 与境外信息交换功能

服务国家"一带一路"倡议，支持跨境联网合作，开展与"一带一路"沿线国家和地区及世界主要贸易伙伴之间的信息互换与服务共享，实现与国际上"单一窗口"的互联互通。

（二）地方版"单一窗口"功能

1. 口岸政务服务功能

推广应用"单一窗口"标准版，同时结合本地口岸通关业务特色需求，进一步提升和扩展项目的应用功能，建设本地口岸政务服务项目，如物流监管、特殊区域、港澳台贸易等。

2. 口岸物流服务功能

结合本地口岸业务特点与需求，打通港口、机场、铁路、公路等物流信息节点，促进运输、仓储、场站、代理等各类物流企业与外贸企业的信息共享和业务协同，支持水、陆、空、铁及多式联运等多种物流服务方式，积极开展与地方各类物流信息平台的互联合作，推动外贸与物流联动发展。

3. 口岸数据服务功能

以口岸管理相关部门的通关物流状态信息为基础，整合运输工具动态信息、集装箱信息、货物进出港和装卸等作业信息，形成完整的通关物流状态综合信息库，为企业提供全程数据服务，方便企业及时掌握通关申报各个环节的状态。

4. 口岸特色应用功能

发挥"单一窗口"信息资源、用户资源集聚优势，与金融、保险、电商、通信、信息技术等相关行业对接，为国际贸易供应链各参与方提供特色服务，有效支持地方口岸新型贸易业态发展。

【复习思考题】

1. 口岸通关环境优化与贸易便利化的基本原则是什么？

2. 我国口岸通关环境优化与贸易便利化取得了哪些显著的进展？

第三章 >>

海关主要
业务制度（一）

第一节　海关监管

【学习目标】

本节内容旨在让学习者掌握我国海关进出口货物监管制度的基础知识。

完成本节学习，学习者应获得以下成果：

1. 理解海关监管制度的含义；
2. 了解海关监管制度的法律形式；
3. 了解海关监管制度的体系；
4. 理解海关监管货物的含义及特征；
5. 理解海关监管相关人的含义；
6. 掌握海关监管制度的内容及管理措施。

【基本概念】

海关监管、海关监管货物、海关监管相对人、一般进出口、保税、特定减免税、暂时进出境、过境、转运、通运

【建议学习时间】

4 课时

一、概述

海关监管制度是规定和调整海关在对进出境的货物、物品、运输工具及监管场所进行实际监管过程中发生的，海关与进出境货物、物品、运输工具的当事人和他们的代理人、担保人之间的管理与被管理的关系，以及海关与其他行政部门或企事业单位之间业务合作、配合关系的法律规范的总称。海关监管制度是海关实施进出境监管活动的基本制度保障，同时也是监督海关依法行政的主要依据。

海关监管制度的法律形式主要有：《海关法》关于海关对进出境货物、物品、运输工具监管的规定；其他国家法律如《中华人民共和国文物保护法》（以下简称《文物保护法》）、《对外贸易法》《中华人民共和国道路交通安全法》《中华人民共和国民用航空法》等涉及海关对进出境货物、物品、运输工具监管的规定；国务院各有关行政法规涉及海关对进出境货物、物品、运输工具监管的规定；海关总署制定、颁布或海关总署与其他各机关联合制定、颁布的有关行政规章；我国参加或缔结的国际公约、条约及海关行政互助协议。

在海关法律体系中，涉及海关监管的法规、规章数量最多，可分为进出境货物监管制度、进出境运输工具监管制度、进出境旅客行李物品监管制度、进出境邮递物品监管制度、海关监管场所监管制度等分支。由于进出境货物的贸易形态与营销方式复杂、进出境物品的携运途径多样、

运输工具的种类繁多等，使海关须具有与其管理目标相适应且各具针对性的监管方式。如进出境货物的一般进出口、保税进出口、暂时进出口，进出境物品的旅客携带、邮局寄递，运输工具的船舶、航空器进出境等。

此外，海关在构建进出境货物的大监管体系中，全面推行综合监管模式，针对监管对象的不同形态、海关监管程序的不同时段，采用不同的监管措施。例如，货物进出境过程中应办理的通关监管、保税或免税监管手续，货物结关后或在后续监管期间海关实施的稽查，海关对进出境企业的资信管理，以及海关对特殊监管区域、监管场所的管理等。由此，海关监管制度就形成了一个层次分明且又各有分支的、相对完整的体系，如图 3-1 所示。其中，海关通关监管、保税监管等进出境货物的程序性管理制度具有海关监管"证实进出境实际状态"及"全过程监控"的基本要素，且能为海关开展其他业务提供主要依据，应属进出境货物海关监管制度中的基础性制度，并与本教材的其他业务内容关联度最大。

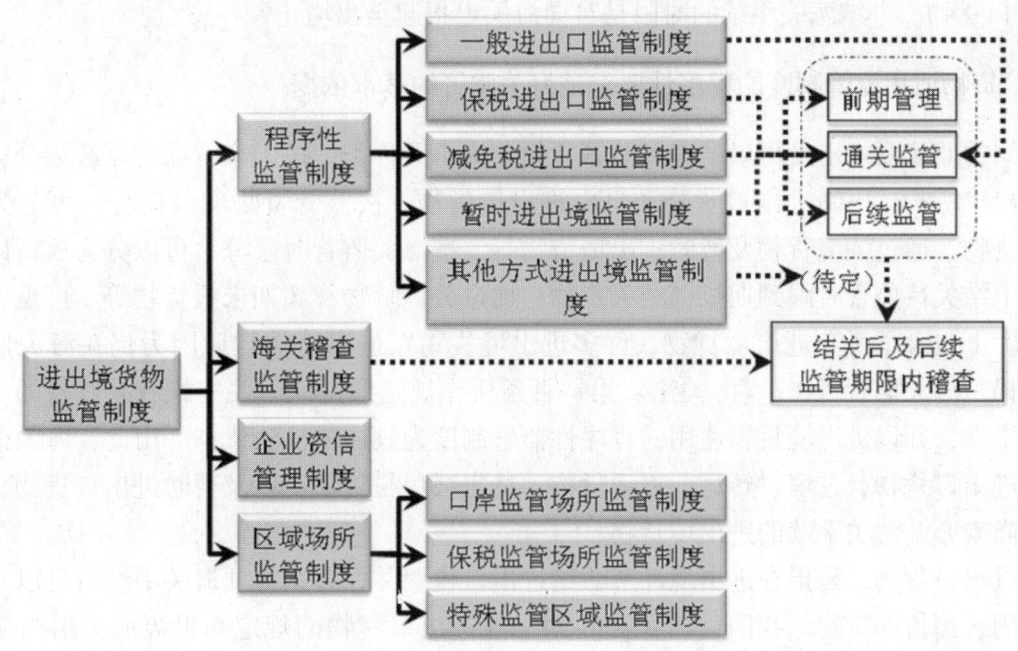

图 3-1　海关综合监管模式下的海关进出境货物监管制度体系示意图

二、海关监管货物

海关监管货物是指以各种贸易或非贸易形态进出境，在尚未办结海关手续的情形下，其处置及物流应受海关监督控制的商品。

海关监管货物的特征有以下两点。

（一）海关对实际进出境货物在规定期限内实施监管

《海关法》第二十三条规定："进口货物自进境起到办结海关手续止，出口货物自向海关申报起到出境止，过境、转运和通运货物自进境起到出境止，应当接受海关监管。"

"进口货物自进境起"是指载运进口货物的运输工具进入我国关境之时起。"办结海关手续"简称结关，是指报关人已经在海关办理完进出口货物通关所必需的所有手续，完全履行了法律规定的与进出口有关的义务，包括纳税、提交许可证件及其他单证等，进口货物可以进入国内市场自由流通，出口货物可以运出境外。这是海关对进出境货物实施监管法律意义上的时间和范围，是海关对进出境货物实施监管的基础。

置于海关监管下的货物，办结海关手续的时限分别如下：

1. 直接进入境内市场自由流通的进口货物，办结海关手续的时限是自货物进境之时起到办理海关申报、查验、征税、放行手续止；

2. 暂时进口、保税进口货物，办结海关手续的时限是自货物进境起，到原货或加工成品复运出境并由海关予以注销或核销，或向海关补办正式进口的补证、纳税手续止；

3. 特定减免税货物，办结海关手续的时限是自货物进境起，到海关监管年限期满止，或向海关办理补证、补税手续止；

4. 超期未报进口货物，办结海关手续的时限是自货物进境起到由海关提取变卖止；

5. 过境、转运、通运货物，办结海关手续的时限是自进境起至出境止；

6. 出口货物，办结海关手续的时限是自向海关申报起至出境止。

（二）货物适用监管制度的程序性要求是海关监管的基本依据

从不同的监管要求出发可以将海关监管货物分为不同种类。按国家贸易管制政策分，可以分为禁止进出口货物、限制进出口货物和自由进出口货物。按监管货物的流向分，可分为出口货物、进口货物、通过关境货物及暂时进出境货物等。按海关监管时限分，可以分为放行即结关货物、放行未结关待监管时限到期核销结关货物、通过关境货物、超期未报货物等。可见，海关监管货物实际上包含了所有进出境货物，许多进出境货物在进出境放行后因为仍在海关监管年限内，所以仍是海关监管货物。《海关法》第一百条所作规定即是从海关实施有效监管的程序、目标、方式出发，并以进出境货物适用的程序性监管制度为具体的执法依据。由此，海关监管货物包括一般进出口货物，过境、转运、通运货物，特定减免税货物，以及暂时进出口货物、保税货物和其他尚未办结海关手续的进出境货物。

一般进出口货物，是指在进出境环节缴纳进出口税费并在办结各项海关手续后可以直接在境内自行使用、销售的货物。我国《海关法》对一般进出口货物的规定与世界海关组织《京都公约》中的"结关内销"和"直接出口"两项附约基本吻合。

保税货物，是指经海关批准暂缓办理纳税手续进境，在境内储存、加工、装配后复运出境或转为进口的货物。保税货物又可分为保税加工货物和保税物流货物。

暂时进出境货物，是指为特定的目的进境或出境，按规定的期限原状复运出境或进境的货物。主要包括在展览会、交易会展示和使用的货物、货样；文化、体育交流活动使用的表演、比赛用品，进行新闻报道使用的仪器、设备及用品等。

特定减免税货物，是指《海关法》第五十七条规定适用的减免税范围的货物。主要有特定地区、特定企业和特定用途的进出口货物。所谓"特定地区"是指我国关境内，由国家规定的某一特别限定区域。享受减免税的货物只能在这一专门规定的区域内使用。"特定企业"是指国家专门规定的企业，享受减免税优惠的货物只能由这些规定的企业使用。"特定用途"是指货物用于国家规定的用途，如残疾人康复用的训练设备等。

过境、转运和通运货物，是指由境外起运、通过中国境内继续运往境外的货物。其中，通过境内陆路运输的称过境货物；在境内设立海关的地点换装运输工具，而不通过境内陆路运输的，称转运货物；由船舶、航空器载运进境并由原运输工具载运出境的，称通运货物。

除上述货物以外，尚未办结海关手续的进出境货物还包括溢卸货物、误卸货物、退运货物、租赁货物、进出境修理货物、无代价抵偿货物等。

三、海关监管相对人

海关监管相对人是指与海关监管主体相对应的另一方当事人，即进出境活动中处于被管理地位上的公民、法人和其他组织。通常与海关监管活动比较密切的，且与海关打交道比较频繁的，主要有报关人和报关活动相关人等。

（一）报关人

报关人，顾名思义，就是向海关办理进出境手续的人，包括自然人、法人和其他组织。进出境货物的报关人包括进出口货物收发货人和报关企业；进出境运输工具的报关人为进出境运输工具负责人或其代理人；进出境物品的报关人为物品所有人或其代理人。

（二）报关活动相关人

报关活动相关人是指从事与海关监管货物相关的运输、储存、加工等业务的人，包括自然人、法人和其他组织。主要有承接保税加工、物流、仓储业务的企业，转关运输承运人等。报关活动相关人须按规定向海关报告其与海关监管货物相关的运输、储存、加工等情况，保证海关监管货物始终置于海关监管之下。未经海关许可不得擅自开拆、提取、交付、发运、调换、改装、抵押、挪作他用或转让。

四、一般进出口监管制度

一般进出口监管制度，是指货物应在进出境环节（这里所指进出境环节是指海关办理货物进境或出境手续的现场通关环节）完纳进出口税费，经海关放行，进口货物可以在境内自行处置，出口货物运离关境，可以自由流通的监管规程或准则。适用一般进出口监管制度办理进出境手续的货物可称为"一般进出口货物"。"一般"一词是海关监管业务中的一种习惯用语，意指正常适用进出口税收与贸易管制制度。作为一种程序性监管制度的标志，主要是易于与适用进出口保税或免税管理，以及实施有限贸易管制的其他程序性监管制度相区别。

一般进出口监管制度是由一系列具体的法律规范组成，其中既有货物进出口的基本通关规则，也有办理通关手续的程序性要求。其主要内容如下：

1. **进出境时完纳进出口税费**

适用一般进出口监管制度的进出境货物，纳税义务人在货物进出境时须依法缴纳进出口关税、进口环节海关代征税。

2. **进出境时提交国家实施贸易管制许可证件和其他相关证件**

适用一般进出口监管制度的进出境货物，若涉及国家贸易管制的，进出口货物收发货人或其代理人在向海关申报时，应向海关提交相关的进出口许可证件和其他相关证件。

3. **进出境放行（或离境）后结关**

结关是指进出境货物达到完全履行海关监管义务、办清海关手续的状态。适用一般进出口监管制度的进出境货物，经海关审核申报单证、查验货物、征收税费、签章放行后，进口货物可以由报关人提离海关监管场所，出口货物可以由报关人安排装运。进口货物提离海关监管场所、出口货物运离关境后，不再接受海关监管，海关手续全部办结。一般出口货物的结关比较特殊，必须等到货物实际运离关境后，海关才签发相关报关单证明联，方视为结关。

通常情况下，一般进出口监管制度适用于不享有特定减免进口税优惠的实际进出口货物。已按保税或暂准进口办理了进境手续的货物，在未结关状态下经批准转为内销且不享有特定减免进口税优惠的，须转按一般进出口监管制度重新办理进口通关手续。

五、保税进出口监管制度

保税进出口监管制度，是指经海关批准，货物进境时未办理纳税手续，在境内加工、储存后复运出境，经核销办结海关手续的监管规程或准则。

保税监管制度详见本章第四节。

六、特定减免税监管制度

特定减免税进口监管制度，是指根据国家政策规定，货物进口时减纳或免纳进口关税，进口后在特定地区、特定企业、特定用途上使用，在规定的期限内接受海关监管的监管规程或准则。

适用特定减免税进口监管制度办理进口手续的货物可称为"特定减免税进口货物"。特定减免税是我国关税优惠政策的重要组成部分，是国家无偿向符合条件的进口货物使用单位提供的税收优惠，其目的是为了鼓励与支持某些产业项目的开发与成熟，促进科学、教育、文化、卫生事业的建设发展等。

特定减免税进口监管制度的适用原则包括：

1. 减免税申请人应具备规定的资格；

2. 进口货物的使用范围或用途符合规定的要求；

3. 进口货物不属于国家规定《外商投资项目不予免税的进口商品目录》的范围。

目前，特定减免税进口监管制度主要适用于符合国家特定减免税优惠政策的特定地区、特定企业、特定用途进口的货物。

特定地区进口减免税货物主要包括保税区、出口加工区、保税物流园区、保税港区、自贸试验区等特定区域进口的区内生产性基础设施项目所需的机器、设备和基建物资等，区内企业进口企业自用的生产、管理设备等，区内管理机构自用合理数量的管理设备和办公用品等。

特定企业进口减免税货物主要包括《外商投资产业指导目录》中鼓励类项目或《中西部地区外商投资优势产业目录》的产业条目。投资额度内进口自用设备及随设备进口的配套技术、配件、备件，国家重点鼓励发展产业的国内投资项目在投资总额内进口的自用设备，外国政府贷款和国际金融组织贷款项目进口的自用设备等。

特定用途进口减免税货物主要包括具备资格的科研机构和大专院校进口的国内不能生产或者性能不能满足需要的科学研究和教学用品，残疾人专用品及残疾人组织和单位进口的货物等。

七、暂时进出境监管制度

暂时进出境监管制度是指经海关批准，货物在规定范围内〔范围详见《中华人民共和国进出口关税条例》（以下简称《关税条例》）第四十二条］暂予免纳进出口税款进境或出境，在规定期限内除因正常使用而产生的折旧或者损耗外原状复运出境、进境，并办结海关手续的监管规程或准则。

适用暂时进出境监管制度办理进出境手续的货物称为"暂时进出境货物"，包括须暂时进境货物和暂时出境货物两类。

八、过境、转运、通运进出口监管制度

适用过境、转运、通运进出口监管制度下的货物都是由境外起运通过我国境内继续运往境外的货物。这类货物的特点是仅在我国境内运输及短暂停留不做销售、加工、使用及贸易性储存。

过境货物，是指从境外起运，在我国境内不论是否换装运输工具，通过陆路运输继续运往境外的货物。

转运货物，是指从境外起运，通过我国境内设立海关的地点换装运输工具，不通过境内陆路运输继续运往境外的货物。

通运货物，是指由境外起运，不通过我国境内陆路运输，进境后由原运输工具载运出境的货物。

根据定义，三种货物的区别如表3-1所示。

表3-1　过境、转运、通运货物比较表

货物类型	是否经过陆路运输	是否转换运输工具
过境货物	是	均可
转运货物	否	是
通运货物	否	否

【复习思考题】

1. 什么是海关监管货物？以怎样的方式分类？
2. 依据《海关法》第一百条所作规定，海关监管货物包括哪些？
3. 应如何理解海关监管相对人？
4. 各类海关程序性监管制度的含义、内容、适用范围是什么？

第二节　海关税收征管

【学习目标】

本节内容旨在让学习者掌握我国进出口关税和进口环节海关代征税的基本知识，了解海关的相关制度。

完成本节学习，学习者应获得以下成果：

1. 理解海关税收征管制度的含义；

2. 了解进出口关税种类及税率设置；

3. 掌握税收征管作业有关规定；

4. 掌握追征和补征、预裁定及税收保全措施和强制措施有关规定。

【基本概念】

海关税收，关税种类及关税税率设置，代征税种类及征纳规定，完税价格定义及条件，成交价格估价方法，优惠及非优惠原产地规则，纳税期限，滞纳金，税率及汇率适用，税款担保，关税的法定减免、特定减免、临时减免，预裁定，关税的追征和补征，海关税收的保全措施和强制措施

【建议学习时间】

4 课时

一、概述

税收又称赋税、租税或捐税，简称税，是指国家凭借其行政权力，运用法律手段向社会组织和个人无偿、强制征收实物或货币的行为及与其有关的一切活动。海关税收是指海关代表国家对进出境货物、物品、运输工具所征的税，主要包括关税、进口环节代征增值税、进口环节代征消费税、船舶吨税等。其中，关税是由海关代表国家，按照国家制定的关税政策和公布实施的税法及进出口税则，对进出关境的货物和物品征收的一种流转税。关税是一种国家税收，这是它最基本的属性。

关税的征税主体是国家，并通过《海关法》将征收关税的权力授予海关，由海关代表国家向纳税义务人征收。未经法律授权，其他任何单位和个人均不得行使征收关税的权力。海关关税是国家税收的重要组成部分，是国家中央财政收入的重要来源，也是世界贸易组织允许缔约方保护其境内经济的一种手段，其基本作用在于体现国家主权，推动国家的经济建设。依法征收关税和其他税费，是《海关法》规定的海关基本任务之一。

关税的征税对象是准许进出口的货物和进出境的物品，但并不意味着对所有的进出境货物和物品都征税。例如，零税率货物和物品、免税货物和物品、保税货物等其进出境时并不征收关税。另外，因国家贸易管制的需要，国家有限制性规定的进出口货物和进出境物品，没有获取许可证件的，除法律另有规定外，不能进入或者运出中华人民共和国关境，也就不能成为关税的征收对象。因此，从是否涉税的角度来讲，关税的征税对象是进出境的应税货物和物品。海关征税具有无偿性、强制性、固定性、涉外性等特征。

关税纳税义务人是指依法负有直接向国家缴纳关税义务的法人或自然人。我国《关税条例》规定："进口货物的收货人、出口货物的发货人、进出境物品的所有人，是关税的纳税义

务人。"①

本节所涉海关税收征管制度主要是指对货物征收的关税征管制度。由于进口环节海关代征的增值税及消费税，在征收中所适用的程序性制度与海关关税征收的程序性制度基本一致，《关税条例》第六十五条规定："进口环节海关代征税的征收管理，适用关税征收管理的规定。"

二、进出口关税

（一）关税的分类

1. 按照货物的流向，可分为进口关税、出口关税

（1）进口关税

进口关税是指一国（地区）海关对进入其境内的货物和物品为课税对象所征收的关税，这是关税中最主要的一种。我国征收的关税主要是进口关税。

（2）出口关税

出口关税是指一国（地区）海关以出境货物、物品为课税对象所征收的关税。

为鼓励出口，世界各国（地区）一般不征收出口关税或仅对少数商品征收出口关税。征收出口关税的主要目的是限制和调控某些商品的过度、无序出口，特别是防止本国一些重要自然资源和原材料的无序出口。

2. 按照计征标准或计税方法，可分为从价税、从量税、复合税、滑准税

（1）从价税

从价税是以货物、物品的价格作为计税标准，以应征税额占货物价格的百分比为税率，价格和税额成正比例关系的关税。我国对进出口货物征收关税主要采用从价税计税标准。

从价税计征公式为：

应纳关税税额＝完税价格×进口关税税率

其中，对出口货物征收关税时，货物完税价格公式为：

货物完税价格＝FOB（中国境内口岸）÷（1+出口关税税率）

（2）从量税

从量税是以货物和物品的计量单位（如重量、数量、容量等）作为计税标准，按每一计量单位的应征税额计征的征收关税方式。

从量税计征公式为：

应纳关税税额＝完税数（重）量×进（出）口从量关税税率

（3）复合税

复合税是在《税则》中，一个税目中的商品同时使用从价、从量两种标准计税，计税时按两者之和作为应征税额的征收关税方式。目前，我国仅对进口货物采用该种计税方式。

---

① 《关于完善跨境电子商务零售进口税收政策的通知》（财关税〔2018〕49号）中规定，跨境电子商务零售进口商品，消费者（订购者）为纳税义务人。在海关注册登记的跨境电子商务平台企业、物流企业或申报企业作为税款的代收、代缴义务人，代为履行纳税义务，并承担相应的补税义务及相关法律责任。

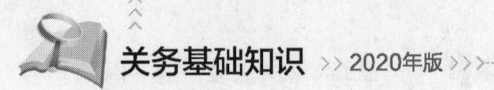

复合税计征公式为：

关税税额＝完税价格×进口关税税率＋完税数（重）量×进口从量关税税率

（4）滑准税

滑准税是在《税则》中预先按产品的价格高低分档制定若干不同的税率，然后根据进口商品价格变动而增减税率的征收关税方式。当商品价格上涨时采用较低税率，当商品价格下跌时则采用较高税率，其目的是使该种商品的国内市场价格保持稳定。

我国目前仅对关税配额外进口的一定数量棉花适用滑准税形式暂定税率，具体方式如下：

当进口棉花完税价格高于或等于 15.000 元/千克时，按 0.300 元/千克计征从量税。当进口棉花完税价格低于 15.000 元/千克时，暂定从价税率按下式计算：

$$Ri＝9.45÷Pi＋2.6\%×Pi－1$$

上述计算结果四舍五入保留三位小数。其中 Ri 为暂定从价税率，当按上式计算值高于 40% 时，Ri 取值 40%；Pi 为完税价格，单位为元/千克。

3. 按照是否施惠，可分为普通关税、优惠关税

（1）普通关税

普通关税又称一般关税，是指对与本国没有签署贸易或经济互惠等友好协定的国家或地区原产货物征收的非优惠关税。目前我国对非原产于适用最惠国待遇税率、协定优惠税率、特惠税率的国家或地区的进口货物，以及无法判明原产地的进口货物，适用普通税率。

（2）优惠关税

优惠关税是指对来自特定国家或地区的进口货物在关税方面给予优惠待遇，按照比普通关税税率低的税率征收的关税。

优惠关税一般有最惠国待遇关税、协定优惠关税、特定优惠关税、普遍优惠关税四种。

① 最惠国待遇关税

我国规定，原产于共同适用最惠国待遇条款的世界贸易组织成员的进口货物、原产于与我国签订含有相互给予最惠国待遇条款的双边贸易协定的国家或地区的进口货物，以及原产于我国关境内的进口货物，适用最惠国待遇关税。

② 协定优惠关税

我国规定，原产于与我国签订含有关税优惠条款的区域性贸易协定的国家或地区的进口货物，适用协定税率。目前，我国对亚太、东盟、秘鲁、新加坡、智利、巴基斯坦、新西兰、哥斯达黎加、冰岛、瑞士、澳大利亚、韩国、格鲁吉亚等自由贸易协定项下及中国香港 CEPA、中国澳门 CEPA、中国台湾农产品、《海峡两岸经济合作框架协议》（通常简称"ECFA"）等优惠安排项下进口货物适用协定优惠关税。

③ 特定优惠关税

特定优惠关税又称特惠关税，原产于与我国签订含有特殊关税优惠条款的贸易协定国家或地区的进口货物，适用特惠税率。目前，我国对孟加拉、老挝、缅甸、柬埔寨、埃塞俄比亚等国家部分进口商品实施特惠关税。

④ 普遍优惠制关税

普遍优惠制关税指发达国家对进口原产于发展中国家的工业制成品、半制成品和某些初级产品降低或取消进口关税待遇的一种关税优惠。我国是发展中国家，对进口货物不存在普遍优惠税率。

4. 按照是否根据《税则》征收，分为正税和附加税

（1）正税

正税是按照《税则》中的进口税率征收的关税。正税具有规范性、相对稳定性的特点。从价税、从量税、复合税、滑准税等都属于正税。

（2）附加税

附加税指国家由于特定需要，对货物除征收关税正税之外另行征收的关税，一般具有临时性特点。附加税包括反倾销税、反补贴税、保障措施关税、报复性关税等。

世界贸易组织不准其成员方在一般情况下随意征收附加税，只有符合世界贸易组织反倾销、反补贴等有关规定的，才可以征收。

① 反倾销税

反倾销税是为抵制外国商品倾销进口，保护国内相关产业而征收的一种进口附加税，即在倾销商品进口时除征收进口关税外，另外加征反倾销税。根据《中华人民共和国反倾销条例》（以下简称《反倾销条例》）的规定，凡进口产品以低于其正常价值出口到我国且对我国相关企业造成实质性损害的即为倾销。

反倾销税由商务部提出建议，国务院关税税则委员会做出决定，海关负责征收，其税额不超出倾销幅度。目前，我国征收的进口附加税主要是反倾销税。

② 反补贴税

反补贴税是指为抵消进口商品在制造、生产和输出时直接或间接接受的任何奖金或补贴而征收的附加税，即在补贴商品进口时除征收进口关税外，另外加征反补贴税。根据《中华人民共和国反补贴条例》（以下简称《反补贴条例》）的规定，出口国（地区）政府或者任何公共机构提供的为接受者带来利益等的财政资助以及任何形式的收入或者价格支持的为补贴。进口产品存在补贴，并对已经建立的国内产业造成实质损害或者产生实质损害威胁，或者对建立国内产业造成实质阻碍的，采取反补贴措施。

反补贴税由商务部提出建议，国务院关税税则委员会做出决定，海关负责征收，其税额不超出补贴幅度。

③ 保障措施关税

保障措施关税是指因进口产品数量增加，并对生产同类产品或直接竞争产品的国内产业造成严重损害或严重威胁而征收的关税，分临时保障措施关税和最终保障措施关税两类。其不分国别，对来自所有国家和地区的同一产品，一般只适用一个税率。

根据《中华人民共和国保障措施条例》（以下简称《保障措施条例》）的规定，保障措施关税由商务部提出建议，国务院关税税则委员会做出决定，海关负责征收。

④ 报复性关税

报复性关税是指当他国对本国出口货物有不利或歧视性待遇时，对从该国进口的货物予以报复而征收的一种附加税。

《关税条例》第十四条规定："任何国家或者地区违反与中华人民共和国签订或者共同参加的贸易协定及相关协定，对中华人民共和国在贸易方面采取禁止、限制、加征关税或者其他影响正常贸易的措施的，对原产于该国家或者地区的进口货物可以征收报复性关税，适用报复性关税

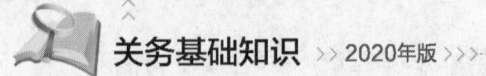
税率。征收报复性关税的货物、适用国别、税率、期限和征收办法，由国务院关税税则委员会决定并公布。"

反倾销、反补贴等附加税的征收公式均一致，以反倾销税为例：

应纳反倾销税税额 = 完税价格 × 反倾销税税率

征收反补贴等附加税税款计算时替换成相应反补贴税率。需要注意，同一货物同时征收关税正税与附加税时应分别计算正税及附加税；同一货物同时执行反倾销和反补贴措施及其他附加关税时，不同附加税亦应分别计算，最后合计的总额方为应缴关税额。

以上按照是否施惠及是否按《税则》征收标准对关税的分类，均只适用于进口关税。

（二）关税税率设置

1. 从价进口关税税率设置

我国对进口关税设置最惠国税率、协定税率、特惠税率、关税配额税率、普通税率等正税税率，在正常最惠国税率及关税配额等税率基础上，还可实施暂定进口关税。

（1）最惠国税率

原产于共同适用最惠国待遇条款的世界贸易组织成员的进口货物，原产于与中华人民共和国签订含有相互给予最惠国待遇条款的双边贸易协定的国家或者地区的进口货物，以及原产于中华人民共和国境内的进口货物，适用最惠国税率。

在最惠国税率中，还包含非全税目信息技术产品最惠国税率，适用范围以货品名称栏中描述为准。

（2）协定税率

原产于与中华人民共和国签订含有关税优惠条款的贸易协定的国家或者地区的进口货物，适用协定税率。

自2020年1月1日起，对我国与新西兰、秘鲁、哥斯达黎加、瑞士、冰岛、新加坡、澳大利亚、韩国、智利、格鲁吉亚及巴基斯坦的双边贸易协定，以及《亚太贸易协定》国家的协定税率进一步降低。自2020年7月1日起，按照我国与瑞士的双边贸易协定和《亚太贸易协定》规定，进一步降低有关协定税率。

（3）特惠税率

原产于与中华人民共和国签订含有特殊关税优惠条款的贸易协定的国家或者地区的进口货物，或者原产于中华人民共和国自主给予特别优惠关税待遇的国家或者地区的进口货物，适用特惠税率。

自2020年1月1日起，除赤道几内亚外，对与我国建交并完成换文手续的其他最不发达国家继续实施特惠税率。

（4）关税配额税率

国家对部分重要商品实施关税配额管理。关税配额内的，适用关税配额税率。

（5）暂定税率

在最惠国税率、协定税率、特惠税率和关税配额率基础上，国家在一定时期内可对进口的某些重要工农业生产原材料和机电产品关键部件制订暂时的关税税率。这种税率一般按照年度制订，并且随时可以根据需要恢复按照法定税率征税。例如，我国规定对尿素、复合肥、磷酸氢铵三种化肥的配额税率实施1%的暂定税率。

我国暂定关税还有一种特殊的形式。国家规定，对配额外进口的一定数量棉花，适用滑准税形式暂定关税。当进口棉花价格高于或等于15.000元/千克时，按0.300元/千克计征从量税。当进口棉花完税价格低于15.000元/千克时，按规定的暂定从价税率公式计算适用的暂定关税率。

（6）普通税率

上述之外的国家或者地区的进口货物及原产地不明的进口货物，适用普通税率。

除以上关税正税税率设置外，国务院设立关税税则委员会还根据形势变化在不同时期设置了反倾销税、反补贴税、保障措施关税、报复性关税等附加关税税率。

2. 从价出口关税税率设置

国家对少数出口货物征收出口关税，在正常的出口关税税率基础上，对其中部分出口货物还施行了暂定出口关税税率。暂定出口税率一般按照年度制订，并且随时可以根据需要恢复按照法定税率征税。

自2020年1月1日起继续对铬、铁等107项商品征收出口关税，适用出口税率或出口暂定税率，征收商品范围和税率维持不变。我国海关目前对出口货物均以从价方式计征关税。

以上进口、出口关税税率设置详情见2020年《税则》。

3. 从量进口关税税率设置

我国目前对冻整鸡及鸡产品、啤酒、石油原油、胶片等进口商品征收从量税。

4. 复合进口关税税率设置

复合方式计征关税目前仅针对进口货物。

我国目前对进口价格高于2000美元的磁带录像机、磁带放像机，对进口价格高于5000美元的非特种用途电视摄像机、非特种用途数字照相机、非特种用途摄录一体机等进口商品设置了复合计征关税方式。

三、进口环节海关代征税

进口货物、物品在办理海关手续放行后，进入国内流通领域，与国内货物同等对待，需缴纳应征的国内税。进口货物、物品的国内税依法由海关在进口环节征收。

目前，进口环节海关代征税（以下简称"进口环节代征税"）主要有增值税、消费税两种，其中增值税征收采用从价计征方式，消费税征收采用从价、从量、复合三种计征方式，不同应征消费税商品的计税方式均有明确规定。多数进口商品仅仅涉及关税及进口环节增值税的计算，少数特定范围的商品同时征收消费税。同一商品同时征收关税及进口环节代征增值税和消费税的，先计算关税（如有附加关税也先于进口环节代征税计算），后计算进口环节消费税，最后计算进口环节增值税。

（一）进口环节增值税

增值税是以商品的生产、流通和劳务服务各个环节所创造的新增价值为课税对象的一种流转税。进口环节增值税是在货物、物品进口时，由海关依法向进口货物的法人或自然人征收的一种

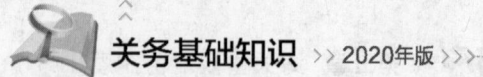

增值税。

采用并全面推行国际通行的增值税制，有利于促进专业分工与协作，体现税负的公平、合理，稳定国家财政收入，同时也有利于出口退税的规范操作。

1. 征纳规定

进口环节增值税由海关依法向进口货物的法人或自然人征收，其他环节的增值税由税务机关征收。在中华人民共和国境内销售货物或者提供加工、修理修配劳务，以及进口货物的单位和个人，为增值税的纳税义务人，应当依照《中华人民共和国增值税暂行条例》缴纳增值税。进口货物由纳税义务人（进口人或者其代理人）向办理进口手续的海关申报纳税。

进口环节增值税税率的调整及增值税的免税、减税项目由国务院规定，任何地区、部门均不得规定免税、减税项目。进口环节增值税的起征点为人民币50元，低于人民币50元的免征。进口环节增值税的征收管理，适用关税征收管理的规定。

进口环节增值税组成计税价格中包含关税税额和消费税税额（不征收消费税的，消费税为零）。

应纳税额＝增值税组成计税价格×增值税税率

其中：

增值税组成计税价格＝关税完税价格＋关税税额＋消费税税额

2. 征收范围和税率①

在我国境内销售货物（销售不动产或免征的除外）或提供加工、修理修配劳务，以及进口货物的单位和个人，都要依法缴纳增值税。在我国境内销售货物，是指所销售的货物起运地和所在地都在我国境内。

我国对进口货物增值税的征收原则是中性、简便、规范，采取基本税率再加一档低税率的征收模式。适用基本税率（13%）的范围包括纳税人销售或者进口除适用低税率的货物以外的货物，以及提供加工、修理修配劳务。

适用低税率（9%）的范围是指纳税人销售或者进口下列货物：

农产品（含粮食）、自来水、暖气、石油液化气、天然气、食用植物油、冷气、热水、煤气、居民用煤炭制品、食用盐、农机、饲料、农药、农膜、化肥、沼气、二甲醚、图书、报纸、杂志、音像制品、电子出版物。

（二）进口环节消费税

消费税是以消费品或消费行为的流转额作为课税对象而征收的一种流转税。我国开征消费税的目的是调节我国的消费结构，引导消费方向，确保国家财政收入，它是在对货物普遍征收增值税的基础上，选择少数消费品再予征收的税。进口环节消费税是在货物、物品进口时，由海关依法向进口货物的法人或自然人征收的一种消费税。

1. 征纳规定

在中华人民共和国境内生产、委托加工和进口《中华人民共和国消费税暂行条例》（以下简

---

① 我国自2019年4月1日降低增值税税率，其中，进口环节海关代征增值税由原来的16%和10%分别降为13%和9%。

称《消费税暂行条例》）规定的消费品（以下简称"应税消费品"）的单位和个人，以及国务院确定的销售《消费税暂行条例》规定的消费品的其他单位和个人，为消费税的纳税义务人。我国的消费税由税务机关征收，进口的应税消费品的消费税由海关代征，由纳税义务人（进口人或者其代理人）在报关进口时向报关地海关申报纳税。

进口环节消费税的税目、税率，依照《消费税暂行条例》所附的"消费税税目税率表"执行；消费税税目、税率的调整，由国务院决定。进口环节消费税的起征点为人民币50元，低于人民币50元的免征。进口环节消费税的征收管理，适用关税征收管理的规定。

进口至我国的应税消费品消费税，根据商品的不同有从价定率、从量定额、从价定率和从量定额的复合计税等三种计征方式，计算时需要根据具体的应税商品选择正确的计税方法。不属于应征消费税征收范围的，无须进行消费税计算。

（1）从价定率方式计算公式

消费税应纳税额＝消费税组成计税价格×消费税比例税率

其中：

消费税组成计税价格＝（关税完税价格＋关税税额）÷（1－消费税比例税率）

（2）从量定额方式计算公式

消费税应纳税额＝应征消费税进口数量×消费税定额税率

目前，我国对啤酒、黄酒、成品油、生物柴油等进口商品实行从量计征方式。

（3）复合计税方式计算公式

消费税应纳税额＝消费税组成计税价格×消费税比例税率＋应征消费税进口数量×消费税定额税率

其中：

消费税组成计税价格＝（关税完税价格＋关税税额＋应征消费税进口数量×消费税定额税率）÷（1－消费税税率）

目前，我国对香烟、烈性酒（如白酒、威士忌、白兰地等）等进口商品实行复合计税方式，应缴税款是从价定率与从量定额方式应缴税款的总和。

2. 征收范围

消费税的征税范围，主要是根据我国经济社会发展现状和现行消费政策、人民群众的消费结构，以及财政需要，并借鉴国外的通行做法确定的。

消费税的征收范围，仅限于少数消费品。应税消费品大体可分为以下四种类型：

（1）一些过度消费会对人的身体健康、社会秩序、生态环境等造成危害的特殊消费品，如烟、酒、鞭炮、焰火、电池、涂料等；

（2）奢侈品、非生活必需品，如贵重首饰及珠宝玉石、化妆品等；

（3）高能耗消费品，如小轿车、气缸容量250毫升以上摩托车等；

（4）不可再生和替代的资源类消费品，如汽油、柴油等。

四、进出口税收征管

（一）税费征收方式

税费征收方式是指海关确定关税纳税义务具体内容的方式。2017 年 7 月 1 日后，海关税费征收方式由海关审核方式已全面向自报自缴方式转变，仅存个别类型单据实施海关审核纳税方式。

1. 自报自缴方式

"自主申报、自行缴纳"的内容是以企业诚信管理为前提，企业自主申报报关单的涉税要素，自行完成税费金额的核算，自行完成税费缴纳后，货物即可放行（放行前如需查验则查验后放行）。海关在放行后根据风险分析结果对纳税义务人申报的价格、归类、原产地等税收要素进行抽查审核。

自 2018 年 11 月 19 日起，海关全面推广企业自行打印。进出口企业通过自报自缴模式申报后，还可以通过"互联网+海关"一体化网上办事平台或"单一窗口"标准版自行下载并打印海关专用缴款书，即涉税要素的自报、税款的自缴、税单的自打功能已全面实现；不便于自打税单的进出口企业，仍可向海关现场申请打印纸质海关专用缴款书。

2. 审核纳税方式

审核纳税方式，是指海关在货物放行前对纳税义务人申报的价格、归类、原产地等税收要素进行审核，并进行相应的查验（如需），确定货物的完税价格后核定应缴税款，纳税义务人缴纳税款后货物方予放行。

（二）税费缴纳方式

延展阅读

按照不同角度，缴纳海关税费可有不同区分方式。

1. 以支付方式区分

（1）电子支付方式

电子支付方式，是目前税费支付的主要方式，通过联网操作，具有便捷、高效等方面的优势。

电子支付系统通过财关库银横向联网实现海关税费信息在海关、国库、商业银行等部门之间电子流转、税款的电子入库。使用电子支付方式缴纳税款，需要具备一定的条件，并通过"单一窗口""互联网+海关"与海关和经批准的商业银行签订电子支付三方合作协议，在报关前事先进行资格备案，进出口环节通过电子支付税费后货物即可放行。

电子支付以税单为单位，对同一份报关单所发生的税费，报关人员可全部选择电子支付，也可部分选择电子支付。目前，通过电子支付可以缴纳进出口关税、反倾销税、反补贴税、进口环节代征税、废弃电器电子产品处理基金、缓税利息、滞纳金、船舶吨税、税款类保证金、滞报金等。

（2）柜台支付方式

海关税款传统的缴纳方式为柜台支付。海关做出征税决定后，海关填发税款缴款书，纳税义务人或其代理报关人员办理签收手续。海关税款缴款书一式六联。第一联为收据联，由银行收款签章后交缴款单位或者纳税义务人；第二联为付款凭证联，由缴款单位开户银行作为付出凭证；

第三联为收款凭证联，由收款国库作为收入凭证；第四联为回执联，由国库盖章后退回海关财务部门；第五联为报查联，由国库收款后退回海关，海关将其送至当地税务机关；第六联为存根联，由填发单位存查。

签收后，纳税义务人或其代理报关人应在规定的时限内前往指定银行，在指定银行缴纳税款后，相关人员应当及时将盖有证明银行已收讫税款业务印章的税款缴款书第一联原件送交填发海关验核，海关据此办理核注及货物放行等后续手续。

2. 以缴纳频率区分

（1）逐票缴纳方式

即海关以纳税义务人纳税申报行为为单元，针对每一次申报应纳税款单独计征。逐票缴纳税费，可以是柜台方式支付，也可以是电子支付方式。

（2）汇总征税方式

除海关企业信用管理中失信企业外，所有在海关注册登记的进出口报关单上的收发货人均可申请适用汇总征税模式，即在一定的时限内多次进出口产生的税款集中进行汇总计征的方式，以满足进出口企业对通关时效的需要。有汇总征税需求的企业需要在进出口货物通关前向属地直属海关提交税款总担保，总担保应当依法以担保机构提交的保函等海关认可的形式，通过后即可在申请的多个直属海关范围内通用。应税企业采用无纸化申报时选择汇总征税模式的，无布控查验等海关要求事项的汇总征税报关单担保额度扣减成功，海关即放行。应税企业采用有纸申报时选择汇总征税模式的，同无纸化申报流程一致，在担保额度扣减成功后货物即放行。适用汇总征税的企业需在每月第五个工作日结束前，完成上月应缴税款的汇总电子支付。

汇总征税是海关对进出口税收征缴的一种新型作业模式，其支付方式本质上也属于电子支付。海关对符合条件的进出口纳税义务人某一段时期内多次进出口产生的税款集中进行汇总计征，这是与电子支付及柜台支付下的逐票征缴税方式的明显不同。

（三）纳税期限

为使海关做出的征税决定得到执行，保证税款及时入库，还须规定纳税义务人缴纳税款的时间限制，逾期缴纳即构成滞纳。

1. 法定纳税期限

《关税条例》规定：进出口货物的纳税义务人，应当自海关填发税款缴款书之日起 15 日内向指定银行缴纳税款。

2. 延期纳税期限

纳税义务人因不可抗力或者国家税收政策调整不能按期缴纳税款的，应当在货物进出口前向办理进出口申报纳税手续所在地直属海关或者其授权的隶属海关提出延期缴纳税款的书面申请并随附相关材料，同时还应当提供纳税计划，由直属海关或者其授权的隶属海关在规定期限内审核批准。延期缴纳税款的期限，自货物放行之日起最长不超过六个月。货物实际进出口时，纳税义务人要求海关先放行货物的，应当向海关提供税款担保。

（四）滞纳金

为保证海关做出的征税决定得到执行，保证税款及时入库，必须规定纳税义务人

延展阅读

缴纳税款的时间限制，逾期缴纳即构成滞纳。逾期缴纳的，海关依法在原应纳税款的基础上，按日加收滞纳税款万分之五的滞纳金。滞纳金按每票货物的关税、进口环节增值税和消费税单独计算，起征点为人民币50元，不足人民币50元的免予征收。

1. 滞纳金的征收

（1）常规进出口货物超过规定缴款期限

关税、进口环节增值税、进口环节消费税的纳税义务人，超过了自海关填发税款缴款书之日起15日内向指定银行缴纳税款的规定期限，应自规定期限届满之日起至缴清之日止按日征收滞纳金。

（2）租赁进口货物违反规定程序

租赁进口货物分期支付租金的，纳税义务人应当在每次支付租金后的15日内向海关申报办理纳税手续。逾期办理申报手续的，海关除了征收税款外，还应当自申报办理纳税手续期限届满之日起至纳税义务人申报纳税之日止，按日加收应缴纳税款万分之五的滞纳金。

租赁进口货物自租期届满之日起30日内，应向海关申请办结海关手续。逾期办理手续的，海关除按照审定进口货物完税价格的有关规定和租期届满后第30日该货物适用的计征汇率、税率，审核确定其完税价格，计征应缴纳的税款外，还应当自租赁期限届满后30日起至纳税义务人申报纳税之日止按日加收应缴纳税款万分之五的滞纳金。

（3）暂准进出境货物违反规定程序

暂准进出境货物未在规定期限内复运出境或者复运进境，且纳税义务人未在规定期限届满前向海关申报办理进出口及纳税手续的，海关除按照规定征收应缴纳的税款外，还应当自规定期限届满之日起至纳税义务人申报纳税之日止按日加收应缴纳税款万分之五的滞纳金。

（4）经批准延期缴税货物逾期缴纳税款

纳税义务人经批准可以在最长六个月内延期缴纳税款，六个月内未缴纳税款的，海关应按照规定征收滞纳金。

（5）纳税义务人违反规定造成少征或者漏征税款

进出口货物放行后，海关发现因纳税义务人违反规定造成少征或者漏征税款的，可以自缴纳税款或货物放行之日起三年内追征税款，并从缴纳税款或货物放行之日起至海关发现之日止，按日加收少征或者漏征税款万分之五的滞纳金。

因纳税义务人违反规定造成海关监管货物少征或者漏征税款的，海关应当自纳税义务人应缴纳税款之日起三年内追征税款，并自应缴纳税款之日起至海关发现违规行为之日止按日加收少征或者漏征税款万分之五的滞纳金。此处所述"应缴纳税款之日"，是指纳税义务人违反规定的行为发生之日。该行为发生之日不能确定的，应当以海关发现该行为之日作为应缴纳税款之日。

2. 滞纳金的减免

以下三种情形及经海关总署认可的其他特殊情形，海关可采取滞纳金减免的措施。

（1）纳税义务人确因经营困难，自海关填发税款缴款书之日起在规定期限内难以缴纳税款，但在规定期限届满后三个月内补缴税款的。

（2）因不可抗力或者国家政策调整原因导致纳税义务人自海关填发税款缴款书之日起在规定期限内无法缴纳税款，但在相关情形解除后三个月内补缴税款的。

（3）货物放行后，纳税义务人通过自查发现少缴或漏缴税款并主动补缴的。

(五)税率及汇率的日期适用

1. 税率日期适用

按照《关税条例》规定,进出口货物应当适用海关接受该货物申报进口或者出口之日实施的税率。确定进出口货物关税税率应首先确定货物被海关接受申报的时间。

特殊情形下的税率日期适用:

(1)进口货物到达前,经海关核准先行申报的,应当适用装载该货物的运输工具申报进境之日实施的税率。

(2)进口转关运输货物,应当适用指运地海关接受该货物申报进口之日实施的税率;货物运抵指运地前,经海关核准先行申报的,应当适用装载该货物的运输工具抵达指运地之日实施的税率。

(3)出口转关运输货物,应当适用起运地海关接受该货物申报出口之日实施的税率。

(4)经海关批准,实行集中申报的进出口货物,应当适用每次货物进出口时海关接受该货物申报之日实施的税率。

(5)因超过规定期限未申报而由海关依法变卖的进口货物,其税款计征应当适用装载该货物的运输工具申报进境之日实施的税率。

(6)因纳税义务人违反规定需要追征税款的进出口货物,应当适用违反规定的行为发生之日实施的税率;行为发生之日不能确定的,适用海关发现该行为之日实施的税率。

(7)已申报进境并放行的保税货物、减免税货物、租赁货物或者已申报进出境并放行的暂时进出境货物,有下列情形之一需缴纳税款的,应当适用海关接受纳税义务人再次填写报关单申报办理纳税及有关手续之日实施的税率:保税货物经批准不复运出境的;保税仓储货物转入国内市场销售的;减免税货物经批准转让或者移作他用的;可暂不缴纳税款的暂时进出境货物,经批准不复运出境或者进境的;租赁进口货物,分期缴纳税款的。

2. 汇率日期适用

海关按照货物适用税率之日所适用的计征汇率折合为人民币计算完税价格。进出口关税、进口环节海关代征税的完税价格均以人民币计征,采用四舍五入法计算至分。

海关每月使用的计征汇率为上一个月第三个星期三(第三个星期三为法定节假日的顺延采用第四个星期三)中国人民银行公布的外币对人民币的基准汇率;以基准汇率币种以外的外币计价的,采用同一时间中国银行公布的现汇买入价和现汇卖出价的中间值(人民币元后采用四舍五入法保留四位小数)。如果上述汇率发生重大波动,海关总署认为必要时,可另行规定计征汇率,并对外公布。

(六)关税减免

关税减免是减征关税和免征关税的简称,是全部或部分免除应税货物纳税义务人的关税给付义务的一种行政措施。减免税制度是关税制度中的一项重要内容。国家通过对某些进出境货物给予减征或者免征关税的优惠,体现国家的政策取向。同时,对某些进出境货物给予减免税待遇也是我国加入国际公约、协定应当承担的义务。我国《海关法》《关税条例》将减免税分为三类,即法定减免税、特定减免税和临时减免税。

1. 法定减免税

法定减免税是指按照《海关法》《关税条例》和其他法律、行政法规的规定，对进出境货物和物品可以享受的减免关税优惠。海关对法定减免税货物和物品一般不进行后续管理。

下列进出口货物、进出境物品，减征或者免征关税：

（1）关税税额在人民币50元以下的一票货物；

（2）无商业价值的广告品和货样；

（3）外国政府、国际组织无偿赠送的物资；

（4）在海关放行前遭受损坏或者损失的货物；

（5）进出境运输工具装载的途中必需的燃料、物料和饮食用品；

（6）中华人民共和国缔结或者参加的国际条约规定减征、免征关税的货物、物品；

（7）法律规定减征、免征关税的其他货物、物品。

进口环节增值税或消费税税额在人民币50元以下的一票货物免予缴纳。

2. 特定减免税

特定减免税是指海关根据国家规定，对特定地区、特定用途和特定企业给予的减免关税和进口环节海关代征税的优惠，也称政策性减免税。

目前，我国对外商投资项目投资额度内进口自用设备、外商投资企业自有资金项目、国内投资项目进口自用设备、贷款项目进口物资、重大技术装备、支持科技创新、救灾捐赠、扶贫慈善捐赠物资、国内航空公司进口飞机、动漫开发生产用品等多个项目实施特定减免税政策。

3. 临时减免税

临时减免税是指法定减免税和特定减免以外的其他减免税，国务院根据某个单位、某类商品、某个时期或某批货物的特殊情况和需要，给予特别的临时性减免税优惠。临时减免税与特定减免税一样，《海关法》第五十八条授权国务院根据具体情况决定实施范围和具体办法，其他任何机关、单位或者个人均无权批准《海关法》规定以外的关税减免。

（七）关税的追补和退还

1. 关税的追征、补征

所谓"少征"关税，是指海关已经做出征税决定，但征税决定中确定征收的税额比应当征收的税额少；"漏征"关税，是指海关误将货物免税放行或者因其他原因对应予以征税货物未征收税款。少征和漏征关税一般统称为短征关税。

根据造成短征关税的原因，将海关征收短征关税的行为分为追征和补征两种。追征是由于纳税义务人违反规定造成短征关税的，海关对短征的税款予以征税的行为；补征是指非因纳税义务人违反海关规定原因造成短征关税的，海关对短征税款予以征税的行为。

《海关法》《关税条例》规定：进出口货物、进出境物品放行后，海关发现少征或者漏征税款的，应当自缴纳税款或者货物、物品放行之日起一年内，向纳税义务人补征税款。因纳税义务人违反规定而造成的少征或者漏征税款的，海关在纳税义务人应缴纳税款之日起三年以内可以追征，并从应缴纳税款之日起按日加收少征或漏征税款万分之五的滞纳金。

2. 关税的退还

关税退还是指在关税的纳税义务人缴纳关税后，发现多征税款，由海关主动或者经纳税义务人申请，由海关将已经缴纳的部分或者全部税款退还给纳税义务人的一种制度。

可申请退税范围主要包括海关误征、多纳税款；已征进口关税的货物，因品质或者规格原因，原状退货复运出境的；已征出口关税货物，因品质或者规格原因，原状退货复运进境，并已重新缴纳因出口而退还的国内环节有关税收的；已征出口关税的货物，因故未装运出口，申报退关的，等等。

无论是纳税义务人原因还是海关方面操作失误，海关发现多征税款的，应当立即退还。纳税义务人因各类原因申请退还的，应自缴纳税款之日起一年内书面提出退税申请并提供相应的证明材料。海关应当自受理退税申请之日起30日内查实并通知纳税义务人办理退还手续。纳税义务人应当自收到通知之日起三个月内办理有关手续。

进口环节增值税已抵缴的，除国家另有规定外不予退还。已征收的滞纳金不予退还。

（八）税款担保

税款担保是海关事务担保的一种，是指纳税义务人以法定形式向海关承诺在一定期限内履行其纳税义务的行为。

1. 税款担保的范围

纳税义务人针对以下情形要求海关先放行货物的，应当按照海关初步确定的应缴税款向海关提供足额税款担保：

（1）海关尚未确定商品归类、完税价格、原产地等征税要件的；

（2）正在海关办理减免税审核确认手续的；

（3）正在海关办理延期缴纳税款手续的；

（4）暂时进出境的；

（5）进境修理和出境加工的，按保税货物实施管理的除外；

（6）因残损、品质不良或者规格不符，纳税义务人申报进口或者出口无代价抵偿货物时，原进口货物尚未退运出境或者尚未放弃交由海关处理的，或者原出口货物尚未退运进境的；

（7）其他按照有关规定需要提供税款担保的。

2. 担保期限及方式

（1）担保期限

除另有规定外，税款担保期限一般不超过六个月，特殊情况需要延期的，应当经主管海关核准。税款保函明确规定保证期间的，保证期间应当不短于海关批准的担保期限。

（2）担保方式

海关税款担保一般采用保证金、银行及非银行金融机构出具连带责任保证保函方式。采用保证金形式办理的担保，一般采取逐票方式。采用银行及非银行金融机构出具保函办理的担保，可逐票也可办理汇总征税及循环担保方式。

目前，银行类金融机构均可办理汇总征税担保，其中可进行汇总征税担保数据电子传输的银行有中国银行、兴业银行、中国民生银行、招商银行、中国光大银行、广发银行、中国农业银行和杭州银行。经批准的保险公司类机构也可办理汇总征税担保。目前，海关总署、中国银行保险监督管理委员会批准参与税款类担保的关税保证保险改革试点保险公司有中国人民财产保险股份有限公司、中国太平洋财产保险股份有限公司、中银保险有限公司、中国平安财产保险公司、中国大地财产保险股份有限公司、中国人寿财产保险股份有限公司、阳光财产保险股份有限公司、太平财产保险有限公司等保险公司。企业可凭关税保证保险单办理汇总征税业务，并可根据企业税款缴纳情况在保险期间内循环使用。

海关总署在创新税收担保方式方面正进行许多有益的尝试，以进一步适应现代金融与担保体制机制改革趋势。主要有结合企业信用管理制度改革，建立差别化担保制度，根据《中华人民共和国海关事务担保条例》（以下简称《海关事务担保条例》）相关规定，结合企业信用管理，对符合条件的企业，实施免除担保制度；加快实施除银行或非银行金融机构保函外的第三方担保形式，对资信良好、供应链信息对海关透明的企业，尤其是生产型企业，考虑引入第三方信用担保模式。已经在部分直属海关成功试点采用经同意的企业财务公司参与总担保备案；增加可以用于担保的财产和权利种类，允许企业以汇票、本票、支票、债券、存单等海关认可的财产、权利提供担保。

（九）税收保全措施和强制措施

《海关法》《关税条例》所规定的税收强制措施，包括税收征缴的强制措施和税收保全措施。

1. 保全措施

进出口货物的纳税义务人在《海关法》《关税条例》规定的纳税期限内有明显的转移、藏匿其应税货物及其他财产迹象的，海关可以要求纳税义务人在海关规定的期限内提供海关认可的担保。纳税义务人不能在海关规定的期限内，按照海关要求提供担保的，经直属海关关长或者其授权的隶属海关关长批准，海关应当采取税收保全措施。

（1）暂停支付存款

海关书面通知纳税义务人开户银行或者其他金融机构（以下统称"金融机构"）暂停支付纳税义务人相当于应纳税款的存款。

纳税义务人在规定的纳税期限内未缴纳税款的，海关书面通知金融机构从暂停支付的款项中扣缴相应税款。海关确认金融机构已扣缴税款的，书面告知纳税义务人。

纳税义务人在规定的纳税期限内缴纳税款的，海关书面通知金融机构解除对纳税义务人相应存款实施的暂停支付措施。

（2）暂扣货物或财产

因无法查明纳税义务人账户、存款数额等情形，不能实施暂停支付措施的，书面通知纳税义务人扣留其价值相当于应纳税款的货物或者其他财产。货物或者其他财产本身不可分割，又没有其他财产可以扣留的，被扣留货物或者其他财产的价值可以高于应纳税款。

纳税义务人在规定的纳税期限内缴纳税款的，海关书面通知纳税义务人解除扣留措施，随附发还清单，办理确认手续后将有关货物、财产发还纳税义务人。

纳税义务人在规定的纳税期限内未缴纳税款的，海关书面通知纳税义务人依法变卖被扣留的货物或者其他财产，并以变卖所得抵缴税款。变卖所得不足以抵缴税款的，海关继续采取强制措施抵缴税款差额部分；变卖所得抵缴税款及扣除相关费用后仍有余款的，发还纳税义务人。

2. 强制措施

进出口货物的纳税义务人、担保人自《海关法》《关税条例》规定的纳税期限届满之日起超过三个月未缴纳税款或经海关总署批准延期缴纳税款的，自延期缴税期限届满之日起超过三个月仍未缴纳税款的，经直属海关关长或其授权的隶属海关关长批准，依次采取下列强制措施：

（1）书面通知金融机构从其存款中扣缴税款；

（2）将应税货物依法变卖，以变卖所得抵缴税款；

（3）扣留并依法变卖其价值相当于应纳税款的货物或者其他财产，以变卖所得抵缴税款。

实施强制措施的，海关书面通知金融机构从纳税义务人、担保人的存款中扣缴相应税款，同时书面告知纳税义务人、担保人。海关采取强制措施时，对纳税义务人未缴纳的税款滞纳金同时采取强制执行。

海关决定以应税货物、被扣留的价值相当于应纳税款的货物或者其他财产变卖并抵缴税款的，书面告知纳税义务人、担保人。变卖所得不足以抵缴税款的，海关继续采取强制措施抵缴税款的差额部分；变卖所得抵缴税款及扣除相关费用后仍有余款的，发还纳税义务人、担保人。

（十）纳税争议的解决

纳税争议是指纳税义务人、担保人对海关征收关税的行为产生异议而引发的行政争议。这类争议的解决，适用我国解决行政争议的特别法律制度——行政复议制度和行政诉讼制度。

1. 范围

纳税争议的范围主要包括海关在关税征收管理过程中做出的确定纳税义务人、确定完税价格、商品归类、确定原产地、适用税率和汇率、减征或者免征税款、补税、退税、征收滞纳金、确定计征方式及确定纳税地点等行为，而与行政管理相对人发生的关于纳税问题的争议。

2. 复议前置程序

我国解决行政争议的法律途径有两种：由行政机关按照行政程序解决行政争议的行政复议程序和由人民法院按照司法程序解决行政争议的行政诉讼程序。

但是，由于纳税争议涉及商品归类、海关估价和确定商品原产地等方面，业务性、专门性和技术性都很强，如果这些争议都直接向人民法院起诉，将会给法院审理案件增加很大难度，也不利于提高效率。因此，依据《海关法》《中华人民共和国行政复议法》（以下简称《行政复议法》）的有关规定，纳税争议应遵循行政复议前置的原则，即发生纳税争议时，应当先申请行政复议，对复议结果不服的，再向人民法院提起行政诉讼。

3. 上一级行政机关复议

海关是实行垂直领导的行政机关，除接受其上级主管部门的领导外，不受地方各级人民政府的领导。根据《行政复议法》的规定，海关实行上一级行政机关复议制度，即纳税义务人、担保人与海关发生纳税争议时，应当先向做出具体行政行为的海关的上一级海关申请行政复议（其中对海关总署做出的具体行政行为不服的，仍向海关总署申请行政复议），对复议决定不服的，即可向人民法院提起诉讼。

4. 复议期间具体行政行为不停止执行

具体行政行为在理论上具有效力先定性，一经做出，在没有被有权机关经过法定程序依法撤销、变更或者确认违法以前，始终被认为是合法的，仍然对相对人发生约束力。但这并不表示只有具体行政行为被执行完毕后，才能受理行政复议申请。纳税义务人、担保人与海关发生纳税争议时，应当缴纳税款，但并不表示应先缴纳税款才可以申请行政复议。但纳税义务人因纳税争议提出复议申请时，也应当在法律规定的期限内，按海关确定的数额履行缴纳税款的义务，逾期则

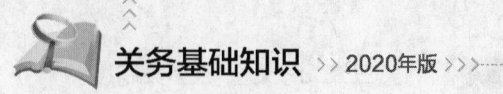

构成滞纳，海关有权依法征收滞纳金。

【复习思考题】

1. 关税的含义、特点是什么？关税纳税义务人是指哪些？

2. 关税的种类及关税税率的设置是如何规定的？

3. 进口环节增值税和消费税由哪个部门负责征收，各自的征纳范围是什么？

4. 税款缴纳形式有哪些？

5. 如何根据不同情况确定税率的适用时间？汇率适用时间是如何规定的？

6. 滞纳金如何征收？

7. 减免税有哪些种类？

8. 税款担保有哪些种类？

9. 什么是关税的追征、补征？各适用怎样的范围和时限？

10. 什么情形下将采用税收征缴的强制措施和税收保全措施？各有哪些手段？

11. 什么是纳税争议？其解决途径有哪些？

第三节　出入境检验检疫

【学习目标】

本节内容旨在让学习者掌握我国出入境检验检疫的基本知识，了解海关的相关制度。
完成本节学习，学习者应获得以下成果：

1. 了解出入境检验检疫业务的基本流程；

2. 熟悉出入境检验检疫管理制度体系；

3. 了解商品检验制度的主要内容；

4. 了解动植物检疫制度的主要内容；

5. 了解卫生检疫制度的主要内容；

6. 了解食品卫生监管制度的主要内容；

7. 简单了解特殊监管区域的检验检疫管理措施。

【基本概念】

出入境检验检疫、进出口商品检验、进境动植物检疫、卫生检疫监督、食品安全
监管

【建议学习时间】

4 课时

一、概述

出入境检验检疫制度是指由国家出入境检验检疫机构根据我国有关法律和行政法规及我国政府所缔结或者参加的国际条约、协定，对进出境的货物、物品及其包装物、交通运输工具、运输设备和进出境人员实施检验检疫监督管理的法律依据和行政手段的总和，其国家主管部门是海关总署。

出入境检验检疫的目的是保护国家经济的顺利发展、保护人民的生命和生活环境的安全与健康。出入境检验检疫的职责由《宪法》、有关法律和最高国家行政机关的行政法规等赋予。

实施出入境检验检疫为世界各国的通行做法。各国法律及国际规约（包括条约、公约、合约、协定、规则、声明）都赋予出入境检验检疫以公认的法律职责。2018 年 4 月，按照《深化党和国家机构改革方案》精神，出入境检验检疫职责与队伍划入海关，建设中国社会主义特色新海关是我国检验检疫工作今后的重要职责和使命。

全国人民代表大会常务委员会先后制定了《商检法》《中华人民共和国进出境动植物检疫法》（以下简称《动植物检疫法》）《中华人民共和国国境卫生检疫法》（以下简称《卫生检疫法》）以及《中华人民共和国食品安全法》（以下简称《食品安全法》）等法律。其中：

《商检法》第四条规定："进出口商品检验应当根据保护人类健康和安全、保护动物或者植物的生命和健康、保护环境、防止欺诈行为、维护国家安全的原则，由国家商检部门规定、调整必须实施检验的进出口商品目录（以下简称目录）并公布实施。"第五条规定："列入目录的进出口商品，由商检机构实施检验。前款规定的进口商品未经检验的，不准销售、使用；前款规定的出口商品未经检验合格的，不准出口。"

《动植物检疫法》第二条规定："进出境的动植物、动植物产品和其他检疫物，装载动植物、动植物产品和其他检疫物的装载容器、包装物，以及来自动植物疫区的运输工具，依照本法规定实施检疫。"

《卫生检疫法》第二条规定："在中华人民共和国国际通航的港口、机场以及陆地边境和国界江河的口岸（以下简称国境口岸），设立国境卫生检疫机关，依照本法规定实施传染病检疫、监测和卫生监督。"第四条规定："入境、出境人员、交通工具、运输设备以及可能传播检疫传染病的行李、货物、邮包等物品，都应当接受检疫，经国境卫生检疫机关许可，方准入境或者出境。"

《食品安全法》第九十一条规定："国家出入境检验检疫部门对进出口食品安全实施监督管理。"第九十二条规定："进口的食品、食品添加剂应当经出入境检验检疫机构依照进出口商品检验相关法律、行政法规的规定检验合格。"第九十六条规定："向我国境内出口食品的出口商或者代理商、进口食品的进口商应当向国家出入境检验检疫部门备案。向我国境内出口食品的境外食品生产企业应当经国家出入境检验检疫部门注册。"

二、业务基本流程

出入境检验检疫业务流程是指申报/申请（受理报检、审单布控）、现场和实验室检验检疫（检验检疫、抽样/采样）、卫生除害处理（检疫处理）、综合评定、签证放行的全过程。

（一）申报/申请

机构改革后，入境检验检疫业务的报检/申报与海关报关业务实施整合申报，根据相关方案的安排，全国海关于 2018 年 8 月 1 日起正式实施进出口货物整合申报。通过"单一窗口""互联网+海关"预录入系统进行报检申报。为了适应国际贸易特点和安全便利的需要，海关总署在整合申报基础上又进一步改革现有申报制度，企业根据需要可以实施两步申报，即第一步提货申报（概要申报），第二步完整申报。新的申报模式整合了原有报关、报检申报项目，满足了海关及检验检疫作业所关注内容的管理需要，全面优化了涉及检验检疫作业的申报管理方式。出境检验检疫申请是在出境货物报关前，企业根据相关要求向企业所在地海关申请出境报关申报前监管服务的过程。需要实施出口检验检疫作业的货物完成出境申报前监管的相关工作方可在口岸办理报关手续。

海关根据企业申报以随机抽查掌控风险防控覆盖面，以精准布控靶向锁定风险目标，构建随机抽查与精准布控协同分工、优势互补的风险统一防控机制，实现对申报数据的科学布控管理。

（二）现场和实验室检验检疫

海关对已申报的出入境货物，通过感官、物理、化学、微生物等方法进行检验检疫，以判定所检对象的各项指标是否符合有关强制性标准或合同及买方所在国官方机构的有关规定。目前，检验检疫的方式包括全数检验、抽样检验、型式试验、过程检验、登记备案、符合性验证、符合性评估、合格保证和免予检验等。对须实施实验室检测并出具检测结果的出入境货物，海关工作人员需到现场抽取（采取）样品并进行实验室检测。抽取（采取）的样品不能直接进行检验的，需要对样品进行一定的加工，称为"制样"。根据样品管理的规定，样品及制备的小样经检验检疫后应重新封识，超过样品保存期后方可销毁。

（三）卫生除害处理（检疫处理）

延展阅读

按照《卫生检疫法》及其实施细则、《动植物检疫法》及其实施条例的有关规定，检验检疫机构对来自传染病疫区或动植物疫区的有关出入境货物、交通工具、运输工具及废旧物品等实施卫生除害处理。

（四）综合评定

根据上述单证审核、现场和实验室检验检疫，以及卫生除害处理等检验检疫作业的相关结果，海关对货物实施综合评定并给出评定结果。

（五）签证与放行

出境货物，经检验检疫合格的，办理货物通关手续；经检验检疫或口岸核查货证不合格的，签发出境货物不合格通知单。

入境货物经检验检疫合格，或经检验检疫不合格、但已进行有效处理合格的，签发入境货物检验检疫证明。不合格需作退货或销毁处理的，签发检验检疫处理通知书，不合格需办理对外索赔的，签发检验检疫证书，供有关方面办理对外索赔及相关手续。

三、管理制度体系

我国进出境检验检疫制度内容包括进出口商品检验制度、进出境动植物检疫制度及国境卫生监督制度等三大管理体系。根据各自的法律法规规章，在涉及人类健康、动植物健康安全、商品质量控制、环境保护等方面分别建立了相应的管理制度，由这些制度共同组成了检验检疫管理体系。为了使读者方便理解，根据海关总署最新公布的总署令，整理下列相关的管理制度。

（一）进出口商品检验制度

进出口商品检验制度是根据《商检法》及其实施条例的规定，海关总署及其口岸进出境检验检疫机构对进出口商品所进行品质、质量检验和监督管理的制度。

商品检验机构实施进出口商品检验的内容包括商品的质量、规格、数量、重量、包装及是否符合安全、卫生的要求。我国商品检验的种类分为四种，即法定检验、合同检验、公证鉴定和委托检验。

对法律、行政法规、部门规章规定有强制性标准或者其他必须执行的检验标准的进出口商品，依照法律、行政法规、部门规章规定的检验标准检验；法律、行政法规、部门规章未规定有强制性标准或者其他必须执行的检验标准的，依照对外贸易合同约定的检验标准检验。

《商检法》第六条规定："必须实施的进出口商品检验，是指确定列入目录的进出口商品是否符合国家技术规范的强制性要求的合格评定活动。"合格评定程序包括：抽样、检验和检查；评估、验证和合格保证；注册、认可和批准，以及各项的组合。

《商检法》第七条规定："列入目录的进出口商品，按照国家技术规范的强制性要求进行检验；尚未制定国家技术规范的强制性要求的，应当依法及时制定，未制定之前，可以参照国家商检部门指定的国外有关标准进行检验。"

由于机构改革，上述职能已经并入海关管理职能，其中提到的"必须实施的进出口商品检验目录"也列入海关进出口税则中的检验检疫类别，来界定需要实施商品检验的范围。

按照商品属性，涉及的管理办法包括《进口汽车检验管理办法》《进口涂料检验监督管理办法》《进出口玩具检验监督管理办法》《进出口煤炭检验管理办法》《进出口玩具检验监督管理办法》《进口棉花检验监督管理办法》《进口旧机电产品检验监督管理办法》《进口可用作原料的固体废物检验检疫监督管理办法》《出口烟花爆竹检验管理办法》《机电产品进口管理办法》《重点旧机电产品进口管理办法》等，按照检验内容和工作方式，又制定了《进出口商品数量重量检验鉴定管理办法》《中华人民共和国实施金伯利进程国际证书制度管理规定》《进出口商品免验管理办法》《进出口商品复验办法》等。

（二）进出境动植物检疫制度

进出境动植物检疫制度是根据《动植物检疫法》及其实施条例的规定，海关总署及其口岸进出境检验检疫机构对进出境动植物、动植物产品生产、加工、存放过程实行动植物检疫的进出境的监督管理制度。

我国实行进出境检验检疫制度的目的是为了防止动物传染病、寄生虫病和植物危险性病、虫、杂草及其他有害生物传入、传出国境，保护农、林、牧、渔业生产和人体健康，促进对外经济贸易的发展。

口岸进出境检验检疫机构实施动植物检疫监督管理的方式有实行注册登记、疫情调查、检测和防疫指导等。其管理主要包括进境检疫、出境检疫、过境检疫、进出境携带和邮寄检疫及进出境运输工具检疫等。

进境动植物检疫管理制度的基本内容包含检疫审批进出口动植物及其产品的企业及加工储存场所注册登记制度。按照货物属性，涉及的管理办法包括《进境动植物检疫审批管理办法》《进境动物隔离检疫场使用监督管理办法》《进境动物遗传物质检疫管理办法》《进出境非食用动物产品检验检疫监督管理办法》《进出口饲料和饲料添加剂检验检疫监督管理办法》《进境植物繁殖材料检疫管理办法》《进境栽培介质检疫管理办法》《进出境粮食检验检疫监督管理办法》《进境水生动物检验检疫监督管理办法》《进出境转基因产品检验检疫管理办法》《出境竹木草制品检疫管理办法》《出境水果检验检疫监督管理办法》《出境水生动物检验检疫监督管理办法》《出境货物木质包装检疫处理管理办法》及供港澳牛、猪、羊、禽、蔬菜等相应的检验检疫监督管理办法等；按照入境口岸检疫，出口属地检疫管理原则，分别由口岸海关及属地海关实施相应检验检疫，在个人携带物（见《出入境人员携带物检疫管理办法》）、交通工具、包装铺垫材料进境方面的检疫处理要求贯穿于整个动植物检疫管理制度中，分别做出了相应规定。

（三）卫生检疫监督制度

卫生检疫监督制度是指进出境检验检疫机构根据《卫生检疫法》及其实施细则，以及国家其他的卫生法律、法规和卫生标准，在进出口口岸对进出境的交通工具、货物、运输容器以及口岸辖区的公共场所、环境、生活设施、生产设备所进行的卫生检查、鉴定、评价和采样检验的制度。

我国实行卫生检疫监督制度是为了防止传染病由国外传入或者由国内传出，实施国境卫生检疫，保护人体健康。其监督职能主要包括进出境检疫、国境传染病检测、进出境卫生监督等。

《卫生检疫法》第四条规定："入境、出境人员、交通工具、运输设备以及可能传播检疫传染病的行李、货物、邮包等物品，都应当接受检疫，经国境卫生检疫机关许可，方准入境或者出境。"根据该规定形成的管理办法有《国际航行船舶出入境检验检疫管理办法》《出入境邮轮检验检疫管理办法》《国境口岸食品卫生监督管理规定》《国境口岸卫生许可管理办法》《出入境特殊物品卫生检疫管理规定》《出入境尸体骸骨卫生检疫管理办法》。

（四）食品安全监管制度

《食品安全法》对进出口食品的监督管理设置了专门的章节即"第六章食品进出口"。其中第九十二条规定："进口的食品、食品添加剂、食品相关产品应当符合我国食品安全国家标准。进口的食品、食品添加剂应当经出入境检验检疫机构依照进出口商品检验相关法律、行政法规的规定检验合格。进口的食品、食品添加剂应当按照国家出入境检验检疫部门的要求随附合格证明材料。"2009年7月根据《食品安全法》制定的《中华人民共和国食品安全法实施条例》明确了进口食品的检验检疫职责和要求，其中第四十四条规定："进口商进口食品、食品添加剂，应当按照规定向出入境检验检疫机构报检，如实申报产品相关信息，并随附法律、行政法规规定的合格证明材料。"

根据机构改革及新职能的划分，检验检疫机构职责划入海关，即进口食品检验工作由海关实施并签发相应证明。

我国对下列商品实施入境准入：肉类（鹿产品、马产品、牛产品、禽产品、羊产品、猪产品，内脏和副产品除外）、乳制品、水产品、燕窝、肠衣、植物源性食品、中药材、蜂产品等八大类产品。海关总署根据风险评估和审查结果，对上述八大类产品准入目录进行动态调整。

为严格落实《食品安全法》等有关规定，进一步规范对境外输华国家或地区食品安全体系评估和审查，便于国内外监管部门、经营主体和广大消费者了解相关信息，更好地服务进出口贸易健康发展，海关总署进出口食品安全局开发了"符合评估审查要求及有传统贸易的国家或地区输华食品目录信息系统"，在海关总署官网予以对外实时更新和信息发布。

针对上述产品，海关总署也已经颁布了相应的管理办法，详情可以参考海关总署官网信息公开栏目。

四、主要制度内容

（一）进出口商品检验制度的主要内容

商品检验方面的管理办法主要按照货物类别实施分类管理，我国分别针对进口汽车、油漆涂料、旧机电、棉花、固体废物等制定了相应的管理办法，相关内容请参阅海关总署令第240号、243号，以下择要说明。

1. 进口汽车检验管理

海关总署主管全国进口汽车检验监管工作，进口汽车入境口岸海关负责进口汽车入境检验工作，用户所在地海关负责进口汽车质保期内的检验管理工作。进口汽车入境口岸海关对进口汽车的检验包括一般项目检验、安全性能检验和品质检验。

经检验合格的进口汽车，由口岸海关签发入境货物检验检疫证明，并一车一单签发进口机动车辆随车检验单。对进口汽车实施品质检验的，入境货物检验检疫证明须加附品质检验报告。

2. 进口涂料检验监督管理

依据《商检法》及其实施条例、《中华人民共和国货物进出口管理条例》（以下简称《货物进出口管理条例》）的有关规定，进口涂料检验监督管理主要涉及税目32.08项下和32.09项下的商品，采取对进口涂料实行登记备案和专项检测制度。海关总署指定涂料专项检测实验室（以下简称"专项检测实验室"）和进口涂料备案机构（以下简称"备案机构"）。

专项检测实验室根据技术法规的要求，负责进口涂料的强制性控制项目的专项检测工作，出具进口涂料专项检测报告。

（二）进出境动植物检疫制度的主要内容

进出境动植物检疫制度方面，根据《动植物检疫法》及其实施条例的有关规定，针对动植物、动植物产品及其他检疫物，按检疫风险类别和商品属性，分别针对水生动物、植物繁殖材料、水果、饲料及饲料添加剂、供港活动物及蔬菜等，制定了相应的管理办法。以下择要说明。

1. 进境动植物检疫审批管理

根据《进境动植物检疫审批管理办法》，对《动植物检疫法》及其实施条例及国家有关规定

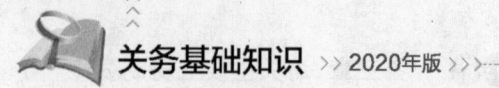

需要审批的进境动物（含过境动物）、动植物产品和需要特许审批的禁止进境物的检疫审批。

海关总署根据法律法规的有关规定及国务院有关部门发布的禁止进境物名录，制定、调整并发布需要检疫审批的动植物及其产品名录。

审批的流程包括申请、审批核准、许可单证的管理和使用等，需要注意的是审批的范围为动态调整，同时，一旦相关国家发生重大疫情，相应的审批也会作废。进境动植物检疫许可证的有效期分别为三个月或者一次有效。除对活动物签发的进境动植物检疫许可证外，不得跨年度使用。

2. 进境植物繁殖材料检疫管理

根据《进境植物繁殖材料检疫管理办法》，通过各种方式进境的贸易性和非贸易性植物繁殖材料（包括贸易、生产、来料加工、代繁、科研、交换、展览、援助、赠送及享有外交、领事特权与豁免权的外国机构和人员公用或自用的进境植物繁殖材料）的检疫管理。

海关总署统一管理全国进境植物繁殖材料的检疫工作，主管海关负责所辖地区的进境繁殖材料的检疫和监督管理工作。

本办法所称植物繁殖材料是植物种子、种苗及其他繁殖材料的统称，指栽培、野生的可供繁殖的植物全株或者部分，如植株、苗木（含试管苗）、果实、种子、砧木、接穗、插条、叶片、芽体、块根、块茎、鳞茎、球茎、花粉、细胞培养材料（含转基因植物）等。

引种单位、个人或者其代理人在进境动植物检疫许可证或者引进种子、苗木检疫审批单核查备案后，应当在植物繁殖材料进境前七日凭输出国家（地区）官方植物检疫部门出具的植物检疫证书、产地证书、贸易合同、发票及其他必要的单证向指定的海关报检。

（三）卫生检疫制度的主要内容

卫生检疫制度主要针对出入境人员、交通工具、国境口岸卫生、特殊物品卫生检疫、尸体棺柩卫生检疫等制定了相应的管理办法。以下择要说明。

1. 国际航行船舶出入境检验检疫管理

国际航行船舶（以下简称"船舶"）是指进出中华人民共和国国境口岸的外国籍船舶和航行国际航线的中华人民共和国国籍船舶。

海关总署主管船舶进出中华人民共和国国境口岸（以下简称"口岸"）的检验检疫工作。主管海关负责所辖地区的船舶进出口岸的检验检疫和监督管理工作。

入境的船舶必须在最先抵达口岸的指定地点接受检疫，办理入境检验检疫手续。

船方或者其代理人应当在船舶预计抵达口岸24小时前（航程不足24小时的，在驶离上一口岸时）向海关申报，填报入境检疫申报书。如船舶动态或者申报内容有变化，船方或者其代理人应当及时向海关更正。

入境检疫的船舶，在航行中发现检疫传染病、疑似检疫传染病，或者有人非因意外伤害而死亡并死因不明的，船方必须立即向入境口岸海关报告。

2. 出入境特殊物品卫生检疫管理

出入境特殊物品卫生检疫管理适用于入境、出境的微生物、人体组织、生物制品、血液及其制品等特殊物品的卫生检疫监督管理。

出入境特殊物品卫生检疫管理遵循风险管理原则，在风险评估的基础上根据风险等级实施检疫审批、检疫查验和监督管理。直属海关负责辖区内出入境特殊物品的卫生检疫审批（以下简称"特殊物品审批"）工作。

申请特殊物品审批应当具备下列条件：

（1）法律法规规定须获得相关部门批准文件的，应当获得相应批准文件；

（2）具备与出入境特殊物品相适应的生物安全控制能力。

入境特殊物品的货主或者其代理人应当在特殊物品交运前向目的地直属海关申请特殊物品审批。出境特殊物品的货主或者其代理人应当在特殊物品交运前向其所在地直属海关申请特殊物品审批。

入境特殊物品到达口岸后，货主或者其代理人应当凭特殊物品审批单及其他材料向入境口岸海关申报。出境特殊物品的货主或者其代理人应当在出境前凭特殊物品审批单及其他材料向其所在地海关申请。申报材料不齐全或者不符合法定形式的，海关不予入境或者出境。

受理申报/申请的海关应当按照下列要求对出入境特殊物品实施现场查验，并填写入/出境特殊物品卫生检疫现场查验记录：

（1）检查出入境特殊物品名称、成分、批号、规格、数量、有效期、运输储存条件、输出/输入国和生产厂家等项目是否与特殊物品审批单的内容相符；

（2）检查出入境特殊物品包装是否安全无破损，不渗、不漏，存在生物安全风险的是否具有符合相关要求的生物危险品标识。

入境口岸查验现场不具备查验特殊物品所需安全防护条件的，应当将特殊物品运送到符合生物安全等级条件的指定场所实施查验。

（四）食品安全监管制度的主要内容

食品安全监管是指针对进出口预包装食品、食品添加剂、动植物源性食品等不同属性及类别的食品、食品原料、保健功能食品及境外食品生产企业等制定的相关管理办法，如《进出口食品安全管理办法》《进出口水产品检验检疫监督管理办法》《进出口乳品检验检疫监督管理办法》《进出口肉类产品检验检疫监督管理办法》《进出口化妆品检验检疫监督管理办法》《出口蜂蜜检验检疫管理办法》《进口食品境外生产企业注册管理规定》等。以下择要说明。

1. 进出口食品安全管理

海关总署对进口食品境外生产企业实施注册管理，对向中国境内出口食品的出口商或者代理商实施备案管理，对进口食品实施检验，对出口食品生产企业实施备案管理，对出口食品原料种植、养殖场实施备案管理，对出口食品实施监督、抽检，对进出口食品实施分类管理、对进出口食品生产经营者实施诚信管理。

海关总署对向中国境内出口食品的境外食品生产企业实施注册制度，注册名单会在海关总署网站公布。

进口食品的进口商或者其代理人应当按照规定，持下列材料向海关申报：

（1）合同、发票、装箱单、提单等必要的凭证；

（2）相关批准文件；

（3）法律法规、双边协定、议定书及其他规定要求提交的输出国家（地区）官方检疫（卫生）证书。

报检时，进口商或者其代理人应当将所进口的食品按照品名、品牌、原产国（地区）、规格、数/重量、总值、生产日期（批号）及海关总署规定的其他内容逐一申报。进口商应当负责审核其进口预包装食品的中文标签是否符合我国相关法律、行政法规规定和食品安全国家标准要求。审核不合格的，不得进口。

进口预包装食品被抽中现场查验或实验室检验的，进口商应当向海关人员提交其合格证明材料、进口预包装食品的标签原件和翻译件、中文标签样张及其他证明材料。海关应当对标签内容是否符合法律法规和食品安全国家标准要求及与质量有关内容的真实性、准确性进行检验，包括格式版面检验和标签标注内容的符合性检测。

进口食品经检验检疫合格的，由海关出具合格证明，准予销售、使用。海关出具的合格证明应当逐一列明货物品名、品牌、原产国（地区）、规格、数/重量、生产日期（批号），没有品牌、规格的，应当标明"无"。

进口食品经检验检疫不合格的，由海关出具不合格证明。涉及安全、健康、环境保护项目不合格的，由海关责令当事人销毁，或者出具退货处理通知单，由进口商办理退运手续。其他项目不合格的，可以在海关的监督下进行技术处理，经重新检验合格后，方可销售、使用。

2. 进出口乳品检验检疫监督管理

乳品包括初乳、生乳和乳制品。初乳是指奶畜产犊后七天内的乳。生乳是指从符合中国有关要求的健康奶畜乳房中挤出的无任何成分改变的常乳。奶畜初乳、应用抗生素期间和休药期间的乳汁、变质乳不得用作生乳。乳制品是指以乳为主要原料加工而成的食品，如巴氏杀菌乳、灭菌乳、调制乳、发酵乳、干酪及再制干酪、稀奶油、奶油、无水奶油、炼乳、乳粉、乳清粉、乳清蛋白粉和乳基婴幼儿配方食品等。其中，由生乳加工而成、加工工艺中无热处理杀菌过程的产品为生乳制品。

海关总署对向中国出口乳品的境外食品生产企业（以下简称"境外生产企业"）实施注册制度，注册工作按照海关总署相关规定执行。获得注册的境外生产企业应当在海关总署网站公布，进口乳品经检验检疫合格由海关出具入境货物检验检疫证明后，方可销售、使用。

进口乳品入境货物检验检疫证明中应当列明产品名称、品牌、出口国家（地区）、规格、数/重量、生产日期或者批号、保质期等信息。

进口乳品经检验检疫不合格的，由海关出具不合格证明。涉及安全、健康、环境保护项目不合格的，海关责令当事人销毁，或者出具退货处理通知单，由进口商办理退运手续。其他项目不合格的，可以在海关监督下进行技术处理，经重新检验合格后，方可销售、使用。

（五）特殊监管区域检验检疫管理

我国海关对保税区、边境特别管理区等特殊区域制定了检验检疫的管理办法，如《沙头角边境特别管理区进出物品检验检疫管理规定》《保税区检验检疫监督管理办法》等，适用于对进出保税区，法律法规规定应当实施检验检疫的货物及其包装物、铺垫材料、运输工具、集装箱的检验检疫及监督管理工作。

【复习思考题】

1. 检验检疫业务办理的基本流程是什么？

2. 检验检疫管理制度包括哪几个部分？

3. 进出口商品检验制度的主要内容包括哪些？

4. 进出境动植物检疫制度的主要内容包括哪些？

5. 卫生检疫制度的主要内容包括哪些？

6. 进出口食品安全监管的主要内容有哪些？

第四节 海关保税监管

【学习目标】

本节内容旨在让学习者掌握我国海关保税监管制度的相关知识。

完成本节学习，学习者应获得以下成果：

1. 理解海关保税监管制度的含义；

2. 了解海关保税监管制度的法律形式；

3. 理解保税货物的含义及特点；

4. 理解保税加工和保税物流的含义；

5. 理解海关保税监管场所的含义；

6. 理解海关特殊监管区域的含义；

7. 了解自由贸易试验区的含义。

【基本概念】

海关保税监管制度及其法律形式、保税货物、保税加工、保税物流、保税监管场所、特殊监管区域

【建议学习时间】

2 课时

一、概述

保税（Bonded）是一种遵循国际法，为促进贸易便利化而实施的国际通行的海关制度，《京都公约（修正）》规定了保税制度的三种具体形式，分别为海关仓库、自由区和进境加工。相比较而言，中国的保税形式更为丰富，分类标准更为多元，制度也更为复杂。

海关保税监管制度是海关依据法律、行政法规和部门规章，对保税货物的进境、存储、加工、装配、结转、复出境全过程实施监督和管理的行政执法行为和监管作业制度，是海关监管制度的重要组成部分。海关保税监管制度的法律形式主要有三个层面。

1. 法律层面

《海关法》第三十二条、第三十三条和第三十四条，分别对保税场所、加工贸易和海关特殊

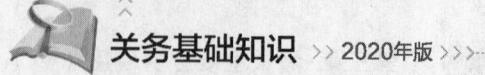

监管区域做出了明确规定。

2. 行政法规层面

《国务院关于促进海关特殊监管区域科学发展的指导意见》（国发〔2012〕58号）、《国务院关于促进加工贸易创新发展的若干意见》（国发〔2016〕4号）等国务院法规文件，明确了对加工贸易及海关特殊监管区域内有关保税业务的具体规定。

3. 部门规章层面

海关总署先后颁布实施了一系列署令，涉及加工贸易货物监管、单耗、深加工结转、联网监管、保税核查、保税仓库、出口监管仓库、保税物流中心、保税物流园区、保税港区等。

此外，海关总署还以公告、署发文等规范性文件，对海关保税监管进行了一系列调整完善。

二、保税、保税货物和保税监管

（一）保税

保税是指暂时缓缴进口税收的一种海关税收制度，是海关对保税货物的进境、储存、加工、装配、结转、复出境全过程实施监督和管理的作业制度。

（二）保税货物

保税货物是指经海关批准未办理纳税手续进境，在境内储存、加工、装配后复运出境的货物。保税货物是海关监管货物的一种，主要分为保税加工货物和保税物流货物。

保税货物是海关监管货物的其中一种，与一般贸易进出口货物有着较大的区别。它的特点概括起来有以下四点。

1. 前置备案

保税货物的进口必须经海关依法核准备案。

2. 暂缓纳税

经核准的保税货物，进口时均无须缴纳进口关税和进口环节税。若经核准转内销，则必须缴纳进口关税和进口环节税，保税加工货物还须加收缓税利息。

3. 免于管制

经核准允许保税进口的货物，除法律、行政法规另有规定外，无须提交相关进口许可证件。

4. 过程监管

海关对保税货物的监管是动态的过程管理，完全不同于对一般贸易进出口货物的监管。从监管时间来看，一般贸易进口货物监管时限是自货物进境起到办结海关手续、海关放行止，保税货物监管时限是自货物进口申报起到货物的储存、加工、装配，直至货物复运出境、办结海关核销手续，或转一般贸易进口申报、补征税款、补交许可证件止，一直都处于海关监管之下；从监管空间来看，一般贸易进口货物主要在货物进境口岸的海关监管场所，保税货物则延伸至货物储存、加工、装配的场所。由此可见，保税货物监管链条更长、时间更久，海关要求更严，对经营保税业务的企业来说，管理的难度更大，而对从事保税关务的人来说，需要关注和掌控的细节也就更多。

（三）保税监管

保税监管是海关依据法律、行政法规和规章，对享受保税政策的进出口货物、物品在保税状态下研发、加工（含结转深加工）、装配、制造、检测、维修等产业链全过程和采购、运输、存储、包装、刷唛、改装、组拼、集拼、分销、分拨、中转、转运、配送、调拨等简单加工及增值服务等供应链的全过程，实施备案、审核、核准、查验、核查、核销等实际监管的行政执法行为。

需要特别注意的是，《海关法》仅对"保税货物"进行了定义。根据该定义可以简单地将保税货物分为两类，即"在境内加工、装配后复运出境"的保税加工货物和"在境内储存后复运出境"（含对所存货物开展流通性简单加工和增值服务）的保税物流货物。但是从目前保税制度在中国的发展来看，这一定义过于简单，并未能全面涵盖保税货物的所有形式。

三、保税加工、保税物流和保税服务

（一）保税加工

保税加工是指经营者经海关批准，对未办理纳税手续进境的货物，进行实质性加工或装配及相关配套业务的生产性经营行为。在产业链上主要体现为来料加工、进料加工，以及研发试制和检测维修等前后端配套服务工序等特殊的生产经营方式。

（二）保税物流

保税物流是指经营者经海关批准，将未办理纳税手续进境的货物从供应地到需求地实施空间位移的服务性经营行为。广义的保税物流可以理解为保税货物的进、出、转、存，而狭义的保税物流仅指保税货物在口岸与特殊监管区域、保税监管场所之间或在特殊监管区域与保税监管场所的内部以及在这些区域、场所之间的流转。在供应链上体现为采购、运输、存储、分销、分拨、中转、转运、包装、刷唛、改装、组拼、集拼、配送、调拨等流通性简单加工业务及其增值服务。

（三）保税服务

保税服务是一种新兴的保税形式，主要目的是为了促进服务贸易的发展。由于我国的服务贸易方兴未艾，在进出口贸易中占比极小，保税监管又需要落实到具体货物上，所以目前适合开展保税服务的形式相对较少，主要体现为对从事国际服务外包业务的企业所进口的货物实施保税监管。可以预见的是，随着服务贸易份额的加大，保税服务将成为中国保税制度新的发展点。

四、加工贸易和保税加工

在实践中，我们经常听到或者使用的是"加工贸易"而不是"保税加工"，那么这两个概念有什么联系和区别呢？

《中华人民共和国海关加工贸易货物监管办法》（海关总署令第219号）对加工贸易进行了明确的定义。加工贸易，是指经营企业进口全部或者部分原辅材料、零部件、元器件、包装物料，经加工或者装配后，将制成品复出口的经营活动，包括来料加工和进料加工。

加工贸易在我国的发展大致经历了四个阶段。

（一）探索起步阶段

改革开放初期，以"三来一补"（来料加工、来件加工、来样加工和补偿贸易）为主，产品集中在服装、鞋帽、玩具等劳动密集型产业上。

（二）快速增长阶段

1988年至1998年，以进料加工为主，从劳动密集型产业转向资金密集型产业，加工贸易进出口值一度占据对外贸易的半壁江山，海关开始对加工贸易实施企业分类管理、商品分类管理和银行保证金台账"实转"等制度。

（三）规范发展阶段

1999年至2003年，劳动密集型产业与资本技术密集型产业并重，由低附加值的简单加工装配环节向较高附加值的研发、品牌、物流、营销等环节延伸，在此阶段，为改变加工贸易"散养"状态而设立了出口加工区，同时海关开始对加工贸易探索实施联网监管。

（四）转型升级阶段

2003年，党的十六届三中全会通过的《中共中央关于完善社会主义市场经济体制若干问题的决定》中明确"继续发展加工贸易，着力吸引跨国公司把更高技术水平、更大增值含量的加工制造环节和研发机构转移到我国，引导加工贸易转型升级"。

从以上发展历程可以看出，加工贸易这一概念在前，而保税加工概念形成在后，保税加工的外延也大于加工贸易。加工贸易仅包括来料加工和进料加工，保税加工还包括研发试制和检测维修等前后端配套服务工序；加工贸易目前多作狭义理解，仅指在特殊监管区域外的保税加工，而保税加工还包括在特殊监管区域内开展的加工贸易业务。因此，我们需要清楚，《中华人民共和国海关加工贸易货物监管办法》就是对特殊监管区域外加工贸易的监管规定，特殊监管区域内加工贸易的监管规定则散见于各类特殊监管区域的管理办法中。

五、保税监管场所

保税监管场所是经海关批准设立由海关实施保税监管的特定场所，主要包括保税仓库、出口监管仓库、保税物流中心（A型）、保税物流中心（B型）等四类，属于海关事权。简而言之，也就是保税监管场所的设立审批和管理主要由海关负责。

（一）保税仓库

保税仓库，是指经海关批准设立的专门存放保税货物及其他未办结海关手续货物的仓库。

（二）出口监管仓库

出口监管仓库，是指经海关批准设立，对已办结海关出口手续的货物进行存储、保税物流配送、提供流通性增值服务的海关专用监管仓库。

（三）保税物流中心（A 型）

保税物流中心（A 型），是指经海关批准，由中国境内企业法人经营、专门从事保税仓储物流业务的海关监管场所。

（四）保税物流中心（B 型）

保税物流中心（B 型），是指经海关批准，由中国境内一家企业法人经营，多家企业进入并从事保税仓储物流业务的海关集中监管场所。

保税监管场所内只能开展保税物流业务，不能开展保税加工业务，但是可以开展流通性简单加工和增值服务，即可以对货物进行分级分类、分拆分拣、分装、计量、组合包装、打膜、加刷唛码、刷贴标志、改换包装、拼装等辅助性简单作业。

每一类型的保税监管场所都有一部与之相对应的部门规章（海关总署令），分别为：

1. 《中华人民共和国海关对保税仓库及所存货物的管理规定》（海关总署令第 105 号）；

2. 《中华人民共和国海关对出口监管仓库及所存货物的管理办法》（海关总署令第 133 号）；

3. 《中华人民共和国海关对保税物流中心（A 型）的暂行管理办法》（海关总署令第 129 号）；

4. 《中华人民共和国海关对保税物流中心（B 型）的暂行管理办法》（海关总署令第 130 号）。

以上四部规章根据海关总署令 235 号《关于公布〈海关总署关于修改部分规章的决定〉的令》都有所调整。

六、特殊监管区域

特殊监管区域是经国务院批准设立并由海关实行封闭监管的特定区域，包括保税区、出口加工区、保税物流园区、保税港区、综合保税区、跨境工业园区等六类，由联席会议成员单位共同管理。

2019 年 11 月，海关总署出台《中华人民共和国海关对洋山特殊综合保税区监管法》（海关总署公告 2019 年第 170 号），对进出洋山特殊综保区的运输工具、货物、物品以及洋山特殊综保区内企业进行监管。洋山特殊综保区是经国务院批准，设立在临港新片区内，具有物流、加工、制造、贸易等功能的海关特殊监管区域。洋山特殊综保区是具有国际市场影响力和竞争力的特殊经济功能区，具有作为对标国际公认、竞争力最强自由贸易园区的重要载体作用。

（一）保税区

保税区，是经国务院批准设立，由海关实施特殊监管的经济领域，是我国最早出现的海关特殊监管区域。其主要功能是转口贸易、出口加工、保税仓储。1990 年，我国设立了第一个保税区——上海外高桥保税区。

（二）出口加工区

出口加工区，是指经国务院批准设立在我国境内的由海关监管的特定区域。其功能主要包括

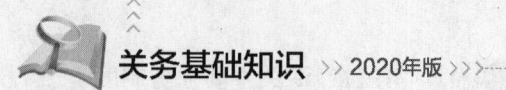

保税加工、保税物流、检测、维修、研发等。出口加工区以开展加工制造业务为主，开展保税物流业务为辅。2000年，我国设立了第一个出口加工区——江苏昆山出口加工区。

（三）保税物流园区

保税物流园区，是指经国务院批准，在保税区规划面积或者毗邻保税区的特定港区内设立的、专门发展现代国际物流业的海关特殊监管区域。保税物流园区只能开展保税物流业务，不能开展保税加工业务。2003年，我国设立了第一个保税物流园区——上海外高桥保税物流园区。

（四）保税港区

保税港区，是指经国务院批准，设立在国家对外开放的口岸港区和与之相连的特定区域内，具有口岸、物流、加工等功能的海关特殊监管区域。2005年，我国设立了第一个保税港区——上海洋山保税港区。

（五）综合保税区

综合保税区，是指经国务院批准设立在内陆地区的，具有保税港区功能的海关特殊监管区域。2006年，我国设立了第一个综合保税区——苏州工业园综合保税区。

（六）跨境工业园区

跨境工业园区比较特殊，目前国内只有两个，一个是珠澳跨境工业区，另一个是中哈霍尔果斯国际边境合作中心。跨境工业园区实行保税区政策，与中华人民共和国关境内的其他地区之间进出货物在税收方面实行出口加工区政策。跨境工业园区的主要功能有出口加工、保税仓储物流、国际贸易三种。

特殊监管区域除了保税物流园区外，其余五类特殊监管区域既能开展保税物流业务，也能开展保税加工业务。

（七）特殊监管区域的法律形式

特殊监管区域的法律形式也较为复杂。

1. 法律层面

《海关法》第三十四条规定："经国务院批准在中华人民共和国境内设立的保税区等海关特殊监管区域，由海关按照国家有关规定实施监管。"

2. 行政法规层面

主要有《国务院关于促进海关特殊监管区域科学发展的指导意见》（国发〔2012〕58号）、《国务院关于促进综合保税区高水平开放高质量发展的若干意见》（国发〔2019〕3号）等。

3. 部门规章层面

每一类型的特殊监管区域都有与之相对应的海关总署令，其中保税港区和综合保税区的监管规定都源自海关总署令第164号。

在实践中，特别需要关注的是规范性文件层面出台的有关特殊监管区域政策变化的海关总署公告，如2019年出台的直接涉及综合保税区的海关总署公告就有七个。

七、自由贸易试验区

自由贸易区分为两种。第一种是双边或多边的自由贸易区，指两个或两个以上国家或地区通过签署自由贸易协定（Free Trade Agreement），在世界海关组织最惠国待遇基础上，相互进一步开放市场，分阶段取消绝大部分货物的关税和非关税壁垒，改善服务业市场准入条件，实现贸易和投资的自由化，从而形成促进商品、服务和资本、技术、人员等生产要素自由流动的"大区"（Free Trade Area），如北美自由贸易区等。第二种是一国国内的自由贸易区（Free Trade Zone），《京都公约》将其定义为"一国的部分领土，在这部分领土内运入的任何货物就进口关税及其他各税而言，被认为在关境以外，并免于实施惯常的海关监管制度"。

目前我国的自由贸易试验区，属于第二种。截至 2019 年底，我国已有上海、广东、天津、福建、辽宁、浙江、河南、湖北、重庆、四川、陕西、海南、山东、江苏、广西、河北、云南、黑龙江等 18 个自由贸易试验区。其中，中国（上海）自由贸易试验区是我国第一个自由贸易试验区。

设立自由贸易试验区是我国全面深化改革和扩大开放背景下采取的一项重大举措，其根本目的是通过制度创新释放、开放红利，在投资贸易自由化便利化、金融服务实体经济、政府职能转变等领域进行大胆探索，为下一轮的改革开放形成可创造、可复制、可推广的经验，成为进一步扩大开放的"试验田"。

需要特别明确的是，自由贸易试验区并不是海关特殊监管区域的一种，从目前情况来看，海关特殊监管区域往往只是自由贸易试验区的一部分。如中国（上海）自由贸易试验区设立之初，是将外高桥保税区、外高桥保税物流园区、洋山保税港区、上海浦东机场综合保税区四个海关特殊监管区域作为四个片区，但很快就扩展到其他区域。相对于海关特殊监管区域，自由贸易试验区的设立程序更加严格，只能由国务院批准，相关法律的适用也必须报请全国人民代表大会常务委员会备案，而且开放力度更大、政策更为优惠，自由贸易试验区的最终建设目标可以概括为投资贸易便利、货币兑换自由、监管高效便捷、法制环境规范。

【复习思考题】

1. 什么是保税货物？主要分类是什么？特点是什么？
2. 海关保税监管场所有哪些形式？
3. 海关特殊监管区域有哪些形式？

第五节　海关稽查

【学习目标】

本节内容旨在让学习者掌握我国海关稽查制度的基本知识。

完成本节学习，学习者应获得以下成果：

1. 了解海关稽查制度的概念和基本特征；

2. 掌握海关稽查制度的内容；

3. 了解海关稽查制度的实施；

4. "多查合一"工作制度的主要内容。

【基本概念】

海关稽查的含义、特征、目标、对象、方式，稽查通知，稽查实施，延伸稽查，稽查报告，稽查结论，符合性测试，实质性测试，海关稽查的职权，"多查合一"主要任务

【建议学习时间】

2 课时

一、概述

海关稽查是指海关自进出口货物放行之日起三年内或者在保税货物、减免税进口货物的海关监管期限内及其后的三年内，对与进出口货物直接有关的企业、单位的会计账簿、会计凭证、报关单证，以及其他有关资料（以下统称"账簿、单证等有关资料"）和有关进出口货物进行核查，监督其进出口活动的真实性和合法性。

海关实施稽查是为了评估被稽查人进出口信用状况和风险状况，检查其进出口活动的真实性、合法性和规范性。从本质上看，海关稽查是海关监督管理职能的实现方式，也是海关监管制度的主要组成部分。然而，海关稽查与传统的海关监管相比又有着显著的区别，其特征主要表现在：首先，海关稽查实现了海关监管的"前推后移"，将原有海关监管的时间、空间进行了大范围的延伸和拓展。通过海关稽查，海关监管不仅局限于进出口的实时监控和进出境口岸，而是通过评估验证企业守法状况或贸易安全情况，有针对性地规范企业内部经营管理，引导企业守法自律，保障其更好地享受海关监管便利。其次，海关稽查实现了海关监管的"由物及企"，将海关监管的主要目标从控制进出口货物转变为控制货物的经营主体——进出口企业，不再人为地将企业与货物割裂开来。海关围绕企业的进出口活动，实施动态和全方位的监管，通过监管企业的进出口行为来达到监管进出口货物的目的。

二、稽查对象及范围

（一）稽查对象

根据《中华人民共和国海关稽查条例》（以下简称《海关稽查条例》）第三条的规定，海关对下列与进出口货物直接有关的企业、单位实施稽查：

1. 从事对外贸易的企业、单位，包括具备进出口业务经营权的专业对外贸易公司、工贸公司和有进出口业务经营权的企业、单位；

2. 从事保税加工业务的企业，包括承接来料加工业务的企业、承接进料加工业务的企业等；

3. 经营保税物流及仓储业务的企业；

4. 使用或者经营减免税进口货物的企业、单位，包括外商投资企业、使用减免税进口物资

的企业、单位；

5. 报关企业，包括专业从事报关服务的企业，经营对外贸易仓储、运输、国际运输工具或国际运输工具服务及代理等业务又兼营报关服务的企业；

6. 海关总署规定的从事与进出口货物直接有关的其他企业、单位。

上述企业、单位是海关稽查的对象亦称为被稽查人。

（二）稽查范围

根据《〈中华人民共和国海关稽查条例〉实施办法》（以下简称《〈海关稽查条例〉实施办法》）的规定，海关对被稽查人实施稽查，所涉及的进出口活动包括：

1. 进出口申报；
2. 进出口关税和其他税费的缴纳；
3. 进出口许可证件的交验；
4. 与进出口货物有关资料的记载、保管；
5. 保税货物的进口、使用、储存、加工、销售、运输、展示和复出口；
6. 减免税进口货物的使用、管理；
7. 转关运输货物的承运、管理；
8. 暂准进出境货物的使用、管理；
9. 其他进出口活动。

三、稽查方式

海关稽查的方式有以下三种：

（一）常规稽查

常规稽查是指海关根据关区的实际情况，以监督企业进出口活动，提高海关后续管理效能为目标，以中小型企业为重点，采取计划选取与随机抽取相结合的方式，对企业开展的全面性稽查。

（二）专项稽查

专项稽查是指海关根据关区的实际情况，以查缉企业各类问题，为税收和防范走私违法活动提供保障为目标，以风险程度较高或政策敏感性较强的企业或行业为重点，采用风险分析、贸易调查等方式，对某些企业或某些商品实施的行业式、重点式、通关式稽查。

（三）验证稽查

验证稽查是指海关以验证企业守法状况或贸易安全情况，动态监督企业进出口活动，规范企业内部管理，促进企业守法自律为目标，对申请海关企业信用管理认证企业实施的稽查。

与其他稽查方式相比，验证稽查的工作目标特殊，是海关企业信用管理工作的配套措施；管理对象特殊，是海关信用管理认证申请企业；管理方式特殊，是"事前验证"与"后续监控管理"两种方式的有机结合；验证内容特殊，不仅要验证企业的守法状况，还要验证其贸易安全

等情况。

四、稽查方法

海关稽查方法是指海关稽查人员采用审计、稽核、检查等方式和技术手段，对特定的稽查对象进行核查，以核实被稽查人的进出口行为是否合法、规范，有无违反海关法行为。海关稽查常用的方法有以下几种。

（一）查账法

查账法是海关稽查最主要、最基本的方法。海关稽查人员根据会计凭证、会计账簿和财务报表等的内在关系，通过对被稽查人会计资料记录及其所反映的经济业务的稽核、检查，以核查被稽查人的进出口行为是否合法、规范。它以被稽查人的各种会计资料为稽查的直接对象。

查账法按照检查会计资料的记账顺序的不同划分，可分为顺查法和逆查法；按照检查会计资料的数量（范围）的多少（大小）划分，可分为详查法和抽查法；按照检查会计资料的技术内容划分，可分为核对法和审阅法。

（二）调查法

调查法是指海关稽查人员通过观察、询问、检查、比较等方式，对被稽查人的进出口活动进行全面综合的调查了解，以核实其进出口行为是否真实合法、规范的方法。

（三）盘存法

盘存法是指海关在检查进出口货物的使用状况时，通过盘点实物库存等方法，具体查证核实现金、商品、材料、在产品、产成品、固定资产和其他商品的实际结存量的方法。

（四）分析法

分析法是指海关利用现有的各种信息数据系统，充分依靠现代信息技术，对海关监管对象及其进出口活动全面综合统计、汇总，进行定量定性分析、评估，以确定被分析对象进出口活动的风险情况的基本方法。

此外，海关可以委托具有法定资质的社会中介机构就有关事项出具专业评估报告。专业评估报告经海关认可的，可以作为海关稽查的参考依据。

五、实施程序

按照《海关稽查条例》和《〈海关稽查条例〉实施办法》的有关规定，海关稽查的实施由下列环节组成。

（一）稽查通知

海关实施稽查三天前应当向被稽查人制发海关稽查通知书。海关不经事先通知实施稽查的，应当在开始实施稽查时向被稽查人制发海关稽查通知书。被稽查人在收到海关稽查通知书后，正本留存，副本加盖被稽查人印章并由被稽查人代表签名后交海关留存。在被稽查人有重大违法嫌

疑，其账簿、单证等有关资料及进出口货物可能被转移、隐匿、毁弃等紧急情况下，经直属海关关长或者其授权的隶属海关关长批准，海关可以不经事先通知进行稽查。

（二）稽查实施

稽查实施是指海关依照稽查的程序，采用各种有效的稽查方法，对被稽查人进出口活动的合法性、真实性和规范性进行核查的行政执法活动。稽查实施主要包括以下几项内容：

1. 查阅和复制被稽查人账簿、单证等有关资料

海关稽查人员查阅、复制被稽查人的账簿、单证等有关资料时，被稽查人的法定代表人或者主要负责人或者其指定的代表（以下统称"被稽查人代表"）应当到场，按照海关要求如实提供并协助海关稽查人员复制被稽查人的账簿、单证等有关资料；或对计算机文件进行拷贝时，被稽查人代表应当到场，按照海关要求如实提供并协助海关工作。

对被稽查人的账簿、单证等有关资料进行复制的，被稽查人代表应当在确认复制资料与原件无误后，在复制资料上注明出处、页数、复制时间，以及"本件与原件一致，核对无误"并签章。

被稽查人以外文记录账簿、单证等有关资料的，应当提供符合海关要求的中文译本。被稽查人利用计算机、网络通信等现代信息技术手段进行经营管理的，应当向海关提供账簿、单证等有关资料的电子数据并根据海关要求开放相关系统、提供使用说明及其他有关资料。对被稽查人的电子数据进行复制的，应当注明制作方法、制作时间、制作人、数据内容，以及原始载体存放处等信息，并由制作人和被稽查人代表签章。

2. 异地查阅或者复制账簿、单证等有关资料

被稽查人所在场所不具备查阅、复制工作条件的，经被稽查人同意，海关可以在其他场所查阅、复制。海关需要在其他场所查阅、复制的，应当填写海关稽查调审单。经双方清点、核对后，由海关稽查人员签名和被稽查人代表在海关稽查调审单上签章。

3. 检查与进出口有关的生产经营和货物情况

海关稽查人员进入被稽查人的生产经营场所、货物存放场所，检查与进出口活动有关的生产经营情况和货物时，被稽查人代表应当到场，按照海关的要求开启场所、搬移货物、开启货物包装、重封货物包装等。检查结果应当由海关稽查人员填写，检查记录由海关稽查人员签名和被稽查人代表签章。

4. 向被稽查人询问与进出口活动有关的情况和问题

海关稽查人员询问被稽查人的法定代表人、主要负责人和其他有关人员时，应当制作询问笔录，并由询问人、记录人和被询问人签名确认。

5. 收集与进出口活动有关的资料和证明材料

海关实施稽查时，可以向与被稽查人有财务往来或者其他商务往来的企业、单位收集与进出口活动有关的资料和证明材料，有关企业、单位应当配合海关工作。

6. 查询被稽查人在商业银行或者其他金融机构的存款账户

经直属海关关长或者其授权的隶属海关关长批准，海关可以凭协助查询通知书向商业银行或者其他金融机构查询被稽查人的存款账户。

7. 查封、扣押被稽查人账簿、单证等资料或者进出口货物

海关实施稽查时，发现被稽查人有可能转移、隐匿、篡改、毁弃账簿、单证等有关资料的，经直属海关关长或者其授权的隶属海关关长批准，可以查封、扣押其账簿、单证等有关资料及相关电子数据存储介质。

海关实施稽查时，发现被稽查人的进出口货物有违反《海关法》或者其他有关法律、行政法规嫌疑的，经直属海关关长或者其授权的隶属海关关长批准可以查封、扣押有关进出口货物。海关实施查封、扣押应当依据《中华人民共和国行政强制法》，以及其他有关法律、行政法规。海关发现被稽查人未按照规定设置、编制账簿，或者转移、隐匿、篡改、毁弃账簿的，应当将有关情况通报被稽查人所在地的县级以上人民政府财政部门。

（三）稽查报告与稽查结论

海关稽查组实施稽查后，应当向海关报送稽查报告。稽查报告认定被稽查人涉嫌违法的，在报送海关前应当就稽查报告认定的事实征求被稽查人的意见。被稽查人应当自收到相关材料之日起七天内，将其书面意见送交海关。海关应当在收到稽查报告之日起三十天内做出海关稽查结论，并送达被稽查人。海关应当在稽查结论中说明做出结论的理由，并告知被稽查人的权利。

（四）稽查终结

有下列情形之一的，经直属海关关长或者其授权的隶属海关关长批准海关可以终结稽查：被稽查人下落不明的；被稽查人终止，无权利义务承受人的。

六、主动披露

进出口企业、单位主动向海关书面报告其违反海关监管规定的行为并接受海关处理的，海关可以认定有关企业、单位主动披露。但有下列情形之一的除外：报告前海关已经掌握违法线索的；报告前海关已经通知被稽查人实施稽查的；报告内容严重失实或者隐瞒其他违法行为的。

进出口企业、单位主动披露应当向海关提交账簿、单证等有关资料，并对所提交资料的真实性、准确性、完整性负责。海关应当核实主动披露的进出口企业、单位的报告，可以要求其补充有关材料。

对主动披露的进出口企业、单位，违反海关监管规定的，海关应当从轻或者减轻行政处罚；违法行为轻微并及时纠正，没有造成危害后果的不予行政处罚。对主动披露并补缴税款的进出口企业、单位，海关可以减免滞纳金。

七、稽查处理

海关稽查是海关监督被稽查人进出口活动真实性和合法性的一种措施。稽查中发现税款少征、漏征或者被稽查人存在违法活动的，应按《海关稽查条例》的规定分别做出相应的处理。

经海关稽查发现关税或者其他进口环节的税收少征、漏征的，由海关依照《海关法》和有关税收法律、行政法规的规定向被稽查人补征；因被稽查人违反规定而造成少征、漏征的，由海关依照《海关法》和有关税收法律、行政法规的规定追征。被稽查人在海关规定的期限内仍未

缴纳税款的，海关可以依法采取强制执行措施。

封存的有关进出口货物，经海关稽查排除违法嫌疑的，海关应当立即解除封存；经海关稽查认定违法的，由海关依照《海关法》和《中华人民共和国海关行政处罚实施条例》（以下简称《海关行政处罚实施条例》）的规定处理。

经海关稽查，认定被稽查人有违反海关监管规定的行为的，由海关依照《海关法》和《海关行政处罚实施条例》的规定处理。与进出口货物直接有关的企业、单位主动向海关报告其违反海关监管规定的行为并接受海关处理的，应当从轻或者减轻行政处罚。

经海关稽查，发现被稽查人有走私行为构成犯罪的，依法追究刑事责任；尚不构成犯罪的，由海关依照《海关法》和《海关行政处罚实施条例》的规定处理。

海关通过稽查决定补征、追征的税款、没收的走私货物和违法所得及收缴的罚款，全部上缴国库。

被稽查人同海关发生纳税争议的，依照《海关法》的规定办理。

八、法律责任

（一）被稽查人的法律责任

被稽查人有下列行为之一的，由海关责令限期改正，逾期不改正的，处人民币 2 万元以上 10 万元以下的罚款；情节严重的撤销其报关注册登记；对负有直接责任的主管人员和其他直接责任人员处人民币 5000 元以上 5 万元以下的罚款；构成犯罪的依法追究刑事责任。

1. 向海关提供虚假情况或者隐瞒重要事实；

2. 拒绝、拖延向海关提供账簿、单证等有关资料，以及相关电子数据存储介质的；

3. 转移、隐匿、篡改、毁弃报关单证、进出口单证、合同、与进出口业务直接有关的其他资料，以及相关电子数据存储介质。

被稽查人有下列行为之一的，海关应当制发海关限期改正通知书告知被稽查人改正的内容和期限，并对改正情况进行检查。被稽查人逾期不改正的，海关可以依据海关相关规定调整其信用等级。

1. 被稽查人未按照规定编制或者保管报关单证、进出口单证、合同，以及与进出口业务直接有关的其他资料的，由海关责令限期改正，逾期不改正的，处人民币 1 万元以上 5 万元以下的罚款；情节严重的，撤销其报关注册登记，并对负有直接责任的主管人员和其他直接责任人员处人民币 1000 元以上 5000 元以下的罚款。

2. 被稽查人未按照规定设置、编制账簿，或者转移、隐匿、篡改、毁弃账簿的，依照会计法的有关规定追究法律责任。

（二）海关工作人员的法律责任

海关工作人员在稽查中玩忽职守、徇私舞弊、滥用职权或者利用职务上的便利收受、索取被稽查人的财物，构成犯罪的，依法追究刑事责任；不构成犯罪的，由海关依照《中华人民共和国公务员法》《海关法》和其他有关法律、行政法规予以处理。

九、关检融合后"多查合一"工作制度

为贯彻党中央、国务院关于海关与检验检疫机构整合决策部署，根据《全国通关一体化关检业务全面融合框架方案》，海关总署实施海关后续监管职责统一归口稽查部门管理及原检验检疫后续监管职责统一归口稽查部门管理的"多查合一"工作制度，整合后续监管职责任务，优化后续监管运行机制，提升后续监管效能。

（一）目标、原则

1. 目标

整合关检后续监管职责，统筹外勤后续执法，调整机构设置，优化资源配置，稽（核）查任务归口实施，构建集约化、专业化的后续管理模式，建立与全国通关一体化相适应的高效运作机制，为提高通关效率和海关整体监管效能提供保障。

2. 原则

遵循依法行政与规范执法相结合、分工制约与防控风险相结合、人力资源与职责任务相结合的原则，确保执法过程集约、高效、统一、规范，推进关检后续监管功能与职责全面深度融合。

（二）主要任务

1. 将海关后续监管职责统一归口稽查部门管理

稽查部门是海关货物放行后涉企检查的归口管理部门，根据法律授权履行下列海关后续监管职责：企业稽查、减免税核查、保税核查、贸易调查；一般贸易涉税要素核查；统计核查、企业注册信息核对及其他国家海关机构外事协助核查等执法活动中的外勤核查职责。

走私个案开展的协查和执法互助仍由缉私部门负责。

2. 将原检验检疫后续监管职责统一归口稽查部门管理

稽查部门根据法律法规及海关总署相关规定统一履行下列检验检疫后续监管职责：对进入国内市场商品的抽查；进出口商品安全问题追溯调查；对企业遵守检验检疫法规状况的检查。

3. 整合优化运行机制

采用企业稽查、核查两种作业方式，统筹开展海关与原检验检疫后续监管工作，加强选、查、处各环节的分工协作，建立完善指令标准，统一规范稽（核）查作业流程和标准，提高运行效率，提升后续监管整体效能。

4. 统一指令接收

海关总署各部门向海关总署"两中心"提交管理要求或指令建议，经"两中心"分析研判后，转化为稽（核）查指令。直属海关各部门或隶属海关向本关区二级风险防控中心提交管理要求，经二级风险防控中心分析研判后，转化为稽（核）查指令或提交至海关总署风险防控中心经分析研制后，转化为稽（核）查指令建议。海关总署和直属海关稽查部门可直接下发稽（核）查指令。

5. 统一组织实施

根据去繁就简要求和实际情况，直属海关稽查部门受理稽（核）查指令，统筹整合指令中的稽（核）查对象、承办单位、实施时间等要素，确定作业开展方式，下发至稽（核）查承办

单位执行。原则上，涉及同一企业的多个稽（核）查事项的指令，应当整合为一个作业指令，在一个作业中统一实施多个项目的核查。

对于直属海关稽查部门接收的指令，风险要素复杂、数额较高、社会影响较大、安全准入和税收风险突出等情况一般按稽查方式开展作业，其他按核查方式开展作业。

涉及专业性较强的稽（核）查事项，稽查部门在作业过程中可以向指令发出部门提出协助需求或技术支持需求，指令发出部门无法解决的，应转交专业机构进行认定，专业机构应提供专业认定结果。必要时，根据稽查部门需求，专业机构可以参与作业。

6. 统一处置反馈

稽（核）查作业完成后，由直属海关稽查部门向指令发出部门统一反馈稽（核）查处置结论或作业结果。依托计算机系统实现对指令流转环节所涉及各部门的自动反馈。

7. 统一作业标准

结合海关及原检验检疫后续监管工作特点，推进稽（核）查指令标准化、作业标准化、处置标准化、反馈标准化，对海关稽（核）查执法环节和内容进行全面梳理，形成标准化作业表单，明确执法标准和要求，嵌入稽查作业管理系统之中，促进统一规范执法。

【复习思考题】

1. 什么是海关稽查？可从哪几方面来理解海关稽查的含义？
2. 与传统海关监管相比较，海关稽查的特征主要表现在哪些方面？
3. 海关稽查的对象有哪些？
4. 海关稽查的三种方式各针对哪些目标？适用怎样的对象？采用什么方式？
5. 海关稽查的常用方法有哪些？各适用哪种特定的情形？
6. 海关稽查的实施程序由哪些环节组成？
7. 海关稽查实施主要包括哪几项工作内容？
8. 何为主动披露？哪些情形除外？
9. 海关稽查发现的问题会进行怎样的处理？
10. 被稽查人可能要承担的法律责任有哪些？
11. "多查合一"工作任务包括哪些内容？

海关主要
业务制度（二）

第四章

第一节 海关企业信用管理

【学习目标】

本节内容旨在让学习者掌握我国海关企业信用管理的基本知识。

完成本节学习，学习者应获得以下成果：

1. 了解企业信用管理的起源；

2. 了解企业信用信息采集和公示的范围；

3. 了解企业信用状况的认定标准和程序；

4. 了解海关对认证企业管理措施的内容；

5. 了解海关对失信企业管理措施的内容；

6. 了解企业信用管理中的容错机制；

7. 了解企业信用管理中的联合惩戒与激励。

【基本概念】

认证企业、高级认证企业、一般认证企业、一般信用企业、失信企业、企业信用管理中的容错机制、联合惩戒、联合激励

【建议学习时间】

2 课时

一、概述

为推进社会信用体系建设，建立企业进出口信用管理制度，保障贸易安全与便利，根据《海关法》及其他有关法律、行政法规的规定，海关总署于 2014 年 10 月发布《中华人民共和国海关企业信用管理暂行办法》（海关总署令第 225 号，自 2014 年 12 月 1 日起实施）。为帮助企业完成信用资质的过渡，原《中华人民共和国海关企业分类管理办法》中企业设置为 AA、A、B、C、D 五个管理类别，根据海关总署公告 2014 年第 81 号（关于《中华人民共和国海关企业信用管理暂行办法》实施相关事项的公告），适用 AA 类管理的企业过渡为高级认证企业；适用 A 类管理的企业过渡为一般认证企业；适用 B 类管理的企业过渡为一般信用企业；适用 C 类、D 类管理的企业，海关按照信用办法重新认定企业信用等级。

2018 年 5 月 1 日，根据海关总署令第 237 号《中华人民共和国海关企业信用管理办法》（以下简称《海关企业信用管理办法》），正式实施，这是海关贯彻国家信用体系建设要求，加快推进进出口领域诚信建设，切实落实守信联合激励和失信联合惩戒的进一步重大举措。《海关企业信用管理办法》的实施，是按照"以企为本，由企及物"管理理念，加快构建以信用为核心的新型海关监管机制，推动形成守信激励、失信惩戒、集约高效、协调统一的全国通关一体化管理

格局的根本保障；也是全面推进"经认证的经营者"（通常简称"AEO"）国际互认合作，促进"一带一路"倡议、支持企业"走出去"等国家战略实施，扩大中国海关话语权和影响力的重要基础。

2018 年 11 月 27 日，海关总署公告 2018 年第 178 号发布，对关检业务融合后的企业信用管理制度进行了相关补充，包括涉及国境卫生检疫、进出境动植物检疫、进出口食品化妆品安全、进出口商品检验规定等法律法规要求的企业产品、企业的管理要求，以及不同信用类别企业在检验检疫、原产地等抽查比例的通关措施。

为更好地实施海关总署令第 237 号的精神，2019 年 1 月 1 日海关总署公告 2018 年第 177 号《海关认证企业标准》、海关总署公告 2018 年第 181 号《关于实施企业协调员管理有关事项的公告》等一系列配套规章制度相继落地实行，都标志着国际通行的 AEO 制度在我国已得以正式确立。按照规则，海关对信用状况、守法程度和安全管理良好的企业进行认证认可，对通过认证的企业给予通关优惠便利；同时逐步建立起以加强信用监管为着力点，创新监管理念、监管制度和监管方式的新型海关监管体制。海关 AEO 认证得到了广大涉外企业的高度重视，AEO 制度逐步成为企业加强和完善管理、增强自律的手段，逐渐形成了诚信守法经营的良好社会氛围。

二、认定标准

海关在《海关企业信用管理办法》的基础上，结合关检融合机构改革的工作部署，对《海关认证企业标准》等配套制度进行了修订完善，并于 2019 年 1 月 1 日起正式实施新版认证标准。目前，《海关认证企业标准》针对进出口收发货人、报关企业、外贸综合服务企业、跨境电子商务平台企业和进出境快件运营人单项标准五个不同类型企业形成"1+N"的企业认证标准体系，[①]其中"1"为通用标准，适用于所有企业；"N"为针对不同类型企业的特点而制定的专项标准；同时对《海关认证企业标准》中的细节规定进行了相应调整和明确，使《海关认证企业标准》更加科学、客观，符合企业经营管理的实际情况。

（一）认证企业

认证企业是指经中国海关认证的经营者（AEO 企业）。"经认证的经营者"在世界海关组织制定的《全球贸易安全与便利标准框架》中被定义为"以任何一种方式参与货物国际流通，并被海关当局认定符合世界海关组织或相应供应链安全标准的一方，包括生产商、进口商、出口商、报关行、承运商、理货人、中间商、口岸和机场、货站经营者、综合经营者、仓储业经营者和分销商"。经海关认证的 AEO 企业进口货物可以享受通关便利措施。

企业向海关申请成为认证企业的，海关按照《海关认证企业标准》对企业实施认证。《海关认证企业标准》分为一般认证企业标准和高级认证企业标准，每类标准均包括通用认证标准和根据企业经营类别不同而制定的单项认证标准，具体包括内部控制、财务状况、守法规范、贸易安全四大类标准。认证企业应当同时符合通用认证标准和与其实际情况相符的相应经营类别的单项认证标准。

例如，外资生产型企业在海关备案的身份为进出口收发货人，该企业向海关申请 AEO 高级

---

① 2020 年 3 月 1 日海关总署公告 2019 年第 229 号新增跨境电子商务平台企业和进出境快件运营人单项标准。

认证时，必须同时符合 AEO 高级认证通用标准和进出口收发货人的高级认证单项标准。跨境电子商务平台企业向海关申请为 AEO 认证企业，因其具备跨境电商和收发货人两个"身份"，应当同时符合《海关认证企业标准》中的通用标准、进出口货物收发货人和跨境电子商务平台企业单项标准。

（二）一般信用企业

企业有下列情形之一的，海关认定为一般信用企业：

1. 首次注册登记的企业；

2. 认证企业不再符合《海关认证企业标准》，并且未发生失信企业所列情形的；

3. 自被海关认定为失信企业之日起连续两年未发生失信企业规定情形的。

（三）失信企业

企业有下列情形之一的，海关认定为失信企业：

1. 有走私犯罪或者走私行为的；

2. 非报关企业一年内违反海关监管规定行为次数超过上年度报关单、进出境备案清单等相关单证总票数千分之一且被海关行政处罚金额累计超过人民币 100 万元的；

3. 报关企业一年内违反海关监管规定行为次数超过上年度报关单、进出境备案清单总票数万分之五的且被海关行政处罚金额累计超过人民币 10 万元的；

4. 拖欠应缴税款或者拖欠应缴罚没款项的；

5. 经过实地查看，确认企业登记的信息失实且无法与企业取得联系的，被海关列入信用信息异常企业名录超过 90 日的；

6. 假借海关或者其他企业名义获取不当利益的；

7. 向海关隐瞒真实情况或者提供虚假信息，影响企业信用管理的；

8. 抗拒、阻碍海关工作人员依法执行职务，情节严重的；

9. 因刑事犯罪被列入国家失信联合惩戒名单的；

10. 企业有违反国境卫生检疫、进出境动植物检疫、进出口食品化妆品安全、进出口商品检验规定被追究刑事责任的；

11. 当年注册登记或者备案的非报关企业、报关企业，一年内因违反海关监管规定被海关行政处罚金额分别累计超过人民币 100 万元、30 万元的；

12. 其他海关认定为失信企业的情形。

三、信用状况动态调整

海关对企业信用状况的认定结果实施动态调整。海关对高级认证企业每三年重新认证一次，对一般认证企业不定期重新认证。

重新认证前，海关应当通知企业，并且参照企业认证程序进行重新认证。未通过认证的企业，海关制发企业信用等级认定决定书，调整企业信用等级。企业信用等级认定决定书应当送达企业，并且自送达之日起生效。重新认证期间，企业申请放弃认证企业管理的，视为未通过认证。

认证企业被海关调整为一般信用企业管理的，一年内不得申请成为认证企业；认证企业被海关调整为失信企业管理的，两年内不得成为一般信用企业。高级认证企业被海关调整为一般认证企业管理的，一年内不得申请成为高级认证企业。

自被海关认定为失信企业之日起连续两年未发生《海关企业信用管理办法》第十二条规定情形的，海关应当将失信企业调整为一般信用企业。失信企业被调整为一般信用企业满一年的，可以向海关申请成为认证企业。

企业有分立合并情形的，海关对企业信用状况的认定结果按照以下原则做出调整：

1. 企业发生存续分立，分立后的存续企业承继分立前企业的主要权利义务的，适用海关对分立前企业的信用状况认定结果，其余的分立企业视为首次注册登记或者备案企业；

2. 企业发生解散分立，分立企业视为首次注册登记或者备案企业；

3. 企业发生吸收合并，合并企业适用海关对合并后存续企业的信用状况认定结果；

4. 企业发生新设合并，合并企业视为首次注册登记或者备案企业。

四、企业管理措施

（一）认证企业适用措施

1. 一般认证企业适用措施

（1）进出口货物平均查验率在一般信用企业平均查验率的50%以下；

（2）优先办理进出口货物通关手续；

（3）海关收取的担保金额可以低于其可能承担的税款总额或者海关总署规定的金额；

（4）进出口货物平均检验检疫抽批比率在一般信用企业平均抽批比率的50%以下（法律、行政法规、规章或者海关有特殊要求的除外）；

（5）出口货物原产地调查平均抽查比率在一般信用企业平均抽查比率的50%以下；

（6）优先办理海关注册登记或者备案及相关业务手续，除首次注册登记或者备案及有特殊要求外，海关可以实行容缺受理或者采信企业自主声明，免于实地验核或者评审；

（7）海关总署规定的其他管理措施。

2. 高级认证企业适用措施

高级认证企业除适用一般认证企业管理原则和措施外，还适用下列管理措施：

（1）进出口货物平均查验率在一般信用企业平均查验率的20%以下；

（2）可以向海关申请免除担保；

（3）减少对企业稽查、核查频次；

（4）可以在出口货物运抵海关监管区之前向海关申报；

（5）海关为企业设立协调员；

（6）AEO互认国家（地区）海关通关便利措施；

（7）国家有关部门实施的守信联合激励措施；

（8）因不可抗力中断国际贸易恢复后优先通关；

（9）进出口货物平均检验检疫抽批比率在一般信用企业平均抽批比率的20%以下（法律、行政法规、规章或者海关有特殊要求的除外）；

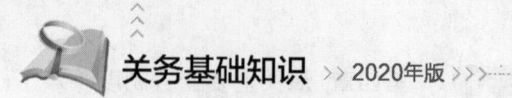
（10）出口货物原产地调查平均抽查比率在一般信用企业平均抽查比率的20%以下；

（11）优先向其他国家（地区）推荐食品、化妆品等出口企业的注册；

（12）海关总署规定的其他管理措施。

特别指出，高级认证企业适用的管理措施优于一般认证企业。

（二）失信企业适用措施

1. 进出口货物平均查验率在80%以上；

2. 不予免除查验没有问题企业的吊装、移位、仓储等费用；

3. 不适用汇总征税制度；

4. 除特殊情形外，不适用存样留像放行措施；

5. 经营加工贸易业务的，全额提供担保；

6. 进出口货物平均检验检疫抽批比率在80%以上；

7. 提高对企业稽查、核查频次；

8. 国家有关部门实施的失信联合惩戒措施；

9. 海关总署规定的其他管理措施。

（三）特殊情况适用措施

1. 因企业信用状况认定结果不一致导致适用的管理措施相抵触的，海关按照就低原则实施管理。

2. 认证企业涉嫌走私被立案侦查或者调查的，海关暂停适用相应管理措施，按照一般信用企业进行管理。但对认证企业主动披露涉税违规行为的，海关立案调查期间不暂停对该企业适用相应管理措施（海关总署公告2019年第161号）。

3. 认证企业涉嫌违反国境卫生检疫、进出境动植物检疫、进出口食品化妆品安全、进出口商品检验规定被刑事立案的，海关应当暂停适用相应管理措施。

4. 企业名称或者海关注册编码发生变更的，海关对企业信用状况的认定结果和管理措施继续适用。

5. 海关注册登记或者备案的非企业性质的法人和非法人组织及其相关人员信用信息的采集、公示，信用状况的认定、管理等比照实施。

五、容错机制

为贯彻落实国务院《优化口岸营商环境促进跨境贸易便利化工作方案》，持续提升我国跨境贸易便利化水平，进一步提升企业获得感，海关总署对企业信用管理中的容错机制进行了规范。

（一）不计入申报差错

对"提前申报"修改进口日期，以及由于装运、配载等原因造成货物变更运输工具的，不予记录报关差错。属于不予记录报关差错情形的，报关单位可以自相关报关差错记录之日起15个工作日内，通过"关企合作平台"向海关申请复核。对申请内容符合上述不予记录报关差错情形的，海关企业管理部门复核后予以更正，复核更正的报关差错记录不作为海关认定企业信用状况的记录。

进出口企业、单位可以通过海关企业进出口信用管理系统的"关企合作平台"（网址：http：//jcf. chinaport. gov. cn/jcf）查询本单位的申报差错记录。

（二）主动披露不予行政处罚

1. 符合条件

进出口企业、单位主动披露涉税违规行为，有下列情形之一的，依据《中华人民共和国行政处罚法》（以下简称《行政处罚法》）第二十七条的规定，不予行政处罚：

（1）在涉税违规行为发生之日起三个月内向海关主动披露，主动消除危害后果的；

（2）在涉税违规行为发生之日起三个月后向海关主动披露，漏缴、少缴税款占应缴纳税款比例 10% 以下，或者漏缴、少缴税款在人民币 50 万元以下，且主动消除危害后果的。

2. 披露程序

进出口企业、单位向海关主动披露的，需填制主动披露报告表，并随附账簿、单证等有关资料，向原税款征收地海关或企业所在地海关报告。

（三）不列入信用状况记录

进出口企业、单位主动披露且被海关处以警告或者人民币 50 万元以下罚款行政处罚的行为，不列入海关认定企业信用状况的记录。

六、信用信息互认

海关根据社会信用体系建设和国际合作需要，与国家有关部门及其他国家（地区）海关建立合作机制，推进信息互换、监管互认、执法互助。

海关采集能够反映企业进出口信用状况的信息，建立企业信用信息管理系统。海关在保护国家秘密、商业秘密和个人隐私的前提下，公示企业如下信用信息：

1. 企业在海关注册登记或者备案信息；

2. 海关对企业信用状况的认定结果；

3. 海关对企业的行政许可信息；

4. 海关对企业的行政处罚信息；

5. 海关与国家有关部门实施联合激励和联合惩戒的信息；

6. 海关信用信息异常企业名录；

7. 以及其他依法应当公示的信息。

海关对企业行政处罚信息的公示期限为五年。

近年来，中国海关 AEO 互认合作成果丰硕。截至 2020 年 4 月，中国海关已与新加坡、韩国、中国香港、欧盟、瑞士、新西兰、以色列、澳大利亚、日本、白俄罗斯、乌拉圭、哈萨克斯坦、蒙古、阿联酋、巴西实施了 AEO 互认。中国高级认证企业货物出口到上述国家（地区），以及进出口企业从上述国家（地区）AEO 企业进口货物均可享受互认国家（地区）海关给予的通关便利。

七、联合惩戒与激励

(一) 联合激励

为了贯彻落实党中央、国务院关于褒扬诚信、惩戒失信的总体要求，建立健全守信联合激励机制，完善进出口领域诚信体系建设。2016年10月，国家发展改革委、中国人民银行、海关总署、商务部、公安部等40余个单位联合签署《关于对海关高级认证企业实施联合激励的合作备忘录》（以下简称《合作备忘录》），对海关高级认证企业实施守信联合激励措施。

国家发展改革委基于全国信用信息共享平台，建立守信联合激励系统，海关总署通过该系统向签署《合作备忘录》的相关部门提供海关高级认证企业名单及企业相关信息，并按照有关规定动态更新。同时，在信用中国网站企业信用信息公示系统、中国海关企业进出口信用信息公示平台、海关总署门户网站等渠道向社会公布。各部门从海关信用信息共享平台守信联合激励系统中获取海关高级认证企业信息执行或协助执行《合作备忘录》规定的激励措施，定期将联合激励实施情况通过该系统反馈给国家发展改革委和海关总署。

海关总署将通过海关企业进出口信用管理系统实时动态监控企业在进出口领域的诚信守法情况，一经发现企业存在违法失信行为的，立即取消企业参与守信联合激励资格，并及时通报各部门，停止企业试用守信联合激励措施。各部门在日常监管中发现企业存在违法失信行为，应及时通过全国信用信息共享平台反馈到国家发展改革委和海关总署，提供有关情况并建议停止适用的守信联合激励措施。全国信用信息共享平台将海关高级认证企业名单与其他领域失信企业名单进行交叉比对，将未纳入其他任何领域失信企业名单的海关高级认证企业确定为联合激励对象。

(二) 联合惩戒

为贯彻落实《国务院关于建立完善守信联合激励和失信联合惩戒制度加快推进社会诚信建设的指导意见》（国发〔2016〕33号）的要求，建立健全失信联合惩戒机制，海关总署已参与签署对外经济合作、统计、旅游、石油天然气、运输等近20个领域的对失信市场主体实施联合惩戒的《合作备忘录》，对企业在《合作备忘录》中涉及的领域有失信行为的由海关实施联合惩戒。海关联合措施主要有两项：一是对联合惩戒的企业，不予通过海关认证；对已经成为认证企业的，按照规定下调企业信用等级；二是对联合惩戒企业的进出口货物加大监管力度，加强单证审核、布控查验或后续稽查。

《合作备忘录》执行以来，海关系统多次收到其他部门失信企业联合惩戒通报，对通报企业采取了下调认证企业的信用等级、限制一般信用企业成为认证企业、实施严密监管措施等惩戒措施。

【复习思考题】

1. 海关实施企业信用管理的背景是什么？

2. 企业信用信息采集的范围是什么？

3. 企业信用管理有哪些认定标准，其程序是什么？

4. 高级认证企业能享受哪些优惠管理措施？

5. 海关对失信企业管理措施有哪些？

6. 哪些差错可以不计入报关差错？

7. 涉税差错中哪些行为可以不予处罚？

第二节　海关统计

【学习目标】

本节内容旨在让学习者掌握我国海关统计制度的基本知识。

完成本节学习，学习者应获得以下成果：

1. 理解海关统计制度的概念；

2. 了解海关统计的范围；

3. 掌握海关统计项目的规范要求。

【基本概念】

海关统计、海关统计资料、海关统计范围、海关统计项目、海关统计商品、海关统计数（重）量、海关统计价格、海关统计国别（地区）、海关统计经营单位、海关统计贸易方式

【建议学习时间】

2 课时

一、概述

《中华人民共和国海关统计条例》（以下简称《海关统计条例》）第二条对海关统计做了明确定义，即海关统计是海关依法对进出口货物贸易的统计，是国民经济统计的组成部分。

海关统计资料是指反映我国对外贸易进出口货物情况的数据。它是国家制定对外贸易政策和检查、监督政策执行情况，以及进行宏观经济调控的重要依据，也是研究对外贸易发展和国际经济贸易关系的重要资料。

我国的海关统计除具有社会经济统计的一般特点外，还具有准确及时、科学完整、和国际可比性等特点。

海关统计的原始资料是经海关实际监管的进出口货物报关单及有关单证，海关统计是海关监管过程和结果的记录并定期发布，因此，其及时、准确是由海关在对外贸易活动中所处的客观地位所决定的。

《海关法》明确规定，进口货物的收货人、出口货物的发货人，应当向海关如实申报，接受海关监督管理，从而为海关及时收集全面的进出境货物统计资料提供法律依据和根本保证。

海关统计全面采用国际标准，统计方法与统计口径同各国通行的贸易统计方法是一致的，因此，海关统计资料具有国际可比性。

国务院以国务院令的形式发布实施的《海关统计条例》，以及海关总署以海关总署令的形式发布实施的《中华人民共和国海关统计工作管理规定》是海关统计的法律规范，它们明确了进出口货物统计的性质、任务、组织机构、职责、统计范围、统计项目、海关及当事人的权利和义务等，是指导海关统计工作的行政法规和海关规章。

二、业务基本流程

（一）原始数据收集

《海关统计条例》第十五条规定，海关统计的原始资料是经海关确认的进出口货物报关单及其他有关单证。进出口货物报关单和其他申报单证是由进出口货物收发货人或其代理人填制，并向海关提交的申报货物状况的法律文书，是编制海关统计的重要凭证。

《海关法》规定，进口货物的收货人、出口货物的发货人应当向海关如实申报，接受海关的监督管理。这为海关及时收集全面、准确的进出境货物统计资料提供了法律依据和根本保证。海关统计数据是从通关管理系统报关单数据库中提取的。

（二）统计数据审核

海关统计数据的审核是指通过利用计算机的各种检控条件对已转入统计数据库的数据进行检查，并打印出各种统计数据审核表供统计人员进行复核。

海关统计数据的审核主要是由各直属海关与海关总署统计分析司共同完成的。各直属海关通过电子审核、人工专业化审核、现场接单审核、通关数据综合复核、统计数据最终审核；海关总署统计分析司负责对各直属海关上报数据进行最终复核和检查，重点是对错误信息进行检控。

（三）统计数据报送

各直属海关的统计部门负责对本关区统计库中的统计数据进行审核，每月初将上月审核后的统计数据通过网络传到海关总署。

（四）统计资料编制

海关统计资料的编制是指对所收集的统计数据进行科学的汇总与加工整理，使之系统化、条理化，成为能够反映进出口货物贸易和物品特征的综合统计资料。其范围为列入海关统计的货物、物品及海关统计项目。

（五）综合统计资料的发布和提供

海关综合统计资料的发布是指海关总署及各直属海关统计部门对经汇总加工编制的海关统计资料，通过出版发行统计书刊、电子数据交换、新闻媒介等形式，定期地向地方政府通报和向社会各界公开发布。其中，海关总署应当定期、无偿地向国务院有关部门提供有关综合统计资料，直属海关应当定期、无偿地向所在地省、自治区、直辖市人民政府有关部门提供有关综合统计资料。开展统计服务是海关统计的工作任务之一，其目的是充分开发和利用海关统计信息资源，及时向各级政府和社会各界提供海关统计资料，为国家外贸政策的制定提供决策依据，帮助企业了

解市场、占领市场和参与国际竞争。公众可以通过查阅海关统计快报、月报、年报等资料获取有关统计信息。

（六）统计服务

海关统计服务是指海关根据其他行政机关和社会公众提出的超出海关主动公开统计信息范围的个性化数据需求，对进出口货物贸易统计数据进行检索、复制并对外提供的行为。海关在定期公布海关统计快报、月报和年报等统计信息的基础上，进一步扩大主动公开的统计项目。

自 2018 年 11 月 1 日起，社会公众可以在海关总署门户网站（www. customs. gov. cn）在线查询按进出口商品、进口原产国（地区）、出口目的国（地区）、海关统计贸易方式及进出口收发货人注册地（省、自治区、直辖市）等统计项目分类汇总的进出口货物贸易统计数据。

三、海关统计范围

《海关统计条例》规定，实际进出境并引起境内物质存量增加或减少的货物列入海关统计；进出境物品超过自用合理数量的列入海关统计。这表明列入我国海关统计范围的货物必须同时具备两个条件：一是跨越我国经济领土边界的物质商品流动，二是改变我国的物质资源存量。

根据联合国关于国际货物贸易统计的原则，我国将进出口货物分为列入海关统计的进出口货物、不列入海关统计的货物和不列入海关统计但实施单项统计的货物三类。

（一）列入海关统计的进出口货物

列入海关统计的进出口货物以海关的监管方式为基础进行分类。列入海关统计的货物主要包括：我国境内法人和其他组织以一般贸易、易货贸易、加工贸易、补偿贸易、寄售代销贸易等方式进出口的货物；保税区和保税仓库进出境货物；租赁期一年及以上的租赁进出口货物；边境小额贸易货物；国际间或国际组织间无偿援助、赠送的物资等。

（二）不列入海关统计的货物、物品

根据国际惯例和我国确定的海关统计范围，对于没有实际进出境或虽然实际进出境，但没有引起境内物质资源存量增加或减少的货物、物品不列入海关统计（不列入我国进出口统计）。

1. 不列入海关统计的货物

（1）过境货物、转运货物和通运货物；

（2）暂时进出口货物；

（3）用于国际收支手段流通中的货币及货币用黄金；

（4）租赁期在一年以下的租赁货物；

（5）由于货物残损、短少、品质不良或者规格不符，而由该进出口货物的承运人、发货人或者保险公司免费补偿或者更换的同类货物；

（6）退运货物；

（7）无商业价值的货样或者广告品；

（8）海关特殊监管区域之间、保税监管场所之间，以及海关特殊监管区域或保税监管场所之间转移的货物；

（9）其他以有形实物方式进出境服务贸易项下的货物；

（10）其他不列入海关统计的货物等。

2. 不列入海关统计的物品

（1）检测、修理物品；

（2）打捞物品；

（3）进出境旅客的自用物品（汽车除外）；

（4）我国驻外国和外国驻我国使领馆进出境的公务物品以及使领馆人员的自用物品；

（5）其他不列入海关统计的物品。

（三）不列入海关统计但实施单项统计的货物

为了更好地发挥海关统计在国民经济核算和海关管理中的作用，对于部分不列入海关统计的货物，海关可以根据管理需要对其实施单项统计，尽管其统计数值不列入国家进出口货物贸易统计的总值。主要有：

进料加工转内销货物；来料加工转内销货物；加工贸易转内销设备；进料深加工结转货物；来料深加工结转货物；加工贸易结转设备；进料加工结转余料；来料加工结转余料；退运货物；进料加工复出口料件；来料加工复出口料件；加工贸易退运设备；保税区运往非保税区货物；非保税区运入保税区货物；保税区退区货物；保税仓库转内销货物；境内存入出口监管仓库货物；出口监管仓库退仓货物；出口加工区运往区外的货物；区外运入出口加工区的货物；保税物流园区运往区外的货物；区外运入保税物流园区的货物；保税物流中心（A、B型）运往中心外的货物；从中心外运入保税物流中心（A、B型）的货物；综合保税区运往区外的货物；区外运入综合保税区的货物；保税港区运往区外的货物；区外运入保税港区的货物；保税维修货物；跨境运输的内贸货物；向海关申报的定制型软件、检测报告、蓝图及类似品；过境货物；其他需要实施海关单项统计的货物。

四、海关统计项目

海关对进出口货物的统计项目包括品名及编码，数量、价格，经营单位，监管方式，运输方式，进口货物的原产国（地区）、起运国（地区）、境内目的地，出口货物的最终目的国（地区）、运抵国（地区）、境内货源地，进出口日期，关别，海关总署规定的其他统计项目。

其中，进出口货物的品种、数（重）量、价格、国别（地区）和运输方式是各国对外贸易统计的常规项目，在海关统计中对这些项目的定义和统计方法是全面采用了联合国建议的国际标准；而经营单位、境内目的地、境内货源地、监管方式和关别等项目，则是为满足国家对外贸实施有效的宏观调控和海关对进出口货物实施有效监督管理的需要而设置，对这些项目的定义和统计方法是以相关的海关法规和海关业务制度为基础制定的。

对上述海关统计项目，规范要求具体如下。

（一）海关统计品名及编码

凡列入海关统计范围的进出口货物均应依照《海关统计商品目录》归类统计。《海关统计商品目录》是以《协调制度》为基础编制的，采用八位数编码的结构。《海关统计商品目录》分为

九十八章，其中第一章至第九十七章的前六位数编码及商品名称与《协调制度》完全一致（第七十七章为空章），第九十八章是根据我国海关统计的需要设置的。

（二）海关统计数（重）量

海关统计的数（重）量是指商品的实物量，用以反映实际进出口商品的规模和发展变化情况。

我国海关在《海关统计商品目录》中为每一个八位数编码商品设置了国际标准计量单位，当进出口货物收发货人或其代理人报关时，必须在进出口货物报关单上填报八位数的商品编码和《海关统计商品目录》中规定的重量或数量。凡《海关统计商品目录》中列有第二计量单位的货物，应当同时按照第二计量单位统计其第二数（重）量。为便于计算机的汇总，海关统计的计量单位采用代码形式统计，代码采用两位数。

进出口货物的统计重量和数量应以海关查验放行的实际重量和数量为依据，对免于查验的可根据合同、发票等有关单证确定；根据合同、发票等单证不能确定重量的货物可估重统计。

成套设备、减免税货物如需分批进口，货物实际进口时应按照实际报验状态确定数量。如经批准分批进出口货物按完整品归类的，且法定计量单位是非重量的，其各批次统计数量之和应等于完整品数量。

具有完整品或制成品基本特征的不完整品、未制成品，根据《协调制度》归类规则应按完整品归类的，按照构成完整品的实际数量申报和统计。

法定计量单位为"立方米"的气体货物，应折算成标准状况（0℃及1个标准大气压）下的体积进行申报和统计。

法定计量单位为"千克"的商品，其重量统计要求如下：

1. 装入可重复使用的包装容器的货物，应按货物扣除包装容器后的重量统计，如罐装同位素、罐装氧气及类似品等；

2. 使用不可分割包装材料和包装容器的货物，按货物的净重统计（包括内层直接包装的净重重量），如采用供零售包装的罐头、化妆品、药品及类似品等；

3. 有些商品按照商业惯例是以公量重而不是净重统计的，公量重的计算方法是用科学方法抽去商品中的水分，再加上标准含水量所求得的重量，这种计算方法适用于经济价值较高而含水量又极不稳定的商品，如未脱脂羊毛、羊毛条等。对这类商品应按公量统计而不按净重统计；

4. 国际贸易中，有些商品因包装本身不便分别计量，或因包装同商品价格相差不大，如粮食、饲料等价格较低的农副产品，采用以毛重作为净重计价的货物，可按毛重统计；

5. 采用零售包装的酒类、饮料，按照液体部分的重量统计。

值得注意的是，报关单上的成交计量单位或成交数量栏目不是统计指标，可以不按照法定计量单位填报。例如，加工贸易等已备案的货物，成交计量单位必须与加工贸易手册中同项号下货物的计量单位一致；优惠贸易协定项下进出口商品的成交计量单位必须与原产地证书上对应商品的计量单位一致。

（三）海关统计价格

对外贸易进出口商品品种繁多，商品数量反映的只是商品的实物量，难以用于不同商品的比较，商品的价值可以综合反映进出口商品的贸易流量。因此，统计价值是所有海关统计项目的核心内容，其他海关统计项目一般需同价值相结合来反映对外贸易的情况。进出口货物的统计价格分别按照人民币和美元统计。

1. 统计价格的货币折算

进出口货物的价格以其他外币计价的，应当分别按照海关征税适用的各种外币对人民币的计征汇率和国家外汇管理部门按月公布的各种外币对美元的折算率，折算成人民币值和美元值进行统计。

2. 价格统计的规定

进出口货物的价格以海关审定的完税价格为基础进行统计。根据《海关统计条例》第八条的规定：进口货物的价格，按照货价、货物运抵中华人民共和国境内输入地点起卸前的运输及其相关费用、保险费之和统计。出口货物的价格，按照货价、货物运抵中华人民共和国境内输出地点装卸前的运输及其相关费用、保险费之和统计，其中包含的出口关税税额，应当予以扣除。

（四）海关统计国别（地区）

海关统计国别（地区）是指国际货物贸易统计资料的报告国（地区），接收其进口货物的对象国家（地区），或报告国（地区）出口货物发往的对象国家（地区）。在国际货物贸易中，通过国别（地区）统计可以反映各国间（地区）的经济贸易关系，反映一国（地区）与世界其他国家（地区）的贸易情况，以及一国（地区）在世界经济交往中所处的地位。

我国进出口货物的国别（地区）统计，按照原产/最终目的国（地区）、起运/运抵国（地区）、贸易国（地区）、境内目的地/境内货源地等分别进行编制。

1. 原产/最终目的国（地区）

进口货物统计原产国（地区），出口货物统计最终目的国（地区），反映的是世界经济关系的实质性结构，即商品生产和消费在世界范围的分布。同时，这一统计标准符合国际贸易中备受关注的贸易国别（地区）政策的要求，如最惠国待遇、普惠制、配额、反倾销等关税和非关税措施都是针对商品的原产国别（地区）实施的，而贸易禁运、某些产品的限制出口等则涉及有关出口货物的目的国（地区）。

（1）原产国（地区）

原产国（地区）指进口货物的生产、开采或加工制造的国家（地区）。对经过几个国家（地区）加工制造的进口货物，以最后一个对货物进行经济上可以视为实质性加工的国家（地区）作为该货物的原产国（地区）。

进口货物的原产国（地区）按照《中华人民共和国进出口货物原产地条例》（以下简称《原产地条例》）及海关总署有关规定进行统计。进口货物原产国（地区）无法确定的，按照"国别不详"进行统计。

（2）最终目的国（地区）

最终目的国（地区）是指出口货物已知的消费、使用或进一步加工制造的国家（地区）。

不经过第三国（地区）转运的出口直接运输货物，以直接运抵的国家（地区）为最终目的国（地区）。经过第三国（地区）转运的出口货物，以最后运往国（地区）为最终目的国（地区）。

出口货物的最终目的国（地区）按照出口货物已知的消费、使用或者进一步加工制造的国家（地区）进行统计。出口货物不能确定最终目的国（地区）的，按照出口时尽可能预知的最后运往国（地区）进行统计。

2. 起运/运抵国（地区）

进口货物统计起运国（地区），出口货物统计运抵国（地区），可以反映进出口货物的整个流程，比按照原产/最终目的国（地区）标准统计更容易达到国际贸易统计中伙伴国（地区）记录一一对应的要求，为获得准确的统计和合理的可比性提供了最大的可能。

（1）起运国（地区）

进口货物的起运国（地区）按照货物起始发出直接运抵我国或者在运输中转国（地区）未发生任何商业交易的情况下运抵我国的国家（地区）进行统计。

不经过第三国（地区）转运的直接运输货物，以进口货物的装货港所在国（地区）为起运国（地区）。

经过第三国（地区）转运的进口货物，未在中转国（地区）发生商业交易的，以进口货物的始发国（地区）为起运国（地区）；在中转国（地区）发生商业交易的，以中转国（地区）作为起运国（地区）。

（2）运抵国（地区）

出口货物的运抵国（地区）按照出口货物从我国直接运抵或者在运输中转国（地区）未发生任何商业交易的情况下，最后运抵的国家（地区）进行统计。

不经过第三国（地区）转运的直接运输货物，以出口货物的指运港所在国（地区）为运抵国（地区）。

经过第三国（地区）转运的出口货物，未在中转国（地区）发生商业交易的，以出口货物的最终目的国（地区）为运抵国（地区）；在中转国（地区）发生商业交易的，以中转国（地区）作为运抵国（地区）。

3. 贸易国（地区）

进出口货物的贸易国（地区）按照对外贸易中与境内企业签订贸易合同的外方所属的国家（地区）统计。

进口统计购自国（地区），出口统计售予国（地区）。未发生商业性交易的，按照货物所有权拥有者所属的国家（地区）统计。

4. 境内目的地/境内货源地

（1）境内目的地

进口货物的境内目的地按照进口货物在我国境内的消费、使用地或者最终运抵地统计，其中最终运抵地为最终使用单位所在的地区。

最终使用单位难以确定的，按照货物进口时预知的最终收货单位所在地统计。

（2）境内货源地

出口货物的境内货源地按照出口货物在我国境内的产地或者原始发货地统计。

出口货物在境内多次转换运输工具、难以确定其生产地的，按照最早发运该出口货物的单位所在地统计。

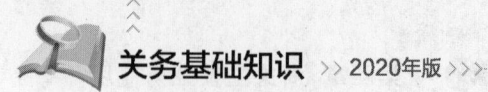

（五）海关统计收发货人

进出口货物的收发货人按照已经在海关注册登记、从事进出口经营活动的境内法人、其他组织或者个人进行统计。

收发货人统计可以反映各地区、各种经济类型的企业进出口情况及其在我国对外贸易中所占比重的变化情况，为国家制定有关政策和经济发展规划提供重要依据。同时，海关为每个进出口企业都设置全国适用的代码，有助于进出口货物快捷通关，提高海关通关管理的工作效率。

（六）海关统计监管方式

列入海关统计的监管方式，按照进出口货物买卖双方交易形式及海关监管要求进行分类统计。

为了使海关统计资料进一步与国家对进出口的宏观调控和海关实施有效监督管理相结合，与有关的海关法规和海关业务管理办法相衔接，进出口货物的监管方式以海关的监管方式为基础进行分组。按贸易方式分组的海关统计资料，可以反映各种监管方式进出口货物情况及其在我国对外贸易中所占比重，为研究和分析对外贸易发展变化提供资料，为有关部门制定外贸政策及检查执行情况提供参考依据。海关根据国民经济发展的变化和海关监管需要对贸易方式进行调整，由海关总署发布公告。

列入统计的监管方式主要有：一般贸易；国家间或者国际组织间无偿援助、赠送的物资；其他捐赠物资；补偿贸易；来料加工贸易；进料加工贸易；寄售、代销贸易；边境小额贸易；加工贸易进口设备；对外承包工程出口货物；租赁贸易；外商投资企业作为投资进口的设备、物品；出境加工贸易；易货贸易；免税外汇商品；免税品；海关保税监管场所进出境货物；海关特殊监管区域物流货物；海关特殊监管区域进口设备；其他。

（七）海关统计运输方式

在国际贸易中，货物的买卖合同签订后，卖方就要按照合同规定的时间、地点和方式将货物运交指定的承运工具，买卖货物的交接是通过运输来实现的。

进出口货物的运输方式，按照货物进出境时的运输方式统计包括水路运输、铁路运输、公路运输、航空运输、邮件运输及其他运输方式。

进境货物的运输方式，应当按照货物运抵我国关境第一个口岸时的运输方式进行统计；出境货物的运输方式，应当按照货物运离我国关境最后一个口岸时的运输方式进行统计。

进出境旅客随身携带的货物，按照旅客所乘运输工具进行统计。非邮政方式进出口的快递货物，按照实际运输方式统计。

以人扛、畜驮、管道、电缆、输送带等方式运输的货物，按照其他运输方式进行统计。

（八）海关统计关别

海关统计关别是为了反映一个时期内各口岸进出口货物的情况及货物进出关境的路线分布，便于对各口岸监管验放货物的执法水平进行比较分析。同时，也可以结合其他统计指标分析进出口货物的流向。

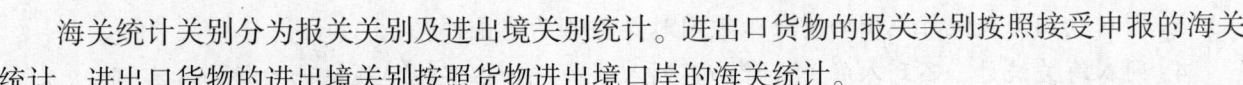

海关统计关别分为报关关别及进出境关别统计。进出口货物的报关关别按照接受申报的海关统计。进出口货物的进出境关别按照货物进出境口岸的海关统计。

（九）海关统计时间

海关统计时间是指海关对进出口货物实施统计的时间。为了便于联合国各成员国统计资料的汇总对比，联合国统计局建议将货物进入或离开一国经济领土的时间作为统计的时间。

我国进口货物按海关的放行日期进行统计，出口货物按海关结关的日期进行统计。进口转关运输货物按照指运地海关放行的日期进行统计，出口转关运输货物按照起运地海关的结关日期进行统计。

（十）海关统计毛重与净重

1. 毛重
进出口货物的毛重填报进出口货物及其包装材料的重量之和，计量单位为千克，不足一千克的填报为"1"。

2. 净重
进出口货物的净重填报进出口货物的毛重减去外包装材料后的重量，即货物本身的实际重量，计量单位为千克，不足一千克的填报为"1"。

（十一）海关统计品牌类型

进出口货物的品牌类型按进出口货物的品牌属性分类统计。

以上统计项目同样适用于海关单项统计。

五、海关统计部门相关权力、义务及法律责任

海关统计部门对统计原始资料中的申报内容有疑问的，可以直接向当事人提出查询，核实有关内容，当事人应当及时据实做出答复。

海关统计人员对在统计过程中知悉的国家秘密、商业秘密和海关工作秘密负有保密义务。

海关统计人员有权拒绝、揭发、制止影响海关统计客观性和真实性的人为干扰。

海关统计人员应当遵守《海关法》和《中华人民共和国统计法》的规定，不得自行、参与或者授意篡改海关统计资料，编造虚假数据。

海关统计人员玩忽职守、滥用职权、徇私舞弊的，依法给予处分；构成犯罪的，依法追究刑事责任。

未经海关授权，任何单位或者个人不得擅自销售海关统计资料和海关统计电子数据。

依法应当申报的项目未申报或者申报不实影响海关统计准确性的，除责令当事人予以更正外，对违反《海关行政处罚实施条例》的，可按相关规定予以处罚。

【复习思考题】

1. "海关统计"含义的三个重要概念是什么？
2. 海关综合统计资料是如何对外发布和提供的？它包括哪些内容？

3. 列入我国海关统计范围的货物必须同时具备哪两个条件?

4. 列入海关统计、不列入海关统计和不列入海关统计但实施单项统计的货物各有哪些?

5. 海关对进出口货物的统计项目有哪些?

6. 海关统计数（重）量、价格、国别（地区）、经营单位、贸易方式等指标的统计要求各是什么?

第三节　海关事务担保

【学习目标】

本节内容旨在让学习者掌握我国海关事务担保的基本知识和基本程序。

完成本节学习，学习者应获得以下成果：

1. 了解海关事务担保的适用范围；

2. 了解海关事务担保的免除；

3. 了解海关事务担保的方式；

4. 了解海关事务担保的金额；

5. 了解海关事务担保的销案。

【基本概念】

当事人申请提前放行货物的担保、当事人申请办理特定海关业务的担保、税收保全担保、免于扣留财产的担保、海关事务总担保、担保人和担保责任、海关事务担保的方式、税款类保证金、风险类保证金、案件类保证金

【建议学习时间】

2 课时

一、概述

海关事务担保，是指与进出境活动有关的自然人、法人或者其他组织（以下统称"当事人"）在向海关申请从事特定的经营业务或者办理特定的海关事务时，以向海关提交保证金、保证函等担保，承诺在一定期限内履行其法律义务的法律行为。

海关事务担保制度从本质上讲，是海关支持和促进对外贸易发展和科技文化交流的措施，既保障国家利益不被侵害又便利进出境活动，促进对外贸易效率的提高。同时，担保制度对进出境活动的当事人也产生较强的制约作用，促进企业守法自律，按时履行其承诺的诸如补交单证、补纳税款、按规定复出（进）口等义务。

二、适用范围

(一) 一般适用

为使当事人获得提前放行、办理特定海关业务及免于扣留财产等便利，《海关事务担保条例》主要规定了四种情形下的海关事务担保。

1. 当事人申请提前放行货物的担保

当事人申请提前放行货物的担保是指在办结商品归类、估价和提供有效报关单证等海关手续前，当事人向海关提供与应纳税款相适应的担保，申请海关提前放行货物。

有下列情形之一的，当事人可以在办结海关手续前向海关申请提供担保，要求提前放行货物：

（1）进出口货物的商品归类、完税价格、原产地尚未确定的；

（2）有效报关单证尚未提供的；

（3）在纳税期限内税款尚未缴纳的；

（4）滞报金尚未缴纳的；

（5）其他海关手续尚未办结的。

国家对进出境货物、物品有限制性规定，应当提供许可证件而不能提供的，以及法律、行政法规规定不得担保的其他情形，海关不予办理担保放行。

2. 当事人申请办理特定海关业务的担保

当事人申请办理特定海关业务的担保是指当事人在申请办理内地往来港澳货物运输，办理货物、物品暂时进出境，将海关监管货物抵押或者暂时存放在海关监管区外等特定业务时，根据海关监管需要或者税收风险大小向海关提供的担保。

当事人申请办理下列特定海关业务的，按照海关规定提供担保：

（1）运输企业承担来往内地与港澳公路货物运输、承担海关监管货物境内公路运输的；

（2）货物、物品暂时进出境的；

（3）货物进境修理和出境加工的；

（4）租赁货物进口的；

（5）货物和运输工具过境的；

（6）将海关监管货物暂时存在海关监管区外的；

（7）将海关监管货物向金融机构抵押的；

（8）为保税货物办理有关海关业务的。按照海关总署公告2018年18号，加工贸易保证金台账"实转"管理事项转为海关事务担保项目，相关企业直接向海关提交保证金或保函办理担保事务。

当事人不提供或者提供的担保不符合规定的，海关不予办理所列的特定海关业务。

3. 税收保全担保

进出口货物的纳税义务人在规定的纳税期限内有明显的转移、藏匿其应税货物及其他财产迹象的，海关可以责令纳税义务人提供担保；纳税义务人不能提供担保的，海关依法采取税收保全措施。

4. 免于扣留财产的担保

有违法嫌疑的货物、物品、运输工具应当或者已经被海关依法扣留、封存的，当事人可以向海关提供担保，申请免于或者解除扣留、封存。

有违法嫌疑的货物、物品、运输工具无法或者不便扣留的，当事人或者运输工具负责人应当向海关提供等值的担保；未提供等值担保的，海关可以扣留当事人等值的其他财产。有违法嫌疑的货物、物品、运输工具属于禁止进出境，或者必须以原物作为证据，或者依法应当予以没收的，海关不予办理担保。

法人、其他组织受到海关处罚，在罚款、违法所得或者依法应当追缴的货物、物品、走私运输工具的等值价款未缴清前，其法定代表人、主要负责人出境的，应当向海关提供担保；未提供担保的，海关可以通知出境管理机关阻止其法定代表人、主要负责人出境（受海关处罚的自然人出境适用上述规定）。

（二）其他适用

进口已采取临时反倾销措施、临时反补贴措施的货物应当提供担保的，或者进出口货物收发货人、知识产权权利人申请办理知识产权海关保护相关事务等，依照海关事务担保一般适用的规定办理海关事务担保。法律、行政法规有特别规定的，从其规定。

三、担保的免除

《海关法》的有关条款规定，如其他法律、行政法规根据实践需要规定在特定情形下可以免除担保提前放行货物的，这种"免除担保"的特别规范优先于"凭担保放行"的一般规范。因此，在这种特别规范的适用范围内，因各种原因未办结海关手续的货物，可以免除担保而被收发货人先予提取或装运出境。但同时规定海关对享受免除担保待遇的进出口企业实行动态管理，当事人不再符合规定条件的，海关应当停止对其适用免除担保。

当事人连续两年同时具备通过海关验证稽查、年度进出口报关差错率在3%以下，没有拖欠应纳税款，没有收到海关行政处罚且在相关行政管理部门无不良记录、没有被追究刑事责任等行为的，可以向直属海关申请免除担保，并按照海关规定办理有关手续。

四、总担保

为了使进出口货物品种、数量相对稳定且业务频繁的企业免于反复办理担保，《海关事务担保条例》规定当事人在一定期限内多次办理同一类海关事务的，可以向海关申请提供总担保。

提供总担保后，当事人办理该类海关事务不再单独提供担保。同时规定，总担保的适用范围、保证金资金额、担保期限、终止情形等由海关总署规定。

可申请总担保的常见情形有以下三种情况：

1. ATA 单证册项下暂准出口货物由中国国际商会统一向海关总署提供总担保；

2. 经海关同意知识产权权利人可以向海关提供总担保，总担保保证金资金额不得低于人民币 20 万元；

3. 为办理汇总征税业务由银行或非银行金融机构对纳税义务人在一定期间进出口货物应缴纳的海关税款和滞纳金提供单位税款总担保。

五、担保人资格

《海关法》规定："具有履行海关事务担保能力的法人、其他组织或者公民，可以成为担保人。法律规定不得为担保人的除外。"

具有履行海关担保义务能力是对自然人、法人或其他组织作为担保人的基本要求。对于担保人而言，其履行义务的能力主要表现在应当拥有足以承担担保责任的财产。公民作为担保人还应当具有民事行为能力，无民事行为能力或者限制行为能力的公民即使拥有足以承担担保责任的财产也不能作为担保人。如其他有关法律对担保人资格已做出限制性规定的，则这种法人、其他组织或公民就不能作为担保人。

六、担保责任

《海关法》规定："担保人应当在担保期限内承担担保责任。担保人履行担保责任的，不免除被担保人应当办理有关海关手续的义务。"海关则应当及时为被担保人办理有关海关手续。

担保人应承担的担保责任主要是指被担保人应当在规定的期限内全面、正确地履行其承诺的海关义务。根据担保个案的不同情况，其责任范围也有区别。

担保人在规定的担保期间内承担担保责任，逾期，即使被担保人未履行海关义务，担保人也不再承担担保责任。鉴于法律规定可适用担保的范围内所涉及的事项千差万别，不可能对此统一规定，因而担保期间主要由海关行政法规及海关规章来规定。

被担保人如能在规定的期间内履行担保承诺的义务或者规定的担保期间届满，担保人的担保责任则应依法予以解除，由海关及时办理销案手续，退还有关保证金等。

七、担保方式

《海关法》明确规定海关事务担保方式分为以下四种。

（一）以人民币、可自由兑换的货币提供担保

人民币是我国的法定货币，支付我国境内的、一切公共的和私人的债务，任何单位或者个人均不能拒收。可自由兑换货币指国家外汇管理局公布挂牌的，作为国际支付手段的外币现钞。

（二）以汇票、本票、支票、债券、存单提供担保

汇票是指由出票人签发的，委托付款人在见票时或者在指定日期无条件支付确定的金额给收款人或持票人的票据，分为银行承兑汇票和商业承兑汇票两种。

本票是由出票人签发的，承诺自己在见票时无条件支付确定的金额给收款人或持票人的票据。

支票是指出票人签发的，委托办理支票存款业务的银行或者其他金融机构在见票时无条件支付确定的金额给收款人或者持票人的票据。

债券是指依照法定程序发行的，约定在一定期限还本付息的有价证券，包括国库债券、企业债券、金融债券等。

存单是指存储机构发给存款人的，证明其债权的单据。

（三）以银行或非银行金融机构出具的保函提供担保

保函即法律上的保证，属于个人的担保范畴。保函不是以具体的财产提供担保，而是以保证人的信誉和不特定的财产为他人的债务提供担保。保证人必须是第三人。保证人应当具有清偿债务的能力。

根据《中华人民共和国中国人民银行法》的规定，中国人民银行作为中央银行不能为任何单位和个人提供担保，故不属于担保银行的范畴。

对于 ATA 单证册项下进出口货物，可由中国国际商会这一特殊的第三方作为担保人，为展览品等暂准进出口货物提供保函方式的担保。

（四）以海关依法认可的其他财产、权利提供担保

具体指除上述财产、权利外的其他财产和权利。

八、保证金资金分类

海关依法收取的保证金资金，根据担保业务性质的不同分为税款类保证金、风险类保证金和案件类保证金三种。

（一）税款类保证金

税款类保证金适用于下列情形：

1. 海关尚未确定商品归类、完税价格、原产地、进口货物物品数量等征税要件的；

2. 正在海关办理减免税审批手续的；

3. 申请延期缴纳税款的；

4. 暂时进出境的；

5. 进境修理和出境加工的；

6. 因残损、品质不良或者规格不符纳税义务人申报进口或者出口无代价抵偿货物时，原进口货物尚未退运出境或者尚未放弃交由海关处理的，或者原出口货物尚未退运进境的；

7. 对缉私、稽查查获的执行风险较大的追征、补征税款情事的；

8. 其他按照有关规定应当收取税款类保证金的情形。

（二）风险类保证金

风险类保证金包括：

1. 对加工贸易企业收取的保证金；

2. 对加工贸易货物备案征收的保证金；

3. 对同一经营单位申请将剩余料件结转到另一加工厂收取的保证金；

4. 对从事转关运输企业收取的保证金；

5. 对加工区之间往来的货物、物品不能按照转关运输办理的企业收取的保证金；

6. 对进口货物收货人在申请减免滞报金期间因故需先行提取货物收取的保证金；

7. 对租赁进出口货物、物品收取的保证金；

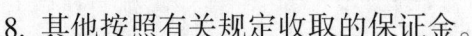

8. 其他按照有关规定收取的保证金。

（三）案件类保证金

案件类保证金适用于下列情形：

1. 有违法嫌疑的货物、物品、运输工具无法或者不便扣留的；

2. 当事人申请免予或者解除扣留有违法嫌疑的货物、物品、运输工具的；

3. 受海关处罚的当事人或者其法定代表人、主要负责人在出境前未缴清罚款、违法所得和依法追缴的货物、物品、走私运输工具的等值价款的；

4. 对涉及知识产权保护收取的保证金；

5. 其他依法可以收取保证金的情形。

九、保证金资金额

当事人提供的担保应当与其需要履行的法律义务相当，其保证金资金额按照下列标准确定：

1. 为提前放行货物提供的担保，保证金资金额不得超过可能承担的最高税款总额；

2. 为办理特定海关业务提供的担保，保证金资金额不得超过可能承担的最高税款总额或者海关总署规定的金额；

3. 因有明显的转移、藏匿应税货物及其他财产迹象被责令提供的担保，保证金资金额不得超过可能承担的最高税款总额；

4. 为违规行为案件的当事人申请免予或者解除扣留有关货物、物品、运输工具的，需提供不低于海关总署规定的一般情节处罚幅度计核金额的保证金，但不得超过该货物、物品、运输工具的等值价款；

5. 为罚款、违法所得或者依法应当追缴的货物、物品、走私运输工具的等值价款未缴清前出境提供担保的，保证金资金额应当相当于罚款、违法所得数额或者依法应当追缴的货物、物品、走私运输工具的等值价款。

此外，有违法嫌疑的货物、物品、运输工具无法或者不便扣留的当事人或者运输工具，负责人根据《1994年关税与贸易总协定》（GATT1994）的一般例外规定，对诸如保护国家安全，维护公共道德，保障人民、动植物的生命或健康，保护本国文物及保护可能用竭的天然资源等目的，可以作为例外，采取禁止或者限制进出口的措施。

【复习思考题】

1. 什么是海关事务担保？其性质主要体现在哪几个方面？

2. 海关事务担保一般适用于哪几种情形？

3. 什么情形下可以免除海关事务担保？

4. 什么情形下可以适用海关事务总担保？

5. 海关事务担保人应具备怎样的资格，并应承担怎样的担保责任？

6. 《海关法》明确规定的海关事务担保方式有哪几种？各适用哪些情形？

第四节　海关行政处罚

【学习目标】
本节内容旨在让学习者了解我国海关行政处罚基础知识。
完成本节学习，学习者应获得以下成果：
1. 熟悉海关行政处罚的概念和种类。

【基本概念】
海关行政处罚、走私、违规行为

【建议学习时间】
2 课时

一、概述

根据《海关法》的规定，以走私物的品种、数量和逃税额为标准，走私情节严重的构成走私罪。认定和惩罚走私罪即追究刑事责任属于司法机关的职能，不在海关行政处罚范围内。海关行政处罚的范围则包括不予追究刑事责任的走私行为（通常简称"走私行为"）和违反海关监管规定的行为（通常简称"违规行为"），以及法律、法规规定由海关实施行政处罚的行为。

（一）走私行为

从《海关行政处罚实施条例》的规定来看，广义的"走私行为"应当包括第七条规定的"走私行为"，以及第八条规定的"按走私行为论处"和第十条规定的"以走私的共同当事人论处"三种情况。

1. 走私行为

《海关行政处罚实施条例》第七条规定，违反海关法及其他有关法律、行政法规，逃避海关监管，偷逃应纳税款、逃避国家有关进出境的禁止性或者限制性管理，有下列情形之一的，是走私行为：

（1）未经国务院或者国务院授权的机关批准，从未设立海关的地点运输、携带国家禁止或者限制进出境的货物、物品或者依法应当缴纳税款的货物、物品进出境的；

（2）经过设立海关的地点，以藏匿、伪装、瞒报、伪报或者其他方式逃避海关监管，运输、携带、邮寄国家禁止或者限制进出境的货物、物品或者依法应当缴纳税款的货物、物品进出境的；

（3）使用伪造、变造的手册、单证、印章、账册、电子数据或者以其他方式逃避海关监管，擅自将海关监管货品、物品、进境的境外运输工具，在境内销售的；

（4）使用伪造、变造的手册、单证、印章、账册、电子数据或者以伪报加工贸易制成品单位耗料量等方式，致使海关监管货物、物品脱离监管的；

（5）以藏匿、伪装、瞒报、伪报或者其他方式逃避海关监管，擅自将保税区、出口加工区等海关特殊监管区域内的海关监管货物、物品运出区外的；

（6）有逃避海关监管，构成走私的其他行为的。

2. 按走私行为论处

《海关行政处罚实施条例》第八条还规定，有下列行为之一的，按走私行为论处：

（1）明知是走私进口的货物、物品，直接向走私人非法收购的。

（2）在内海、领海、界河、界湖，船舶及所载人员运输、收购、贩卖国家禁止或者限制进出境的货物、物品，或者运输、收购、贩卖依法应当缴纳税款的货物，没有合法证明的。

"明知是走私进口的货物、物品，直接向走私人非法收购的"，应当同时符合三个条件才能判定为"按走私行为论处"：

一是行为人必须明知收购的货物、物品是走私进口的货物、物品；二是行为人必须明知对方是走私人，而直接向走私人非法收购走私进口的货物、物品，即所谓的"第一手交易"，如果不是直接向走私分子收购走私进境的货物、物品，而是经过第二手、第三手，甚至更多的收购环节，则不能以走私行为论处；三是收购的行为是非法进行的。

"在内海、领海、界河、界湖，船舶及所载人员运输、收购、贩卖国家禁止或者限制进出境的货物、物品，或者运输、收购、贩卖依法应当缴纳税款的货物，没有合法证明的"要以走私行为论处，必须符合四个条件：

一是区域，行为人必须是在特定的区域，即在内海、领海、界河、界湖运输、收购、贩卖国家禁止或者限制进出境的货物、物品，或者运输、收购、贩卖依法应当缴纳税款的货物，如果是在内地运输、收购、贩卖，则不是本项规定的以走私论处的行为；二是行为方式，即运输、收购、贩卖；三是运输、收购、贩卖的对象是国家禁止、限制进出境的货物、物品，或者是依法应当缴纳税款的货物；四是在上述特定区域运输、收购、贩卖上述货物、物品，没有合法证明①。

上述两项以走私行为论处的行为不具有典型的走私特征，但这些行为与走私行为联系密切，为走私货物、物品提供了销售、流通渠道，成为完成走私的一个重要环节，其违法性质、危害后果与直接走私行为相近。因此，为严厉打击走私违法行为，应当按走私行为论处。

此外，《海关行政处罚实施条例》第十条还规定"与走私人通谋为走私人提供贷款、资金、账号、发票、证明、海关单证的，与走私人通谋为走私人提供走私货物、物品的提取、发运、运输、保管、邮寄或者其他方便的，以走私的共同当事人论处"，即以上行为也应包含在"走私行为"的范围内。

（二）违规行为

违反海关监管规定的行为是指海关管理相对人在从事运输工具、货物、物品的进出境活动或从事海关监管货物的运输、储存、加工、装配、寄售、展示等业务活动中，违反《海关法》及其他有关法律、行政法规的规定，且未构成走私的行为。主要是违反海关关于进出境监管的具体

---

① "合法证明"是指船舶及其所载人员依照国家有关规定或者依照国际运输惯例所必须持有的证明其运输、携带、收购、贩卖所载货物、物品真实、合法、有效的商业单证、运输单证及其他有关证明、文件。

要求、监管程序和监管手续，没有按照海关规定履行应尽的义务，执法实践中简称为"违规"行为。

根据《海关行政处罚实施条例》，违反海关监管规定的行为主要有：

1. 违反国家进出口管理规定，进出口国家禁止进出口货物的；

2. 违反国家进出口管理规定，进出口国家限制进出口的货物或属于自动进出口许可管理的货物，进出口货物的收发货人向海关申报时不能提交许可证件的；

3. 进出口货物的品名、税则号列、数量、规格、价格、贸易方式、原产地、起运地、运抵地、最终目的地或者其他应当申报的项目未申报或者申报不实的；

4. 擅自处置监管货物，违规存放监管货物，监管货物短少灭失且不能提供正当理由的，未按规定办理保税手续，单耗申报不实，过境、转运、通运货物违规，暂时进出口货物违规的；

5. 报关单位违规（非法代理、行贿、未经许可从事报关业务、骗取许可）；

6. 其他违法（中断监管程序，伪造、变造、买卖单证，进出口侵犯知识产权货物等）。

（三）走私与违规的区别

《海关法》和《海关行政处罚实施条例》将违反《海关法》及其他有关法律、行政法规的行为分为走私行为和违规行为。这是两类性质完全不同的行为，有着本质的不同。

第一，主观故意不同。走私具有很强的主观目的性，其行为的目的就是在于偷逃国家应缴税款或逃避国家对进出境运输工具、货物、物品的禁止或限制性管制，并往往有针对性地采取各种伪装欺骗手法企图逃避海关监管。而违规行为在主观认识上通常表现为"过失"状态，没有很明确的追求逃税、逃证的主观目的性，通常也不会采取有针对性的欺骗手法来逃避海关监管。

第二，客观行为不同。走私是为了达到逃税、逃证的目的，通常会采取欺骗手法逃避海关监管而且这种逃避海关监管的手法是行为人在明知或应知条件下有针对性采取的。而违规行为一般都不会采取欺骗手法来掩饰自己的过失行为，其行为往往没有明确的逃税、逃证的针对性和目的性，多是在程序和手续方面不履行海关规定。

第三，行为危害结果不同。走私行为侵害的主体是国家关于运输工具、货物、物品进出境税收和管制的实体性规定，通常会产生逃税、逃证的实质性危害。《海关行政处罚实施条例》规定的走私行为和以走私行为论处的行为都会直接产生逃税、逃证的结果。而违规行为侵害的是海关监管的程序、手续，以及具体要求等进出境管理秩序。

走私与违规还有很多的不同之处，但是上述三个方面的区别是最基本、最直观并易于把握的。

二、海关行政处罚的管辖

海关行政处罚的管辖是指海关实施行政处罚权限的划分和分工。根据《海关行政处罚实施条例》，海关行政处罚的管辖原则是：

1. 由发现违法行为的海关管辖，也可以由违法行为发生地海关管辖。

2. 两个以上海关都有管辖权的案件，由最先发现违法行为的海关管辖。

3. 管辖不明确的案件，由有关海关协商确定管辖，协商不成的，报请共同的上级海关指定管辖。

4. 重大、复杂的案件，可以由海关总署指定管辖。

上述第1、第2点针对的是明确规定的管辖；第3点针对的是不明确的情况，规定协商或指定管辖；第4点针对的是特殊情况，规定由海关总署指定管辖。一个海关只有同时具有地域管辖、级别管辖、职权管辖三个权能，才具有行政处罚权。

三、海关行政处罚的方式

（一）对走私行为的行政处罚

《海关行政处罚实施条例》对走私行为规定了下列处罚方式：

1. 没收走私货物、物品及违法所得；

2. 罚款；

3. 没收专门用于走私的运输工具或者用于掩护走私的货物、物品；

4. 没收两年内三次以上用于走私的运输工具或者用于掩护走私的货物、物品；

5. 藏匿走私货物、物品的特制设备、夹层、暗格，应当予以没收或者责令拆毁；

6. 使用特制设备、夹层、暗格实施走私的，应当从重处罚；

7. 在海关注册的企业，构成走私犯罪或者一年内有两次以上走私行为的，海关可以撤销其注册登记。

（二）对违规行为的行政处罚

《海关行政处罚实施条例》对违规行为规定了下列处罚方式：

1. 警告。警告应严格按照法定程序实施，单独给予警告处罚的，可以适用行政处罚简易程序。

2. 罚款。《海关行政处罚实施条例》在处罚幅度上规定了上下限，减少了处罚的随意性。

3. 没收违法所得。

4. 暂停有关企业从事有关业务、撤销海关注册登记。

5. 未经海关注册登记从事报关业务的，予以取缔。

四、处罚程序

（一）立案调查

海关发现公民、法人或者其他组织有依法应当由海关给予行政处罚的行为的，应当立案调查。

海关受理或者发现的违法线索，经核实有下列情形之一的不予立案：

1. 没有违法事实的；

2. 违法行为超过法律规定的处罚时效的；

3. 其他依法不予立案的情形。

海关决定不予立案的，应当制作不予立案通知书及时通知举报人、线索移送机关或者主动投案的违法嫌疑人。

海关发现的依法应当由其他行政机关或者刑事侦查部门处理的违法行为，应当制作案件移送

函，及时将案件移送有关行政机关或者刑事侦查部门。

海关在调查、搜集证据时，办理行政处罚案件的海关工作人员（以下简称"办案人员"）不得少于两人，并且应当向当事人或者有关人员出示执法证件。

办案人员有下列情形之一的，应当回避当事人或其代理人有权申请其回避：

1. 当事人的近亲属；

2. 本人或者其近亲属与本案有利害关系的；

3. 与本案当事人有其他关系，可能影响案件公正处理的。

（二）调查取证

海关立案后应当全面、客观、公正、及时地进行调查、搜集证据。海关调查、搜集证据，应当按照法律、行政法规及其他有关规定的要求办理。调查、搜集证据涉及国家秘密、商业秘密或者个人隐私的，海关应当保守秘密。

调查取证的手段包括查问违法嫌疑人，询问证人，依法检查运输工具和场所；查验货物、物品，对有关货物、物品进行取样化验和鉴定；查询案件涉嫌单位和嫌疑人员在金融机构、邮政企业的存款及汇款，依法扣留货物、物品、运输工具、其他财产及账册、单据等资料。

海关办理行政处罚案件的调查，所获取的证据主要有书证、物证、视听资料、电子数据、证人证言、化验报告、鉴定结论、当事人的陈述、查验与检查记录等。证据应当经查证属实，才能作为认定事实的根据。

（三）调查中止、恢复和终结

海关办理行政处罚案件，在立案后发现当事人的违法行为应当移送其他行政机关或者刑事侦查部门办理的，应当及时移送。行政处罚案件自海关移送其他行政机关或者刑事侦查部门之日起中止调查。

海关中止调查的行政处罚案件，有下列情形之一的应当恢复调查：其他行政机关或者刑事侦查部门已做出处理的海关移送案件，仍需要海关做出行政处罚的；其他行政机关或者刑事侦查部门不予受理或者不予追究刑事责任退回海关处理的。

经调查后行政处罚案件有下列情形之一的，可以终结调查：违法事实清楚，法律手续完备，据以定性处罚的证据充分；没有违法事实的；作为当事人的自然人死亡的；作为当事人的法人或者其他组织终止，无法人或者其他组织承受其权利义务，又无其他关系人可以追查的；其他行政机关或者刑事侦查部门已做出处理的海关移送案件，不需要海关做出行政处罚的；其他依法应当终结调查的情形。

（四）案件审查

海关对已经调查终结的行政处罚案件，应当经过审查；未经审查程序，不得做出撤销案件、不予行政处罚、予以行政处罚等处理决定。

海关对行政处罚案件进行审查时，应当审查案件的违法事实是否清楚，定案的证据是否客观、充分，调查取证的程序是否合法、适当，以及是否存在不予行政处罚或者减轻、从轻、从重处罚的情节，并且提出适用法律和案件的处理意见。

有关案件违法事实不清、证据不充分或者调查程序违法的，应当退回补充调查。不满14周岁的人有违法行为，不予行政处罚，但是应当责令其监护人加以管教。已满14周岁不满18周岁的人有违法行为的，从轻或者减轻行政处罚。精神病人在不能辨认或者不能控制自己行为时有违法行为的，不予行政处罚，但应当责令其监管人严加看管和治疗。间歇性精神病人在精神正常时有违法行为的，应当给予行政处罚。

（五）告知、复核和听证

海关在做出行政处罚决定前，应当告知当事人做出行政处罚决定的事实、理由和依据，并且告知当事人依法享有的权利。在履行告知义务时，海关应当制发行政处罚告知单送达当事人。

除因不可抗力或者海关认可的其他正当理由外，当事人应当在收到行政处罚告知单的三个工作日内提出书面陈述、申辩和听证申请。逾期视为放弃陈述、申辩和要求听证的权利。

当事人放弃陈述、申辩和听证权利的，海关可以直接做出行政处罚决定。当事人放弃陈述、申辩和听证权利应当有书面记载，并且由当事人或者其代理人签字或者盖章确认。

经复核后，变更原处罚告知事实、理由、依据、处罚幅度的，应当重新制发海关行政处罚告知单。

根据《行政处罚法》《海关行政处罚实施条例》的规定，海关在做出暂停从事有关业务、暂停报关执业，撤销海关注册登记，对公民处以一万元以上罚款，对法人或者其他组织处以十万元以上罚款，没收有关货物、物品、走私运输工具等行政处罚决定之前，应当告知当事人有要求举行听证的权利。当事人要求听证的，海关应当组织听证，听证的费用由海关承担。

（六）处理决定

海关应当根据对行政处罚案件审查的不同结果，依法做出以下决定：

1. 确有违法行为，应当给予行政处罚的，根据其情节和危害后果的轻重，做出行政处罚决定；
2. 依法不予行政处罚的，做出不予行政处罚的决定；
3. 符合撤销案件规定的，予以撤销；
4. 符合《海关行政处罚实施条例》规定的收缴条件的，予以收缴；
5. 违法行为涉嫌犯罪的，移送刑事侦查部门依法办理。

海关依法做出行政处罚决定或者不予行政处罚决定的，应当制发行政处罚决定书或者不予行政处罚决定书。

行政处罚决定书应当在宣告后，当场交付当事人；当事人不在场的，海关应当在七日内将行政处罚决定书送达当事人。

根据《海关行政处罚实施条例》的规定，收缴有关货物、物品、违法所得、运输工具、特制设备的，应当制作收缴清单送达被收缴人。

（七）执行

海关做出行政处罚决定后，当事人应当在行政处罚决定书规定的期限内予以履行。海关对当事人依法做出暂停从事有关业务、撤销其注册登记等行政处罚决定的，执行程序由海关总署另行

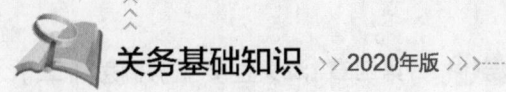

制定。

当事人确有经济困难向海关提出延期或者分期缴纳罚款的，应当以书面方式提出申请。海关在收到当事人申请延期、分期执行申请后，应当在十个工作日内做出是否准予延期、分期缴纳罚款的决定，并且制发通知书送达申请人。海关同意当事人延期或者分期缴纳的，应当及时通知收缴罚款的机构。同意当事人延期或者分期缴纳罚款的，执行完毕的期限自处罚决定书规定的履行期限届满之日起不得超过 180 日。

当事人逾期不履行行政处罚决定的，海关可以采取下列主要措施：到期当事人不缴纳罚款的，每日按照罚款数额的 3% 加处罚款；当事人逾期不履行海关的处罚决定又不申请复议或者向人民法院提起诉讼的，海关可以将扣留的货物、物品、运输工具变价抵缴，或者以当事人提供的担保抵缴，也可以申请人民法院强制执行。采取加处罚款、抵缴措施之前，应当制发执行通知书并且送达当事人；受海关处罚的当事人或者其法定代表人、主要负责人在出境前未缴清罚款及违法所得，以及依法追缴的货物、物品、走私运输工具的等值价款的，也未向海关提供相当于上述款项担保的，海关可以制作阻止出境协助函，通知出境管理机关阻止其出境。

五、简单案件处理程序

简单案件是指海关在行邮、快件、货管、保税监管等业务现场，以及其他海关监管、统计业务中发现的违法事实清楚、违法情节轻微，经现场调查后，可以当场制发行政处罚告知单的违反海关监管规定的案件。

简单案件程序适用于以下案件：

1. 适用《海关行政处罚实施条例》第十五条第一项、第二项规定进行处理的；

2. 报关企业、报关人员对委托人所提供情况的真实性未进行合理审查，或者因为工作疏忽致使发生《海关行政处罚实施条例》第十五条第一项、第二项规定情形的；

3. 适用《海关行政处罚实施条例》第二十条至第二十三条规定进行处理的；

4. 违反海关监管规定携带货币进出境的；

5. 旅检渠道查获走私货物、物品价值在人民币 5 万元以下的；

6. 其他违反海关监管规定案件货物价值在人民币 50 万元以下或物品价值在人民币 10 万元以下的；

7. 法律、行政法规及部门规章规定处警告、最高罚款人民币 3 万元以下。

海关应当及时对符合上述规定的简单案件立案，开展调查取证工作。当事人在自行书写材料或者查问笔录中承认违法事实、认错认罚，并有查验、检查记录等关键证据能够相互印证的，海关可以不再开展其他调查取证工作。海关进行现场调查后，应当及时制发行政处罚告知单，并在立案后五个工作日内制发行政处罚决定书。经当事人书面同意，海关可以采用传真、电子邮件、移动通信等能够确认其收悉的方式送达行政处罚法律文书。

【复习思考题】

1. 什么是海关行政处罚？有哪些处罚方式？

2. 什么是简单案件处理程序？

第五节　海关行政复议

【学习目标】

本节内容旨在让学习者了解我国海关行政复议的基础知识。

完成本节学习，学习者应获得以下成果：

1. 熟悉海关行政复议的概念和种类。

【基本概念】

海关行政复议

【建议学习时间】

1 课时

一、概述

海关行政复议是指公民、法人或者其他组织不服海关及其工作人员做出的具体行政行为，认为该行政行为侵犯其合法权益，依法向海关复议机关提出复议申请，请求重新审查并纠正原具体行政行为，海关复议机关按照法定程序对上述具体行政行为的合法性和适当性进行审查并做出决定的海关法律制度。

海关行政复议具有以下特征：海关行政复议的申请人是公民、法人或者其他组织；海关行政复议的被申请人是做出具体行政行为的海关；海关行政复议是因公民、法人或其他组织认为海关具体行政行为侵犯其合法权益而引起的；海关行政复议机关是做出具体行政行为海关的上一级海关。对海关总署直接做出的具体行政行为不服而申请复议的，海关总署是复议机关。

根据有关法律、行政法规的规定，公民、法人或者其他组织对海关具体行政行为不服的，可以申请行政复议。

海关具体行政行为中，确定纳税义务人、完税价格、商品归类、原产地、适用税率和汇率、减征或者免征税款、补税、退税、征收滞纳金、计征方式、纳税地点，以及其他涉及税款征收的具体行政行为，即因纳税争议而产生的事项，公民、法人或者其他组织应当依据《海关法》的规定先向海关行政复议机关申请行政复议，对海关行政复议决定不服的，再向人民法院提起行政诉讼，即实行复议前置的原则。

二、海关行政复议的管辖

海关行政复议的管辖，是指有关海关复议机关在受理海关行政复议案件上的分工和权限。

海关行政复议实行上级复议的原则，即对海关具体行政行为不服申请复议的，做出该具体行政行为海关的上一级海关为复议机关。

对海关总署做出的具体行政行为不服申请复议的，海关总署为复议机关。

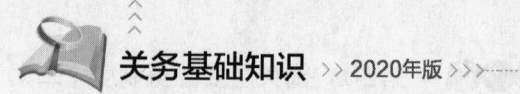

两个以上海关以共同的名义做出具体行政行为的，其共同的上一级海关为复议机关。

海关与其他行政机关以共同的名义做出具体行政行为的，海关和其他行政机关的共同上一级行政机关为复议机关。

对海关总署与国务院其他部门共同做出的具体行政行为不服的，由海关总署、国务院其他部门共同做出处理决定。

海关设立的派出机构、内设机构或者其他组织，未经法律、行政法规授权，对外以自己名义做出具体行政行为的，该海关的上一级海关为复议机关。

三、海关行政复议当事人

海关行政复议申请人，是指认为自己的合法权益受到海关具体行政行为的侵犯，依法向海关复议机关申请行政复议的公民、法人或者其他组织。

公民、法人或者其他组织对海关做出的具体行政行为不服申请行政复议的，做出该具体行政行为的海关是被申请人。

两个以上海关以共同的名义做出具体行政行为的，以做出具体行政行为的海关为共同被申请人。

海关与其他行政机关以共同的名义做出具体行政行为的，海关和其他行政机关为共同被申请人。

下级海关经上级海关批准后以自己的名义做出具体行政行为的，以做出批准的上级海关为被申请人。

海关设立的派出机构、内设机构或者其他组织，未经法律、行政法规授权，对外以自己名义做出具体行政行为的，以该海关为被申请人。

在行政复议期间，申请人以外的公民、法人或者其他组织认为与被审查的海关具体行政行为有利害关系的，可以向海关行政复议机构申请作为第三人参加行政复议；海关行政复议机构认为申请人以外的公民、法人或者其他组织与被审查的具体行政行为有利害关系的，应当通知其作为第三人参加行政复议。

四、海关行政复议的程序

（一）申请

公民、法人或者其他组织认为海关具体行政行为侵犯其合法权益的，可以自知道该具体行政行为之日起60日内提出行政复议申请。因不可抗力或者其他正当理由耽误法定申请期限的，期限自障碍消除之日起继续计算。

申请人可以以书面形式，也可以以口头形式申请行政复议。口头申请的，复议机构应当当场制作行政复议申请笔录，交申请人核对或者向申请人宣读，并且由其签字确认。

（二）申请受理

海关行政复议机关收到行政复议申请后，对复议申请进行审核。不予受理的，应制作行政复议申请不予受理决定书，并送达申请人。凡是符合法定的范围、条件和要求的，自收到复议申请书之日起五个工作日内做出受理决定，并制作行政复议申请受理通知书和行政复议答复通知书分别送达申请人和被申请人，行政复议申请自海关行政复议机构收到之日起即为受理。

申请人就同一事项向两个或者两个以上有权受理的海关申请行政复议的，由最先收到行政复议申请的海关受理；同时收到行政复议申请的，由双方在十日内协商确定；协商不成的，由共同上一级海关在十日内指定受理海关。

两个以上的复议申请人对同一海关具体行政行为分别向海关复议机关申请复议，或同一申请人对同一海关的数个相同类型或者具有关联性的具体行政行为分别向海关行政复议机关申请行政复议的，海关复议机关可以并案审理，并以后一个申请复议的日期为正式受理的日期。

（三）审理

海关行政复议的审理工作是指海关行政复议机关受理复议案件后，对复议案件的事实是否清楚、适用依据是否准确、程序是否合法等方面进行的全面审查。

每一个海关行政复议案件由不得少于三人的、单数的行政复议人员实行合议制审理，由其中一名行政复议人员担任主审。对事实清楚、案情简单、争议不大的案件，也可以不适用合议制，但是应当由两名以上行政复议人员参加审理。

案件审理中，复议机构应当向有关组织和人员调查情况，听取申请人、被申请人和第三人的意见；海关行政复议机构认为必要时可以实地调查核实证据；对于事实清楚、案情简单、争议不大的案件，可以采取书面审查的方式进行审理。同时，申请人、第三人也可以申请查阅被申请人提出的书面答复、提交的做出具体行政行为的证据、依据和其他有关材料。

审理后，复议机关对复议案件提出处理意见。行政复议期间海关具体行政行为不停止执行，但具有法定情形的，可以停止执行。

（四）听证

案件受理后，对于申请人提出听证要求的，申请人与被申请人对事实争议较大的，申请人对具体行政行为适用依据有异议的，案件重大复杂或者争议的标的价值较大的，以及海关行政复议机构认为有必要听证的其他情形，海关行政复议机构可以采取听证的方式审理。除涉及国家秘密、商业秘密、海关工作秘密或者个人隐私的案件外，听证应当公开举行。

（五）决定

海关复议机构在对案件依法审理后，提出处理意见，经海关行政复议机关负责人审查批准后，做出复议决定。

行政复议机关应当自受理复议申请之日起 60 日内做出行政复议决定。在规定情形下，经海关行政复议机关负责人批准，可以延长 30 日。

海关行政复议机关延长复议期限的，应当制作延长行政复议审查期限通知书，并送达申请人、第三人、被申请人。

复议决定的种类包括：

1. 决定维持；
2. 决定被申请人限期履行法律职责；

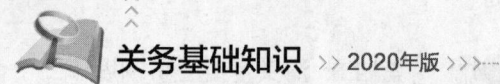

3. 责令被申请人在一定期限内重新做出具体行政行为；

4. 变更决定；

5. 撤销决定；

6. 复议决定的特殊形式。除上述五种情形外，还规定了其他的情形，主要有决定驳回行政复议申请、申请人自愿撤回行政复议申请、"复议变更不利禁止"等。

五、和解与调解

对于符合条件的案件，可以遵循自愿、合法、公正、合理、及时、便民原则，进行复议和解、调解。但是，行政复议和解、调解不是办理行政复议案件的必经程序。

【复习思考题】

1. 海关行政复议的范围有哪些？

第六节　海关行政申诉

【学习目标】

本节内容旨在让学习者了解我国海关行政申诉的基础知识。

完成本节学习，学习者应获得以下成果：

1. 熟悉海关行政申诉的概念和种类。

【基本概念】

海关行政申诉

【建议学习时间】

1 课时

一、概述

海关行政申诉是指公民、法人或者其他组织不服海关做出的具体行政行为但在法定期限内未申请行政复议或提起行政诉讼的，或者不服海关行政复议决定但在法定期限内未提起行政诉讼的，向海关提出申诉请求，海关对原具体行政行为的合法性和适当性进行审查并做出处理决定的法律救济措施。

海关申诉制度作为一种为公民、法人和其他组织提供法律救济手段的制度，是围绕着有错必纠，便民利民，切实保护公民、法人和其他组织合法权益的原则和目标模式设计和运作的。这是对已经丧失行政复议和诉讼救济权利的当事人，本着保护当事人合法权益、实事求是、有错必纠的原则，再给当事人一次陈述理由、申辩意见的机会。

海关办理申诉的案件包括：

1. 公民、法人或者其他组织不服海关做出的具体行政行为但在法定期限内未申请行政复议或提起行政诉讼的，向海关提出申诉请求的案件。

2. 公民、法人或者其他组织不服海关行政复议决定但在法定期限内未提起行政诉讼的，向海关提出申诉请求的案件。

3. 海关有关部门接到公民、法人或者其他组织的信访、投诉，如涉及海关具体行政行为或者行政复议决定的合法性问题，由申诉人按规定提出申诉要求而转送海关申诉审查部门的申诉案件。

二、海关行政申诉的管辖

申诉人可以向做出原具体行政行为或者复议决定的海关提出申诉，也可以向其上一级海关提出申诉。

对海关总署做出的具体行政行为或者复议决定不服的，应当向海关总署提出申诉。海关总署认为必要时，可以将不服广东省内直属海关做出的具体行政行为或者行政复议决定向海关总署提出申诉的案件，交由广东分署办理。

对海关调查、缉私部门经办的具体行政行为不服的申诉案件由调查、缉私部门具体负责办理；对其他海关具体行政行为和复议决定不服的申诉案件由负责法制工作的机构具体负责办理。

三、海关行政申诉程序

（一）申请和受理

申诉人提出申诉应当递交书面申诉材料，申诉材料中应写明申诉人的基本情况、明确要求撤销或者变更海关原具体行政行为的申诉请求、具体事实和理由。

海关申诉审查部门收到申诉人的书面申诉材料后，应当在五个工作日内进行审查，做出受理或不予受理的决定。决定受理申诉的，海关申诉审查部门收到书面申诉材料之日为受理之日。对不予受理的，书面告知申诉人不予受理的理由。

具体行政行为尚在行政复议、诉讼期限内，或者行政复议决定尚在行政诉讼期限内的，应当及时告知申诉人有权依法申请行政复议或者向人民法院提起行政诉讼。

符合海关办理申诉案件规定，但需要转送其他海关处理的，应当将申诉材料转送相应海关，同时书面通知申诉人，由接受转送的海关办理。

（二）审查

申诉案件的审查，原则上采取书面审查的办法。申诉人提出要求或者申诉审查部门认为有必要时，可以向有关组织和人员调查情况，听取申诉人、与申诉案件有利害关系的第三人的意见，听取做出原具体行政行为或者复议决定的海关或者原经办部门的意见。

调查情况、听取意见必要时可以采用听证的方式。

原具体行政行为、复议决定的经办人员不得担任申诉案件的审理人员。

（三）处理

海关应当在受理申诉之日起 60 日内做出处理决定，情况复杂的案件，经申诉审查部门负责

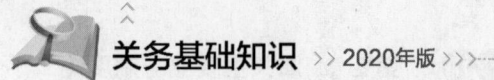

人批准，可以适当延长，但延长期限最多不超过 30 日。延长审查期限应当书面通知申诉人。

海关经对申诉案件进行审查，应当区分不同情况做出处理决定。上级海关办理的对下级海关的具体行政行为或者复议决定不服的申诉案件，处理决定应当同时送达下级海关。

四、救济途径

经申诉后，申诉人对海关改变原行政行为或者做出新的行政行为仍不服的，可以依据《行政复议法》和《行政诉讼法》的规定向复议机关申请行政复议，或者是向人民法院提起行政诉讼。对于驳回当事人申诉请求的，根据《最高人民法院关于执行〈中华人民共和国行政诉讼法〉若干问题的解释》，驳回当事人对行政行为提起申诉的重复处理行为，不属于人民法院行政诉讼的受案范围，同理，也不属于行政复议的受案范围。

【复习思考题】

1. 海关行政申诉的范围有哪些？

第七节　海关预裁定

【学习目标】

本节内容旨在让学习者掌握我国海关预裁定管理制度的基本知识和基本程序。

完成本节学习，学习者应获得以下成果：

1. 了解海关预裁定管理制度的适用范围；

2. 了解海关预裁定的程序；

3. 了解海关预裁定的失效与撤销；

4. 了解海关预裁定决定书的使用。

【基本概念】

行政预裁定管理制度的基本内容、范围、申请的程序、审查、受理、失效、撤销，预裁定决定书的使用

【建议学习时间】

1 课时

一、概述

海关预裁定是指海关在货物实际进出口前，应对外贸易经营者的申请，依据《中华人民共和国海关预裁定管理暂行办法》，对实际进出口活动有关的海关事务做出的具有普遍约束力的决定。

二、适用范围

（一）进出口货物的商品归类

进出口货物的商品归类是指海关对其与拟进出口货物的商品编码进行归类，确定八位税则号列做出预裁定。

（二）进出口货物的原产地或者原产资格

海关根据进出口货物的原产地或者原产资格对拟进出口货物是否具备享受优惠贸易协定税率或特惠税率的资格做出预裁定。

（三）进口货物完税价格相关要素、估价方法

进口货物完税价格相关要素、估价方法是指海关根据拟进口的进口货物价格是否符合成交价格条件、价格相关要素（包括特许权使用费、佣金、运保费、特殊关系），以及其他与审定完税价格有关的要素做出预裁定。

（四）海关总署规定的其他海关事务

三、预裁定程序

海关预裁定分为申请、受理、审查、做出裁定几个环节。

（一）申请

申请人应当是进口货物收货人或出口货物发货人，在货物拟进出口三个月前向其注册地直属海关提出预裁定申请。申请企业在海关注册时间少于三个月，或因不可抗力或政策调整原因造成申请时间距实际进出口时间少于三个月的，经直属海关批准，可在货物拟进出口三个月内提出预裁定申请。

申请人申请预裁定的，应当通过电子口岸提交中华人民共和国海关预裁定申请书（以下简称"预裁定申请书"），以及海关要求的有关材料。

一份预裁定申请书应当仅包含一类海关事务，如果申请人有多项海关事务要求裁定的，必须逐项申请。

（二）审查和受理

海关应当自收到预裁定申请书及相关材料之日起十日内审核决定是否受理该申请，制发中华人民共和国海关预裁定申请受理决定书或者中华人民共和国海关预裁定申请不予受理决定书。

申请材料不符合有关规定的，海关应当在决定是否受理前一次性告知申请人在规定期限内进行补正，制发中华人民共和国海关预裁定申请补正通知书。补正申请材料的期间，不计入货物拟进出口三个月之前期限内。

申请人应当在收到中华人民共和国海关预裁定申请补充材料通知书起五日内提交相关材料，

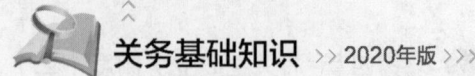

申请人未在规定期限内提交材料进行补正的，视为未提出预裁定申请。

对于申请超出行政预裁定范围的、申请人不具备资格的、未在规定时间内提出申请的、申请不符合有关规定要求的，申请与实际进出口活动无关的，海关规章、海关总署公告已经对申请预裁定的海关事务有明确规定的、申请人就同一事项已经提出预裁定申请并且被受理的，以及经海关认定不予受理的其他情形，海关有权不予受理。

海关自收到预裁定申请书及相关材料之日起十日内未做出是否受理的决定，也没有一次性告知申请人进行补正的，自收到材料之日起即视为受理。

申请人就海关对其做出的预裁定决定所涉及的事项，在有效期内不得再次申请预裁定。

（三）裁定

海关应当自受理之日起六十日内制发预裁定决定书，并送达申请人，且自送达之日起生效。

有下列情形之一的，海关可以终止预裁定，并且制发中华人民共和国海关终止预裁定决定书：

1. 申请人在预裁定决定做出前以书面方式向海关申明撤回其申请，海关同意撤回的；

2. 申请人未按照海关要求提供有关材料或者样品的；

3. 由于申请人原因致使预裁定决定未能在规定的期限内做出的。

预裁定决定有效期为三年。

四、失效与撤销

（一）失效

预裁定决定所依据的法律、行政法规、海关规章，以及海关总署公告相关规定发生变化，影响其效力的，预裁定决定自动失效。

（二）撤销

已生效的预裁定决定有下列情形之一的，由海关予以撤销，并且通知申请人：

1. 因申请人提供的材料不真实、不准确、不完整，造成预裁定决定需要撤销的；

2. 预裁定决定错误的；

3. 其他需要撤销的情形。

预裁定决定对于其生效前已经实际进出口的货物没有溯及力。

五、预归类裁定书的使用

申请人在预裁定决定有效期内进出口与预裁定决定书列明情形相同的货物，应当按照预裁定决定申报，并在报关单备注栏内填写"预裁定+'预裁定决定书'编号"（例如，某份预裁定决定书编号为 R-2-0100-2018-0001，则应当在备注栏内填写"预裁定 R-2-0100-2018-0001"），海关予以认可。其中，价格预裁定的"情形相同货物"是指申请价格预裁定合同项下的进口货物。

六、异议审查

申请人对预裁定决定不服的，可以向海关总署申请行政复议；对复议决定不服的，可以依法向人民法院提起行政诉讼。

【复习思考题】

1. 什么是海关预裁定？
2. 海关预裁定的适用范围是什么？
3. 海关预裁定的申请程序是什么？
4. 海关预裁定如何使用？

第八节　知识产权海关保护

【学习目标】

本节内容旨在让学习者掌握我国知识产权海关保护制度的基本知识。

完成本节学习，学习者应获得以下成果：

1. 理解知识产权海关保护制度的概念；
2. 了解知识产权海关保护制度的范围；
3. 了解知识产权海关保护的模式；
4. 了解知识产权海关保护的备案及担保；
5. 了解海关对侵权嫌疑货物的调查处理。

【基本概念】

知识产权海关保护概念及范围、知识产权海关保护备案、知识产权权利人、"依申请保护"和"被动保护""依职权保护"和"主动保护"

【建议学习时间】

2 课时

一、概述

知识产权，概括地说是指公民、法人或其他组织对其在科学技术和文学艺术等领域内，主要基于脑力劳动创造完全的智力成果所依法享受的专有权利，因此又称智力成果权。

知识产权海关保护则是指海关依法禁止侵犯知识产权的货物进出口的措施，在世界贸易组织《与贸易有关的知识产权协议》中被称为知识产权的边境措施。

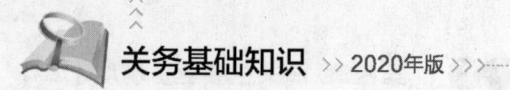

二、保护范围

知识产权具有无形性、专有性、地域性、时间性和可复制性的特点。世界贸易组织关于《与贸易有关的知识产权协议》将与贸易有关的知识权的范围确定为：著作权和与著作权有关的权利、商标权、地理标志权、工业品外观设计权、专利权、集中电路布图设计权、未披露过的信息专有权。

根据《中华人民共和国知识产权海关保护条例》（以下简称《知识产权海关保护条例》）及其他法律、行政法规的规定，我国知识产权海关保护的适用范围为：与进口货物有关并受中华人民共和国法律、行政法规保护的知识产权，包括商标专用权、著作权和与著作权有关的权利、专利权、奥林匹克标志专有权、世界博览会标志专有权。

《知识产权海关保护条例》同时规定，侵犯受法律、行政法规保护的知识产权的货物禁止进出口。

三、保护模式

中国海关对知识产权的保护可以划分为"依申请保护"和"依职权保护"两种模式。

（一）依申请保护

依申请保护，是指知识产权权利人发现侵权嫌疑货物即将进出口时，根据《知识产权海关保护条例》第十二、十三和十四条的规定向海关提出采取保护措施的申请，由海关对侵权嫌疑货物实施扣留的措施。由于海关对依申请扣留的侵权嫌疑货物不进行调查，知识产权权利人需要就有关侵权纠纷向人民法院起诉，所以依申请保护模式也被称作海关知识产权"被动保护"模式。

（二）依职权保护

依职权保护，是指海关在监管过程中发现进出口货物有侵犯在海关总署备案的知识产权的嫌疑时，根据《知识产权海关保护条例》第十六条的规定，主动中止货物的通关过程并通知有关知识产权权利人，并根据知识产权权利人的申请对侵权嫌疑货物实施扣留的措施。由于海关依职权扣留侵权嫌疑货物属于主动采取措施制止侵权货物进出口，而且海关还有权对货物的侵权状况进行调查和对有关当事人进行处罚，所以依职权保护模式也被称作海关对知识产权的"主动保护"模式。

知识产权权利人向海关申请采取依职权保护措施前，应当按照《知识产权海关保护条例》第七条的规定，将其知识产权及其他有关情况向海关总署进行备案。

四、保护程序

（一）备案

知识产权海关保护备案，是指知识产权权利人按照《知识产权海关保护条例》的规定，将其知识产权的法律状况、有关货物的情况、知识产权合法使用情况和侵权货物进出口情况以书面形式通知海关总署，以便海关在对进出口货物的监管过程中能够主动对有关知识产权实施保护。

根据《知识产权海关保护条例》，知识产权权利人在向海关申请保护前不要求必须进行知识产权备案。但是对商标专用权权利人等某些知识产权权利人而言，备案与否有很大的差异，主要体现在以下几个方面：

第一，备案是海关采取主动保护措施的前提条件。根据《知识产权海关保护条例》的规定，知识产权权利人如果事先没有将其知识产权向海关备案，海关即便发现侵权货物即将进出境，也没有权利主动中止其进出口，也无权对侵权货物进行调查处理。

第二，有助于海关发现侵权货物。由于知识产权权利人在备案时，需要提供有关知识产权的法律状况、权利人的联系方式、合法使用知识产权情况、侵权嫌疑货物情况、有关图片和照片等情况，使海关有可能在日常监管过程中发现侵权嫌疑货物并主动予以扣留。所以，事先进行知识产权备案可以使权利人的合法权益得到及时的保护。

第三，知识产权权利人的经济负担较轻。根据海关总署有关《知识产权海关保护条例》的实施办法规定，在海关依职权保护模式下，知识产权权利人向海关提供的担保最高不超过人民币10万元。如果知识产权权利人事先未进行知识产权备案，则不能享受上述待遇，必须提供与其要求扣留货物等值的担保。

第四，可以对侵权人产生震慑作用。由于海关对进出口侵权货物予以没收并给予进出口企业行政处罚，尽早进行知识产权备案，可以对那些过去毫无顾忌地进出口侵权货物的企业产生警告和震慑作用，促使其自觉地尊重有关知识产权。此外，有些并非恶意出口侵权产品的企业也可以通过查询备案，了解其承揽加工和出口的货物是否可能构成侵权。

1. 申请人

知识产权海关保护备案的申请人应为知识产权权利人，知识产权权利人可以委托代理人办理知识产权海关保护备案。

2. 申请文件

知识产权权利人向海关总署申请知识产权海关保护备案的，应当向海关总署提交申请书。知识产权权利人应当就其申请备案的每一项知识产权单独提交一份申请书。知识产权权利人申请国际注册商标备案的，应当就其申请的每一类商品单独提交一份申请书。

知识产权权利人向海关总署提交备案申请书，应当随附以下文件、证据：

（1）知识产权权利人个人身份证件的复印件、营业执照的复印件或者其他注册登记文件的复印件；

（2）商标注册、著作、专利权证明或证书；

（3）知识产权权利人许可他人使用注册商标、作品或者实施专利，签订许可合同的，提供许可合同的复印件；未签订许可合同的，提交有关被许可人、许可范围和许可期间等情况的书面说明。

（4）知识产权权利人合法行使知识产权的货物及其包装的照片；

（5）已知的侵权货物进出口的证据。知识产权权利人与他人之间的侵权纠纷已经通过人民法院或者知识产权主管部门处理的，还应当提交有关法律文书的复印件。

（6）海关总署认为需要提交的其他文件或者证据。

知识产权权利人向海关总署提交的上述文件和证据应当齐全、真实和有效。有关文件和证据为外文的，应当另附中文译本。海关总署认为必要时，可以要求知识产权权利人提交有关文件或者证据的公证、认证文书。

3. 决定与时效

海关总署应当自收到申请人全部申请文件之日起三十个工作日内做出是否准予备案的决定，并书面通知申请人。不予备案的，海关需说明理由。

有下列情形之一的，海关总署不予受理：申请文件不齐全或者无效的；申请人不是知识产权权利人的；知识产权不再受法律、行政法规保护的。

知识产权海关保护备案自海关总署核准备案之日起生效，有效期为十年。自备案生效之日起知识产权的有效期不足十年的，备案的有效期以知识产权的有效期为准。

在知识产权海关保护备案有效期届满前六个月内，知识产权权利人可以向海关总署提出续展备案的书面申请并随附有关文件。海关总署应当自收到全部续展申请文件之日起十个工作日内做出是否准予续展的决定，并书面通知知识产权权利人；不予续展的，将说明理由。

续展备案的有效期自上一届备案有效期满次日起算，有效期为十年。知识产权的有效期自上一届备案有效期满次日起不足十年的，续展备案的有效期以知识产权的有效期为准。

知识产权海关保护备案有效期届满而不申请续展或者知识产权不再受法律、行政法规保护的，知识产权海关保护备案随即失效。

4. 变更与注销、撤销

向海关提交的申请书内容发生改变的，知识产权权利人应当自发生改变之日起三十个工作日内向海关总署提出变更备案的申请并随附有关文件。

知识产权在备案有效期届满前不再受法律、行政法规保护或者备案的知识产权发生转让的，以及知识产权权利人在备案有效期内放弃备案的，应向海关总署申请注销备案。

海关发现知识产权权利人申请知识产权备案未如实提供有关情况或者文件的，海关总署可以撤销其备案。

知识产权备案情况发生改变，但知识产权权利人自发生改变之日起三十个工作日内未向海关总署办理备案变更或者注销手续，给他人合法进出口或者海关依法履行监管职责造成严重影响的，海关总署可以根据有关利害关系人的申请撤销有关备案，也可以主动撤销有关备案。

海关总署做出撤销或者维持备案的决定，应当事先对有关情况进行调查。海关总署进行调查时，可以要求有关知识产权权利人在规定期限内提交书面的申辩意见。

海关总署做出撤销备案的决定，应当书面通知有关知识产权权利人。其中，根据利害关系人的申请做出撤销决定的，还应当书面通知有关申请人。

对利害关系人申请撤销备案，海关总署做出维持备案决定的，应当书面通知有关申请人。

备案自海关总署做出撤销决定之日起失效。备案被撤销且有关知识产权仍属于原申请备案的知识产权权利人的，该知识产权权利人自备案被撤销之日起在一年内再次向海关总署备案该知识产权的，海关总署可不予受理。

（二）申请扣留侵权嫌疑货物及提供担保

知识产权权利人发现侵权嫌疑货物即将进出口，或者接到海关就实际监管中发现进出口货物涉嫌侵犯在海关总署备案的知识产权而发出书面通知的，可以向货物进出境地海关提出扣留侵权嫌疑货物的申请，并按规定提供相应的担保。

1. 权利人申请扣留（海关依申请保护）

知识产权权利人发现侵权嫌疑货物即将进出口并要求海关予以扣留的，应当向货物进出境地海关提交申请书及相关证明文件。有关知识产权未在海关总署备案的，知识产权权利人还应当随附有关知识产权的证明文件及证据。

知识产权权利人提交的证据，应当能够证明以下事实：

（1）请求海关扣留的货物即将进出口；

（2）在货物上未经许可使用了侵犯其商品专用权的商标标志、作品或者实施了其专利。

知识产权权利人发现侵权嫌疑货物即将进出口，请求海关扣留侵权嫌疑货物，应当在海关规定的期限内，向海关提供相当于货物价值的担保。知识产权权利人提出的申请不符合规定或者未按规定提供担保的，海关应驳回其申请并书面通知知识产权权利人。

2. 权利人接到海关通知的扣留申请（海关依职权保护）

海关对进口货物实施监管时发现进出口货物涉及在海关总署备案的知识产权且进出口商或者制造商使用有关知识产权的情况未在海关总署备案的，可以要求收发货人在规定期限内申报货物的知识产权状况和提交相关证明文件。

收发货人未按照有关规定申报货物知识产权状况和提交相关证明文件，或者海关有理由认为货物涉嫌侵犯在海关总署备案的知识产权的，海关应当中止放行货物并书面通知知识产权权利人。

知识产权权利人在接到海关书面通知送到之日起三个工作日内应予以回复。

认为有关货物侵犯其在海关总署备案的知识产权并要求海关予以扣留的，向海关提出扣留侵权嫌疑货物的书面申请。其扣留申请办法与知识产权权利人发现侵权嫌疑的扣留申请相同。

认为有关货物未侵犯其在海关总署备案的知识产权或者不要求海关扣留的，向海关书面说明理由。经海关同意知识产权权利人可以查看有关货物。

知识产权权利人在接到海关发现侵权嫌疑货物通知后，认为有关货物侵犯其在海关总署备案的知识产权并提出申请要求海关扣留侵权嫌疑货物的，应当按照以下规定向海关提供担保：货物价值不足人民币2万元的，提供相当于货物价值的担保；货物价值为人民币2万至20万元的，提供相当于货物价值50%的担保，但担保金额不得少于人民币2万元；货物价值超过人民币20万元的，提供人民币10万元的担保。

3. 总担保

知识产权权利人根据规定请求海关扣留涉嫌侵犯商标专用权货物的，可以向海关总署提供总担保。

在海关总署备案的商标专用权的知识产权权利人，经海关总署核准可以向海关总署提交银行或者非银行金融机构出具的保函，为其向海关申请商标专用权海关保护措施提供总担保。

自海关总署核准其使用总担保之日至当年12月31日，知识产权权利人在接到海关发现侵权嫌疑货物通知后，请求海关扣留涉嫌侵犯其已在海关总署备案的商标专用权的进出口货物的，无须另行提供担保，但知识产权权利人未按规定支付有关费用或者未按规定承担赔偿责任，海关总署向担保人发出履行担保责任通知的除外。

知识产权权利人申请使用总担保，应向海关总署提交知识产权海关保护总担保申请书，并随附已获准在中国大陆境内开展金融业务的银行出具的为知识产权权利人申请总担保承担连带责任的总担保保函和知识产权权利人上一年度向海关申请扣留侵权嫌疑货物后发生的仓储处置费的清单。

总担保的金额应相当于知识产权权利人上一年度向海关申请扣留侵权嫌疑货物后发生的仓储、保管和处置等费用之和；知识产权权利人上一年度未向海关申请扣留侵权嫌疑货物或者仓储处置费不足人民币20万元的，总担保的保证金资金额为人民币20万元。

总担保保函的有效期是指作为担保人的银行承担履行担保责任的期间，即总担保保函签发之日起至第二年6月30日。

担保事项发生期间是指知识产权权利人在向海关提出采取保护措施申请时无须另行提供担保的期间，即自海关总署核准之日起至当年12月31日。

知识产权权利人未提出申请或者未提供担保的，海关将放行货物。

（三）对侵权嫌疑货物的调查处理

1. 扣留

知识产权权利人申请扣留侵权嫌疑货物并提供担保的，海关应当扣留侵权嫌疑货物并将扣留侵权嫌疑货物的扣留凭单送达收发货人。经海关同意收发货人可以查看海关扣留的货物。

2. 调查

海关依职权扣留侵权嫌疑货物属于主动采取制止侵权货物进出口的措施，海关扣留侵权嫌疑货物后，应当依法对侵权嫌疑货物及其他有关情况进行调查。收发货人和知识产权权利人应当对海关调查予以配合，如实提供有关情况和证据。海关对依申请扣留的侵权嫌疑货物不进行调查，知识产权权利人需要就有关侵权纠纷向人民法院起诉。海关对侵权嫌疑货物进行调查，可以请求有关知识产权主管部门提供咨询意见。

知识产权权利人与收发货人就海关扣留的侵权嫌疑货物达成协议，向海关提出书面申请并随附相关协议，要求海关解除扣留侵权嫌疑货物的，海关除认为涉嫌构成犯罪外，可以终止调查。

3. 放行被扣留货物

海关对扣留的侵权嫌疑货物进行调查，不能认定货物是否侵犯有关知识产权的，应当自扣留侵权嫌疑货物之日起三十个工作日内书面通知知识产权权利人和收发货人。海关不能认定货物是否侵犯有关专利权的，收发货人向海关提供相当于货物价值的担保后，可以请求海关放行货物。海关同意放行货物的，应当书面通知知识产权权利人。

知识产权权利人就有关专利侵权纠纷向人民法院起诉的，应当在海关放行货物的书面通知送达之日起三十个工作日内，向海关提交人民法院受理案件通知书的复印件。

对海关不能认定有关货物是否侵犯其知识产权的，知识产权权利人可以依法在起诉前向人民法院申请采取责令停止侵权行为或者财产保全的措施。

海关自扣留侵权嫌疑货物之日起五十个工作日内收到人民法院协助扣押有关货物书面通知的，应当予以协助；未收到人民法院协助扣押通知或者知识产权权利人要求海关放行有关货物的，海关应当放行货物。

4. 没收被扣留货物

被扣留的侵权嫌疑货物，海关经调查后认定侵犯知识产权的，予以没收，并应当将侵犯知识产权货物的情况书面通知知识产权权利人。

进出口货物或者进出境物品经海关调查认定侵犯知识产权，根据规定应当由海关予以没收但当事人无法查清的，自海关制发有关公告之日起满三个月后可由海关予以收缴。

对没收的侵权货物海关应当按照下列规定处置：有关货物可以直接用于社会公益事业或者知识产权权利人有收购意愿的，将货物转交给有关公益机构用于社会公益事业或者有偿转让给知识产权权利人。有关货物不能转交给有关公益机构用于社会公益事业或者有偿转让给知识产权权利人，且侵权特征能够消除的，在消除侵权特征后依法拍卖；但对进口假冒商标货物，除特殊情况外，不能仅清除货物上的商标标识即允许其进入商业渠道。拍卖货物所得款项上交国库。有关货物不能按照上述项规定处置的，应当予以销毁。

海关拍卖侵权货物，应当事先征求有关知识产权权利人的意见。海关销毁侵权货物，知识产权权利人应当提供必要的协助。有关公益机构将海关没收的侵权货物用于社会公益事业，以及知识产权权利人接受海关委托销毁侵权货物的，海关应当进行必要的监督。

五、知识产权权利人的法律责任

海关协助人民法院扣押侵权嫌疑货物或者放行被扣留货物的，知识产权权利人应当支付货物在海关扣留期间的仓储、保管和处置等费用。

海关没收侵权货物的，知识产权权利人应当按照货物在海关扣留后的实际存储时间支付仓储、保管和处置等费用。但海关自没收侵权货物的决定送达收发货人之日起三个月内不能完成货物处置，且非因收发货人申请行政复议、提起行政诉讼或者货物处置方面的其他特殊原因导致的，知识产权权利人不需支付三个月后的有关费用。

知识产权权利人未支付有关费用的，海关可以从其向海关提供的担保金中予以扣除或者要其担保人履行有关担保责任。侵权嫌疑货物被认定为侵犯知识产权的，知识产权权利人可以将其支付的有关仓储、保管和处置等费用计入其为制止侵权行为所支付的合理开支。

海关接受知识产权保护备案和采取知识产权保护措施的申请后，因知识产权权利人未提供确切情况而未能发现侵权货物，未能及时采取保护措施或者采取保护措施不力的，由知识产权权利人自行承担责任。

知识产权权利人请求海关扣留侵权嫌疑货物后，海关不能认定被扣留的侵权嫌疑货物侵犯知识产权权利人的知识产权或者人民法院判定不侵犯知识产权权利人的知识产权的，知识产权权利人应当依法承担赔偿责任。

六、对担保的处理

海关没收侵权货物的，应当在货物处置完毕并结清有关费用后，向知识产权权利人退还担保金或者解除担保人的担保责任。

海关协助人民法院扣押侵权嫌疑货物或者根据规定放行被扣留货物的，收发货人可以就知识产权权利人提供的担保向人民法院申请财产保全。海关自协助人民法院扣押侵权嫌疑货物或者放行货物之日起二十个工作日内，未收到人民法院就知识产权权利人提供的担保采取财产保全措施的协助执行通知的，海关应当向知识产权权利人退还担保金或者解除担保人的担保责任；收到人民法院协助执行通知的，海关应当协助执行。

海关放行被扣留的涉嫌侵犯专利权的货物后，知识产权权利人向海关提交人民法院受理案件通知书复印件的，海关应当根据人民法院的判决结果处理收发货人提交的担保金；知识产权权利人未提交人民法院受理案件通知书复印件的，海关应当退还收发货人提交的担保金。

【复习思考题】

1. 何谓知识产权海关保护？我国知识产权海关保护的适用范围是什么？

2. "依申请保护"和"依职权保护"，为什么被称为"被动保护"和"主动保护"？

3. 为什么说对商标专用权权利人等某些知识产权权利人而言，备案与否有很大的差异？

4. 知识产权权利人应如何办理知识产权备案申请手续？

5. 在哪两种情形下，知识产权权利人可向海关申请扣留侵权嫌疑货物？

6. 知识产权权利人申请扣留侵权嫌疑货物，应怎样向海关提交文件、证据及提供担保？

7. 什么情形下海关放行或没收被扣留的侵权嫌疑货物？

8. 海关对没收的被扣留的侵权嫌疑货物将如何处置？

9. 知识产权权利人应承担的责任有哪些？

第一篇

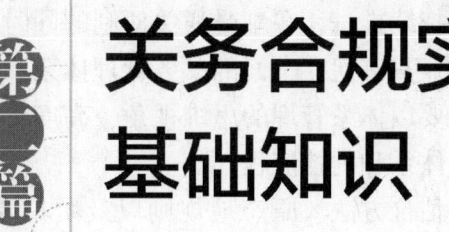

关务合规实务
基础知识

导　读

合规（Compliance）是指一个公司/主体的经营行为必须遵守及履行法律法规、监管政策、行业准则与标准、公司内部自我准则中所规定的义务和要求。关务是一个涉及通关、物流、外汇、成本、税收，以及内部作业单证、作业程序、核算方式等一系列专业问题和政策法规的系统工程。它不仅关系到企业物流、资金流、信息流和内部控制系统，更关系到企业的运营成本、竞争能力，甚至是企业的生存和发展。

近年来，海关通关改革持续推进，在享受通关便利的同时，企业也深刻感受到海关对其关务合规性更加严格的监管，企业只有建立全面的关务管理体系和内控流程，才能具备满足海关业务合规性的基础。因此，企业要以体系管理的思维视角，高度重视关务业务的实际运营和管理，建立健全高效运作的关务管理体系和内控流程。

进出口商品归类、海关估价方法、原产地规则以及贸易政策（管制）是进行关务合规工作必须掌握的核心技术能力，本篇即介绍了这四部分的基础知识。只有掌握了这四部分关务合规基础知识，才能够基本完整地从事关务工作。

本篇课时安排如下：

第二篇　总课时 （28课时，不含练习）	第五章（5课时）	第一节	1课时
		第二节	4课时
	第六章（7课时）	第一节	1课时
		第二节	1课时
		第三节	2课时
		第四节	2课时
		第五节	1课时
	第七章（6课时）	第一节	1课时
		第二节	2课时
		第三节	2课时
		第四节	1课时
	第八章（10课时）	第一节	2课时
		第二节	2课时
		第三节	6课时

第五章 >>

商品归类

第一节　相关法规基础知识

【学习目标】

本节旨在让学习者了解我国进出口货物商品归类的法规制度，了解商品归类相关的海关事务及风险。

完成本节的学习，学习者应获得以下成果：

1. 了解进出口货物商品归类的定义及依据；

2. 了解进出口货物商品归类的法律责任；

3. 了解进出口货物商品归类的相关海关事务。

【基本概念】

进出口货物商品归类、进出口货物商品归类的依据、预裁定

【建议学习时间】

1 课时

一、相关法规

商品归类作为三大关务合规技术之一，重要性不言而喻，同时也是难题之一。对于归类的学习者，首先应知道商品归类的法律风险和法律责任，本章将介绍与商品归类相关的法规制度。

（一）法律相关规定

一般来说，归类问题导致的海关行政处罚决定一般会涉及《海关法》《行政处罚法》《行政复议法》《行政诉讼法》。

本章所讲的归类相关法规，主要指《海关法》里与归类有关的规定条文，主要对归类的确定、行政裁定、海关事务担保、法律责任、救济途径五个方面做出了法律规定。

1. 商品归类的确定

《海关法》规定，进口货物的收货人经海关同意，可以在申报前查看货物或者提取货样。需要依法检疫的货物，应当在检疫合格后提取货样。进出口货物的商品归类按照国家有关商品归类的规定确定。海关可以要求进出口货物的收发货人提供确定商品归类所需的有关资料；必要时，海关可以组织化验、检验，并将海关认定的化验、检验结果作为商品归类的依据。

延展阅读

2. 行政裁定

《海关法》规定，海关可以根据对外贸易经营者提出的书面申请，对拟进口或者出口的货物

预先做出商品归类等行政裁定。进口或者出口相同货物，应当适用相同的商品归类行政裁定。海关对所做出的商品归类等行政裁定，应当予以公布。

3. 海关事务担保

《海关法》规定，在确定货物的商品归类前，收发货人要求放行货物的，海关应当在其提供与其依法应当履行的法律义务相适应的担保后放行。法律、行政法规规定可以免除担保的除外。法律、行政法规对履行海关义务的担保另有规定的，从其规定。国家对进出境货物、物品有限制性规定，应当提供许可证件而不能提供的，以及法律、行政法规规定不得担保的其他情形，海关不得办理担保放行。

4. 法律责任

《海关法》规定，进出口货物、物品或者过境、转运、通运货物向海关申报不实的，可以处以罚款，有违法所得的，没收违法所得。

5. 救济途径

《海关法》规定，纳税义务人同海关发生纳税争议时，应当缴纳税款，并可以依法申请行政复议；对复议决定仍不服的，可以依法向人民法院提起诉讼。

由于归类是技术性比较强的工作，发生归类争议时，需先申请行政复议，归类的争议属于纳税争议的一种，纳税争议必须复议前置。

（二）行政法规相关规定

国务院根据《宪法》和法律，制定行政法规，以国务院令的形式颁布实施。目前，在海关归类方面主要的行政法规有《关税条例》《海关行政处罚实施条例》《海关事务担保条例》《海关统计条例》等。

1.《关税条例》

《关税条例》规定，纳税义务人应当按照《税则》规定的目录条文和归类总规则、类注、章注、子目注释及其他归类注释，对其申报的进出口货物进行商品归类，并归入相应的税则号列；纳税义务人应当依法如实向海关申报。

海关应当依法审核确定该货物的商品归类。必要时，海关可以要求纳税义务人补充申报，或可以组织化验、检验，并将海关认定的化验、检验结果作为商品归类的依据。

2.《海关行政处罚实施条例》

《海关行政处罚实施条例》规定，进出口货物的品名、税则号列、数量、规格、价格、贸易方式、原产地、起运地、运抵地、最终目的地或者其他应当申报的项目未申报或者申报不实的，分别依照下列规定予以处罚，有违法所得的，没收违法所得。

（1）影响海关统计准确性的，予以警告或者处人民币 1000 元以上 1 万元以下罚款；

（2）影响海关监管秩序的，予以警告或者处人民币 1000 元以上 3 万元以下罚款；

（3）影响国家许可证件管理的，处货物价值 5% 以上 30% 以下罚款；

（4）影响国家税款征收的，处漏缴税款 30% 以上两倍以下罚款；

（5）影响国家外汇、出口退税管理的，处申报价格 10% 以上 50% 以下罚款。

以上仅仅是《海关行政处罚实施条例》中与申报项目有关的条款，由于税则号列对应着进口关税税率、出口关税税率、出口退税率、监管证件等监管要素，税则号列错误，其相应税率、监管就可能会不一样，海关还会根据具体影响情形进行处罚。

3.《海关事务担保条例》

《海关事务担保条例》规定，如果遇到归类方面的争议，急需使用进口货物时，可以按海关规定办理担保后放行。

4.《海关统计条例》

海关统计项目的商品名称及商品编号是指《海关统计商品目录》所列的商品名称及商品编号。进出口货物的商品名称及商品编号应依照《海关统计商品目录》所列的商品名称及商品编号进行归类。

（三）海关规章与相关规定

1.《中华人民共和国海关进出口货物商品归类管理规定》（以下简称《商品归类管理规定》）

《商品归类管理规定》第二条对"商品归类"的定义是："本规定所称的商品归类是指在《商品名称及编码协调制度公约》商品分类目录体系下，以《税则》为基础，按照《进出口税则商品及品目注释》《中华人民共和国进出口税则本国子目注释》以及海关总署发布的关于商品归类的行政裁定、商品归类决定的要求，确定进出口货物商品编码的活动。"

商品归类工作不仅是海关开展税收征管、实施贸易管制、编制进出口统计和查缉走私等工作的重要基础，也是进出口企业办理各项进出口报关相关业务的重要基础。某一进出口货物的商品编码一经确定，则其适用的关税税率、法定计量单位、监管证件等也就确定下来，因此无论是对于海关，还是对于进出口货物收发货人，商品归类均有着重要的意义。我国相关法律规定纳税义务人具有自行确定进出口货物商品编码并正确申报的义务。商品归类是报关从业人员必须掌握的重要技能。

根据上述商品归类的定义，可以看出我国进出口商品分类目录采用《商品名称及编码协调制度公约》（以下简称《协调制度公约》）商品分类目录体系，《税则》《中华人民共和国进出口税则商品及品目注释》（以下简称《商品及品目注释》）、《中华人民共和国进出口税则本国子目注释》（以下简称《本国子目注释》）及商品归类行政裁定、商品归类决定均为进出口货物商品归类的法律依据。下面对《协调制度公约》商品分类目录及法律依据分别进行简单介绍。

2.《协调制度公约》商品分类目录

《协调制度公约》是世界海关组织主持制定的国际公约，于1988年1月1日生效，旨在保证其附件——商品分类目录，即《协调制度》的顺利实施。公约第三条要求各缔约方"必须保证从本公约在本国生效之日起使其税则目录及统计目录与协调制度取得一致"。

《协调制度》是在《海关合作理事会商品分类目录》（以下简称"CCCN"）和联合国《国际贸易标准分类目录》（以下简称"SITC"）的基础上，综合国际上多种商品分类目录而制定的一部多用途国际贸易商品分类目录。它广泛应用于海关税则、国际贸易统计、原产地规则、国际贸易谈判、贸易管制等多个领域。

目前，已有200多个国家、地区或经济联盟采用《协调制度》目录。我国于1992年加入《协调制度公约》，并以《协调制度》为基础编制我国的税则目录（《税则》）及统计目录（《海关统计商品目录》）。

随着新产品的不断出现和国际贸易结构的变化，世界海关组织（WCO）每4~6年对《协调制度》进行一次全面修订，也称为"一个审议循环"。截至目前，已进行过六次修订，形成七个版本，目前采用的是 2017 年生效的版本。

《协调制度》目录由最多六位数字的商品编码与对应的商品名称组成。其将国际贸易涉及的各种商品按照生产类别、自然属性和不同功能用途等分为 21 类 97 章（第 77 章为空章，保留为《协调制度》将来所用），每一章由若干四位数字的品目构成，品目项下根据需要大多细分出若干一级（五位数字）子目和二级（六位数字）子目。为了避免发生交叉归类，设有类注释、章注释和子目注释。为了保证《协调制度》归类的统一性，还设立了归类总规则，作为整个《协调制度》商品归类的总原则。

3.《税则》

我国《税则》将所有编码统称为"税则号列"，四位编码统称为"税目"，其分别与《协调制度》中的"商品编码"和"品目"所对应的编码实质上是一样的。除了涉及《税则》《中华人民共和国海关进出口商品规范申报目录》等原文描述外，统一采用《协调制度》的表述方式，即四位编码统称为"品目"，五位及以上编码统称为"子目"或"商品编码"。主体部分由商品分类目录和税率表构成。《税则》也是在我国关境内进行进出口货物商品归类的基础法律依据，商品归类操作时，"确定进出口货物商品编码"即是指将进出口商品归入《税则》中相应的编码。从某种意义上讲，其他商品归类依据都是由《税则》派生而来，其对归类的重要性不言而喻。

现行《税则》构成与 2017 年版《协调制度》构成基本相同，两者相比较，除在增列了本国子目的一或二级子目条文后添加了冒号并不再列出对应的编码外，税则号列的前六位数码（含未列出的对应编码）及其商品名称与《协调制度》相应栏目完全一致。

为适应我国关税、统计和贸易管理的需要，税则号列增列了第七、八位数码，形成的七位数字和八位数字分别代表第三和第四级子目，即本国子目如 0306.1711。未增列三、四级子目的税则号列，第七、八位数码为 0，如 0901.1200。

需要说明的是，为了学习需要，本教材配套的《进出口商品编码查询手册》仅有商品编码（八位）和商品名称栏目；而《税则》内容，增加了税率栏。

4.《商品及品目注释》

为使各缔约方能够统一理解、准确执行《协调制度》，世界海关组织编制了《商品名称及编码协调制度注释》（以下简称《协调制度注释》）。《协调制度注释》是对《协调制度》的官方解释，是《协调制度》实施的重要组成部分，是《协调制度》商品归类时必不可少的辅助性文件。1992 年，我国加入《协调制度公约》，海关总署同步编译出版了中文版《协调制度注释》（即《商品及品目注释》），并于 2007 年通过法律程序——《商品归类管理规定》确定其为我国进出口货物商品归类的依据。自 1992 年我国采用《协调制度》以来，海关总署已先后组织编译了六个版本。2016 年又通过海关总署第 89 号公告（关于关税调整方案的公告）明确说明："……《进出口税则商品及品目注释》（2017 年版）将由中国海关出版社对外发行。"即现行版本是 2017 年由中国海关出版社对外发行的《商品及品目注释》（2017 年版）。

《商品及品目注释》按照《协调制度》类、章、目的顺序，在照搬《协调制度》原文内容的基础上逐类（某些类无注释）、逐章、逐品目作注释。对某些章还概述了与其他相关章货品的区别。

对各类、章一般都先作总注释，总体介绍本类或本章的商品范围，明确包括和除外的主要商品；之后作品目注释，详细列出各品目的商品范围，对有关商品从外形、性能、生产方法、用途等多方面进行具体描述，需要时还介绍鉴别这些商品的具体方法。此外品目加方括号的，表示其相应品目及注释条文已被删除（例如，品目 25.27）；对于包括子目注释的品目注释，均在该品目条文后标注（+）号［例如，品目 10.01 "小麦及混合麦（+）"，品目注释后就包括对子目 1001.11 及 1001.91 的子目注释］。

其内容结构示例如图 5-1 所示。

第二类 第十章 注释~ 10.02

第十章 谷物

注释：

一、

（一）本章各品目所列产品必须带有谷粒，不论是否成穗或带杆。

（二）本章不包括已去壳或经其他加工的谷物。但去壳、碾磨、磨光、上光、半熟或破碎的稻米仍应归入品目 10.06。

二、品目 10.05 不包括甜玉米（第七章）。

子目注释：

所称 "硬粒小麦"，是指硬粒小麦属的小麦及以该属具有相同染色体数目（28）的小麦种间杂交所得的小麦。

总 注 释

本章仅包括谷物，不论是否成捆或成穗。从未成熟的谷类植物打下的带壳谷粒按普通谷粒归类。新鲜谷物（第七章的甜玉米除外），不论是否适合作蔬菜用，仍归入本品目。

去壳、碾磨、上光、磨光、半熟或破碎的稻米，如果未经其他加工，仍归入品目 10.06。但其他谷物，如果去壳或经其他加工，例如，经品目 11.04 所列的加工，则不归入本章（参见相应的注释）。

10.01 小麦及混合麦（+）：

—	硬粒小麦：	
11	— —	种用
19	— —	其他
—	其他：	
91	— —	种用
99	— —	其他

小麦可分为两个主要品种：

一、普通小麦，软质、半硬质或硬质的，有一条胚乳粉质。

二、硬粒小麦（参见本章的子目注释）。硬粒小麦通常是琥珀黄色至棕色，并且胚乳角质呈半透明。

斯佩耳特小麦，一种棕色小颗粒的小麦，脱粒后仍能保有其外皮。该小麦归入本品目。

混合麦为小麦与黑麦的混合物，其混合比率一般为二比一。

子目注释：

子目 1001.11 及 1001.91

子目 1001.11 及 1001.91 所称 "种用"，仅包括由本国主管部门认可作为播种用的小麦及混合麦。

10.02 黑麦（+）：

图 5-1 《商品及品目注释》内容结构示例图

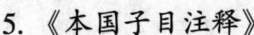

5.《本国子目注释》

《本国子目注释》是海关和有关政府部门、从事与进出口贸易有关工作的企（事）业单位以及个人进行商品归类的法律依据之一，对《税则》部分本国子目进行解释。

目前以海关总署 2013 年第 5 号公告发布生效的 2013 年版《本国子目注释》为基础，根据需要不断通过海关公告形式对《本国子目注释》进行新增、调整及废止。

- 海关总署公告2017年第16号（关于公布《中华人民共和国进出口税则本国子目注释》（...   2017-04-13
- 海关总署公告2016年第65号（关于公布《中华人民共和国进出口税则本国子目注释（20...   2016-11-22
- 海关总署公告2016年第10号（关于发布《中华人民共和国进出口税则本国子目注释（20...   2016-02-22
- 海关总署公告2014年第63号（关于公布《中华人民共和国进出口税则本国子目注释(201...   2014-08-27
- 海关总署公告2013年第65号（关于公布《中华人民共和国进出口税则本国子目注释（20...   2013-11-27
- 海关总署公告2013年第5号（关于中华人民共和国进出口税则本国子目注释）   2013-01-30

图 5-2　海关总署公告列表

海关总署公告2017年第16号（关于公布《中华人民共和国进出口税则本国子目注释》（2017年调整和废止部分）的公告）

公告〔2017〕16 号

为便于进出口货物的收发货人及其代理人准确申报商品归类事项，根据2017年《中华人民共和国进出口税则》，现调整和废止部分《中华人民共和国进出口税则本国子目注释》内容（详见附件），予以公告。

本公告自2017年5月1日起执行。

附件1.《中华人民共和国进出口税则本国子目注释（2017年调整部分）》.doc

2.《中华人民共和国进出口税则本国子目注释（2017年废止部分）》.doc

海关总署

2017年4月11日

图 5-3　海关总署公告 2017 年第 16 号

海关总署公告2016年第65号（关于公布《中华人民共和国进出口税则本国子目注释（2016新增和调整部分Ⅱ）》的公告）

总署公告〔2016〕65 号

为便利进出口货物的收发货人及其代理人按照《中华人民共和国进出口税则》准确申报进出口货物的商品归类，我署根据相关标准更新以及技术发展等情况，新增和调整了部分《中华人民共和国进出口税则本国子目注释》内容（详见附件），现予以公告。

本公告自2016年12月1日起执行。

附件：中华人民共和国进出口税则本国子目注释（2016年新增和调整部分Ⅱ）

海关总署

2016年11月18日

图 5-4　海关总署公告 2016 年第 65 号

2019年12月25日，国务院关税税则委员会发布税委会〔2019〕51号通知，对部分本国子目注释进行调整，如图5-5和表5-1所示。

当前位置：首页>工作动态>政策发布

国务院关税税则委员会关于调整部分本国子目注释的通知

税委会〔2019〕51号

海关总署：

根据《中华人民共和国进出口关税条例》的相关规定，自2020年1月1日起，对部分本国子目注释进行调整，现将本国子目注释调整表印送你署，具体内容见附件。

附件：本国子目注释调整表

国务院关税税则委员会
2019年12月25日

附件下载：

本国子目注释调整表.pdf

图 5-5 国务院关税税则委员会关于调整部分本国子目注释的通知

表 5-1 《本国子目注释》调整表示例

序号	税则号列	调整前的本国子目注释	调整后的本国子目注释
1	0704.9010	学名结球甘蓝，又名圆白菜、洋白菜，属十字花科芸苔属甘蓝变种。外观近圆形，结球紧实个头大，层层包裹成球状体，重量1~2千克，颜色绿，芯白或淡黄色。其嫩叶可供食用。	本国子目0704.9010所称"卷心菜"，学名结球甘蓝，又名圆白菜、洋白菜，属十字花科芸苔属甘蓝变种。外观近圆形，结球紧实个头大，层层包裹成球状体，重量1~2千克，颜色绿，芯白或淡黄色。叶球可供食用。
2	2008.9934	以干紫菜为主要原料，经烘烤而制成的可直接食用的食品。理化指标为：水分含量≤5.0%，色泽呈绿色，具有品种固有的香脆滋味，无正常视力可见的不可食用的外来异物。	本国子目2008.9934所称"烤紫菜"，是指以干紫菜为主要原料，未加调味料经烘烤而制成的可直接食用的食品。理化指标为：水分含量≤5.0%；感官要求为：色泽呈绿色，具有品种固有的香脆滋味，无正常视力可见的不可食用的外来异物。

6. 相关行政裁定

海关行政裁定，是指海关在货物实际进出口前，应对外贸易经营者的申请，依据有关海关法律、行政法规和规章，对与实际进出口活动有关的海关事务做出的具有普遍约束力的决定。海关行政裁定由海关总署或其授权机构做出，由海关总署统一对外公布，具有海关规章的同等效力。

商品归类行政裁定是海关若干种行政裁定中重要的一种，具备以下特征：

第一，海关依对外贸易经营者申请做出，而非海关主动做出；

第二，在货物实际进出口之前做出；

第三，由海关总署以公告的形式统一对外公布，具有海关规章的同等效力，在我国关境范围内均适用；

第四，进出口相同的货物，适用相同的行政裁定。

从2015年起至2018年，海关总署总共发布24条商品归类行政裁定的公告。

商品归类行政裁定的内容主要包括归类裁定编号、商品税则号列、中英文商品名称、商品描述及归类裁定等，如表5-2所示。

表5-2　2017年商品归类行政裁定（Ⅲ）

编号	C0020
商品税则号列	8428.9090
商品名称	进样器
英文名称	CV-50 Complete
其他名称	无
商品描述	型号：CV-50； 结构：由机械夹具、动力传动结构及滑移平台、皮带传输带、位置检测光学传感器、控制板及网络接口板等组成； 原理：以皮带连续输送、卡具短程移动、皮带步进移动、位置检测等手段自动将装有样品的试管逐个移动至测试主机取样位置； 功能：完成血球检测仪的样品自动进样； 用途：为希森美康血球检测设备 XN-9000 内专用的一个"自动进样"功能部件。
归类裁定	该进样器通过皮带和卡具以步进的方式将装有样品的试管从传输系统传输至检测设备的取样位置，作为检测装置的零件，根据《税则》第九十章章注二关于零件的归类原则，上述商品符合税目84.28及其子目条文的描述，根据归类总规则一及六，应归入税则号列8428.9090。

7. 归类决定

商品归类决定，是指海关总署依据有关法律、行政法规规定，对进出口货物的商品归类做出具有普遍约束力的决定，具有海关规章的同等效力。与商品归类行政裁定一样，商品归类决定也由海关总署或其授权机构做出，并由海关总署以公告形式统一对外公布。二者的不同之处在于：商品归类行政裁定是海关依对外贸易经营者申请做出的，而商品归类决定是海关主动做出的。

商品归类决定一般来源于下列三种途径：第一，由海关总署及其授权机构做出的；第二，根据中国海关协调制度商品归类技术委员会（以下简称"归类技术委员会"）会议决议做出的；第三，由世界海关组织协调制度委员会做出，并由海关总署通过法律程序转化为海关规章的。

商品归类决定的主要内容一般包括归类决定编号、商品税则号列、中英文商品名称、商品描述及归类决定等；海关总署关于世界海关组织商品归类决定的内容一般包括序号、归类决定编号、发布日期、子目号、子目序号、文件号、商品名称、英文名称、其他名称、商品描述、归类依据、备注等。做出商品归类决定所依据的法律、行政法规及其他相关规定发生变化的，商品归类决定同时失效，并由海关总署对外公布。归类决定存在错误的，由海关总署予以撤销，并对外公布。被撤销的商品归类决定自撤销之日起失效。需要时亦可通过公告废止部分商品归类决定，以公告附件形式废止的部分商品归类决定主要包括序号、归类决定编号和商品名称等内容。

海关总署每年会不定期发布相关归类决定公告，包括新发布的，以及废止的商品归类，我们应及时关注，并及时更新商品归类信息。例如，人参花蕾花饮就从2008年的食品转变到2014年的饮料的认定，如表5-3所示。

表5-3 人参花蕾花饮归类决定的变化

公告	决定编号	中文名称	税则号列	状态
2008 年第 83 号	Z2008-117	人参花蕾花饮	2106.9010	废止
2014 年第 46 号	Z2014-0001	人参花蕾花饮	2202.9000	2014-6-25 执行

由此可见，理论上讲，商品归类的编码是唯一的，但实际上由于商品的日新月异，技术的不断发展，有些商品就不容易界定。例如，平板电脑曾一度被认为是游戏机，普洱茶在 2012 年前在国际贸易中属于植物产品而不归入茶类。归类属于主观性比较强的技术。另外一方面由于认知不同，归类结果也会有所不同。

当出现归类争议时，有时就需要经归类技术委员会讨论投票决定，因此我们发现归类决定的编号有三种。W 开头的是由世界海关组织发布且经我国海关认可后发布的，J 开头的是经归类技术委员会讨论决定的，Z 开头的则是海关总署确定发布的，如表5-4 所示。

表5-4 部分商品的归类决定

序	归类决定编号	商品名称	税号
1	W2016-049	由货车改造的房车	8703.33
2	W2016-051	车顶行李箱	8708.99
3	J2017-0001	有机苹果香蕉梨混合果泥	2007.1000
4	J2017-0002	有机过氧化物混合物	2909.6000
5	Z2017-001	五菱 V1 观光车	8702/8703
6	Z2017-002	热敏标签打印机	8443.3214

8. 进出口货物商品归类预裁定及行政裁定

海关总署公告 2018 年第 14 号（关于实施《中华人民共和国海关预裁定管理暂行办法》有关事项的公告）第十一条规定《商品归类管理规定》（海关总署令第 158 号）第十五至二十条自 2018 年 2 月 1 日起停止实施。

我国是世界贸易组织《贸易便利化协定》的成员，《贸易便利化协定》第一部分第三条，公布了预裁定相关事宜，其中包含货物的税则归类。

海关总署第 236 号令（关于公布《中华人民共和国海关预裁定管理暂行办法》的令）已经于 2018 年 2 月 1 日起正式实施，申请人应当在货物拟进出口三个月之前向其注册地直属海关提出预裁定申请。特殊情况下，申请人确有正当理由的，可以在货物拟进出口前三个月内提出预裁定申请。一份预裁定申请书应当仅包含一类海关事务。

海关总署令第 92 号（中华人民共和国海关行政裁定管理暂行办法）中第二条规定：海关行政裁定是指海关在货物实际进出口前，应对外贸易经营者的申请，依据有关海关法律、行政法规和规章，对与实际进出口活动有关的海关事务做出的具有普遍约束力的决定。行政裁定由海关总署或总署授权机构做出，由海关总署统一对外公布。行政裁定具有海关规章的同等效力。

除特殊情况外，海关行政裁定的申请人，应当在货物拟作进口或出口的三个月前向海关总署或者直属海关提交书面申请。一份申请只应包含一项海关事务。申请人对多项海关事务申请行政裁定的，应当逐项提出。申请人不得就同一项海关事务向两个或者两个以上海关提交行政裁定申请。

9. 海关进出口货物征税管理办法的相关规定

海关总署令第 124 号《中华人民共和国海关进出口货物征税管理办法》是根据《海关法》和《关税条例》及其他有关法律、行政法规规定的。在商品归类规定方面和法规中描述一致，包括如实申报、补充申报、核查等。

10. 《海关化验管理办法》相关规定

海关总署令第 176 号（《中华人民共和国海关化验管理办法》）所称海关化验是指海关对进出口货物的属性、成分、含量、结构、品质、规格等进行检测分析，并根据《税则》《商品及品目注释》和《本国子目注释》等有关规定做出鉴定结论的活动。

二、与商品归类相关的关务工作内容

商品归类的海关事务贯穿着进出口货物整个通关环节，拟进出口前商品编码的确定，海关通关中的查验、验估，海关放行后验估、核查、稽查等。本节主要介绍商品归类在不同进出口环节所适用的海关事务。

（一）进出口前

1. 归类的预裁定

在货物实际进出口前，申请人可以就进出口货物的商品归类申请预裁定。预裁定的申请人应当是与实际进出口活动有关，并且在海关注册登记的对外贸易经营者。申请人应当在货物拟进出口三个月之前向其注册地直属海关提出预裁定申请。特殊情况下，申请人确有正当理由的，可以在货物拟进出口前三个月内提出预裁定申请。一份预裁定申请书应当仅包含一类海关事务。

2. 归类的行政裁定

除特殊情况外，海关行政裁定的申请人，应当在货物拟作进口或出口的三个月前向海关总署或者直属海关提交书面申请。一份申请只应包含一项海关事务。海关行政裁定的申请人应当是在海关注册登记的进出口货物经营单位。

预裁定与行政裁定两者的差异主要体现在以下方面：一是裁定机关不同，预裁定的裁定机关是有关直属海关，行政裁定的裁定机关是海关总署；二是法律效力不同，预裁定决定仅对申请该预裁定的申请人具有约束力，对预裁定决定不服可以申请行政复议或提起行政诉讼；行政裁定不仅适用于申请人，对从事行政裁定所指向的有关海关事务的对外贸易经营者均具有约束力，与海关规章具有同等效力，对行政裁定不服不能申请行政复议或者提起行政诉讼。

（二）通关中

1. 申报前看货、取样

《海关法》中明确申报前看货的权利，在进口环节，如果遇到无法确定商品归类的情形，可以先申请看货、取样。无法确认进口货物的商品编码时，可以向海关申请，如果未申请，则视为自动放弃，一旦申报后发生错误，将有可能为被认定为申报不实。

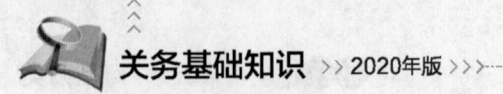

2. 放行前查验、验估

海关通过查验、验估进一步核实申报商品的编码是否准确。

查验是指海关为确定进出口货物收发货人向海关申报的内容是否与进出口货物的真实情况相符，或者为确定商品的归类、价格、原产地等，依法对进出口货物进行实际核查的执法行为。

验估是 1994 年提出和审价相关的海关工作程序，后逐渐延伸至归类、原产地等确定海关事务。2014 年《海关全面深化改革总体方案》中再次提出。2017 年全国海关通关一体化实行后，现场验估作业作为税收征管中心税收风险防控的延伸手段，收集本口岸商品、企业的税收风险信息，以及参数、指令和模型的优化设置建议向上提交。

（三）放行后

1. 事后验估

在海关放行进出口货物后，税收征管中心根据风险参数或随机等形式，进一步对企业申报货物的归类、价格、原产地等进行审核。

2. 核查

归类的后续核查和事后验估形式有些类似，在全国海关通关一体化实行后，均以事后验估的形式展开核查。

3. 稽查

归类的稽查是海关对企业进出口申报行为的真实性和合法性进行稽查，归类的稽查只是稽查的一个类型。

【复习思考题】

1. 归类的法规制度有哪些？
2. 归类的海关事务有哪些？

第二节 《协调制度》基础知识

【学习目标】

本节旨在让学习者在了解《协调制度》相关知识的基础上，掌握《协调制度》归类总规则条文及其应用规则，为系统掌握商品归类技能奠定基础。

完成本节学习，学习者应获得以下成果：

1. 能正确理解《协调制度》归类总规则的条文内容；
2. 能正确掌握《协调制度》归类总规则的应用规则。

【基本概念】

商品名称及编码表、注释、归类总规则

【建议学习时间】

4 课时

一、基本结构

延展阅读

（一）类、章及分章标题结构

《协调制度》系统地列出了国际贸易的货品，将货品分为类、章及分章，每类、章（第七十七章除外）或分章都有标题，尽可能确切地列明所包括货品种类的范围。但在许多情况下，归入某类或某章的货品种类繁多，类、章标题不可能将其一一列出全都包括。

例如，以"非针织或非钩编的服装及衣着附件"为章标题的第六十二章，就包括没有被列出的针织或钩编的胸罩等保持体型的服装；也无法将除外货品一一点明；再如，铜合金制的纽扣却不能归入以铜及其制品为章标题的第七十四章。

此外，某些不同的类、章标题所涵盖的货品还会产生交叉，导致同一货品看似可能有多个所属类、章，例如，麦秸编结的草帽，从所用材料看是编结材料制品，似应归入以"稻草、秸秆、针茅或其他编结材料制品；篮筐及柳条编结品"为标题的第四十六章，从用途上看是帽子，似应归入以"帽类及其零件"为标题的第六十五章。

（二）商品名称及编码表

商品名称及编码表由《协调制度》编码（下称"商品编码"）和商品名称组成，是《协调制度》商品分类目录的主体，从属于 21 个类，分布在有实质内容的 96 个章中。商品编码栏居左，商品名称栏居右，依次构成一横行。

二、分类原则

《协调制度》采用的分类原则主要有以下两条。

（一）采用常见的商品分类标志

《协调制度》对绝大多数国际贸易的货品分类时遵循科学的分类原理和规则，采用行业门类、功能、用途、原材料、加工程度、加工或制造方法、主要成分或特殊成分等常见的商品分类标志进行分类，使商品归类有章可循。

1. 类的划分

《协调制度》基本上以商品所属的行业门类为类的划分依据，如第六类为化学工业及相关工业的产品，第十一类为纺织工业的产品等。

2. 章的划分

通常以商品的自然属性或所具有的原理、功能及用途为设章原则。

如第二十八章"无机化学品"（自然属性相同），第六十五章"帽类及其零件"（用途相同）。前者（第一章至第六十三章、第六十七章至第七十六章、第七十八章至第八十三章）决定货品基本特征的要素是货品的物质属性，通常这些章中包括的半制成品及制成品结构比较简单；

后者（第六十四章至第六十六章、第八十四章至第九十七章）决定货品基本特征的要素是货品运用的原理或具有的功能、用途，通常这些章中只包括制成品。

3. 类次以及同一个类的章次的排序原则

类次以及同一个类的章次的排序原则具有普遍性的主要有两个。

其一，存在物质属性差别时，依照先动物产品，再植物产品，再矿物产品，最后化学及相关产品的商品属性顺序排列。

如活动物及动物产品在第一类，植物产品在第二类，矿物产品在第五类，化学及相关工业产品在第六类；又如第十一类中第五十、五十一章为动物纤维产品，第五十二、五十三章为植物纤维产品，第五十四、五十五章为化学纤维产品。

其二，存在加工关联时，依照加工程度，由低向高递增序次，如牛肉在第一类第二章，牛肉罐头在第四类第十六章。

4. 同一个章内品目的排序原则

同一个章内商品存在加工关联的，依据其加工程度，由低到高逐次排列，原材料商品在前，半制成品居中，制成品居后。如第五十二章棉花分属品目 52.01～52.03，棉纱线分属品目 52.04～52.07，棉机织物分属品目 52.08～52.12。

此外，对同种类商品通常按具体列名、一般列名和未列名的顺序排列。如第七章品目 07.07 "鲜或冷藏的黄瓜"（具体列名）；品目 07.08 "鲜或冷藏的豆类蔬菜"（一般列名）；品目 07.09 "鲜或冷藏的其他蔬菜"（未列名）。

因此，对未列名品目货品范围的把握只有在明确具体列名和一般列名之后才能做到。某一种或某一类商品一般整机在前，专用零件或配件在后。如品目 84.08 "压燃式活塞内燃发动机"；品目 84.09 "专用于或主要用于品目 84.07 或 84.08 所列发动机的零件"。

（二）对杂项货品采取专列类、章和品目

《协调制度》分类时还注意照顾了商业习惯和实际操作的可行性，将难于按常用的分类标志进行分类的大宗进出口商品以杂项制品相称，从照顾商业习惯和便于实际操作入手，专列类、章和品目，使该类商品归类简单易行。如第二十类 "杂项制品"、第九十四章 "家具……活动房屋"、品目 94.06 "活动房屋" 即属此种情况。

三、结构性商品编码

《协调制度》采用结构性商品编码。商品编码是具有特定含义的顺序号，它用四位数字表示品目。品目前两位表示该品目所在章，后两位表示此品目在该章的序次。如品目 47.05，表示该品目在第四十七章，是第五个品目。

一些品目被细分为一级子目。一级子目用五位数字表示，第五位数字通常表示它在所属品目中的顺序号；一些一级子目被进一步细分为二级子目，用六位数字表示。第六位数字通常表示该二级子目在所属一级子目中的顺序号。没有设一级或二级子目的品目，商品编码的第五位或第六位数码为 0，如 0501.00。

需要指出的是，作为未列名货品的第五位或第六位数字一般用数字 9 表示，不代表它在所属品目或子目中的实际序位，其间的空序号是为在保留原有编码的情况下，适应日后增添新商品等

情况而预留的。数字 9 被零件占用时，数字 8 通常表示未列名整机。

另外，由于《协调制度》定期修改，以及在一定时间内不能再使用已删除的编码，所以从 1996 年版本开始《协调制度》目录编码的连续性已被破坏，如品目 28.47 后是品目 28.49 而不是品目 28.48（在 2017 年版本中删除）；子目 0808.10 后是子目 0808.30 而不是子目 0808.20（在 2012 年版本中删除）。

四、品目条文

四位数字商品编码所对应的商品名称栏目的内容被归类总规则称作品目条文，主要采用商品名称、规格、成分、外观形态、加工程度或方式、功能及用途等形式明确商品对象。要结合注释理解品目条文的含义，如品目 62.13 "手帕" 是特指具备第六十二章章注七所称手帕规格要求的正方形或近似正方形的布状物，仅靠名称判断是不可取的。

五、子目条文及子目标示

（一）子目条文

五位和六位数级商品编码所对应的商品名称栏目的内容被归类总规则称作子目条文。

五位数级商品编码所对应的商品名称栏目的内容为一级子目条文；六位数级商品编码所对应的商品名称栏目的内容为二级子目条文。

（二）子目标示

在商品名称及编码表中的子目条文前分别用 "-" "--" 作标示，代表一级子目条文、二级子目条文，其对应的子目相应为一级、二级子目。其中一级、二级子目条文又可称为一杠、二杠子目条文。子目标示便于使用者不看商品编码就能迅速准确地判断该子目所属层级，也方便直观把握与该子目同级的全部子目，为子目的归类提供了极大的方便。

六、注释

（一）注释类型及作用

《协调制度》中的注释是解释说明性的规定。位于类标题下的注释为类注释，简称类注；位于章标题下的注释为章注释，简称章注；位于类注、章注或章标题下关于子目的注释为子目注释。

注释是为限定《协调制度》中各类、章、品目和子目所属商品的准确范围，简化品目和子目条文文字，杜绝商品分类的交叉，保证商品归类的正确而设立的。

（二）注释的使用范围

注释除另有说明外，一般只限于使用在相应的类、章、品目及子目。在有说明时注释可超出通常的使用范围，如第十五类类注二规定了通用零件的范围和应归入的品目，该注释所述通用零件即使只适合使用于第十六类的机器，也应归入第十五类相应品目；第三十九章章注一对塑料的定义适用于《协调制度》各品目。

七、归类总规则概述

一个完善的分类体系必须提供规范的归类方法，按照该归类方法操作，可以保证商品归类的唯一性，即将每一个商品对应唯一的商品编码，并将似乎也存在归入其他编码的可能性排除。按照该归类方法操作，还必须保证每一个商品总能归入同一编码，不会因归类人员等的不同而发生变化。

《协调制度》归类总规则就是保证上述目标得以实现的规则。《协调制度》归类总规则，位于《协调制度》文本的卷首，是指导整个《协调制度》商品归类的总原则。在阐述归类总规则六条规则正文之前以"货品在协调制度中的归类，应遵循以下规则"开宗明义，明确了归类总规则是货品在《协调制度》中归类应该遵循的基本原则。

学习归类总规则时我们应该在正确理解各条规则原文的基础上，明确该条规则的要点，要特别注意各规则运用时的注意事项及相互关系，通常是前一条规则不适用时引出下一条规则，由此决定的规则运用次序，对于正确归类至关重要。

八、归类总规则一

（一）规则条文

类、章及分章的标题，仅为查找方便而设；具有法律效力的归类，应按品目条文和有关类注或章注确定，如品目、类注或章注无其他规定，则按以下规则确定。

（二）规则要点

1. 标题对商品归类不具法律效力

规则一的第一部分（分号前面）明确说明"类、章及分章的标题仅为查找方便而设"。查找是指查到货品可能所属的类、章范围。标题对商品归类不具备法律效力，不能按标题确定货品的归类。

2. 具有法律效力的归类应遵循的原则

（1）规则一的第二部分规定，商品归类应按以下原则确定。

①按照品目条文及任何相关的类、章注释确定。

许多货品无须借助归类总规则的其他条款，即仅用规则一即可确定品目。

例如，改良种用野马（品目01.01）、第三十章章注四所述及的急救药箱（品目30.06）。

②如品目条文或类、章注释无其他规定，则按规则二、三、四及五的规定确定。

规则一所称"如品目和类、章注释无其他规定"，旨在明确品目条文及任何相关的类、章注释的极其重要性，换言之，它们是在确定归类时应首先考虑的规定。

（2）规则一规定了品目归类的法律依据及运用次序，即品目条文及有关类注、章注有明确规定的，应据此确定归类；否则，应依次运用规则二、三、四、五确定归类。

例如，第三十一章的章注规定，"品目31.02只适用于下列货品，但未制成品目31.05所述形状或包装"，即该品目仅包括特定的货品。因此，这些品目就不能够再使用其他规则。

（三）案例解析

案例 鳗鱼苗

解析 该货品看似可以归入第一章"活动物"，但第一章章注一规定，本章不包括"品目03.01、03.06、03.07 或 03.08 的鱼、甲壳动物、软体动物及其他水生无脊椎动物"。因此，根据章注、品目条文，将该货品归入品目 03.01，故本货品归类依据为规则一。

九、归类总规则二

（一）规则条文

品目所列货品，应视为包括该项货品的不完整品或未制成品，只要在报验时该项不完整品或未制成品具有完整品或制成品的基本特征；还应视为包括该项货品的完整品或制成品（或按本款规则可作为完整品或制成品归类的货品）在报验时的未组装件或拆散件。

品目中所列材料或物质，应视为包括该种材料或物质与其他材料或物质混合或组合的物品。品目所列某种材料或物质构成的货品，应视为包括全部或部分由该种材料或物质构成的货品。由一种以上材料或物质构成的货品，应按规则三的原则归类。

（二）规则要点

1. 规则二（一）（不完整品或未制成品）

规则二（一）第一部分将所有列出某一些物品的品目范围扩大为不仅包括完整的物品，而且还包括该物品的不完整品或未制成品，只要报验时它们具有完整品或制成品的基本特征。

本款规则的规定也适用于毛坯，除非该毛坯已在某一品目具体列名。所称"毛坯"，是指已具有制成品或零件的大概形状或轮廓，但还不能直接使用的物品。除极个别的情况外，它们仅可用于加工成制成品或零件。

例如，初制成型的塑料瓶，为管状的中间产品，其一端封闭而另一端为带螺纹的瓶口，瓶口可用带螺纹的盖子封闭，螺纹瓶口下面的部分准备膨胀成所需尺寸和形状。

尚未具有制成品基本形状的半制成品（例如，常见的杆、片、管等）不应视为"毛坯"。

2. 规则二（一）（物品的未组装件或拆散件）

（1）规则二（一）的第二部分规定，完整品或制成品的未组装件或拆散件应归入已组装物品的同一品目。货品以未组装或拆散形式报验，通常是由于包装、装卸或运输上的需要，或是为了便于包装、装卸或运输。

（2）本款规则也适用于以未组装或拆散形式报验的不完整品或未制成品，只要按照本规则第一部分的规定，它们可作为完整品或制成品看待。

（3）本款规则所称"报验时的未组装件或拆散件"，是指其各种部件仅仅通过紧固件（螺钉、螺母、螺栓等），或通过铆接、焊接等组装方法即可装配起来的物品。

组装方法的复杂性可不予考虑，但其各种部件无须进一步加工成制成品。

某一物品的未组装部件如超出组装成品所需数量，超出部分应单独归类。

例如，摩托车进口时，如供组装的零部件中有两个车座，多出的一个车座就应该单独归类，而不应随可组装成一辆摩托车的零部件一并按摩托车归类。

3. 规则二（二）（不同材料或物质的混合品或组合品）

规则二（二）是关于材料或物质的混合品及组合品，以及由两种或多种材料或物质构成的货品。它所适用的品目是列出某种材料或物质的品目（例如，品目05.07列出"鹿角"）和列出某种材料或物质制成的货品的品目（例如，品目45.03列出"天然软木制品"）。应注意到，只有在品目条文和类注、章注无其他规定的情况下才能运用本款规则（例如，品目15.03列出"液体猪油，未经混合"，就不能运用本款规则）。在类注、章注或品目条文中列为调制品的混合物，应按规则一的规定进行归类。

本款规则旨在将列出某种材料或物质的任何品目扩大为包括该种材料或物质与其他材料或物质的混合品或组合品，同时旨在将列出某种材料或物质构成的货品的任何品目扩大为包括部分由该种材料或物质构成的货品。

4. 运用规则二的注意事项

（1）鉴于第一类至第六类各品目的商品范围，规则二（一）的规定一般不适用于这六类所包括的货品。

（2）运用规则二时应满足两个条件：一是不与规则一相抵触，即不应将这些品目扩大到包括按规则一的规定不符合品目条文要求的货品；二是不能改变原品目所列货品的基本特征（性质），例如，当添加了另外一种材料或物质，使货品丧失了原品目所列货品特征时，就会出现这种情况。

（3）本规则最后规定，不同材料或物质的混合品及组合品，以及由一种以上材料或物质构成的货品，如果看起来可归入两个或两个以上品目的，必须按规则三的原则进行归类。

（三）案例解析

1. 规则二（一）的运用（不完整品或未制成品）

案例 尚未装有车轮、轮胎及电池的家用轿车；尚未装有发动机或内部配件的货运车辆；尚未装有坐垫及轮胎的自行车

解析 上述货品均为具有完整品基本特征的不完整品，根据规则二（一）的规定，均应按照完整品归类即依次归入品目87.03、87.04和87.12。

2. 规则二（一）的运用（物品未组装件或拆散件）

案例 为便于运输而装于同一包装箱内的两套摩托车未组装件

解析 该商品是具有摩托车基本特征的成套散件，根据规则二（一）的规定，可视为摩托车整车，即按照组装件归类，归入品目87.11。

3. 规则二（二）的运用（不同材料或物质的混合品或组合品）

案例1 牛奶中加入少量维生素

解析 牛奶中虽然混有其他物质维生素，但并未改变全部由品目04.01所列未浓缩及未加糖或其他甜物质的乳的基本特征，因此根据规则二（二）的规定，应该按照乳归类，归入品目04.01。

案例2 装有木柄的不锈钢制炒菜锅

解析 不锈钢制炒菜锅虽然装有木柄，但并未改变全部由钢铁材料制的品目73.23"餐桌、

厨房或其他家用钢铁器具及其零件……" 列名货品的基本特征，因此依据规则二（二），该组合材料货品应归入品目 73.23。

十、归类总规则三

（一）规则条文

当货品按规则二（二）或由于其他原因看起来可归入两个或两个以上品目时，应按以下规则归类：

1. 列名比较具体的品目，优先于列名一般的品目。但是，如果两个或两个以上品目都仅述及混合或组合货品所含的某部分材料或物质或零售的成套货品中的部分货品，即使其中某个品目对该货品描述得更为全面、详细，这些货品在有关品目的列名应视为同样具体。

2. 混合物、不同材料构成或不同部件组成的组合物以及零售的成套货品，如果不能按照规则三（一）归类时，在本款可适用的条件下，应按构成货品基本特征的材料或部件归类。

3. 货品不能按照规则三（一）或（二）归类时，应按号列顺序归入其可归入的最末一个品目。

（二）规则要点

1. 三种归类方法及运用次序

对于根据则二（二）或由于其他原因看起来可归入两个或两个以上品目的货品，本规则规定了三种归类方法。这三种方法应按其在本规则的先后次序加以运用。据此，只有在不能按照规则三（一）归类时，才能运用规则三（二）；不能按照规则三（一）和（二）归类时，才能运用规则三（三）。因此，它们的优先次序为：第一，具体列名；第二，基本特征；第三，从后归类。

2. 本规则适用条件

只有在品目条文和类注、章注无其他规定的情况下，才能运用本规则。例如，第九十七章章注四（二）规定，税目 97.06 不适用于本章其他各品目的物品即根据品目条文既可归入品目 97.01 至 97.05 中的一个品目，又可归入品目 97.06 的货品，应归入品目 97.01 至 97.05 中的其中一个品目。因此，第九十七章的这类货品应按第九十七章章注四（二）的规定归类，而不能根据本规则进行归类。

3. 规则三（一）

（1）规则三（一）规定了第一种归类方法。

规定列名比较具体的品目优先于列名一般的品目，简称具体列名。

（2）判断具体与否的一般原则。

通过制订严密的规则来确定哪个品目比其他品目列名更为具体是不现实的，但作为一般原则可以这样理解：

① 列出品名比列出类名更为具体。

② 如果某一品目所列名称更为明确地述及某一货品，则该品目要比所列名称不那么明确述及该货品的其他品目更为具体。

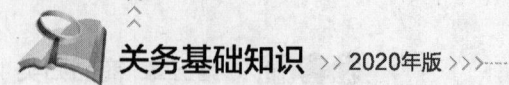

（3）列名同样具体时货品的归类应按规则三（二）或（三）的规定加以确定。

如果两个或两个以上品目都仅述及混合或组合货品所含的某部分材料或物质，或零售成套货品中的部分货品，即使其中某个品目比其他品目描述得更为全面、详细，这些货品在有关品目的列名应视为同样具体。在这种情况下，货品的归类应按规则三（二）或（三）的规定加以确定。

4. 规则三（二）

（1）规则三（二）规定了第二种归类方法。

不能按照规则三（一）归类时，在本款可适用的条件下，这些货品应按构成货品基本特征的材料或部件归类，简称基本特征。该方法仅涉及：

① 混合物；

② 不同材料的组合货品；

③ 不同部件的组合货品；

④ 零售的成套货品。

（2）确定货品基本特征的因素。

对于不同的货品，确定其基本特征的因素会有所不同。例如，可根据其所含材料或部件的性质、体积、数量、重量或价值来确定货品的基本特征，也可根据所含材料对货品用途的作用来确定货品的基本特征。

（3）本款规则所称货品的含义。

① 本款规则所称"不同部件组成的组合物"，不仅包括各部件相互固定组合在一起，构成了实际不可分离整体的货品，还包括其部件可相互分离的货品，但这些部件必须是相互补足，配合使用，构成一体并且通常不单独销售的。这类组合货品的各部件一般都装于同一包装内。

② 本款规则所称"零售的成套货品"，是指同时符合以下三个条件的货品：

其一，由至少两种看起来可归入不同品目的不同物品构成的（例如，六把乳酪叉不能视为本款规则所称的成套货品）；其二，为了迎合某项需求或开展某项专门活动而将几件产品或物品包装在一起的；其三，其包装形式适于直接销售给用户而无须重新包装的（例如，装于盒、箱内或固定于板上）。

（4）本款规则不适用的情况。

本款规则不适用于按规定比例将分别包装的各种组分包装在一起，供生产饮料等用的货品，不论其是否装在一个共同包装内。

5. 规则三（三）

货品如果不能按照规则三（一）或（二）归类时，应按号列顺序归入其可归入的最后一个品目，简称从后归类。

（三）案例解析

1. 规则三（一）的运用（具体列名）

案例1 电动剃须刀

解析 看起来该货品有三个归类可能，分别是品目85.10、84.67或85.09。但不应作为本身装有电动机的手提式工具归入以类名列名的品目84.67，或作为家用电动机械器具归入以类名列名的品目85.09，因为品目85.10是以品名列名的，是列名更为具体的品目。因此，根据规则三

（一），应归入品目85.10。

案例2 钢化玻璃制的未镶框安全玻璃，已制成一定形状并确定用于飞机上

解析 看起来该货品有两个归类可能，分别是品目70.07或88.03。但不应作为飞机零件归入未明确包括该货品的品目88.03，因为品目70.07明确列出了钢化安全玻璃，是列名更为具体的品目。因此，根据规则三（一），应归入品目70.07。

案例3 用于小汽车的簇绒地毯

解析 看起来该货品有两个归类可能，分别是品目57.03或87.08。但不应作为小汽车的零件、附件归入品目87.08，因为品目57.03明确列出了簇绒地毯是列名更为具体的品目。因此，根据规则三（一），应归入品目57.03。

2. 规则三（二）的运用（基本特征）

（1）由不同食品搭配而成，配在一起调制后可成为即食菜或即食饭的成套食品。

案例1 由一个夹牛肉（牛肉含量占三明治总重量的25%）的小圆面包构成的三明治（品目16.02）和法式炸土豆片（品目20.04）包装在一起的成套货品

解析 该货品符合"零售的成套货品"的规定，看起来可归入品目16.02或品目20.04，且不能用规则三（一）归类，故应该用基本特征方法归类。三明治构成该套货品的基本特征，该套货品应按照三明治归入品目16.02，不按照炸土豆片归入品目20.04。因此，根据规则三（二），应归入品目16.02。

案例2 配制一餐面条的成套货品，由装于一纸盒内的一包未煮的面条（品目19.02）、一小袋乳酪粉（品目04.06）及一小罐番茄酱（品目21.03）组成

解析 该货品符合"零售的成套货品"的规定，看起来可归入品目04.06、19.02或21.03，且不能用规则三（一）归类，应该用基本特征方法归类。面条构成该套货品的基本特征，该套货品应按照面条归入品目19.02，不按照乳酪归入品目04.06，也不按照番茄酱归入品目21.03。因此，根据规则三（二），应归入品目19.02。

注意：将可选择的不同产品包装在一起组成的食品，不符合上述成套食品的规定，应将每种产品分别归入其相应品目。例如：

① 包括下列货品的食品盒，一罐小虾（品目16.05）、一罐肝酱（品目16.02）、一罐乳酪（品目04.06）、一罐火腿肉片（品目16.02）及一罐开胃香肠（品目16.01）。

② 一瓶品目22.08的烈性酒及一瓶品目22.04的葡萄酒。

对于以上两例所列货品，应将每种产品分别归入其相应品目。

（2）其他成套货品。

案例1 由一个电动理发推子（品目85.10）、一把梳子（品目96.15）、一把剪子（品目82.13）、一把刷子（品目96.03）及一条毛巾（品目63.02）装在一个皮匣子（品目42.02）内所组成的成套理发工具

解析 该货品符合"零售的成套货品"的规定，看起来可归入品目85.10、96.15、82.13、96.03、63.02、42.02，且不能用规则三（一）归类，应该用基本特征方法归类。电动理发推子构成整套货品的基本特征，该套货品应按照电动理发推子归入品目85.10，不按照梳子归入品目96.15、剪子归入品目82.13、刷子归入品目96.03、毛巾归入品目63.02、皮匣子归入品目42.02。因此，根据规则三（二），应归入品目85.10。

案例 2 由一把尺子（品目 90.17）、一个圆盘计算器（品目 90.17）、一个绘图圆规（品目 90.17）、一支铅笔（品目 96.09）及一个卷笔刀（品目 82.14）装在一个塑料片制的盒子（品目 42.02）内所组成的成套绘图器具

解析 该货品符合"零售的成套货品"的规定，看起来可分别按照尺子、圆盘计算器和绘图圆规归入品目 90.17，按铅笔归入品目 96.09，按卷笔刀归入品目 82.14 和按照塑料盒归入品目 42.02，且不能用规则三（一）归类，应该用基本特征方法归类。绘图圆规构成整套货品的基本特征，该套货品应按照绘图圆规归入品目 90.17，不按照铅笔归入品目 96.09、卷笔刀归入品目 82.14、塑料盒归入品目 42.02。因此，根据规则三（二），应归入品目 90.17。

3. 规则三（三）的运用（从后归类）

案例 医用带线缝合针，用于软组织的缝合，经环氧乙烷灭菌，一次性使用

解析 该商品为缝合针和缝合线的组合物，看起来该货品有两个归类可能，分别在品目 30.06 或品目 90.18 项下列名，两个品目列名同样具体，且无法确定哪一部分构成了完整商品的基本特征。因此，根据规则三（三），按缝合线（品目 30.06）、缝合针（品目 90.18）的后一个品目归类，该货品应归入品目 90.18。

十一、归类总规则四

（一）规则条文

根据上述规则无法归类的货品，应归入与其最相类似的货品的品目。

（二）规则要点

1. 本规则适用于不能按照规则一至规则三归类的货品。它规定，这些货品应归入与其最相类似的货品的品目中。

2. 在按照规则四归类时，有必要将报验货品与类似货品加以比较，以确定其与哪种货品最相类似。所报验的货品应归入与其最相类似的货品的同一品目。

3. 所谓"类似"取决于许多因素，例如，货品名称、特征、用途等。

4. 本规则极少使用且使用难度较大。

因为《协调制度》多数的章单独列出"未列名货品"品目以容纳特殊货品，并且规则四只适用于无法使用规则一、二、三解决商品归类的场合，所以此项规定极少使用。鉴于规则四未明确指出商品最相类似之处是指名称、特征，还是指功能、用途、结构，使用此规定归类难度较大。

（三）案例解析

案例 原板玻璃，用溢流熔融法制得

解析 溢流熔融法是将熔融玻璃液导入导管，玻璃液到达容积上限后从导管两侧沿管壁向下溢流而出，类似瀑布一样在下方汇流后形成片状基板。在流下过程中经过工艺夹具等对宽度、厚度和光滑度进行调整，同时调整温度和流下速度等，最后做成一定尺寸和质量的玻璃原板，如图 5-6 所示。

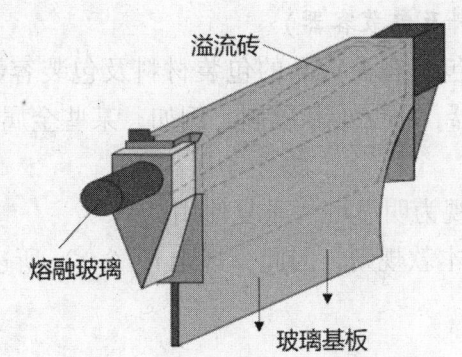

图 5-6　原板玻璃制作示意图

从该商品的生产工艺看，不符合品目 70.03、70.04、70.05 描述，无法运用归类总规则一至三；根据归类总规则四，其加工方式与铸制及轧制玻璃板最相类似，因此，原板玻璃应归入品目70.03 项下。

十二、归类总规则五

(一) 规则条文

除上述规则外，本规则适用于下列货品的归类：

1. 制成特殊形状或适用于盛装某一或某套物品，适合长期使用的照相机套、乐器盒、枪套、绘图仪器盒、项链盒及类似容器，如果与所装物品同时报验，并通常与所装物品一同出售的，应与所装物品一并归类。但本款不适用于本身构成整个货品基本特征的容器。

2. 除规则五 (一) 规定的以外，与所装货品同时报验的包装材料或包装容器，如果通常是用来包装这类货品的，应与所装货品一并归类。但明显可重复使用的包装材料和包装容器不受本款限制。

(二) 规则要点

1. 规则五 (一) (箱、盒及类似容器)

(1) 本款规则仅适用于同时符合以下各条规定的容器：

① 制成特定形状或适用于盛装某一或某套物品的，即按所要盛装的物品专门设计的。有些容器还制成所装物品的特殊形状。

② 适合长期使用的，即在设计上，容器的使用期限与所盛装的物品相称。在物品不使用期间 (例如，运输或储藏期间)，这些容器还起到保护物品的作用。本条标准使其与简单包装区别开来。

③ 与所装物品一同报验的，不论其是否为了运输方便而与所装物品分开包装。单独报验的容器应归入其相应品目。

④ 通常与所装物品一同出售的。

⑤ 本身并不构成整个货品基本特征的。

(2) 本款规则不包括某些容器。例如，装有茶叶的银质茶叶罐或装有糖果的装饰性瓷碗。

2. 规则五（二）（包装材料及包装容器）

（1）本款规则对通常用于包装有关货品的包装材料及包装容器的归类做了规定。但明显可重复使用的包装材料和包装容器，不受本款限制，例如，某些金属桶及装压缩或液化气体的钢铁容器。

要注意不能将"再利用"视为明显可"重复使用"。

（2）规则五（一）优先于本款规则，因此，规则五（一）所述的箱、盒及类似容器的归类，应按该款规定确定。

（三）案例解析

1. 规则五（一）的运用（箱、盒及类似容器）

案例 与所装物品一同报验的首饰盒及箱（所装物品应归入品目 71.13）；电动剃须刀套（所装物品应归入品目 85.10）；望远镜盒（所装物品应归入品目 90.05）；乐器盒、箱及袋（所装物品，例如，小提琴应归入品目 92.02）；枪套（所装物品，例如，维利式信号枪应归入品目 93.03）

解析 上述货品与所装物品一同报验时，应按照规则五（一）与所装物品一并归类。

2. 规则五（二）的运用（包装材料及包装容器）

案例 装有葡萄酒（品目 22.04）的玻璃酒瓶

解析 该酒瓶不属于可以明显重复使用的包装容器，因此，根据规则五（二），应与葡萄酒一并归入葡萄酒所在品目 22.04。

十三、归类总规则六

（一）规则条文

货品在某一品目项下各子目的法定归类，应按子目条文或有关的子目注释以及以上各条规则（在必要的地方稍加修改后）来确定，但子目的比较只能在同一数级上进行。除条文另有规定的以外，有关的类注、章注也适用于本规则。

（二）规则要点

1. 规则六是确定某一品目下各级子目的法定归类原则

六位数级子目的范围不得超出其所属的五位数级子目的范围；同样，五位数级子目的范围也不得超出其所属品目的范围。也就是说，在确定了商品的四位数级编码后，才可确定五位数级编码，再进一步确定六位数级编码。子目的归类在确定品目后逐级进行。

2. 规则一至五在必要的地方稍加修改后，可适用于同一品目项下的各级子目

将规则一至五中的"品"改为"子"，可适用于确定商品在同一品目项下各级子目的归类。例如，可将规则三（一）"列名比较具体的品目，优先于列名一般的品目"改为"列名比较具体的子目，优先于列名一般的子目"。

3. 规则六所用有关词语解释

（1）"同一数级"子目，是指同一品目项下的五位数级子目（一级子目）或同一五位数级子目项下的六位数级子目（二级子目）。

据此，当按照规则三（一）规定考虑某一货品在同一品目项下的两个或两个以上五位数级子目的归类时，只能依据对应的五位数级子目条文来确定哪个五位数级子目所列名称更为具体。选定了哪个五位数级子目列名更为具体后，该子目本身又再细分了六位数级子目，只有在这种情况下，才能根据有关的六位数级子目条文考虑物品应归入这些六位数级子目中的哪个子目。

（2）"除条文另有规定的以外"，是指除类、章注释与子目条文或子目注释不相一致的以外。

例如，第七十一章章注四（二）所规定"铂"的范围与子目注释二所规定"铂"的范围不同，因此，在解释子目 7110.11 及 7110.19 范围时，应采用子目注释二，而不应考虑该章章注四（二）。

4. 子目归类依据及运用顺序

具有法律效力的子目归类依据包括子目条文、注释和在必要的地方稍加修改后的规则一至五。在子目条文和注释无规定时，方可运用规则一至五。运用注释时优先使用子目注释，其次是章注释、类注释，即当子目注释与章注释、类注释发生矛盾时，以子目注释为准。

（三）案例解析

案例 1 与电脑连接的多功能激光复印一体机（可打印、复印和传真）（品目 84.43）

解析 该货品应归入品目 84.43，子目归类即在查阅注释的同时，逐级对品目 84.43 项下同一数级子目进行比较。鉴于没有相关注释，可直接对同一数级子目进行比较。

（1）比较品目 84.43 项下的三个一级子目：

子目条文	结论
-用品目 84.42 的印刷用版（片）、滚筒及其他印刷部件进行印刷的机器：	
-其他印刷（打印）机、复印机及传真机，不论是否组合式：	经比较确定归入此子目
-零件及附件：	

已被确定的一级子目条文后有冒号，说明该一级子目被拆分，继续对其项下同级子目比较确定归类。

（2）比较已确定的一级子目项下的三个二级子目：

子目条文	结论
--具有印刷（打印）、复印或传真中两种及以上功能的机器，可与自动数据处理设备或网络连接	经比较确定归入此子目
--其他，可与自动数据处理设备或网络连接	
--其他	

已被确定的二级子目是最终应归入的子目，在商品编码栏可查到与该子目对应的编码 8443.31[①]，即该货品应归入子目 8443.31。

---

① 表中所列子目条文是《协调制度》子目条文，故二级子目条文后无冒号。《协调制度》的商品名称及编码表中列出了该商品编码。《税则》《进出口商品编码查询手册》的商品名称及编码表中未列出该商品编码，该编码所对应的商品名称栏目下的子目条文后面有冒号，表明该项作了拆分，即增列了本国子目。

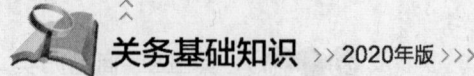

案例2 不锈钢制炒菜锅与适于安装在锅上的木柄及其固定件（未装配）（品目73.23）

解析 该货品应归入品目73.23。因无相关注释且品目73.23项下一级子目对此货品的归类没有规定，根据规则六可运用稍加修改的规则二归类。因此，依据稍加修改的规则二（一），该完整品的未组装件应与已组装物品归入同一子目；依据稍加修改的规则二（二），可将所述货品作为组装好的不锈钢制炒菜锅逐级归入品目73.23项下子目，即最终归入子目7323.93。（"同级子目比较过程"略）

海关估价基础知识

第一节　海关估价概述

【学习目标】

本节内容旨在让学习者掌握海关估价的基础理论，了解我国海关估价的法律渊源、原则及两个审价办法的框架规定。

完成本节学习，学习者应获得以下成果：

1. 掌握海关估价的含义；
2. 掌握我国海关估价的法律依据；
3. 掌握我国海关估价的原则；
4. 了解两个审价办法的框架规定。

【基本概念】

完税价格、价格质疑、价格磋商、价格核查

【建议学习时间】

1 课时

一、海关估价的概念

海关估价（Customs Valuation）是进出口货物的价格经货主或其代理人向海关申报后，一国海关为了征收关税和其他目的，根据统一的价格准则，确定货物价值的过程，由此确定的价格称为该货物的海关完税价格，因此海关估价也可被称为海关审定进出口货物完税价格及海关审价。完税价格是指进出口货物根据一定的法律规范和判定标准，计算得出的海关计税价格，它是海关税收征管体系的税基，是海关根据一定的法律规范和判定标准，确定进出口货物海关计税价格的过程。对于这一定义可从以下四个方面加以理解：

（一）海关估价的目的

海关估价的目的是为了征收国家关税和保证估价的公平性。目前，世界上大多数国家均以征收从价税为主，在这种背景下，海关估价的目的，首先是确定进出口货物完税价格，从而征收有关货物的关税，为国家的关税政策服务。同时，海关估价除了用于征收关税以外，还广泛应用于进出口贸易、统计等领域，如配额管理、外汇管理、进出口统计等。特别是第二次世界大战以后，各国都把海关估价作为一种重要的非关税壁垒，这对国际贸易造成了重大妨碍。其次，海关估价的目的还在于实现公平性，即各国制定统一的估价准则，无差别地适用于所有的进出口主体和进出口货物。

（二）海关估价的依据

海关估价的依据是价格准则。即使同一种商品，由于其价格条件、成交时间、地点、数量、商业水平等不尽相同，其价格相差也很大，为了能统一、公平地对商品进行估价，海关需要制定统一的价格准则。价格准则是海关估价制度中最为核心的法律规范，通常包括价格基础、调整因素及估价方法。我国加入世界贸易组织后，《WTO 估价协定》规定内容已转化为我国法律及法规。除个别商品外，目前我国海关按照从价方式进行税收征管，即以货物的价格为基础，确定纳税义务人需向海关缴纳的税款。在从价税管理体系下，确定税收的金额应取决于价格和税率两项指标。价格准则适用于征收从价税的进出口货物海关估价，不适用仅征收从量关税货物。

（三）海关估价的对象

海关估价的对象主要是进口货物。进出口货物是海关估价的客体，但就国际贸易而言，大多数国家对出口货物不征税，因此，在没有特别指明的情况下，海关估价的客体均指进口货物。进口货物又可分为有形货物和无形货物，在一般情况下，海关仅对有形货物估价征税。无形货物的价值只有在特定条件下才能成为完税价格的一部分。

（四）海关估价的主体

海关估价的主体是纳税义务人。进出口货物的价格需经进出口收发货人或其授权的代理人向海关进行申报后，由海关代表国家行使估价职权，其估价决定具有确定力、拘束力及执行力。确定力是指海关估价决定成立生效后，其内容具有稳定性，非经法定程序和非因法定事由不得随意改变；拘束力是指海关估价决定生效后，其内容对有关进口商所产生的约束、限制的效力；执行力是指海关估价决定生效后，其所确定的内容得以实现的效力。

二、我国海关估价的法律依据

我国海关的估价法律体系建设不但反映了我国经济社会发展的客观要求，同时也受到了国际义务的制约。作为 WTO 的成员，其中一项关键义务就是要完整地采纳 WTO 的一系列国际公约，其中《WTO 估价协定》是 WTO 一揽子法律体系中规范各成员国海关估价工作的国际公约。根据中国加入世界贸易组织工作组报告书海关估价部分，中国承诺自加入世界贸易组织之日起，将全面实施《WTO 估价协定》，并承诺：停止使用并将不再使用最低限价或参考价格作为估价手段；海关估价结果将是明确的与可预见的；以成交价格为基础确定进口货物的完税价格；为进口商提供申述的权利。因此，全面采用《WTO 估价协定》是中国海关的责任和义务。

为了履行"入世"承诺，我国对于原有的估价法律法规体系进行了梳理及修订。目前，我国海关对于完税价格审定的法律依据分别体现在《海关法》和《关税条例》两部法律、法规以及海关总署颁布施行的《中华人民共和国海关审定进出口货物完税价格办法》（以下简称《审价办法》）和《中华人民共和国海关审定内销保税货物完税价格办法》（以下简称《内销保税货物审价办法》）两部部门规章中。

（一）法律层次的法律依据

我国海关估价法律层次的法律依据是《海关法》。该法第五十五条第一款从根本上确立了我国海关估价工作的法律框架，为统一全国海关的估价执法，平衡海关与管理相对人的权利义务关系奠定了基础。本条第一款规定：进出口货物的完税价格，由海关以该货物的成交价格为基础审

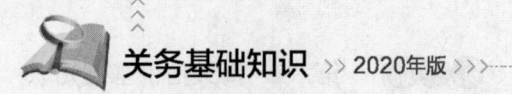

查确定。成交价格不能确定时，完税价格由海关依法估定。

《海关法》第五十五条第一款的规定中包含了三层含义：

1. 审定进出口货物的完税价格是法律赋予海关的职责。海关应根据法律确定的标准审查进出口货物的价格构成，并依法估定进出口货物的完税价格。

2. 完税价格应以成交价格为基础。成交价格是海关审定进出口货物完税价格最基本的估价方法。

3. 如果进出口货物没有成交价格，或者因某些原因导致成交价格不能确定的，海关将使用其他方法估定进出口货物的完税价格。

（二）行政法规层次的法律依据

我国海关估价行政法规层次的法律依据是《关税条例》。《关税条例》作为《海关法》的配套法规，对估价定义、估价方法、海关和纳税义务人之间的权利义务做了原则性的规定，还规定了纳税义务人的权利义务和海关估价的程序性要求。《关税条例》第三章中规定进出口货物完税价格的确定是对《海关法》第五十五条的细化，并根据《WTO 估价协定》的法律要求规范了我国海关估价的具体措施和方法，重点解释了如何认定成交价格，列明了当海关不能使用成交价格方法确定进出口货物的完税价格时，海关可以使用的其他估价方法。

（三）部门规章层次的法律依据

我国海关估价部门规章层次的法律依据包括《审价办法》和《内销保税货物审价办法》。上述办法结合我国加入世界贸易组织以来在探索实施《WTO 估价协定》过程中的经验及我国审价工作实际，完整、明确地体现了《WTO 估价协定》的基本原则和主要内容，进一步增强了规定的指导性和操作性，是具体、明确的执法依据。

需要注意的是，准许进口的进境旅客行李物品、个人邮递物品及其他个人自用物品的完税价格和涉嫌走私的进出口货物、物品计税价格的核定不适用《审价办法》，涉嫌走私的内销保税货物计税价格的核定不适用《内销保税货物审价办法》，上述特殊情况的货物及物品完税价格的审定方法由海关总署另行制定。

另外，针对具体估价事宜的海关公告也是海关审价执法的依据。

三、我国海关估价的基本原则

《审价办法》规定：海关审查确定进出口货物的完税价格，应当遵循客观、公平、统一的原则。这是《审价办法》中十分重要的一项条款，它规范了海关估价的总原则，并为解决海关估价过程遇到的各类实际问题提供了重要的指导思想。海关估价行政行为是指海关运用估价的法律法规审查进出口货物涉及的贸易行为，并以此为基础做出估价决定的过程。

我国海关估价的"客观、公平、统一"三原则来源于《WTO 估价协定》和我国的经济社会特色。在《WTO 估价协定》的一般介绍性说明中，对于《WTO 估价协定》这部法律的立法原意进行了说明，即希望建立一个统一的估价准则，在执行中为各国进出口商提供更大的统一性和确定性。同时海关的估价制度应是公平、统一和中性的，海关估价应依据商业惯例的简单和公正的标准，应最大限度地使用成交价格方法估价，而不能使用任意或虚构的价格进行估价。为此，我国在对《WTO 估价协定》的立法转化过程中，充分认识到贯彻其立法精神既是履行国际承诺的义务，也是推动我国经济社会发展的必经之路。在制定我国海关估价的原则时，充分借鉴了《WTO 估价协定》的立法精神，同时又增加了具有我国特色的内容，最终形成了目前的"客观、公平、统一"的三原则。

（一）客观原则

在海关估价中运用"客观"原则，就是指海关估价过程中运用的数据必须来源于进出口贸易活动中存在的真实数据，而不能使用武断的、虚构的数据对进出口货物实施估价。《关税条例》第二十八条规定：按照本条例规定计入或者不计入完税价格的成本、费用、税收，应当以客观、可量化的数据为依据。《关税条例》第二十八条的规定明确了海关估价中的"客观"标准就是要以客观可量化的数据为基础估定进出口货物的完税价格。

"客观"的原则落实到具体的估价方法中，第一种估价方法——成交价格方法就是客观原则的集中体现。海关使用成交价格方法对进出口货物实施估价要以进出口商对外实际签订的货物销售合同为基础，如果销售合同是真实的，且符合成交价格定义和条件，海关应以其实际成交价格为基础，而不得随意采用其他价格实施估价。当海关运用价格调整项目对进出口货物的成交价格进行调整时，必须以客观量化的费用或价值的数据资料为基础，如果缺乏上述数据时，海关就不能接受其申报价格，而将使用其他估价方法实施估价。当海关使用"除成交价格估价方法以外的其他估价方法"时，同样必须坚持"客观"的标准，依托客观量化的数据为基础。在使用合理方法估价时，应立足于对贸易实际的灵活运用，它的一个大前提就是要依托客观量化的数据资料，这应成为合理方法运用的出发点。

（二）公平原则

海关估价中的公平原则，强调的是海关估价过程的公平，即相同的贸易方式、相同的交易过程应受到相同的海关估价待遇，这一观点落实到具体条款中就是成交价格原则。例如，甲公司通过谈判获得的价格为￥500/个，乙公司企业的谈判能力较强，其获得的相同货物的价格为￥480/个。在这一案例中，如果两次交易的过程都是公平的、善意的，且不存在欺诈行为，则海关应采用相同的估价方法确定其完税价格。进口商谈判能力差异造成的价格差异不是海关关心的重点，也不是海关估价需要解决的问题，海关不能使用一个统一的价格实施估价，这就是公平原则在海关估价中的体现。

（三）统一原则

在海关估价领域，以往很多国家采用最低限价、正常价格等手段，变相提高进口货物的关税水平，增加了国际贸易的不确定风险。为此，WTO 在 1994 年颁布了《WTO 估价协定》，要求各国必须采用统一的估价执法手段，即以成交价格为基础，依托国际贸易中的实际交易价格判定海关的完税价格，降低国际贸易中海关行政管理的不确定风险，这也是回应企业关切，促进国际贸易的健康发展，提高进口商对进口通关成本的合理预期的重要措施。海关应最大限度地保持透明性。"统一"原则落实到海关估价中，就是对同一贸易方式的估价方法是一致的，如果一家企业的贸易行为前后一致，则其面临的海关估价待遇同样应保持前后一致。

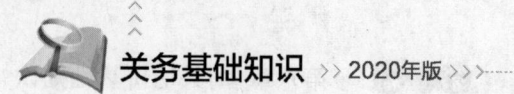

四、《审价办法》和《内销保税货物审价办法》的框架内容

(一) 总体结构

1.《审价办法》

《审价办法》由第一章（总则）、第二章（进口货物的完税价格）、第三章（特殊进口货物的完税价格）、第四章（进口货物完税价格中的运输及其相关费用、保险费的计算）、第五章（出口货物的完税价格）、第六章（完税价格的审查确定）、第七章（附则）共54条组成。

2.《内销保税货物审价办法》

《内销保税货物审价办法》共18条，规定了本规章适用范围，并根据不同情形逐条规定了各自的估价方式。在适用范围方面，包括因故转为内销需要征税的加工贸易货物、海关特殊监管区域内货物、保税监管场所内货物和因其他原因需要按照内销征税办理的保税货物，但不包括以下项目：海关特殊监管区域、保税监管场所内生产性的基础设施建设项目所需的机器、设备和建设所需的基建物资；海关特殊监管区域、保税监管场所内企业开展生产或综合物流服务所需的机器、设备、模具及其维修用零配件；海关特殊监管区域、保税监管场所内企业和行政管理机构自用的办公用品、生活消费用品和交通运输工具。

(二) 对估价方法的规定

1.《审价办法》

(1) 进口货物

按照货物交易形式的不同，《审价办法》将进口货物主要划分为两大类，一类是特殊交易形式进口货物，另一类是特殊交易形式之外进口的其他货物。为便于理解，此处分别称之为特殊进口货物和一般进口货物。《审价办法》对一般进口货物规定了六种完税价格的审核方法。一般进口货物的估价方法依次为：成交价格方法；相同货物成交价格估价方法；类似货物成交价格估价方法；倒扣价格估价方法；计算价格估价方法；合理方法。只有在进口货物的成交价格不成立、成交价格不能确定的情况下，海关才可在与纳税义务人进行价格磋商后，依次以其他方法审查确定该货物的完税价格。对特殊进口货物的完税价格审核方法，区分不同交易形式分别做出了规定。

(2) 出口货物

《审价办法》对出口货物规定了五种完税价格的审核方法。成交价格方法；相同货物成交价格估价方法；类似货物成交价格估价方法；计算价格估价方法；合理方法。只有在出口货物的成交价格不成立、成交价格不能确定的情况下，海关才可在与纳税义务人进行价格磋商后，依次以其他方法审查确定该货物的完税价格。

2.《内销保税货物审价办法》

《内销保税货物审价办法》参照上述"特殊进口货物"方式，对不同种类的内销保税货物估价方法分别做出了规定。但对于内销保税货物的完税价格不能依据各自条款确定的，由海关依次以下列价格审核方法估定该货物的完税价格：相同货物成交价格估价方法；类似货物成交价格估价方法；倒扣价格估价方法；计算价格估价方法；合理方法。在依次使用不同估价方法方面与上述"一般进口货物"规定一致。

（三）价格质疑与磋商程序

1. 价格质疑

（1）海关提出价格质疑

在确定完税价格过程中，海关对进出口单位申报价格的真实性或准确性有疑问，或有理由认为买卖双方的特殊关系可能影响成交价格时，将向纳税义务人或者其代理人制发中华人民共和国海关价格质疑通知书，将质疑的理由书面告知纳税义务人或者其代理人。

价格质疑程序的履行是为了核实成交价格的真实性、准确性和完整性，如进出口货物没有成交价格，如卖方以免费提供方式交由买方进口的货物、易货贸易货物、寄售货物等，海关可无须履行价格质疑程序，直接进入价格磋商程序。

（2）企业应对价格质疑

① 规定期限内提供资料

纳税义务人或者其代理人应自收到价格质疑通知书之日起 5 个工作日内，以书面形式提供相关资料或者其他证据，证明其申报价格真实、准确或者双方之间的特殊关系未影响成交价格。纳税义务人或者其代理人确有正当理由无法在规定时间内提供资料或证据的，可以在规定期限届满前以书面形式向海关申请延期。除特殊情况外，延期不得超过 10 个工作日。

② 确保证据资料齐全有效

在规定时间内提交的证明申报价格真实性及准确性或者是否受到特殊关系影响的证据资料，务必保证按照海关质疑通知书上列明的需要提供的单证项目，逐一核对，避免遗漏。提交的单证之间能够相互印证，不发生矛盾。

2. 价格磋商

（1）价格磋商程序启动

价格磋商是指海关在使用除成交价格以外的估价方法时，在保守商业秘密的基础上，与纳税义务人交换彼此掌握的用于确定完税价格的数据资料的行为。价格质疑提出后，不必然会进入价格磋商程序，经价格质疑后，只有在海关决定不采用成交价格时才会经过价格磋商程序。经质疑后，对申报价格进行计入或扣减项目的调整不属于否定成交价格，仍是采用成交价格方法估价，在利用成交价格方法确定进出口货物完税价格时，无须价格磋商。

海关制发价格质疑通知书后，有下列情形之一的，海关应进行价格磋商程序，按照相关规定列明的方法审查确定进出口货物的完税价格：

① 纳税义务人未在海关规定期限内，提供进一步说明的；

② 纳税义务人提供有关资料、证据后，海关经审核其所提供的资料、证据后仍有理由怀疑申报价格的真实性、准确性的；

③ 纳税义务人提供有关资料、证据后，海关经审核其所提供的资料、证据后仍有理由认为买卖双方之间的特殊关系影响成交价格的。

（2）价格磋商时限

海关按照相关规定通知纳税义务人进行价格磋商时，纳税义务人需自收到"中华人民共和国海关价格磋商通知书"之日起 5 个工作日内与海关进行价格磋商。纳税义务人未在规定的时限内与海关进行磋商的，视为其放弃价格磋商的权利，海关可以直接按照规定的方法审查确定进出口货物的完税价格。

海关与纳税义务人进行价格磋商时，将制作"中华人民共和国海关价格磋商记录表"，将价格磋商中相互提交的价格信息等内容书面记录并双方签字。

进行价格磋商的目的不是为了达成一个海关与纳税义务人都可以接受的价格，而是交换彼此掌握的价格信息。比如，有时海关掌握着纳税义务人所不知道的相同或类似货物的成交价格，有时则恰好相反，只有通过双方的充分交流，才便于得到海关估价的适当依据。因此，进出口货物的纳税义务人应重视价格磋商环节，积极配合海关履行价格磋商程序，如实填报进出口货物有关情况并提供相关的信息资料，争取对己方最有利的磋商结果。

3. 价格质疑与价格磋商的特殊情形

（1）价格质疑免除

海关经过审查认为进口货物无成交价格的，可以不进行价格质疑。如，外商免费提供货物，无成交价格，如海关认为价格偏低，需要另行审定完税价格的可以直接进入价格磋商程序。

（2）价格质疑及价格磋商均免除

符合下列情形之一的，经纳税义务人书面申请，海关可以不进行价格质疑及价格磋商，直接依法审查确定进出口货物的完税价格：

① 同一合同项下分批进出口的货物，海关对其中一批货物已经实施估价的；

② 进出口货物的完税价格在人民币10万元以下或者关税及进口环节代征税总额在人民币2万元以下的；

③ 进出口货物属于危险品、鲜活品、易腐品、易失效品、废品、旧品等的。

4. 价格质疑与磋商程序的无纸化

为配合全国海关通关一体化改革，进一步提高通关效率，海关总署已于2018年年初在全国海关推广审价作业单证无纸化。进口货物纳税义务人可通过海关事务联系系统接收和反馈海关价格质疑通知书、价格磋商通知书、价格磋商记录表等审价文书及随附单证资料的电子数据，并可接收和查看估价告知书。在无纸模式下，海关与企业间互相发送电子文书的发送时间即视为对方接收时间，相关电子文书上生成的海关和进口货物纳税义务人经办人员信息即视为具有法律效力的电子签名。随附单证资料的电子扫描或转换文件格式标准，参照海关总署公告2019年第66号相关规定执行。

海关根据管理需要要求提供纸质单证资料的，进口货物纳税义务人应积极配合并按要求提供。进口货物纳税义务人需要纸本盖章文书的，可打印电子文书后到海关盖章。

（四）纳税义务人在海关审定完税价格时的权利和义务

1. 纳税义务人的权利

（1）要求具保放行货物的权利，即在海关审查确定进出口货物的完税价格期间，纳税义务人可以在依法向海关提供担保后，先行提取货物。

（2）选择估价方法的权利，即纳税义务人向海关提供有关资料后，可以提出申请，颠倒倒扣价格估价法和计算价格估价法的适用次序。

（3）对海关如何确定进出口货物完税价格的知情权，即纳税义务人可以提出书面申请，要

求海关就如何确定其进出口货物的完税价格做出书面说明。

（4）获得救济的权利，即对海关估价决定有权提出复议、诉讼。

2. 纳税义务人的义务

（1）如实提供单证及其他相关资料的义务，即纳税义务人向海关申报时，应当按照有关规定，向海关如实提供发票、合同、提单、装箱清单等单证。根据海关要求，纳税义务人还应当如实提供与货物买卖有关的支付凭证，以及证明申报价格真实、准确的其他商业单证、书面资料和电子数据。

（2）如实申报及提供相关资料的义务，即货物买卖中发生相关规定中所列的价格调整项目的，纳税义务人应当如实向海关申报。价格调整项目如果需要分摊计算的，纳税义务人应当根据客观量化的标准进行分摊，并同时向海关提供分摊的依据。

（五）税款担保

海关审查确定进出口货物的完税价格期间，为快速提取或装运货物，纳税义务人可以按照《海关事务担保条例》的有关规定依法向海关提供担保后，先行提取或装运货物。

（六）价格核查

海关审核进出口货物的申报价格，可能发生在通关环节，也可能是在货物放行后。发生在通关环节的，海关现场验估岗位根据不同的情形决定正式启动价格质疑程序，并明确要求进出口企业需要提交的单证等资料供海关审核。发生在货物放行后的价格核定，目前有两种作业模式。其一是海关现场验估岗位按照放行后验估作业程序对相关企业提出配合要求，并根据认定的价格确定最终的完税价格。其二是按照"后续核查"作业程序进行管理。价格方面的后续核查，是指全国通关一体化改革后，海关稽查部门根据风险防控和税收征管局下达的指令，针对价格风险开展的核查。价格核查中，海关可以行使下列职权：

1. 查阅、复制与进出口货物有关的合同、发票、账册、结付汇凭证、单据、业务函电、录音录像制品和其他反映买卖双方关系及交易活动的商业单证、书面资料和电子数据；

2. 向进出口货物的纳税义务人及与其有资金往来或者有其他业务往来的公民、法人或者其他组织调查与进出口货物价格有关的问题；

3. 对进出口货物进行查验或者提取货样进行检验或者化验；

4. 进入纳税义务人的生产经营场所、货物存放场所，检查与进出口活动有关的货物和生产经营情况；

5. 经直属海关关长或者其授权的隶属海关关长批准，凭海关账户查询通知书及有关海关工作人员的工作证件，可以查询纳税义务人在银行或者其他金融机构开立的单位账户的资金往来情况，并且向银行业监督管理机构通报有关情况；

6. 向税务部门查询了解与进出口货物有关的缴纳国内税情况。

海关在行使前款规定的各项职权时，纳税义务人及有关公民、法人或者其他组织应当如实反映情况，提供有关书面资料和电子数据，不得拒绝、拖延和隐瞒。

【复习思考题】

1. 海关估价的概念是什么？
2. 我国海关估价的原则是什么？
3. 我国海关估价的法律依据有哪些？
4. 一般进口货物的估价方法有哪些？
5. 价格质疑和磋商的概念是什么？
6. 价格质疑和磋商的程序性要求有哪些？例外情形是如何规定的？
7. 纳税义务人的权利和义务是什么？

第二节　进口货物成交价格估价方法

【学习目标】

本节内容旨在让学习者掌握成交价格与成交价格估价方法，了解我国海关估价的相关基础知识。

完成本节学习，学习者应获得以下成果：

1. 掌握成交价格的含义；
2. 掌握成交价格计入和扣除项目的含义与条件；
3. 掌握成交价格应符合的条件；
4. 掌握运输及相关费用的处理方法。

【基本概念】

成交价格、实付或应付价格

【建议学习时间】

1 课时

一、完税价格

进出口货物的完税价格是海关凭以从价计征关税和其他进口环节海关代征税的价格。《海关法》第五十五条规定，进出口货物的完税价格，由海关以该货物的成交价格为基础审查确定。成交价格不能确定的，完税价格由海关确定。进口货物的完税价格包括货物的货价，货物运抵我国境内输入地点起卸前的运输费及相关费用、保险费。出口货物的完税价格包括货物的货价；货物运至我国境内输出地点装载前的运输及相关费用、保险费。但是其中包含的出口关税税额应当予以扣除。

延展阅读

二、成交价格定义

成交价格估价方法是《审价办法》规定的第一种估价方法。进口货物成交价格是指卖方向中华人民共和国境内销售该货物时，买方为进口该货物向卖方实付、应付的，并按有关规定调整后的价款总额，包括直接支付的价款和间接支付的价款。

虽然在多数情况下，成交价格可能与合同价格或发票价格相同，但是海关成交价格有其特定的含义，必须符合"销售"的要求，并由实付、应付价格和直接、间接支付及调整因素构成，还要满足一定的条件。

成交价格的定义应从以下四个方面来理解和掌握。

（一）销售

首先，应判断合同体现的销售行为是否符合《审价办法》的规定。

《审价办法》规定：向中华人民共和国境内销售，是指将进口货物实际运入中华人民共和国境内，货物的所有权和风险由卖方转移给买方，买方为此向卖方支付价款的行为。

成交价格存在的一个重要前提就是买卖双方之间存在销售行为。按照《审价办法》，"销售"必须同时符合货物实际进入中华人民共和国关境内、货物的所有权和风险由卖方转移给买方、买方为此向卖方支付价款三个要件。

以下情形可能导致海关拒绝使用成交价格方法进行审核。

1. 进口时不存在销售行为的寄售交易，国外卖方由于种种原因，未在国内设立子公司开展业务，这时，它通常会委托一家国内企业负责进口申报，但是销售行为全部控制在国外卖方手中。因此，在名义上，国内销售由被委托人或代理人负责，但是货物的实际所有权及货物损益的风险均由国外卖方承担，国内的被委托人或代理人只收取固定的代理费。

2. 在寄售情况下，国外卖方的申报行为只是为了把货物运至境内，而国内实际购买人在进口时尚未确定。此时，由于不存在导致货物跨越关境的销售，不符合成交价格中"出口销售"的概念，海关应认定上述货物不存在成交价格，应使用其他方法估定货物的完税价格。

其他诸如赠送、捐赠的货物，经营租赁进口货物，免费提供样品等交易方式均不同时符合上述三个条件，同样不能适用成交价格方法审核确定完税价格。

（二）买方和卖方

合同买方、卖方是否符合《审价办法》关于买方、卖方的规定，也是价格是否符合《审价办法》中成交价格定义的重要条件。

《审价办法》规定，买方是指通过履行付款义务购入货物，并且为此承担风险、享有收益的自然人、法人或者其他组织，其中进口货物的买方是指向中华人民共和国境内购入进口货物的自然人、法人或者其他组织。进口货物的卖方是指向中华人民共和国境内销售进口货物的自然人、法人或者其他组织。这一定义同样是以其在交易中承担的功能为标准，判断是否符合估价中"卖方"的定义。

《审价办法》强调，判断"买方"不应简单地以进口单证上出现的名称为标准，而应以其在交易中承担的功能确定。

"买方"可以是进口报关的企业，也可以是国内的最终用户，关键在于销售对应的主体。如果某一自然人、法人或其他组织通过与卖方进行交易，导致"向中华人民共和国境内销售"的条件成立，则该自然人、法人或其他组织应成为海关估价中的"买方"，其支付的款项应成为海关审核的对象，其中既包括根据实付或应付价格进行审核，也包括根据价格调整项目进行审核。即使"买方"没有出现在进口货物报关单相关栏目内，也不能免除其接受海关审核并估价的义务。

例如，国内最终用户直接与国外卖方达成交易，并委托国内代理负责报关事宜，根据成交价格和"买方"的定义，则无论报关单上的经营单位和收货单位体现该国内最终用户与否，海关估价时均应按该国内最终用户与国外卖家达成交易的价格为基础审核认定成交价格，进而确定完税价格。

（三）实付或应付价格

合同或发票体现的价格是否规范完整是判断成交价格的第三个要件。

按照《审价办法》的要求，成交价格不仅应包括实付价格，还要包括应付价格，即作为卖方销售进口货物的条件，由买方向卖方或者为履行卖方义务向第三方已经支付或者将要支付的全部款项。

实付或应付价格强调的是，只要买方为了获得进口货物，而承担了对应付款义务，则无论支付以何种形式发生，包括现金、信用证或可转让有价证券等，或者在进口申报之时支付行为是否发生，都不影响海关的估价结论。海关应根据买方承担的付款义务确定完税价格。

例如，进口商向卖方购买一台设备，交易价格为5000元人民币。合同约定买方需要在进口前支付3000元人民币，剩余的2000元人民币需要在安装以后再对外支付。则本案中实付价格为3000元人民币，应付价格为2000元人民币，被估货物的完税价格应为两者之和5000元人民币。

另外，成交价格应包括直接支付和间接支付，其中直接支付是指买方直接向卖方支付的款项，而间接支付是指买方根据卖方的要求，将货款全部或者部分支付给第三方，或者冲抵买卖双方之间的其他资金往来的付款方式。间接支付包括买方为卖方偿还债务、向权利所有人支付特许权使用费等形式。

通常情况下，卖方要求买方直接向其支付款项。但是，如果卖方出于某种考虑，要求买方将全部或部分款项支付给第三方，只要上述支付义务是买方为了购买被估的进口货物而必须承担的，则无论买方将货款支付给谁，并不改变最终的估价结论，均应以买方支付的全部款项确定完税价格。

例如，进口商向卖方购买一台设备，交易价格为5000元人民币。同时，卖方由于过去交易的未结事项，仍欠买方2000元人民币。买卖双方约定此次交易价格抵扣过去的欠款后，确定最终的结算价格，即买方只需向卖方实际支付3000元人民币。则本案中直接支付为3000元人民币，间接支付为2000人民币，被估货物的完税价格为两者之和5000元人民币。

（四）费用的调整

相关计入项目和扣除项目费用是否能够按照规定进行调整是判断成交价格的第四个要件。

1. 计入项目

(1) 由买方负担的费用

① 除购货佣金以外的佣金和经纪费

购货佣金又称为买方佣金，是指买方的代理人在为买方寻找供应商，并将买方要求通知卖方、收集样品、检查货物，有时在安排运输、保险等事宜的活动中，因提供劳务而取得的报酬，即买方向其采购代理人支付的佣金。由于买方自行从事的活动与卖方的销售行为无关，不必计入被估货物的完税价格。

销售佣金又称为卖方佣金，是指卖方代理人为卖方寻找买主，或者为卖方促成交易而获得的报酬。通常情况下，卖方佣金由卖方直接支付，并已经包括在进口货物的成交价格内，也无须对成交价格进行调整。但如果卖方要求进口商在向其支付货价的同时，还必须根据卖方的要求向卖方代理人支付佣金，在这种情况下，由买方支付的、未计入货价的卖方佣金构成了实付或应付价格的调整项目，应计入被估货物的完税价格。

经纪费是中间人向交易双方收取的费用。由于居间人不是合同的当事人，也不是任何一方的代理人，而是居于当事人之间起媒介作用的中间人，起牵线搭桥的作用，因此，中间人向买方收取的经纪费应全部计入进口货物的完税价格。

② 与进口货物作为一个整体的容器费用

除了货物本身的价格外，为实现货物运输目的而发生的容器费用应同时计入进口货物的完税价格。

"与货物视为一体的容器"是指用于盛装某个或某套物品并与所装物品同时使用，且通常与所装物品一同出售的容器，例如，乐器盒、绘图仪器盒、香水瓶等。一般情况下，这类货物（乐器、绘图仪器、香水等）销售时其容器都不单独作价，其价值已经包含在被估货物的完税价格内。如果合同规定买方需另外支付容器费用的，或买方另行向第三方支付容器费用的，则应将该费用计入进口货物的完税价格。但是可重复使用的，且销售时通常不作为销售标的物的容器不属于"与货物视为一体的容器"，例如，集装箱、托盘、货柜等。上述独立的容器费用虽不计入进口货物的完税价格，但需根据海关的其他监管规定另行申报。

③ 包装材料费用和包装劳务费用

除了货物本身的价格外，为实现货物运输和销售目的而发生的包装材料费用和包装劳务费用应同时计入进口货物的完税价格。按照商业惯例，除裸装、散装货物不需包装外，一般在销售时卖方均会提供货物的包装，且包装费（包括包装材料和包装劳务的成本、费用）一般已包含在合同货价内，不另行计算。

如果合同规定包装等费用由买方在合同货价之外另行支付，或者买方为了运输或再销售的目的而额外对被估货物进行包装，这些费用应计入货物成交价格中合并征税。

(2) 协助的价值

与进口货物的生产和向中华人民共和国境内销售有关的，由买方以免费或者以低于成本的方式提供，并且可以按适当比例分摊的下列货物或者服务的价值。

① 进口货物包含的材料、部件、零件和类似货物；

② 在生产进口货物过程中使用的工具、模具和类似货物；

③ 在生产进口货物过程中消耗的材料；

④ 在境外进行的为生产进口货物所需的工程设计、技术研发、工艺及制图等相关服务。

在国际贸易中，买方以免费或以低于成本价的方式向卖方提供了一些货物或者服务，这些货物或服务的价值被称为协助的价值。

通常情况下，买方向卖方购买被估货物，双方将仅以货款作为交易的基础。但是在某些情况下，如卖方出现材料短缺，或为了符合买方的特殊需要，则作为销售的一个前提，买方需额外向卖方提供一批货物或服务，以协助卖方生产。

如果买方在额外向卖方提供货物或服务时，未收取对应的费用，且卖方在销售被估货物时也未将该批货物或服务的价值加入发票价格，则海关需根据规定将其调整进被估货物的完税价格。

同时，为了有效确定协助的费用计算标准，《审价办法》规定应当按照下列方法计算有关费用：

一是由买方从与其无特殊关系的第三方购买的，应当计入的价值为购入价格；

二是由买方自行生产或者从有特殊关系的第三方获得的，应当计入的价值为生产成本；

三是由买方租赁获得的，应当计入的价值为买方承担的租赁成本；

四是生产进口货物过程中使用的工具、模具和类似货物的价值，应当包括其工程设计、技术研发、工艺及制图等费用。如果货物在被提供给卖方前已经被买方使用过，应当计入的价值为根据国内公认的会计原则对其进行折旧后的价值。

（3）买方需向卖方或者有关方直接或者间接支付的特许权使用费

特许权使用费是指进口货物的买方为取得知识产权权利人及权利人有效授权人关于专利权、商标权、专有技术、著作权、分销权或者销售权的许可或者转让而支付的费用。

海关征税的管理对象主要是有形货物，例如，机器、工业原料、消费品等，单纯的技术贸易、服务贸易不属于海关税收的管辖范围。但是，如果买方在购买进口货物的同时，又发生了一项技术贸易或服务贸易，技术贸易或服务贸易是随附于货物贸易同步发生的，则技术贸易或服务贸易涉及的特许权使用费就构成了应税的价格调整项目，应合并计入进口货物的完税价格。

例如，某服装商标权利所有人向国内企业转让商标的使用权，该转让行为属于单纯的知识产权交易范畴，因此发生的商标转让费不属于海关税收的管辖范围。但是，如果该服装商标权利所有人在向国内企业销售品牌服装的同时，又向国内企业收取了一笔商标使用费，则该笔商标使用费就属于应税的特许权使用费，应计入进口服装的完税价格。

因此，如果企业在进口货物的同时，需要另行支付一笔特许权使用费，则该费用要计入成交价格。但是符合下列情形之一的除外：

一是特许权使用费与该货物无关；

二是特许权使用费的支付不构成该货物向中华人民共和国境内销售的条件。

买方应保留做出上述判断的证据，并在进口申报时向海关出示特许权使用费与该货物无关，或者特许权使用费的支付不构成该货物向中华人民共和国境内销售的条件的证据。如果买方无法提供上述证据，则海关将不予接受其申报，并将该笔特许权使用费计入进口货物的完税价格。

符合下列条件之一的特许权使用费，应当视为与进口货物有关。

一是特许权使用费是用于支付专利权或者专有技术使用权，且进口货物属于下列情形之一的：含有专利或者专有技术的；用专利方法或者专有技术生产的；为实施专利或者专有技术而专门设计或者制造的。

二是特许权使用费是用于支付商标权，且进口货物属于下列情形之一的：附有商标的；进口后附上商标直接可以销售的；进口时已含有商标权，经过轻度加工后附上商标即可以销售的。

三是特许权使用费是用于支付著作权，且进口货物属于下列情形之一的：含有软件、文字、乐曲、图片、图像或者其他类似内容的进口货物，包括磁带、磁盘、光盘或者其他类似载体的形式；含有其他享有著作权内容的进口货物。

四是特许权使用费是用于支付分销权、销售权或者其他类似权利，且进口货物属于下列情形之一的：进口后可以直接销售的；经过轻度加工即可以销售的。

买方不支付特许权使用费则不能购得进口货物，或者买方不支付特许权使用费则该货物不能以合同议定的条件成交的，应当视为特许权使用费的支付构成进口货物向中华人民共和国境内销售的条件。

（4）卖方直接或者间接从买方对该货物进口后销售、处置或者使用所得中获得的收益

如果买方在货物进口之后，把进口货物的转售、处置或使用的收益的一部分返还给卖方，这部分收益的价格应该计入完税价格中。

上述所有项目的费用或价值计入成交价格中，必须同时满足三个条件：

一是由买方负担；

二是未包括在进口货物的实付或应付价格中；

三是有客观量化的数据资料。如果缺乏客观量化的数据，导致无法确定应计入的准确金额的，则不应使用成交价格方法估价，而使用其他估价方法确定该货物的完税价格。

2. 扣减项目

（1）厂房、机械或者设备等货物进口后发生的建设、安装、装配、维修或者技术援助费用，但是保修费用除外。

（2）货物运抵境内输入地点起卸后发生的运输及其相关费用、保险费。

（3）进口关税、进口环节海关代征税及其他国内税。

（4）为在境内复制进口货物而支付的费用。

（5）境内外技术培训及境外考察费用。

（6）同时符合下列条件的利息费用不计入完税价格：一是利息费用是买方为购买进口货物而融资所产生的；二是有书面的融资协议的；三是利息费用单独列明的；四是纳税义务人可以证明有关利率不高于在融资当时当地此类交易通常具有的利率水平，且没有融资安排的相同或者类似进口货物的价格与进口货物的实付、应付价格非常接近的。

进口货物的价款中单独列明的上述税收、费用，不计入该货物的完税价格，必须同时满足三个条件：一是有关税收或费用已经包括在进口货物的实付、应付价格中；二是有关费用是分列的，并且纳税义务人可以向海关提供客观量化的资料；三是有关费用应在合理范围内。

如果贸易中存在上述规定的税收或费用之一的，但是买卖双方在贸易安排中未单独分列上述费用，或者缺乏客观量化资料，则本条所述的各项费用不得予以扣除。

例如，买卖双方在交易中规定卖方应承担厂房、机械或者设备等货物进口后发生的建设、安装、装配、维修或者技术援助费用，且费用已经包括在合同总价中，卖方不再另行向买方收取。但是贸易单证中未单列厂房、机械或者设备等货物进口后发生的建设、安装、装配、维修或者技术援助的费用清单，同时买方也无法向海关提供上述费用的实际发生金额，则即使卖方承担了上

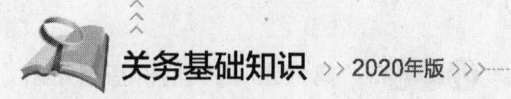

述行为，费用也不得从完税价格中扣除。

需注意，只有在使用成交价格估价方法时，海关才需使用本条规定的价格调整项目对买卖双方的交易价格进行调整。在使用其他估价方法时，因已不再使用买卖双方的交易金额，而另行参照其他价格估定，因此也不再涉及上述加项及减项价格调整项目。

三、成交价格需满足的条件

按照《审价办法》，成交价格除需符合上述定义要求外，还要满足成交价格要求的四项条件。如其中任一条件不能满足，则成交价格估价方法同样不能适用。

（一）买方对进口货物的处置和使用不受限制

本项所指的限制是指买方购得进口货物以后，包括已经全额支付货款以后，仍旧不能自由处置或使用该货物，而只能在卖方设定的范围内使用该货物。

例如，卖方规定买方购买的设备只能用于教学目的，而不能出售。通常情况下，买方购买进口货物的目的，是以支付货价作为交换，获得了该货物的自由使用权。但是，如果卖方对买方处置或使用货物设置限制，则可以认定其价格构成不完整，买方付出的款项只对应货物的部分价值。如果买方对进口货物的处置权或者使用权受到限制，则进口货物就不适用成交价格估价方法。

有下列情形之一的，视为对买方处置或者使用进口货物进行了限制：一是进口货物只能用于展示或者免费赠送的；二是进口货物只能销售给指定第三方的；三是进口货物加工为成品后只能销售给卖方或者指定第三方的；四是其他经海关审查，认定买方对进口货物的处置或者使用受到限制的。

需要注意，以下三种限制并不影响成交价格的成立：

一是法律、行政法规规定实施的限制。法律、行政法规规定实施的限制是国家政府规定的具有普遍性的限制，这种限制对交易各方均有约束力，且限制的实施主体不是交易的卖方，同时卖方也无法控制限制的发生，因此即使存在上述限制，交易价格也不会受到影响。

二是对货物销售地域的限制。如果对于货物销售地域的限制是国外卖方的经营政策，同时该经营政策适用于所有的购买人，则该限制是符合商业惯例的通常做法，反映了卖方对于销售地市场的区分。在制定销售价格时，该限制对于交易价格本身不产生影响，也不会改变买方确定购买价格的意愿。

三是对货物价格无实质性影响的限制。该条款属于保留条款，设定了判断限制可接受程度的整体原则，在应用本条款时，应注重审核个案的具体情况，区别贸易的实际安排、贸易环境及限制的影响范围从而做出综合判定。

（二）进口货物的价格不应受到某些条件或因素的影响而导致该货物的价格无法确定

进口货物的成交价格应为向境内销售时对应的价格，即销售行为与被估货物的交易价格应存在一一对应关系，如果销售行为不但针对被估货物，还针对其他无法客观量化的因素，则有理由认为货物的价格受到了使该货物成交价格无法确定的条件或因素的影响。例如，卖方在销售某畅销产品的同时，还捆绑销售某滞销产品。如无法区分畅销及滞销产品分别的实际价格，则可以认定其成交价格受到无法确定的条件或者因素的影响。

有下列情形之一的，视为进口货物的价格受到了使该货物成交价格无法确定的条件或者因素的影响：

一是进口货物的价格是以买方向卖方购买一定数量的其他货物为条件而确定的；

二是进口货物的价格是以买方向卖方销售其他货物为条件而确定的；

三是其他经海关审查，认定货物的价格受到使该货物成交价格无法确定的条件或者因素影响的。

（三）卖方不得直接或间接从买方获得因转售、处置或使用进口货物而产生的任何收益，除非上述收益能够被合理确定

如果买方在购得进口货物后，仍需将部分再销售收益返还给卖方，则上述需返还的利润或收益应计入进口货物的完税价格。转售收益可视同于销售中的分期付款，在进口时，买卖双方约定了部分款项，余额部分在货物进口以后再逐步返还。

判断是否存在转售收益的关键在于买方是否承担了未来的付款义务，上述款项向谁支付、支付行为是否发生并不是判断的依据。例如，买卖双方约定了买方需将部分转售收益返还给卖方，但是卖方因多种考虑，要求买方将上述款项直接支付给卖方在境内的子公司。根据本款规定，上述行为属于卖方间接获得的因买方销售、处置或使用进口货物而产生的收益，如果有客观量化的数据，海关应将其计入进口货物的完税价格，使用成交价格估价方法，否则需使用其他方法另行估价。例如，国内某单位进口电影放映设备，合同约定，买方在货物进口后五年内，每年按照影院销售收入的10%作为收益返还。因影院每年的销售收入无法准确预计，则不能适用成交价格方法估定价格。如果合同规定，买方在进口后五年内，每年按照6万元人民币作为收益返还，则可对进口货物按照成交价格方法估定价格。

（四）买卖双方之间没有特殊关系，或虽有特殊关系但不影响成交价格

根据规定，有下列情形之一的，应当认定买卖双方有特殊关系：一是买卖双方为同一家族成员的；二是买卖双方互为商业上的高级职员或董事的；三是一方直接或间接地受另一方控制的；四是买卖双方都直接或间接地受第三方控制的；五是买卖双方共同直接或间接地控制第三方的；六是一方直接或间接地拥有、控制或持有对方5%以上（含5%）公开发行的有表决权的股票或股份的；七是一方是另一方的雇员、高级职员或董事的；八是买卖双方是同一合伙的成员的。

此外，买卖双方在经营上相互有联系，一方是另一方的独家代理、经销或受让人，若与以上规定相符，也应当视为有特殊关系。

买卖双方有特殊关系这个事实本身并不能构成海关拒绝成交价格的理由，买卖双方之间存在特殊关系，可通过价格测试或销售环境测试确定特殊关系是否对进口货物的成交价格产生影响。通过价格测试或销售环境测试其一的，则可认定特殊关系未对成交价格构成影响。

1. 价格测试

价格测试，即纳税义务人能证明其成交价格与同时或者大约同时发生的下列任何一款价格相近的，视为特殊关系未对进口货物的成交价格产生影响：

一是向境内无特殊关系的买方出售的相同或者类似进口货物的成交价格；

二是按照倒扣价格估价方法所确定的相同或者类似进口货物的完税价格；

三是按照计算价格估价方法所确定的相同或者类似进口货物的完税价格。

上述价格被称为测试价格。在使用上述价格进行比较时，需考虑商业水平和进口数量的不同，以及买卖双方有无特殊关系造成的费用差异。

2. 销售环境测试

销售环境测试，即通过对与货物销售有关的情况进行审查，如果认定符合一般商业惯例，则可以确定特殊关系未对进口货物的成交价格产生影响。

如进口货物申报价格全部符合上述成交价格定义及条件方面的要求，或有关费用虽有不符但能够进行量化数据调整的，则应首先使用成交价格估价方法确定完税价格，用以核算税款。

四、运输及相关费用、保险费用

（一）运费及其相关费用的计算标准

进口货物的运费及其相关费用，按照实际支付或应当支付的费用计算。如果进口货物的运费及其相关费用无法确定，海关应当按照该货物进口同期的正常运输成本审查确定。运输费用已包含在向海关申报的货物价格中的，不再重复计算。

运输工具作为进口货物，利用自身动力进境的，海关在审查确定完税价格时，不再另行计入运输及其相关费用。

（二）保险费的计算标准

进口货物的保险费，按照实际支付的费用计算。如果进口货物的保险费无法确定或者未实际发生，海关按照"货价加运费"两者总额的3‰计算保险费，其计算公式如下：

保险费＝（货价＋运费）×3‰

保险费用已包含在向海关申报的货物价格中的，不再重复计算。

（三）邮运货物运费计算标准

邮运进口的货物，以邮费作为运输及其相关费用、保险费。

邮运进口的商品因超过一定价值而按货物属性进行管理的，其实际支付的邮费即为运保费。如邮费已包含在向海关申报的货物价格中，不再重复计算。

【复习思考题】

1. 怎样完整理解成交价格的概念？
2. 成交价格与实付或应付价格的关系是什么？
3. 计入成交价格的项目和费用有哪些？
4. 从成交价格中应扣除的项目和费用有哪些？
5. 成交价格需要满足的各个条件如何理解，应全部满足吗？
6. 运输及相关费用、保险费用的计算方法是什么？

第三节 其他估价方法

【学习目标】

本节内容旨在让学习者掌握成交价格估价方法之外的其他估价方法。

完成本节学习，学习者应获得以下成果：

1. 掌握价格质疑与价格磋商的含义；
2. 熟悉相同及类似货物成交价格估价方法；
3. 熟悉倒扣价格估价方法；
4. 熟悉计算价格估价方法；
5. 了解合理方法。

【基本概念】

价格质疑、价格磋商、相同及类似货物成交价格估价方法、倒扣价格估价方法、计算价格估价方法、合理方法

【建议学习时间】

2 课时

因税费核算大多发生在向海关申报之前，而采用其他估价方法确定完税价格又多发生在向海关申报之后，进口人显然无法事先准确预计海关将采用何种估价方法确定完税价格，故本教材对成交价格以外的估价方法仅作基础性介绍。

一、相同及类似货物成交价格估价方法

相同及类似进口货物成交价格估价方法，即以与被估货物同时或大约同时向中华人民共和国境内销售的相同货物及类似货物的成交价格为基础，审查确定进口货物价格的方法。

相同货物，指与进口货物在同一国家或者地区生产的，在物理性质、质量和信誉等所有方面都相同的货物，但是表面的微小差异允许存在。

类似货物，指与进口货物在同一国家或者地区生产的，虽然不是在所有方面都相同，但是却具有相似的特征、相似的组成材料、相同的功能，并且在商业中可以互换的货物。

在运用这两种估价方法时，首先应使用与进口货物处于相同商业水平、大致相同数量的相同或类似货物的成交价格，且必须与进口货物同时或大约同时进口。其中的"同时或大约同时"指在海关接受申报之日的前后各 45 天以内。只有在上述条件不满足时，才可采用以不同商业水平和不同数量销售的相同或类似进口货物的价格，但不能将上述价格直接作为进口货物的价格，须对由此而产生的价格方面的差异做出调整。此外，还需对进口货物与相同或类似货物之间由于运输距离和运输方式不同而在成本和其他费用方面产生的差异进行调整。上述调整必须建立在客

观量化的数据资料的基础上。

另外，在采用相同或类似货物成交价格法确定进口货物价格时，首先应使用同一生产商生产的相同或类似货物的成交价格，只有在没有同一生产商生产的相同或类似货物的成交价格的情况下，才可以使用同一生产国或地区不同生产商生产的相同或类似货物的成交价格。如果有多个相同或类似货物的成交价格，应当以最低的成交价格为基础估定进口货物的价格。

二、倒扣价格估价方法

倒扣价格估价方法即以进口货物、相同或类似进口货物在境内第一环节的销售价格为基础，扣除境内发生的有关费用来估定货物价格。

需满足的条件主要有：

一是在被估货物进口时或大约同时，以该货物、相同或类似进口货物在境内销售的价格。其中"进口时或大约同时"指在海关接受进口货物申报之日的前后各45天以内。如果该货物、相同或者类似货物没有在海关接受进口货物申报之日前后45天内在境内销售，可以将在境内销售的时间延长至海关接受货物申报之日前后90天内。

二是按照该货物进口时的状态销售的价格。如果没有按进口时的状态销售的价格，应纳税义务人要求，可以使用经过加工后在境内销售的价格作为倒扣的基础。

三是在境内第一环节销售的价格。"第一环节"是指有关货物进口后进行的第一次转售，且转售者与境内买方之间不能有特殊关系。

四是向境内无特殊关系方销售的价格，即成交价格估价方法规定的特殊关系。

五是按照该价格销售的货物合计销售总量最大，即必须使用被估的进口货物、相同或类似进口货物合计销售总量最大的价格为基础估定货物价格。

使用倒扣价格法时，还必须扣除一些费用，这些倒扣项目根据规定有以下四项：

1. 同等级或者同种类货物在境内第一销售环节销售时，通常的利润和一般费用（包括直接费用和间接费用）及通常支付的佣金；

2. 货物运抵境内输入地点起卸后的运输及其相关费用、保险费；

3. 进口关税、进口环节海关代征税及其他国内税；

4. 加工增值额。如果以货物经过加工后在境内转售的价格作为倒扣价格的基础，则必须扣除加工增值部分。加工增值额应当依据与加工成本有关的客观量化数据资料，该行业公认的标准、计算方法及其他的行业惯例计算。

按照规定确定扣除的项目时，应当使用与国内公认的会计原则相一致的原则和方法。

三、计算价格估价方法

计算价格估价方法既不是以成交价格，也不是以在境内的转售价格作为基础，而是以发生在生产国或地区的生产成本作为基础的价格。按有关规定采用计算价格法时，进口货物的完税价格由下列各项目的总和构成。

一是生产该货物所使用的料件成本和加工费用。料件成本是指生产被估货物的原料成本，包括原材料的采购价值及原材料投入实际生产之前发生的各类费用。"加工费用"是指将原材料加工为制成品过程中发生的生产费用，包括人工成本、装配费用及有关间接成本。

二是向境内销售同等级或者同种类货物通常的利润和一般费用（包括直接费用和间接费用）。

三是货物运抵中华人民共和国境内输入地点起卸前的运输及其相关费用、保险费。计算价格估价方法按顺序为第五种估价方法，但如果进口货物纳税义务人提出要求，可以与倒扣价格估价方法颠倒顺序使用。此外，海关在征得境外生产商同意并提前通知有关国家或者地区政府后，可以在境外核实该企业提供的有关资料。

四、合理方法

合理方法，是指当海关不能根据成交价格估价方法、相同货物成交价格估价方法、类似货物成交价格估价方法、倒扣价格估价方法和计算价格估价方法确定完税价格时，根据公平、统一、客观的估价原则，以客观量化的数据资料为基础审查确定进口货物价格的估价方法。

合理方法本身不是一种具体的估价方法，实际运用时，应按顺序合理、灵活使用成交价格估计方法、相同货物成交价格估计方法、类似货物成交价格估计方法、倒扣价格估计方法和计算价格估计方法。

例如，使用相同或类似货物成交价格估价方法时，必须采用与被估货物同一原产地的货物价格；而使用合理方法估价时就可采用与被估货物原产国家发展程度相当的其他国家的相同或类似货物价格进行估定。又如，使用倒扣价格估价方法时，有时间要素要求的限制，不得采用被估货物进口前后90天外的价格作为倒扣价格的基础；而按照合理方法估价，只要不违背客观、公平、统一的海关估价原则，这个期限就可以突破。

在运用合理方法估价时，禁止使用以下六种价格：

1. 境内生产的货物在境内的销售价格；

2. 可供选择的价格中较高的价格；

3. 货物在出口地市场的销售价格；

4. 以计算价格法规定之外的价值或者费用计算的相同或者类似货物的价格；

5. 出口到第三国或地区货物的销售价格；

6. 最低限价或武断、虚构的价格。

进口货物估价方法如图6-1所示。

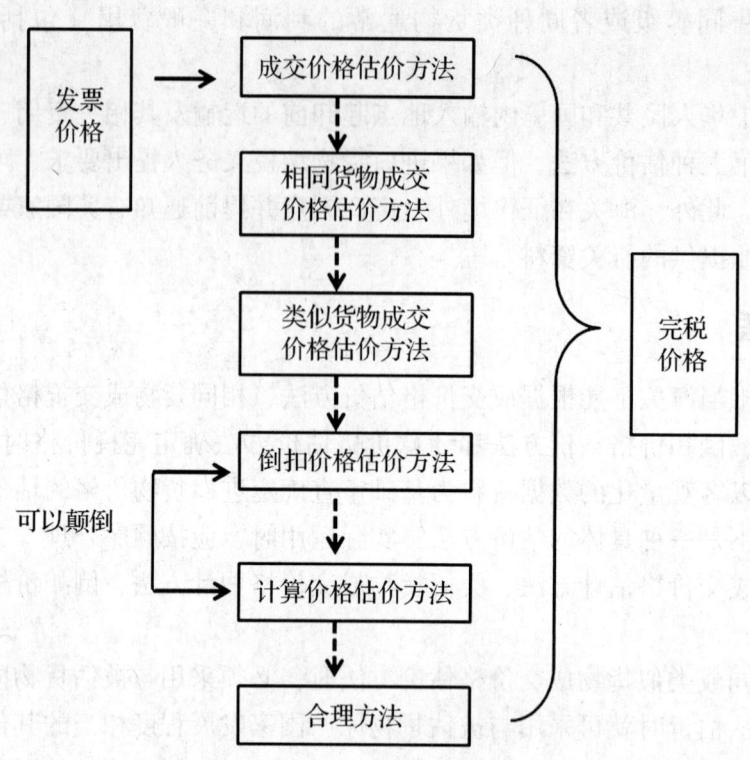

图 6-1　进口货物估价方法

【复习思考题】

1. 其他估价方法使用的顺序是什么？
2. 什么是相同货物？什么是类似货物？
3. 什么是合理方法？

第四节　特殊交易方式下进口货物完税价格审定方法

【学习目标】

本节内容旨在让学习者掌握特殊交易方式下进口货物完税价格审定方法。

完成本节学习，学习者应获得以下成果：

1. 熟悉内销保税货物的估价方法；
2. 熟悉出境修理复运进境货物的估价方法；
3. 熟悉出境加工复运进境货物的估价方法；
4. 熟悉暂时进境货物的估价方法；
5. 熟悉租赁进口货物的估价方法；
6. 熟悉特定减免税货物经批准出售、转让情况下的估价方法；
7. 了解无成交价格货物的估价方法；
8. 了解软件介质的估价方法；

9. 了解跨境电子商务零售进口商品的估价方法。

【基本概念】

原进口价格、出区价格、入区价格、复运进境、留购价格、实际交易价格

【建议学习时间】

2 课时

海关对前述进口货物完税价格的审核，应遵从上述成交价格的定义及应满足条件的规定依次确定完税价格，但对部分特殊交易形式的进口货物，我国海关另行规定了价格审核确定方式。按照《审价办法》与《内销保税货物审价办法》对不同交易形式或不同类型的货物审定完税价格相关规定及本教材编写体例的要求，下列交易形式及货物为本教材所指的特殊进口货物。

一、内销保税货物

（一）非特殊区域及保税监管场所内加工贸易企业内销保税货物

目前，海关对保税加工货物主要实施物理围网及非物理围网两种监管模式。物理围网主要在保税区、保税港区、保税物流园区、出口加工区、综合保税区等海关特殊区域内，非物理围网在上述特殊区域以外。保税监管场所主要指保税仓库、出口监管仓库。

加工贸易是一种特殊的贸易方式，其特点是进口料件属于海关监管的保税货物，进口料件主要是为了加工出口产品。如果因为某些原因，企业需申请将以进料加工、来料加工贸易方式进口后不再复运出口的料件或者其制成品（包括残次品）内销时，需要依照以下规定确定完税价格：

1. 进口料件或者其制成品（包括残次品）内销时，海关以料件原进口成交价格为基础审查确定完税价格。

属于料件分批进口，并且内销时不能确定料件原进口对应批次的，海关可按照同项号、同品名和同税号的原则，以其合同有效期内或电子账册核销周期内已进口料件的成交价格计算所得的加权平均价为基础审查确定完税价格。

合同有效期内或电子账册核销周期内已进口料件的成交价格加权平均价难以计算或者难以确定的，海关以客观可量化的当期进口料件的成交价格加权平均价为基础审查确定完税价格。

2. 来料加工料件或者其制成品（包括残次品）内销时，以海关接受内销申报的同时或者大约同时进口的与料件相同或者类似的保税货物的进口成交价格为基础审查确定完税价格。

（二）海关特殊监管区域、保税监管场所内保税物流货物内销

保税物流货物，是指经海关批准未办理纳税手续，进境内储存后复运出境的货物，也称作保税仓储货物。目前随着我国海关特殊区域和保税监管场所种类和政策功能的逐步拓展，由区域或场所内销的保税物流货物在运出区域或场所前的交易方式也日趋多样，大致归纳起来主要有以下几种。

1. 区域或场所内企业在境外将货物买断后运入保税区进行保税仓储，仓储一段时间后自行

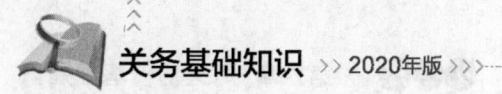

向海关申报内销。

2. 境内区外企业在境外将货物买断后运入区域或场所进行保税仓储，仓储一段时间后自行向海关申报内销。

3. 区域或场所内企业在区内买断属于外商或其他国内企业（包括区域或场所内企业和境内区外企业）的保税仓储货物，由最终的境内购货企业直接将货物继续仓储一段时间后向海关申报出区。

4. 境内区外企业在区内买断属于外商或其他国内企业（包括保税区内企业和境内区外企业）的保税仓储货物，由最终的境内购货企业直接或将货物继续委托仓储一段时间后向海关申报内销。

世界贸易组织《海关估价协定》并未规定特殊区域的估价管理方法，从世界各国的海关估价实践看，特殊区域货物的估价原则与一般进出口货物相比不存在差异，其区别仅是在选取的估价时点和交易对象存在差异。通常一般进出口货物申报时只存在一次交易行为，而特殊区域则存在两次交易，第一次为自境外进入境内特殊区域，第二次为自特殊区域进入境内区外。

根据各国估价时选择的交易对象不同，针对特殊区域的估价立法主要分两种类型，第一类是以出区（自特殊区域进入境内）价格为基础，第二类是以入区（自境外进入特殊区域）价格为基础。我国对此的做法是以出区价格为基础确定该类交易的完税价格。

根据各国估价时选择的交易对象不同，针对特殊区域的估价立法主要分两种类型，第一类是以出区价格为基础，第二类是以入区价格为基础。我国对此的做法是以出区价格为基础确定该类交易的完税价格。

特殊监管区域的估价原则依旧适用于一般贸易的估价原则，如果自特殊监管区域进入境内区外时存在销售行为的，且符合一般进出口货物情况下成交价格定义及条件的，海关将根据成交价格估价方法审定其完税价格。如果存在某些价格调整项目的，则同样需根据相关规定计入（或扣除）该货物的完税价格。需要注意，本规定只是强调了应以出区的交易对象作为海关估价的基础，而不是规定一种新的估价方法，特殊监管区域的估价原则和估价方法未发生改变。

海关特殊监管区域、保税监管场所内保税物流货物内销需按照以下规定确定完税价格：以该货物运出海关特殊监管区域、保税监管场所时的内销价格为基础审查确定完税价格，该内销价格包含的能够单独列明的海关特殊监管区域、保税监管场所内发生的保险费、仓储费和运输及其相关费用，不计入完税价格。

上述内销的保税货物完税价格不能依照列明的估价方法确定时，应依次按照下列价格估定其完税价格：

一是与该货物同时或者大约同时向中华人民共和国境内销售的相同货物的成交价格。

二是与该货物同时或者大约同时向中华人民共和国境内销售的类似货物的成交价格。

三是与该货物进口的同时或者大约同时，将该进口货物、相同或者类似进口货物在第一级销售环节销售给无特殊关系买方最大销售总量的单位价格，但应当扣除以下项目：同等级或者同种类货物在中华人民共和国境内第一级销售环节销售时通常的利润和一般费用及通常支付的佣金；进口货物运抵境内输入地点起卸后的运输及其相关费用、保险费；进口关税及国内税收。

四是按照下列各项总和计算的价格：生产该货物所使用的料件成本和加工费用，向中华人民共和国境内销售同等级或者同种类货物通常的利润和一般费用，该货物运抵境内输入地点起卸前的运输及其相关费用、保险费。

五是以合理方法估定的价格。

二、出境修理复运进境货物

出境修理复运进境货物按照以下规定确定完税价格：运往境外修理的机械器具、运输工具或者其他货物，出境时已向海关报明，并在海关规定的期限内复运进境的，以境外修理费和料件费为基础审查确定完税价格。

运往境外修理的机械器具、运输工具或者其他货物再复运进境，属于特殊的贸易方式，将受损的货物运往境外进行修理，恢复到可使用状态或原状态后再复运进境。与通常的一般进口货物相比，该贸易方式下不存在销售行为，因此无须再使用成交价格估价方法对其开展审查。同时由于它的特殊性，也不可能采用相同货物价格法、类似货物价格法、倒扣价格法或计算价格法进行估价。运往境外修理的货物通常都是从国外进口的，当初进口时，海关已根据该货物的成交价格依法对其估价征税。因此，当原进口货物运往境外修理后复运进境时，根据货物所有人对外支付的修理费和料件费来确定完税价格计征税费更为合理。

三、出境加工复运进境货物

出境加工复运进境货物按照以下规定确定完税价格：运往境外加工的货物，出境时已向海关报明，并在海关规定期限内复运进境的，以境外加工费和料件费以及该货物复运进境的运输及其相关费用、保险费为基础审查确定完税价格。

出境加工指我国境内符合条件的企业将自有的原辅料、零部件、元器件或半成品等货物委托境外企业制造或加工后，在规定的期限内复运进境并支付加工费和境外料件费等相关费用的经营活动。根据委托加工协议，从货物运往境外加工到最终的产成品复运进境，货物的所有权一直未发生转移，都是属于国内货物所有人。

运往境外加工的货物再复运进境，属于特殊的贸易方式，与通常的一般贸易方式进口货物相比，该贸易方式下不存在销售行为，因此无须再使用成交价格估价方法对其开展审查。需要注意，开展出境加工业务的企业，应向其所在地主管海关办理账册设立手续，非经批准不得从事该类业务。

四、暂时进境货物

经海关批准的暂时进境货物，应当缴纳税款的按照以下内容确定完税价格：按审定一般进口货物完税价格的规定审查确定完税价格。经海关批准留购的暂时进境货物，以海关审查确定的留购价格作为完税价格。

暂时进境货物通常是指国际组织、外国政府、境内外企事业单位、团体或个人为开展经济、技术、科学、文化、教育、体育、卫生等方面的交流合作，以及进行工程施工、设备维修等项目，经海关批准而暂时运入我国境内并需复运出境的货物。

暂时进境货物与通常情况下购买的货物存在差异，暂时进境货物的所有权依旧保留在外方，进境的目的不是为了销售，因此该类货物在进境时不存在销售行为。《关税条例》第四十二条规定了海关对于暂准进境货物的征税管理，海关批准的暂时进境货物共分为两大类，第一类为

"在进境时纳税义务人向海关缴纳相当于应纳税款的保证金或者提供其他担保，可以暂不缴纳关税"的九种用于非商业目的的货物；第二类为"可以暂时免征关税范围以外的其他暂准进境货物"。

第四十二条规定的第一类暂时进境货物，在海关批准的期限内可以暂不缴纳关税，但是第二类暂时进境货物则应按照完税价格和其在境内滞留时间与折旧时间的比例，按月计算其应缴纳的进口关税。暂时进境货物在进口时应当缴纳税款的，其完税价格根据一般进出口货物列明的方法审查确定。

暂时进境货物的特点决定了在这种贸易方式下不存在销售行为，货物运入境内时，其所有权依旧为外方所有，因此进境时不存在成交价格，应根据相同货物成交价格估价方法、类似货物成交价格估价方法、倒扣价格估价方法、计算价格估价方法及合理方法依次确定其完税价格。

如果暂时进境货物在海关批准暂时进境的期限届满前不复运出境，而由国内的最终用户购买后留购的，则以海关审查确定的留购价格作为完税价格。其中留购价格是指暂时进境货物所有人向国内最终用户销售该货物时订立的价格，是国内最终用户为购买暂时进境货物而向该所有人实际支付或者应当支付的全部价款，但是不含关税、海关代征的进口环节增值税、消费税。

五、租赁进口货物

租赁是指在约定的期间内，出租人将资产使用权让与承租人以获取租金的经济行为。由于租赁是出租人向承租人让渡一定时期内的货物使用权，其实质是服务贸易，并未发生实际的货物销售。

《海关估价协定》认为在租赁贸易中，货物的所有权未发生转移，不符合货物销售的要件，不能采用成交价格方法估价。我国海关在立法中，借鉴了世界贸易组织的上述观点，规定了对于租赁货物可以根据每期的租金确定完税价格。同时，对于某些可以在进口时确定该货物的完税价格的或租金总额的，也可赋予进口商选择一次性缴纳税款的权利。

租赁期满后，租赁双方通常会约定三类形式的处理方式：留购、续租或退租。对租赁期满后，承租人需要留购该被租赁货物的，则留购价格可以视为出租人向承租人销售该货物的价格，经审核后可以根据该留购价格作为租赁货物的完税价格。对于续租情况，可比照正常租约期间以租金作为完税价格。期满退租的，不再涉及缴税。

租赁进口货物按照以下规定确定完税价格：

1. 以租金方式对外支付的租赁货物，在租赁期间以海关审定的该货物的租金作为完税价格，利息予以计入。

2. 留购的租赁货物以海关审定的留购价格作为完税价格。

3. 纳税义务人申请一次性缴纳税款的，可以选择申请按照规定估价方法确定完税价格，或者按照海关审查确定的租金总额作为完税价格。

六、特定减免税货物经批准出售、转让

特定减免税货物经批准出售、转让需按照以下规定确定完税价格：以审定的该货物原进口时的价格，扣除折旧部分价值作为完税价格。

减免税是指海关依法部分或全部免除关税纳税义务人缴纳关税义务的行政执法行为。其中部

分免除纳税义务称为减征关税，全部免除纳税义务称为免征关税。我国目前实行的减免税体系包括法定减免、特定减免和临时减免。特定减免税进口货物属于海关监管货物，只能用于特定地区、特定企业或特定用途，监管期限内不得出售、转让或移作他用。如在监管期限内经海关核准出售、转让或者移作他用的，则需根据规定对该减免税货物估价征税。

减免税货物的估价管理与一般进出口货物一致，企业进口减免税货物时，应根据一般货物的估价管理规定确定完税价格，同时对于符合条件的减免税货物给予税收减征或免征待遇。如果企业在减免税货物的监管期限内申请出售、转让或者移作他用的，则应以其进口时间的原完税价格为基础，扣除折旧部分价值后，确定应纳税的完税价格并办理纳税手续。

七、无成交价格货物

无成交价格货物需按照以下规定确定完税价格：以易货贸易、寄售、捐赠、赠送等不存在成交价格的方式进口的货物，海关与纳税义务人进行价格磋商后，应依次按照相同货物成交价格估价法、类似货物成交价格估价法、倒扣价格估价法、计算价格估价法及合理方法审查确定完税价格。

易货贸易是指交易双方不是以货币作为交易媒介，而是直接交换双方各自的货物。在易货贸易贸易方式下，由于不存在可用于衡量的货币金额，其不存在成交价格。

寄售贸易是委托代售的一种经营方式。在货物未售出前，其所有权属委托人，因不能售出或者售价下跌所产生的风险也由委托人负担。通常情况下，寄售贸易中货物的所有权以及货物损益的风险均未发生转移，不存在销售行为，也无法使用成交价格确定其完税价格。

捐赠和赠送是指国外卖方将货物的所有权无偿地交给国内企业，国内企业不承担付款义务，在这两种情况下，均不存在销售行为，不能使用成交价格估价法确定完税价格。

八、软件的介质

软件，是指《计算机软件保护条例》规定的用于数据处理设备的程序和文档。介质，是指磁带、磁盘、光盘。

进口载有专供数据处理设备用软件的介质，具有下列情形之一的，以介质本身的价值或者成本为基础审查确定完税价格：

1. 介质本身的价值或者成本与所载软件的价值分列；

2. 介质本身的价值或者成本与所载软件的价值虽未分列，但是纳税义务人能够提供介质本身的价值或者成本的证明文件，或者能提供所载软件价值的证明文件。

九、跨境电子商务零售进口商品

跨境电子商务零售进口商品按照实际交易价格作为货物完税价格，实际交易价格包括货物零售价格、运费和保险费。

近年来，我国海淘数量及规模越来越大，催生大量跨境电子商务交易。为营造公平竞争的市场环境，促进跨境电子商务零售进口健康发展，国家对跨境电子商务零售进口商品管理予以明确限定。

跨境电子商务零售进口商品必须是在《跨境电子商务零售进口商品清单》限定的范围内，

并对从事电子商务交易平台的交易、支付、物流等电子信息有明确要求。符合前述规定的，购买跨境电子商务零售进口商品的个人作为纳税义务人，实际交易价格（包括货物零售价格、运费和保险费）作为完税价格，电子商务企业、电子商务交易平台企业或物流企业可作为代收代缴义务人。

对不属于跨境电子商务零售进口的个人物品，以及无法提供交易、支付、物流等电子信息的跨境电子商务零售进口商品，按现行邮递物品进口税规定执行。

对特殊交易形式进口货物完税价格审核中涉及的运输及相关费用、保险费的确定，可参照上述的相关规定进行确定。

【复习思考题】

1. 内销保税货物如何进行估价？
2. 出境修理复运进境货物如何进行估价？
3. 出境加工复运进境货物如何进行估价？
4. 暂时进境货物如何进行估价？
5. 租赁进口货物如何进行估价？
6. 特定减免税货物经批准出售、转让情况下如何进行估价？

第五节　出口货物完税价格审定方法

【学习目标】

本节内容旨在让学习者掌握出口货物完税价格审定方法。

完成本节学习，学习者应获得以下成果：

1. 熟悉出口货物完税价格的成交价格估价方法；
2. 了解出口货物完税价格的其他估价方法。

【基本概念】

出口货物完税价格、出口销售、其他估价方法

【建议学习时间】

1 课时

我国仅对少数涉及资源、原料性物资征收出口关税，虽然范围较少，但准确核定出口货物完税价格也是报关人员必备的知识。

一、成交价格估价方法

出口货物成交价格估价方法是《审价办法》规定的第一种出口估价方法。出口货物的成交价格，是指该货物出口销售时，卖方为出口该货物应当向买方直接收取和间接收取的价款总额。

判断出口货物申报价格是否符合成交价格的要求，需考虑以下几个方面：

（一）出口销售是否符合《审价办法》的规定

出口销售是确定出口货物是否存在成交价格的前提条件。交易是否符合销售定义，应根据以下三项标准做出判断：

1. 所有权是否发生转移，是否由该交易的卖方转移给买方；
2. 买方是否为了获得该货物支付对价；
3. 货物的风险是否发生了转移，包括货物灭失的风险和货物损益的风险。

如果一项交易不能导致前述三个条件同时发生，则销售不存在，因此也就不能使用成交价格方法估价，而应采用其他方法估价。

（二）直接收取和间接收取款项是否符合《审价办法》的规定

出口货物的成交价格应包括我国卖方向国外买方直接收取和间接收取的款项总额。其中，直接收取是指我国卖方直接向国外买方收取款项，而间接收取是指国外买方根据我国卖方的要求，将货款全部或部分支付给第三方，或冲抵买卖双方之间的其他资金往来。通常情况下，我国卖方会要求国外买方直接向其支付款项。但是，如果卖方出于某种考虑，要求买方将全部或部分款项支付给第三方，只要上述支付义务是买方为了购买被估的出口货物而必须承担的，则无论买方根据我国卖方的要求将货款支付给谁，均应以买方应支付的全部款项确定完税价格。

但应注意，需征收出口关税的货物销售价格中包含了出口关税税额，按照相关规定，确定完税价格时应将出口货物价格中包含的出口关税税额予以扣除。此外，货物价款中单独列明的货物运至中华人民共和国境内输出地点装载后的运输及其相关费用、保险费也应扣除。但前述费用如未单独列明或无法证明各段费用则不予扣除。

二、其他估价方法

在审查出口单位合同或发票金额中，包括但不限于以下情况，则不能使用成交价格估价方法确定完税价格，应在磋商后依次使用其他估价方法进行确定：一是申报价格不符合出口货物成交价格的定义，例如，出口货物不存在成交价格，我国出口商将货物交付给国外卖方时，不要求对方承担付款义务；二是海关对申报价格的真实性或准确性有怀疑，启动质疑程序，出口商不能做出合理的解释，或者未能在法定的期限内做出合理解释的。其他估价方法具体为：

1. 同时或者大约同时向同一国家或者地区出口的相同货物的成交价格；
2. 同时或者大约同时向同一国家或者地区出口的类似货物的成交价格；
3. 根据境内生产相同或者类似货物的成本、利润和一般费用（包括直接费用和间接费用）、境内发生的运输及其相关费用、保险费计算所得的价格；
4. 按照合理方法估定的价格。

出口货物估价方法如图 6-2 所示。

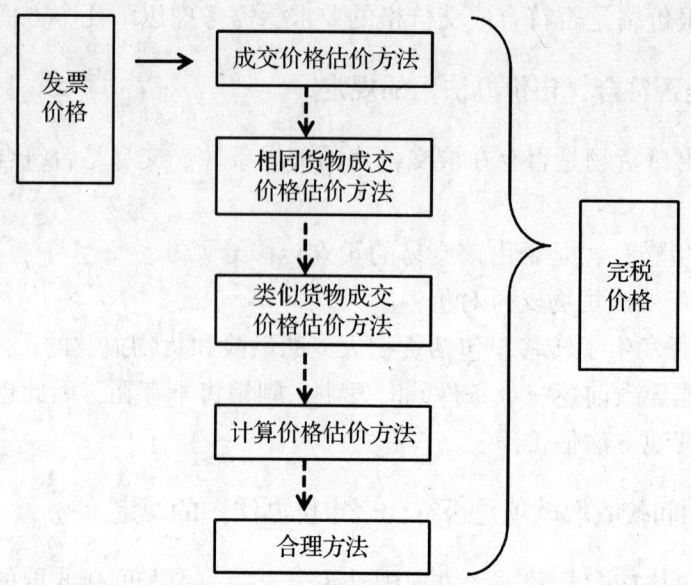

图6-2　出口货物估价方法

【复习思考题】

1. 出口货物应用成交价格估价方法的条件有哪些？
2. 出口货物应用其他估价方法的顺序是什么？

第七章 >> **原产地规则**

第一节　原产地规则概述

【学习目标】

本节内容旨在让学习者掌握原产地规则的基本知识。

完成本节学习，学习者应获得以下成果：

1. 熟悉原产地与原产地规则的概念及区别；
2. 熟悉原产地规则的主要分类；
3. 了解原产地规则包含的主要内容。

【基本概念】

原产地、原产地规则、完全获得标准、实质性改变标准、原产地证书、原产地验证及核查

【建议学习时间】

1课时

一、原产地与原产地规则

货物原产地，是指货物的来源地，即生产、采集、饲养、提取、加工或制造产品的所在地。在国际贸易中，原产地这个概念和原产国是通用的。原产地或原产国也就是货物的"经济国籍"。随着世界经济一体化和生产国际化的发展，越来越多的产品由多个国家参与制作，一方面使得参与国际贸易的货物国籍更加难以认定，另一方面又使准确认定进口货物的"经济国籍"变得更为重要。因为确定了进口货物"经济国籍"，就确定了其依照进口国（地区）的贸易政策所适用的关税和非关税待遇。原产地的不同决定了进口商品所享受的待遇不同，为适应国际贸易的需要，并为执行本国（地区）关税及非关税方面的贸易措施，进口国（地区）必须对进出口商品的原产地进行认定。为此，各国（地区）以本国（地区）立法形式制定出鉴别货物"经济国籍"的标准，这就是原产地规则。

原产地规则就是确定货物"经济国籍"的规则，最早是出于一国进行贸易统计的需要。随着国际贸易的不断发展，原产地规则适用的目的也越来越广泛，各国为了适应国际贸易的需要，并为执行本国关税及非关税方面的国别歧视性贸易措施，必须对进出口货物的原产地进行认定，但是货物原产地的认定需要以一定的标准为依据。为此，各国以本国立法形式制定出鉴别货物"经济国籍"的标准，这就是原产地规则。按照WTO《原产地规则协议》对原产地规则的定义，原产地规则是各国为确定货物的原产地而实施的普遍适用的法律、法规和行政裁定。

二、原产地规则的类别

从是否适用优惠贸易协定来分，原产地规则分为两大类：一类为优惠原产地规则，另一类为

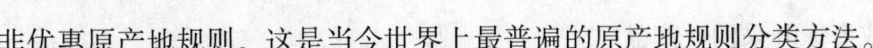

非优惠原产地规则。这是当今世界上最普遍的原产地规则分类方法。

（一）优惠原产地规则

优惠原产地规则是指一国为了实施国别优惠政策而制定的法律、法规，是以优惠贸易协定通过双边、多边协定形式或者是由本国自主制定的一些特殊原产地认定标准，因此也称为协定原产地规则。优惠原产地规则具有很强的排他性，优惠范围以原产地为受惠国（地区）的进口产品为限，其目的是促进协议方之间的贸易发展。优惠原产地规则主要有以下两种实施方式：一是通过自主方式授予，如欧盟普惠制（GSP）、中国对最不发达国家的特别优惠关税待遇；二是通过协定以互惠性方式授予，如《北美自由贸易协定》《中华人民共和国与东南亚国家联盟全面经济合作框架协议》（以下简称《中国—东盟自由贸易协定》）等。由于优惠原产地规则是用于认定进口货物能否享受比最惠国更优惠待遇的依据，因此其认定标准通常会与非优惠原产地规则不同，其宽或严完全取决于成员方。进口国（地区）为了防止此类优惠措施被滥用或规避，一般都制定了货物直接运输的条款。

我国加入世界贸易组织后，为了进一步改善所处的贸易环境，推进市场多元化进程，目前，共签订了《亚太贸易协定》《中国—东盟自由贸易协定》等18个优惠贸易协定或安排。上述优惠贸易协定中均包含有相应的优惠原产地规则。

（二）非优惠原产地规则

非优惠原产地规则，是一国根据实施其海关税则和其他贸易措施的需要，由本国立法自主制定的，因此也称为自主原产地规则。按照世界贸易组织的规定，适用于非优惠性贸易政策措施的原产地规则，其实施必须遵守最惠国待遇原则，即必须普遍地、无差别地适用于所有原产地为最惠国的进口货物。它包括实施最惠国待遇、反倾销和反补贴税、保障措施、数量限制或关税配额、原产地标记或贸易统计、政府采购时所采用的原产地规则。《WTO 协调非优惠原产地规则》正由各国进行磋商，待谈判达成一致并正式实施后，世界贸易组织成员将实施统一的协调非优惠原产地规则，以取代各国自主制定的非优惠原产地规则。

三、原产地规则的主要内容

（一）原产地认定标准

在认定货物的原产地时，会出现以下两种情况：一种是货物完全是在一个国家（地区）获得或生产制造，另一种是货物由两个或两个以上国家（地区）生产或制造。目前，世界各国（地区）原产地规则，无论是优惠原产地规则还是非优惠原产地规则，都包含这两种货物的原产地认定标准。

1. 完全获得标准

对于完全在一国（地区）获得的产品，如农产品或矿产品，各国的原产地认定标准基本一致，即以产品的种植、开采或生产国为原产国，这一标准通常称为"完全获得标准"（Wholly Obtained Standard）。

世界海关组织《京都公约》规定可视为完全获得产品的各种情况有：

（1）在该国土地、领水或海床开采的矿产品；

（2）在该国收获或采集的植物产品；

（3）在该国出生和饲养的活动物；

（4）在该国从活动物所得产品；

（5）在该国狩猎或捕捞所得产品；

（6）海上捕捞所得产品及该国船只在海上得到的其他产品；

（7）由该国加工船完全使用上述第6项的产品加工制得产品；

（8）在该国领水以外的海洋积土或底土开采的产品，只要该国对这些海洋积土或底土拥有单独开发权；

（9）在该国收集并只适于原材料回收的、在制造或加工过程中得到的废碎料及废旧物品；

（10）在该国完全使用上述第（1）项至第（9）项的产品生产而制得的货物。

在确定货物是否在一个国家（地区）完全获得时，为运输、储存期间保存货物而做的加工或者处理，为货物便于装卸而进行的加工或者处理，为货物销售而进行的包装等加工或者处理等，不予考虑。

2. 实质性改变标准

对于经过几个国家（地区）加工、制造的产品，各国多以最后完成实质性加工的国家为原产国，这一标准通常称为"实质性改变标准"（Substantial Transformation Standard）。

实质性改变标准包括税则归类改变标准、从价百分比标准（或称增值百分比标准、区域价值成分标准等）、加工工序标准、混合标准等。

（1）税则归类改变标准是指在某一国家（地区）对非该国（地区）原产材料进行加工、制造后，所得货物在《协调制度》中的某位数级税目归类发生了变化。

（2）从价百分比标准是指在某一国家（地区）对非该国（地区）原产材料进行加工、制造后的增值部分超过了所得货物价值的一定比例。

（3）加工工序标准是指在某一国家（地区）进行的赋予制造、加工后所得货物基本特征的主要工序。

（4）混合标准是指将上述两种或两种以上标准结合起来制定货物的原产地标准。

（二）补充规则

在国际通行的原产地规则中，除了原产地标准外，还包括一些补充或辅助规则，以确保原产地规则的完整性。补充规则或辅助规则主要分为累积规则、微小加工及处理规则、微小含量规则等，其中累积规则主要用于优惠原产地规则当中。

（三）直接运输规则

为保障缔约各方的优惠贸易利益，目前大多数国家的优惠原产地规则中都设有直接运输规则条款。直接运输规则是指在各项优惠贸易安排中，关于原产货物应当从出口方直接运至进口方的有关规定，主要包括满足直接运输规则的一般条件和有关单证要求。理论上在两个国家均设有对外贸易港口的情况下，两国间的货物贸易遵守直接运输规则并不难，但是由于世界上有许多国家为内陆国或受航线限制，其对外贸易必然要通过第三方的领土。同时，随着国际贸易的发展，转口贸易已成为国际贸易的常态。因此，严格意义上的直接运输是很难满足的，为了解决这个问题，在国际通行的原产地规则中通常规定基于地理原因或转运贸易的需要，货物从出口方运至进口方途中运经第三方，在一定条件下仍可视为直接运输。

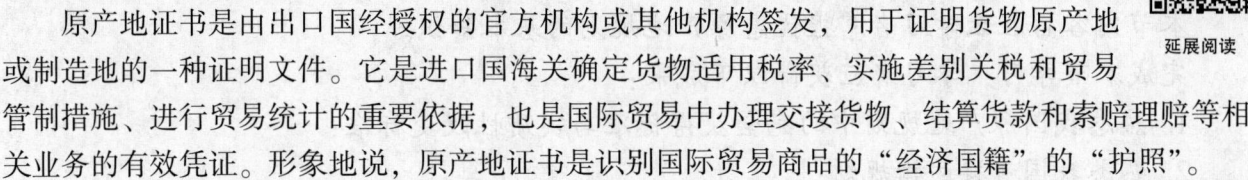

延展阅读

（四）原产地证书

原产地证书是由出口国经授权的官方机构或其他机构签发，用于证明货物原产地或制造地的一种证明文件。它是进口国海关确定货物适用税率、实施差别关税和贸易管制措施、进行贸易统计的重要依据，也是国际贸易中办理交接货物、结算货款和索赔理赔等相关业务的有效凭证。形象地说，原产地证书是识别国际贸易商品的"经济国籍"的"护照"。

常见的原产地证书有一般原产地证书、互惠原产地证书。一般原产地证书是各国根据自行制定的原产地规则和有关要求签发的一种非优惠原产地证书。该原产地证书的格式由各国按《京都公约》所推荐的样式自行制定，进口商持该类原产地证书报关的进口货物，一般按最惠国税率征税。其适用范围包括征收关税、贸易统计、国别配额、反倾销、反补贴、保障措施、原产地标记和政府采购等方面。凡在我国生产或制造的用于出口的商品，只要符合《原产地条例》有关原产地规则的要求，均可向有关签证机构申领该类原产地证书。我国规定的原产地证书签发机构是海关及贸促会。

互惠原产地证书是指参与区域贸易安排或其他优惠贸易协定安排的各国授权机构签发的优惠原产地证书，是货物从缔约一方输入另一方时享受优惠关税待遇的凭证。优惠原产地证书的格式由各协定或安排缔约国各方商定，缔约各方可以采用统一的原产地证书格式，也可各自采用本国的原产地证书格式。优惠原产地证书必须按照有关贸易协定或安排的规定，由出口方的授权机构签发。

（五）货物原产地的验证及核查

原产地的验证是指一国海关对进口货物原产地进行实货查验或对其原产地证件进行检验和确认的过程，以此保证单货一致。货物原产地核查既包括对原产地证件的进一步跟踪验核，又包括对进出口货物和有关进出口商的核查。根据《京都公约》所确定的指导原则，海关应当在原产地证书签发之日起一年内发起原产地核查。对于进口方海关提出的核查请求，出口方有关当局或机构最长应当在六个月内予以答复。对于优惠贸易安排项下的进口货物，原产地核查的期限从三个月到六个月不等。

【复习思考题】

1. 原产地和原产地规则的关系是什么？
2. 什么是原产地规则？它的主要分类有哪些？
3. 原产地规则包含哪些主要内容？

第二节 优惠原产地规则

【学习目标】

本节内容旨在让学习者掌握优惠原产地规则的基本知识。

完成本节学习，学习者应获得以下成果：

1. 熟悉我国原产地规则中的完全获得标准与实质性改变标准；

2. 熟悉我国直接运输规则；

3. 了解我国原产地证书的签发要求；

4. 了解各自由贸易协定和优惠贸易安排项下的原产地管理要求。

【基本概念】

优惠原产地规则　完全获得标准、实质性改变标准、直接运输规则、原产地证书

【建议学习时间】

2 课时

优惠原产地规则是指各国（地区）为了实施各种优惠贸易政策而制定的原产地规则，也称为协定原产地规则。优惠贸易政策可以是单向给惠的，例如特惠制；也可以是双向给惠的，例如自由贸易协定。优惠原产地规则作为优惠贸易政策的重要配套工具，具有很强的排他性。一般认为，优惠原产地规则应当比非优惠原产地规则严格，与此同时，优惠原产地规则下进口货物税率也比最惠国税率更优惠。

我国加入 WTO 后，为了进一步改善所处的贸易环境，推进市场多元化进程，截至 2019 年 2 月底共签订了：《亚太贸易协定》（原《亚洲及太平洋经济和社会理事会发展中国家成员国关于贸易谈判的第一协定》，又称《曼谷协定》）、《中国—东盟自由贸易协定》《内地与香港关于建立更紧密经贸关系的安排》《内地与澳门关于建立更紧密经贸关系的安排》《中华人民共和国政府与巴基斯坦伊斯兰共和国政府自由贸易协定》《中华人民共和国与智利共和国政府自由贸易协定》《中华人民共和国政府和新西兰政府自由贸易协定》《中华人民共和国政府和新加坡共和国政府自由贸易协定》《中华人民共和国政府和秘鲁共和国政府自由贸易协定》、对埃塞俄比亚等最不发达国家给予的特别优惠关税待遇、《海峡两岸经济合作框架协议》（ECFA）及对台湾地区农产品零关税优惠措施、《中华人民共和国政府和哥斯达黎加共和国政府自由贸易协定》《中华人民共和国政府和冰岛政府自由贸易协定》《中华人民共和国和瑞士联邦自由贸易协定》《中华人民共和国政府和澳大利亚政府自由贸易协定》《中华人民共和国政府和大韩民国政府自由贸易协定》《中华人民共和国政府和格鲁吉亚政府自由贸易协定》等优惠贸易协定。

为加强我国优惠原产地的统一管理，海关总署于 2009 年 1 月发布了《中华人民共和国进出口货物优惠原产地管理规定》（以下简称《优惠原产地管理规定》）。《优惠原产地管理规定》与各项自由贸易协定和优惠贸易安排项下的原产地管理办法，初步构成我国优惠原产地管理的基

本框架。

一、《优惠原产地管理规定》的主要内容

（一）适用范围

适用于对优惠贸易项下进出口货物原产地管理。

（二）原产地标准

《优惠原产地管理规定》就优惠贸易项下普遍适用的原产地认定作了统领性规定。对于完全在一国（地区）获得或者生产的货物，适用完全获得标准。对于非完全在一国（地区）获得或者生产的货物，适用实质性改变标准。

1. 完全获得标准

完全获得，即从优惠贸易协定成员国或者地区（以下简称"成员国或者地区"）直接运输进口的货物是完全在该成员国或者地区获得或者生产的，这些货物指：

（1）在该成员国或者地区境内收获、采摘或者采集的植物产品；

（2）在该成员国或者地区境内出生并饲养的活动物；

（3）在该成员国或者地区领土或者领海开采、提取的矿产品；

（4）其他符合相应优惠贸易协定项下完全获得标准的货物。

原产于优惠贸易协定某一成员国或者地区的货物或者材料在同一优惠贸易协定另一成员国或者地区境内用于生产另一货物，并构成另一货物组成部分的，该货物或者材料应当视为原产于另一成员国或者地区境内。

为便于装载、运输、储存、销售进行的加工、包装、展示等微小加工或者处理，不影响货物原产地确定。在货物生产过程中使用，本身不构成货物物质成分，也不成为货物组成部件的材料或者物品，其原产地不影响货物原产地确定。

2. 实质性改变标准

主要分税则归类改变标准、区域价值成分标准、制造加工工序标准、其他标准。

（1）税则归类改变标准

是指原产于非成员国或者地区的材料在出口成员国或者地区境内进行制造、加工后，所得货物在《协调制度》中税则归类发生了变化。

（2）区域价值成分标准

是指出口货物船上交货价格（FOB）扣除该货物生产过程中该成员国或者地区非原产材料价格后，所余价款在出口货物船上交货价格（FOB）中所占的百分比。

区域价值成分 = [货物的出口价格（FOB）−非原产材料价格] /货物的出口价格（FOB）×100%

（3）制造加工工序标准

是指赋予加工后所得货物基本特征的主要工序。

（4）其他标准

是指除上述标准之外，成员国或者地区一致同意采用的确定货物原产地的其他标准。

（三）直接运输规则

直接运输是指优惠贸易协定项下进口货物从该协定成员国或者地区直接运输至中国境内，途中未经过该协定成员国或者地区以外的其他国家或者地区。

原产于优惠贸易协定成员国或者地区的货物，经过其他国家或者地区运输至中国境内，不论在运输途中是否转换运输工具或者作临时储存，同时符合下列条件的，视为直接运输：

1. 该货物在经过其他国家或者地区时，未做除使货物保持良好状态所必须处理以外的其他处理；

2. 该货物在其他国家或者地区停留的时间未超过相应优惠贸易协定规定的期限；

3. 该货物在其他国家或者地区作临时储存时，处于该国家或者地区海关监管之下。

为便利各优惠贸易安排中直接运输条款的实施，对于经香港或澳门之外的第三方中转的自由贸易协定项下货物，进口单位申报适用协定税率或特惠税率时可向海关提交符合要求的运输单证；对经香港或澳门中转的货物可提交中转确认书或符合规定的运输单证，海关不再要求提交中转地海关出具的证明文件。

（四）原产地证书及签证机构

原产地证书是证明产品原产地的书面文件，是受惠国的产品出口到给惠国时享受关税优惠的重要凭证。

CEPA、ECFA项下原产地证书所列货物税则号列与海关认定的实际进口货物税则号列前八位应当相同；其他优惠贸易协定货物，实际税则号列与原产地证书所列货物税则号列前六位应当相同。

我国规定，海关、中国国际贸易促进会及其地方分会（以下简称"贸促机构"）有权签发出口货物原产地证书。进口原产地证书签发机构在各自由贸易协定或优惠贸易安排中均有明确的规定，进口申报时必须提供指定机构签发的原产地证书。另外，部分自由贸易协定项下进口货物规定了可凭规定格式的原产地声明代替原产地证书。对低于一定金额的货物，部分自由贸易协定还规定了可免于提交原产地证书或原产地声明。

（五）申报及审核要求

货物申报进口时，进口货物收货人或者其代理人（以下简称"进口人"）应当按照海关的申报规定填制中华人民共和国海关进口货物报关单，声明适用协定税率或者特惠税率，并同时提交货物的有效原产地证书正本。为便利自由贸易协定实施，对于已经实现电子数据联网并收到原产地电子数据的货物，进口人申报进口时可不再向海关提交纸质原产地证书（海关另有要求的除外）或者相关优惠贸易协定规定的原产地声明文件，货物的商业发票正本、运输单证等其他商业单证。

进口人向海关提交的原产地证书，应当符合相应优惠贸易协定关于证书格式、填制内容、签章、提交期限等规定，并与商业发票、报关单等单证的内容相符。报关单所列货物数量不得超过原产地证书上该商品的数量。

原产地证书"收货人"栏（或"货物运至"栏）所列的收货人应当为中国境内企业。当

"收货人"栏（或"货物运至"栏）不是中方实际收货人或者非中国境内企业时，我方境内实际收货人应当出示合同、发票等商业单证，证明其与原产地证书上的收货人存在商业贸易关系。出具货物商业发票的出口商是否为货物原产地的出口商，不影响海关对货物原产地的认定。

原产地证书与报关单的关系是一份报关单应当对应一份原产地证书；一份原产地证书应当对应同一批次进口货物；同一批次进口货物指由同一运输工具同时运抵同一口岸，并且属于同一收货人，使用同一提单的进口货物。

对于客观原因（集装箱货物因海河联运需大船换小船、因海陆联运需分车运输，陆路运输集装箱货物需大车换小车以及其他多式联运情况下同一批次货物在中转地需要分拆由多个小型运输工具进行中转运输的情况等）导致有关进口货物在运抵中国关境（运抵口岸）前必须分批运输的情况，不影响同一批次的认定。同一批次出口货物比照上述规定进行审核认定。

货物申报出口时，出口货物发货人应当按照海关的申报规定填制中华人民共和国海关出口货物报关单，并向海关提交原产地证书电子数据或者原产地证书正本的复印件。

海关对上述单证有疑问的，进口人应当补充提交相关资料。

（六）补充申报及保证金收取

进口申报时未按照规定提交原产地证书、原产地声明的，进口人应就货物是否具备原产地资格向海关补充申报。按照规定补充申报的，海关可根据申请，收取相当于应缴税款的等值保证金先行办理放行手续。进口人可按规定在一定的期限内向海关申请退还缴纳的保证金。

（七）原产地标记

优惠贸易协定项下进出口货物及其包装上标有原产地标记的，其原产地标记所标明的原产地应当与依照《优惠原产地管理规定》有关规定确定的货物原产地一致。

（八）货物查验

按照规定，为确定货物原产地是否与进口人提交的原产地证书及其他单证相符，海关可以对进出口货物进行查验，通过验核原产地标记、规格型号、品质、货柜号码及封志，必要时采取取样化验等方式判定货物原产地。具体程序依照《中华人民共和国海关进出口货物查验管理办法》的有关规定办理。

（九）原产地核查

海关认为需要对进口人提交的原产地证书的真实性、货物是否原产于成员国或者地区进行核查的，应当按照该货物适用的最惠国税率、普通税率或者其他税率收取相当于应缴税款的等值保证金后放行货物。

海关认为必要时，可以对优惠贸易协定项下出口货物原产地进行核查，以确定其原产地。应成员国或者地区要求，海关可以对出口货物原产地证书或者原产地进行核查，并应当在相应优惠贸易协定规定的期限内反馈核查结果。

（十）不适用协定税率或者特惠税率的情形

1. 进口人在货物申报进口时没有提交有效原产地证书、原产地声明，也未就进口货物是否

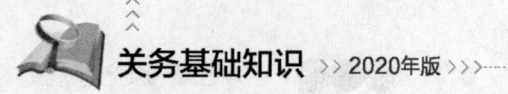

具备原产地资格向海关补充申报的；

2. 进口人未提供商业发票、运输单证等其他商业单证，也未提交其他证明文件的；

3. 经查验或原产地核查，确认货物原产地与申报内容不符，或者无法确定货物真实原产地的；

4. 未按补充申报相关规定，在货物申报进口之日起一年内补交有效的原产地证书的；

5. 我国海关已要求优惠贸易协定有关成员方签证机构或原产地主管机构开展核查，在规定期限内未收到核查反馈结果的。

需要注意，以上任一项未达到要求，均不得适用协定税率或特惠税率，即使货物确为签有自由贸易协定或优惠贸易安排的国家原产。

（十一）原产地行政裁定

进出口货物收发货人可以依照《中华人民共和国海关行政裁定管理暂行办法》有关规定，向海关申请原产地行政裁定。海关总署可以依据有关法律、行政法规、海关规章的规定，对进出口货物做出具有普遍约束力的原产地决定。

（十二）原产地预裁定

货物拟进出口三个月前，与实际进出口货物有关且在海关注册登记的对外贸易经营者，可以书面向注册地直属海关对拟进出口货物的原产地做出预裁定申请，申请人应当按照规定向海关提供做出原产地预裁定所需的资料。

海关应当在收到原产地预裁定书面申请及全部必要资料之日起 60 天内对该进口货物做出原产地预裁定决定，并对外公布。

已做出原产地预裁定决定的货物，自预裁定决定做出之日起三年内实际进出口时，经海关审核其实际进口的货物与预裁定决定所述货物相符，且原产地确定标准未发生变化的，海关不再重新确定该进出口货物的原产地；经海关审核其实际进出口的货物与预裁定决定所述货物不相符的，海关应当重新审核确定该进出口货物的原产地。原产地预裁定效力仅针对申请人。

除其他署令另有规定外，海关保税监管转内销货物同样适用《优惠原产地管理规定》。海关保税监管货物转内销时，进口人应当提交符合规定的原产地证书等单证，海关经确认货物与原产地证书上列明货物一致，货物符合"直接运输"相关规定，对有关货物给予相应的协定税率或者特惠税率待遇。

二、各自由贸易协定和优惠贸易安排项下的原产地管理办法

对于我国参与或缔结的公约、贸易协定项下的原产地规则，海关均需依照有关原产地规则制定相应优惠原产地管理办法，并以海关总署令的形式对外发布完成，从国际法向国内法转换，旨在细化操作程序，明确监管要求，使海关原产地管理真正落到实处。根据各项优惠贸易协定项下原产地规则的不同特点，各项海关优惠原产地管理办法项下的程序性规定概述如下。

（一）原产地证书、原产地声明的要求

根据各个优惠贸易协定的一般规定，进口人向海关提交的原产地证书应当符合一定的条件，

包括该证书应当由出口方授权机构在货物出口前或出口时签发；应当符合有关优惠贸易协定所规定的格式，并以英文填制并由出口商署名和盖章；出口方在证书上加盖的授权机构印章，应当与出口方通知我国海关的印章样本相符。

原产地证书的有效期应当符合有关优惠贸易协定的要求。进出口货物收发货人因不可抗力不能在货物出口或进口时申请签发原产地证书的，可以在货物装运之日起一年内申请补发，补发的原产地证书应当注明"补发"字样。部分原产地证书如中韩、中新（西兰）等已实现电子信息交换，如非海关认为必要，无须提交纸质证书；部分协定未有补发原产地证书的规定。

经海关审定，货物完税价格总值不超过一定金额（从 200 美元到 1000 美元不等，依照各个优惠贸易协定而定），或者海关已就相同货物的原产地判定做出行政裁定的，进口人可以按有关优惠贸易协定规定的格式和要求向海关提交原产地声明。

（二）直接运输的要求

1. 实践中，符合以下情形的将视为符合直接运输规则。

自由贸易协定项下对经非协定成员方境内（中国香港、中国澳门除外）中转货物，空运或海运货物进口人应当提交经营国际快递业务的企业、民用航空运输企业、国际班轮运输经营者及其委托代理人出具的单份运输单证；涵盖运输全程的一份承运人运输单证。

该运输单证应在同一页上载明始发地为进口货物的原产国（地区）境内，且目的地为中国境内；原产于内陆国家（地区）的海运进口货物，始发地可为其海运始发地。对已实现原产地电子数据交换的 ECFA 等协定项下集装箱运输货物，也可提交能够证明货物在运输过程中集装箱箱号、封志号未发生变动的全程运输单证。

对于集装箱运输的中新（西兰）自由贸易协定及《亚太贸易协定》项下韩国原产货物，如果海关已收到有关原产地证书电子信息，进口人能够提交证明相关货物的集装箱箱号、封志号在运输过程中未发生变动的全程运输单证，海关将视为符合"直接运输"规则。

对空运或海运进口货物经过非协定成员方境内但仅能提交分段运输单证的，应按照"临时储存"货物审核，中转地海关出具未再加工证明文件。

2. 自由贸易协定项下对经中国香港、中国澳门中转的货物，按照以下规定向海关提交中转确认书。

经中国香港中转的需进行预检验的货物（包括集装箱运输及散装货物），应当提交中检公司签发的中转确认书；在中国香港中转期间非因预检验开箱的集装箱运输货物，以及无须预检验的散装货物，应当提交香港海关签发的中转确认书；在中国香港中转期间未开箱的集装箱运输货物，应当提交香港海关或中检公司签发的中转确认书；经中国澳门中转的货物，应当提交澳门海关签发的中转确认书。自 2017 年 7 月 10 日起，对进口人应当提交中转确认书的情形，如果海关已收到有关中转确认书电子信息，且与进口人申报内容一致，海关不再要求进口人提交中转确认书正本。

3. 自由贸易协定项下对经中国香港、中国澳门中转的货物，能提供以下单证的，海关不再要求提交中转确认书。

空运或海运进口货物，国际班轮运输经营者及其委托代理人、民用航空运输企业、经营国际快递业务的企业等出具的单份运输单证。

该运输单证应在同一页上载明始发地为进口货物的原产国（地区）境内，且目的地为中国内地；原产于内陆国家（地区）的海运进口货物，始发地可为其海运始发地。已实现原产地电子数据交换的自由贸易协定（如 ECFA、中韩自贸协定）项下集装箱运输货物，也可提交能够证明货物在运输过程中集装箱箱号、封志号未发生变动的全程运输单证。

4. 不同协定框架下的优惠原产地规则均包含直接运输规则，但略有不同，相关贸易协定的直接运输规则参见自由贸易协定或优惠贸易安排的各自规定。

（三）原产地申报的要求

货物申报进口时，进口单位应当按照海关的申报规定填制中华人民共和国海关进口货物报关单，申明适用的协定税率或者特惠税率。

1. 选择"通关无纸化"方式申报

（1）对尚未实现原产地电子信息交换的优惠贸易协定项下进口货物，通过"优惠贸易协定原产地要素申报系统"填报原产地证据文件电子数据和直接运输规则承诺事项，在申报进口时以电子方式扫描上传原产地证据文件。

（2）对已实现原产地电子信息交换的优惠贸易协定项下进口货物，无须填报原产地证据文件电子数据和直接运输规则承诺事项，也无须以电子方式上传原产地证据文件。海关认为有必要时，进口人应当补充提交原产地单证正本。

2. 选择"有纸报关"方式申报

进口人提交原产地单证纸质文件及提交符合直接运输规则的证明文件。

（1）由货物出口方授权机构签发的有效原产地证书或有关方出具的原产地声明。

（2）货物的商业发票正本、装箱单及相关运输单证。

进口货物收货人未提交原产地证书、原产地声明的，应当就该项进口货物是否具备原产地资格向海关进行补充申报。货物经过其他国家或地区运输至我国境内的，应提交能证明符合直接运输要求的证明文件。

我国货物申报出口时，出口货物发货人应当按照海关的申报规定填制中华人民共和国海关出口货物报关单，并向海关提交原产地证书电子数据或者原产地证书正本的复印件。

（四）担保放行要求

货物申报进口时，进口货物收货人虽声明适用有关优惠贸易安排的协定税率或特惠税率，但未能提供有效原产地证书正本及证明文件的，海关可按照应当适用的其他种类税率征收保证金后放行货物。

在担保期限内，根据进口货物收货人提交的有效证书及相关文件按照协定税率计税，并退还多余的保证金。

在担保期限内，进口货物收货人未能提交材料或提供的材料不足以证明货物原产地等情况的，海关应立即按照应当适用的其他种类税率将保证金转税。

货物申报进口时，进口货物收货人未声明适用有关优惠贸易协定项下的协定税率的，海关不得按照协定税率或特惠税率计征税款。

（五）原产地核查要求

海关对有关优惠贸易安排项下原产地证书的真实性和相关货物是否具有原产地资格产生怀疑时，可以进行核查。在核查期间，海关可以按照该货物适用的其他种类税率征收相当于应缴税款的等值保证金后放行货物。

进口货物属于国家限制进口的，或者有违法嫌疑的，在原产地证书核查完毕前海关不得放行货物。

核查结束后，海关应当根据核查结果立即办理退还保证金手续或办理保证金转税手续。在规定的核查时限内，海关未收到出口方有关部门的核查结果，或者核查结果未包含足以确定原产地证书真实性和货物真实原产地信息的，有关货物不得享受关税优惠待遇，海关应当立即办理保证金转税手续。

（六）其他要求

此外，各项优惠原产地管理办法还对货物原产地标记、原产地行政裁定、拒绝给惠、信息保密及法律责任等提出要求。各项优惠原产地管理办法的具体内容参见海关总署相关公告。

【复习思考题】

1. 我国原产地标准有哪些？如何使用？
2. 直接运输规则的作用是什么？
3. 原产地证书在贸易和通关中的作用是什么？

第三节　非优惠原产地规则

【学习目标】

本节内容旨在让学习者掌握非优惠原产地规则的基本知识。

完成本节学习，学习者应获得以下成果：

1. 熟悉非优惠原产地规则中的完全获得标准与实质性改变标准；
2. 了解非优惠原产地规则与贸易救济措施的关系。

【基本概念】

非优惠原产地规则、实质性改变标准、产品特定原产地标准

【建议学习时间】

2 课时

非优惠原产地规则是各国（地区）为实施本国（地区）海关税则和其他贸易政策的需要而自主制定的原产地规则。

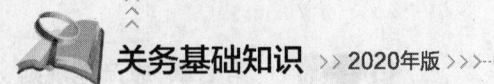

非优惠原产地规则适用范围包括最惠国待遇、反倾销和反补贴、保障措施、原产地标记管理、国别数量限制、关税配额等非优惠性贸易措施，以及进行政府采购、贸易统计等，其实施必须遵循最惠国待遇原则，必须普遍地、无差别地适用于从世界贸易组织成员方进口的所有货物。

为加强我国原产地的统一管理，国务院颁布了《原产地条例》。依据《原产地条例》，海关总署会同商务部、原国家质检总局发布了《关于非优惠原产地规则中实质性改变标准的规定》（以下简称《实质性改变标准规定》），与《原产地条例》同时实施。《原产地条例》与《实质性改变标准规定》初步构成了我国非优惠进出口货物原产地管理的法制框架。

一、《原产地条例》

（一）制定目的及适用范围

制定《原产地条例》的目的是正确确定进出口货物的原产地。

该条例仅适用于非优惠贸易领域，实施优惠性贸易措施的进出口货物原产地规则不适用该条例，该类货物原产地的确定需依照我国缔结或参加的国际条约、协定的各自规定进行处置。

（二）原产地标准

原产地标准主要分完全获得标准和实质性改变标准。

1. 完全获得标准

适用于完全在一个国家（地区）获得的货物。符合以下条件的，视为在一国（地区）"完全获得"，以该国（地区）为原产地：

（1）在该国（地区）出生并饲养的活的动物；

（2）在该国（地区）野外捕捉、捕捞、收集的动物；

（3）从该国（地区）活的动物获得的未经加工的物品；

（4）在该国（地区）收获的植物和植物产品；

（5）在该国（地区）采掘的矿物；

（6）在该国（地区）获得的上述第（1）～（5）项范围之外的其他天然生成的物品；

（7）在该国（地区）生产过程中产生的只能弃置或者回收用作材料的废碎料；

（8）在该国（地区）收集的不能修复或者修理的物品，或者从该物品中回收的零件或者材料；

（9）由合法悬挂该国旗帜的船舶从其领海以外海域获得的海洋捕捞物和其他物品；

（10）在合法悬挂该国旗帜的加工船上加工上述第（9）项所列物品获得的产品；

（11）从该国领海以外享有专有开采权的海床或者海床底土获得的物品；

（12）在该国（地区）完全从上述第（1）～（11）项所列物品中生产的产品。

（13）在确定货物是否在一个国家（地区）完全获得时，为运输、储存期间保存货物而做的加工或者处理，为货物便于装卸而进行的加工或者处理，为货物销售而进行的包装等加工或者处理等，不予考虑。

2. 实质性改变标准

该实质性改变标准规定适用于非优惠性贸易措施项下两个及以上国家（地区）所参与生产

货物原产地的确定，确定时以最后一个对货物进行实质性改变的国家（地区）作为原产地。

实质性改变标准以税则归类改变为基本标准，税则归类改变不能反映实质性改变的，以从价百分比、制造或者加工工序等为补充标准。

（1）税则归类改变标准，是指在某一国家（地区）对非该国（地区）原产材料进行制造、加工后，所得货物在《税则》中的四位级税目归类发生了改变。

（2）制造、加工工序标准，是指在某一国家（地区）进行的赋予制造、加工后所得货物基本特征的主要工序。

（3）从价百分比标准，是指在某一国家（地区）对非该国（地区）原产材料进行制造、加工后的增值部分超过了所得货物的30%。用公式表示如下：

（工厂交货价−非该国（地区）原产材料价值）／工厂交货价×100%≥30%

应注意，上述"工厂交货价"是指支付给制造厂所生产的成品的价格；"非该国（地区）原产材料价值"是指直接用于制造或装配最终产品而进口原料、零部件的价值（含原产地不明的原料、零配件），以其进口的成本、保险费加运费价格（CIF价）计算。

以上述制造、加工工序和从价百分比作为标准来判定实质性改变的货物，在《实质性改变标准规定》所附的《适用制造或者加工工序及从价百分比标准的货物清单》中具体列明，并按列明的标准判定是否发生实质性改变。对未列入上述清单货物的，其实质性改变的判定，应当适用税则归类改变标准。

《适用制造或者加工工序及从价百分比标准的货物清单》由海关总署会同商务部根据实施情况修订并公告。

（三）签证机构

非优惠原产地项下，出口货物发货人申请领取出口货物原产地证书。进口方要求出具官方机构签发的原产地证书的，申请人应当向海关申请办理；未明确要求的，申请人可以向海关、贸促机构申请办理。

（四）原产地验核及核查

海关在审核确定进口货物原产地时，可以要求进口货物的收货人提交该进口货物的原产地证书，并予以审验；必要时，可以请求该货物出口国（地区）的有关机构对该货物的原产地进行核查。

在海关审核认定原产地期间，进口企业可在提供相当于其他应适用的税率对应税款的保证金担保后，要求先行验放货物。应我国出口货物的进口国（地区）有关机构的请求，我国海关、签证机构可以对出口货物的原产地情况进行核查，并及时将核查情况反馈进口国（地区）有关机构。

（五）原产地行政裁定及预裁定

参见上述"优惠原产地规则"中的内容。

非优惠原产地行政裁定及预裁定，在程序方面与上述"优惠原产地规则"中的规定基本一

致，但依据有所不同，非优惠贸易协定或安排项下原产地行政裁定及预裁定的依据是我国的《原产地条例》和《实质性改变标准规定》，而优惠原产地行政裁定及预裁定的依据是《优惠原产地管理规定》及各自由贸易协定或安排下的原产地规则与管理办法。

（六）法律责任

违反规定申报进口货物原产地的，依照《对外贸易法》《海关法》《海关行政处罚实施条例》的有关规定进行处罚。

提供虚假材料骗取出口货物原产地证书或者伪造、变造、买卖或盗窃出口货物原产地证书的，由海关处人民币 5000 元以上 10 万元以下的罚款；骗取、伪造、变造、买卖或者盗窃作为海关放行凭证的出口货物原产地证书的，处货值金额等值以下的罚款，但货值金额低于人民币 5000 元的，处人民币 5000 元罚款。有违法所得的，由海关没收违法所得；构成犯罪的，依法追究刑事责任。

二、《实质性改变标准规定》

《实质性改变标准规定》主要包含了实质性改变标准条款和适用制造或者加工工序及从价百分比标准的货物清单两部分。

（一）实质性改变标准

实质性改变标准以税则归类改变为基本标准，税则归类改变不能反映实质性改变的，以从价百分比、制造或者加工工序等为补充标准。

（二）产品特定原产地标准

《实质性改变标准规定》所附的《适用制造或者加工工序及从价百分比标准的货物清单》中具体列明了适用制造或者加工工序及从价百分比标准的税则号列，列明的税则号列需要按照标明的原产地标准判定货物是否发生实质性改变。对未列入上述清单货物的，其实质性改变的判定，应当适用税则归类改变标准。

【复习思考题】

1. 非优惠原产地规则中的完全获得标准是如何规定的？

2. 非优惠原产地规则中的实质性改变标准是如何规定的？

3. 非优惠原产地规则中的完全获得标准及实质性改变标准，与优惠原产地规则下的标准有什么不同？

第四节　贸易救济措施下的原产地确定

【学习目标】

本节内容旨在让学习者掌握贸易救济措施下原产地的基本知识。

完成本节学习，学习者应获得以下成果：

1. 贸易救济措施下反倾销和反补贴货物的原产地确定标准；
2. 贸易救济措施下特殊保障措施货物原产地确定标准。

【基本概念】

执行反倾销、反补贴措施时的原产地确定、执行保障措施时的原产地确定

【建议学习时间】

1 课时

世界贸易组织成员在本国产品受到进口产品的不正当竞争，并遭受实质性损害的情况下，可以在世界贸易组织规则框架内对有关进口商品采取反倾销、反补贴和保障措施等贸易救济措施，以维护公平贸易环境。

依照世界贸易组织规定，一成员发现进口商品涉嫌存在倾销、补贴等行为时，应当首先对有关进口商品的相关行为进行调查，并就本国相同或类似商品是否遭受实质性损害及受损害的程度做出裁定。最后根据调查和裁定结果决定是否对有关进口商品实施反制措施，对其中存在倾销行为的实施征收反倾销税，对存在补贴行为的实施征收反补贴税，对因数量激增对国内同类产品产生严重损害或威胁的采取提高关税及数量限制的保障措施。一般情况下，保障措施应当针对正在进口的产品实施，不区分来源国（地区）。采取数量限制措施，需要在有关出口国（地区）或原产国（地区）之间进行数量分配的，涉及原产地认定的保障措施。

反制措施尤其是反倾销及反补贴措施的实施是针对原产于实施对象国的商品。因此，原产地规则与贸易救济措施的关系十分密切。我国在实施贸易救济措施时，有关货物原产地的确定按照《原产地条例》《实质性改变标准规定》《中华人民共和国海关进出口货物征税管理办法》等法规、规章规定执行。

一、执行反倾销、反补贴措施

实施反倾销和反补贴贸易救济措施时，海关可通过审核原产地证明、实际查验或者审核原产地证明以外的其他相关单证三种方法审核确定进口货物的原产地；可通过审核原厂商发票、对货物进行实际查验方式确认原生产厂商。通过中间商成交的，还可通过境外贸易商制发的商业发票上包括的原生产厂商名称和原生产厂商发票的编号认定原生产厂商。

按照海关原产地管理的有关规定确定，不能认定货物原产地不是原产于我国对被诉产品实施反倾销、反补贴措施国家或地区的，海关按与该被诉产品的最高反倾销税和反补贴税税率或保证金征收比率征收反倾销税和反补贴税或保证金。能认定原产地但不能认定货物原厂商的，按照该被诉国家或地区的被诉产品的最高反倾销税和反补贴税税率或保证金征收比率征收反倾销税和反补贴税或保证金。

进口经营单位在反倾销、反补贴保证金的临时措施存续期间补交原产地证明或原厂商发票的，海关可以接受，并根据查证核实后的原产地证明或原厂商发票，对征收的保证金或实施的其他临时措施予以调整。进口经营单位在海关征收反倾销、反补贴税后补交原产地证明或原厂商发

票的，海关不予接受，对已征税款不予调整。

对于以加工贸易保税形式进口与反倾销、反补贴的贸易救济措施被诉产品相同的货物时，进口单位需要提交原产地证据文件和原生产厂商发票，并在因故内销时供海关按审定的价格及原提交的原产地单据执行贸易救济措施。

与我国签订有优惠贸易协定或安排的国家及地区不断增多，对来自与我国签有优惠贸易协定、安排的国家或地区并实施贸易救济措施的进口货物，如果该进口货物项下已提交真实有效的优惠原产地证据文件，可不再要求提交非优惠原产地证据文件。在税率适用方面，凡进口原产于与我国达成优惠贸易协定的国家或地区并享受协定税率的商品，同时该商品又属于我国实施反倾销或反补贴措施范围内的，应按照优惠贸易协定税率计征进口关税。

二、执行保障措施

在执行保障措施的贸易救济措施时，企业申报进口涉案产品时不能提供不适用保障措施的国家（地区）的原产地证书或尚不应加征关税的适用保障措施的国家（地区）的原产地证书的，或者海关对其所提供的原产地证书的真实性有怀疑的，如经海关审核有关单证（包括合同、发票、提运单等）及对货物实际验估能够确定原产地，可按照确定的原产地对应的措施处理。

通过上述方式仍不能确定原产地，且进口企业也不能进一步提供能够证明原产地的其他材料的，应在现行适用的关税税率基础上，按照相应的涉案产品适用的加征税率加征关税。

通过以上内容可以看出，在执行贸易救济措施时，原产地证书及原厂商发票均并不是确认相关信息的唯一标准，还可通过其他规定的方式加以确认，这与各自由贸易协定或安排下的优惠原产地规则存在明显的区别有关。优惠原产地规则下，享受协定税率或特惠税率必须要提供符合规定的原产地证书。原产地证书是必备的条件之一，而不论货物是否确为某国原产。

【复习思考题】

1. 对实施反倾销或反补贴贸易救济措施的进口货物，确定原产地的依据是什么？
2. 对签订有优惠贸易协定并实施反倾销或反补贴贸易救济措施的进口货物如何确定原产地？

第八章 >> 贸易政策与贸易管制

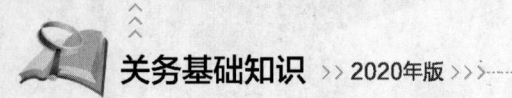

第一节　贸易政策与贸易管制概述

【学习目标】

本节介绍贸易政策、贸易管制措施的基本类型与基本概念，旨在让学习者了解国际贸易政策与贸易管制是一国政府对进出口贸易活动进行指导、控制和调节的行为，为学习海关如何执行贸易政策与贸易管制措施奠定知识。

完成本节学习，学习者应获得以下成果：

1. 了解贸易政策的目标以及自由贸易和贸易保护两类政策的基本特征；

2. 掌握关税措施、非关税措施、鼓励出口措施和特殊经济区域措施等贸易政策的基本概念和含义；

3. 了解贸易管制的目标及其与海关监管的关系。

【基本概念】

贸易政策、自由贸易政策、贸易保护政策、关税壁垒、非关税壁垒、特殊经济区域、贸易管制

【建议学习时间】

2 课时

贸易管理是指一国政府以国家法律、法规、方针政策为依据，从国家宏观经济利益和对内、对外政策的需求出发，对进出口贸易活动进行指导、控制和调节的行为。

一、贸易政策

贸易政策是对一国在一个时期内对外贸易管理中所制定和实施的各项管理制度和措施的总称。具体包括一国对进出口贸易进行管理的原则、方针和措施等，调节的对象主要是对外经济贸易活动。

（一）贸易政策的特点

在资本主义发展的不同时期，不同国家会选择不同的贸易政策，贸易政策主要可以分为两类：自由贸易政策和贸易保护政策。

自由贸易政策提倡国家取消对进出口贸易的限制和障碍，取消对本国商品与服务的各类特权与优惠，政府不干预国际贸易活动，以使各国能够充分实现建立在比较优势基础上的国际分工，从而使世界范围内生产与交换的效率提高，各国也能从中获得最大化的福利。

贸易保护政策则提倡国家广泛利用限制进口的各种措施和设置各种障碍，以保护本国市场免受外国货物、服务与技术的竞争，并采取各种措施促进本国商品和服务的出口。

贸易政策是一国为保护本国经济利益，推行本国对外政策，保障本国政治目的和安全而制定的。为了实现上述目的，各国都要根据其不同时期的不同经济利益或安全和政治需要，适时调整贸易政策。世界范围内占主导的贸易政策也是交替出现的，一般情况下经济繁荣时期会选择自由贸易政策，而经济陷入萧条时又掀起贸易保护浪潮。

贸易政策确定以后，一般是通过以下方式实现的。

1. 通过海关对进出口贸易进行管理

国家在对外开放的口岸和海关监管业务集中的地点设立海关。海关的主要职能是对进出关境的货物、物品和运输工具实施监督管理，征收关税和代征法定的其他税费，查缉走私并编制海关统计和办理其他海关业务。一切进出关境的货物、物品和运输工具，除国家法律另有规定的以外，都要在进出关境时向海关申报，接受海关检查（查验）。海关这种特殊的管理职能决定了海关监管是实施国际贸易政策目标的有效行政管理手段。

2. 由国家设立机构依据职能分工管理

贸易政策属于一国经济政策的范畴，其制度、措施的落实，须有政府各行政管理部门的参与。各行政管理部门依据职责的分工，围绕贸易政策的实施，制定、颁布各类法令、管理制度与措施，下发各类许可证件或相关文件，制定促进进出口贸易发展的举措。

3. 由政府出面参与国际协调管理

由政府出面加入各种国际贸易、关税等机构与组织，出面进行国际贸易、关税方面的协调与谈判，参与制定有利于公平贸易的国际规则，缔结有关促进国际贸易发展的国际协定或公约。

（二）贸易政策的种类

贸易政策措施是一国政府围绕本国贸易政策原则，根据经济发展需要，在不同时期，对进出口贸易采取的具体针对性管理策略。纵观各国国际贸易的发展，采用的主要措施如下：

1. 关税措施

关税措施是指以关税的经济手段来保护本国经济，调节进出口贸易。在进口方面，用制定高税率海关税则，征收进口附加税、差价税等形式，形成关税壁垒，增加进口商品的成本以限制进口，保护本国同类产业的发展；在出口方面，通过低税、免税等手段影响商品的价格，来提高本国商品的竞争力，鼓励商品的出口，促进本国优势产业的发展。

2. 非关税措施

非关税措施也称非关税贸易壁垒，是与关税措施相对而言的，指除关税以外影响一国国际贸易的主要政策措施，主要体现在用行政手段限制进口。这种措施名目繁多，主要形式如下。

（1）进口配额制

进口配额制又称进口限额制，指一国政府在一个时期内，对某些进口商品的数量或金额进行直接限制。在规定的时期内凡属限额或限量内的货物可以进口，超过限额或限量的部分一律不许进口，否则征收惩罚性关税或罚款，以至没收这部分进口商品。进口配额有单方配额、双边或多边配额、关税配额三种基本形式。

（2）许可证件

一些国家为了管制国际贸易，规定进口商品必须领取许可证件，否则一律不许进口的贸易管理制度。

（3）海关归类和估价

各国海关按国际上惯常的做法，依照一定的原则，通过立法的形式，确定进出口商品归类及估价方法的制度。

（4）国内税

通常国内税不受贸易条约或协定的限制，其制定与执行由中央政府或地方政府管理，通过设立各种国内税，可达到限制商品进口的目的。

（5）歧视性的政府采购

国家通过法令，规定政府机构在采购时要优先购买本国产品的做法。

（6）自动出口限额

出口国家自动规定在某一时间内、在一定限额内自行控制出口，超出部分不准出口。

（7）技术性贸易壁垒

以苛刻的技术、安全标准及卫生检疫规定，设立进口门槛。

（8）烦琐的海关手续

用难以做到的复杂、烦琐的海关通关手续，起到限制进口的作用。

3. 鼓励出口措施

鼓励出口措施是指国家为了支持和鼓励本国相关产业的发展或具有竞争力的商品出口，对出口企业实施的具体帮助措施，主要如下。

（1）出口信贷

一个国家为了支持和鼓励本国成套技术设备、大型工程项目出口，增强国际的竞争能力，通过银行对本国出口厂商或国外进口厂商提供较低利率的贷款，以解决本国出口商资金周转的困难，或满足国外进口商对报关出口商支付货款需要的一种促进出口的方式。

出口信贷国家担保是国家为了扩大出口，对于本国出口厂商或商业银行向外国进口厂商提供的信贷，由国家设立专门机构出面担保，当外国债务人拒绝付款时，由其按照承保的数额给予补偿。

（2）出口补贴

出口补贴，又称出口津贴，是一国政府为了降低出口商品的价格，增强其在国外市场上的竞争力，给予出口厂商出口某种商品时的现金补贴或财政上的优惠。

（3）其他鼓励出口措施

由国家采取设立专门组织，研究与制定出口战略，加强商业情报服务，组织贸易中心和商品展览会，以及组织贸易代表团出访和接待来访等措施来扩大出口。

4. 特殊经济区域措施

特殊经济区域是一个国家（地区）在其境内划出一定范围，在内建造码头、仓库、厂房等基础设施和对进区货物实行免除关税等优惠待遇，吸引境内外企业入驻从事贸易与出口加工工业等经营活动的区域。建立特殊经济区域的目的是促进国际贸易发展，繁荣本地区和邻近地区的经济。

特殊经济区域形式多样，一般主要有以下四类：

（1）自由港或自由贸易区

国家规定给予进出自由港或自由贸易区域的进出口商品免征关税，准许在港内或区内开展自由存储、展示、分拆、改装、整理、加工制造等经营活动，以利于本地区经济和国际贸易的发展，增加财政收入和外汇收入。这类特殊经济区域，一种是把港口或设区所在城市都划为自由港或自由贸易区，其中比较知名的是中国香港、新加坡港、德国汉堡港以及比利时安特卫普港；另一种是把港口或设区所在城市的一部分划为自由港或自由贸易区，如汉堡自由贸易区。

自 2013 年以来，我国已经陆续设立了上海、广东、海南等 18 个自贸试验区，不久前，又增设了上海自贸试验区临港新片区。

（2）保税区

保税区是经国家批准设立的，受海关监管的特殊地区。进口商品进入保税区可暂时不缴纳进口税；如再出口，不缴纳出口税；如要进入所在国的国内市场，则须办理报关手续，缴纳进口税。运入保税区的货物可以进行储存、改装、分拣分类、展示甚至加工和制造等。一些国家的保税区还允许在区内经营金融、保险、展销和房地产。

（3）出口加工区

出口加工区是指一些发展中国家在其港口或邻近港口、国际机场的地方，划出一定的范围，新建和扩建码头、车站、道路、仓库和厂房等基础设施，以及提供免税等优惠待遇，吸引国内外企业进行投资设厂，设立以生产出口为主的制成品的加工区域。这样既促进了本国制造业的发展，又扩大了出口贸易。

（4）综合保税区

综合保税区是设立在内陆地区的具有保税港区功能的海关特殊监管区域，由海关参照有关规定对综合保税区进行管理，执行保税港区的税收和外汇政策，集保税区、出口加工区、保税物流区、港口的功能于一身，可以发展国际中转、配送、采购、转口贸易和出口加工等业务。根据现行有关政策，海关对保税区实行封闭管理，境外货物进入保税区，实行保税管理，境内其他地区货物进入保税区，视同出境。企业在综合保税区开展口岸作业业务，海关、商检等部门在园区内查验货物后，可在任何口岸（海港或空港）转关出口，无须再开箱查验。

二、贸易管制

贸易管制是指一国政府为了国家的宏观经济利益、国内外政策需要及履行所缔结或加入国际条约的义务，确立实行各种管制制度、设立相应管制机构和规范国际贸易活动的总称。

贸易管制是一国国际贸易管理形式之一，是政府的一种强制性行政管理行为，属于非关税措施。它所涉及的法律、行政法规、部门规章，是强制性的法律文件，不得随意改变。因此，国际贸易经营者或其代理人在报关活动中必须严格遵守这些法律、行政法规、部门规章，并按照相应的管理要求办理进出口手续，以维护国家利益不受侵害。

（一）贸易管制的目的及特点

1. 贸易管制的目的

贸易管制是各国政府为保护和促进生产与发展、适时限制进出口而采取的鼓励或限制措施，或为政治目的对进出口采取禁止或限制措施。贸易管制已成为各国不可或缺的一项重要政府职能，也是一个国家对外经济和外交政策的具体体现。

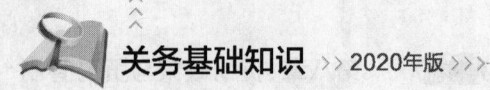

（1）保护本国经济利益，发展本国的经济

发展中国家实行贸易管制是为了保护本国的民族工业，建立、巩固本国的经济体系；通过国际贸易的各项措施，防止外国产品冲击本国市场而影响本国独立的经济结构的建立；同时，也是为了维护本国的国际收支平衡，使有限的外汇能有效地发挥最大作用。对于发达国家而言，贸易管制主要是为了确保本国在世界经济中的优势地位，避免国际贸易活动对本国经济产生不良影响，特别是要保持本国某些产品和技术的国际垄断地位，保证本国经济发展目标的实现。因此，各国贸易管制措施都是与其经济利益相联系的，是经济政策的重要体现。

（2）推行本国的外交政策

不论是发达国家还是发展中国家，往往出于政治或安全上的考虑，甚至不惜牺牲本国经济利益，在不同时期，对不同国家或不同商品实行不同的贸易管制措施，以达到其政治上的目的或安全上的目标。因此，贸易管制往往成为一国推行其外交政策的有效手段。

（3）行使国家职能

作为主权国家，对其自然资源和经济行为享有排他的永久权利，国家贸易管理制度和措施的强制性是国家为保护本国环境和自然资源、保障国民人身安全、调控本国经济而行使国家管理职能的一个重要保证。

2. 贸易管制的特点

为了实现上述目的，贸易管制政策形成了三个基本特点。

（1）贸易管制政策是一国对外政策的体现。

（2）贸易管制政策是因时间、形势而变化的。各国都要根据其不同时期不同经济利益或安全和政治形势需要，随时调整国际贸易管制政策，因此不同国家或同一国家不同时期的贸易管制政策是各不相同的。

（3）以对进口的管制为重点。贸易管制形式按管理目的可分为进口贸易管制和出口贸易管制，以对进口管制为重点，可以更有效地保护本国国内市场和本国的经济利益。其造成的负面效应是在一定程度上阻碍了世界经济交流，抑制了国际贸易的发展。因此，如何充分发挥贸易管制的有利因素，尽量减少其带来的不利因素，变被动保护为主动、积极的保护，是衡量一个国家管理国际贸易水平的标志。

（二）我国贸易管制与海关监管

贸易管制是一种国家管制，任何从事国际贸易的活动者都必须无条件地遵守。国家贸易管制的目标是以贸易管制法律、行政法规为保障，依靠有效的政府行政管理手段来最终实现的。

1. 海关监管是实现贸易管制的重要手段

海关执行国家贸易管制政策是通过对进出口货物的监管来实现的。根据《对外贸易法》，我国对外贸易分为货物贸易、技术贸易和服务贸易，而这些贸易，特别是货物进出口贸易，都是最终要通过进出境行为来实现的。海关作为进出关境的监督管理机关，依据《海关法》所赋予的权力，代表国家在口岸行使进出境监督管理职能，这种特殊的管理职能决定了海关监管是实现贸易管制目标的有效行政管理手段。

贸易管制是国家的行政管理，需要国家各行政管理部门之间在合理分工的基础上，通过各尽其责的通力合作来达到管理目标。我国的具体做法是由商务主管部门及其他政府职能主管部门依

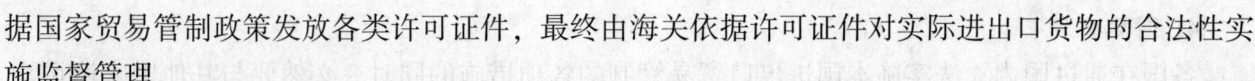

据国家贸易管制政策发放各类许可证件，最终由海关依据许可证件对实际进出口货物的合法性实施监督管理。

《海关法》第四十条规定："国家对进出境货物、物品有禁止性或限制性规定的，海关依据法律、行政法规、国务院的规定或者国务院有关部门依据法律、行政法规授权做出的规定实施监管。"该条款不仅赋予了海关对进出口货物依法实施监督管理的权力，还明确了国家对进出口贸易管制所涉及的法律法规是海关对进出口货物监督管理的执法依据。

海关在进出关境的监管环节上，对进出口货物收发货人或其代理人按法定要求向海关申报的各项商务单证和许可证件依法进行审核，并经与实际货物核查相符，确认合法才予以放行。简而言之，就是"单据""证件""货物"三者相符，是海关确认货物合法进出口的必要条件，通过海关监督管理的执法活动，保证了国际贸易管制目标的实现。

2. 报关是海关确认进出口货物合法性的先决条件

海关通过审核"单据""证件""货物"来确认货物进出口的合法性。而商务单据、许可证件是通过报关活动的申报环节向海关递交的，又通过进出口货物收发货人或其代理人配合海关查验货物，确认"单""证""货"是否相符。因此，报关不仅是进出口货物收发货人或其代理人必须履行的法律手续，也是海关确认进出口活动合法性的先决条件。国家限制进出口的货物没有进出口许可证件的，海关不予放行。

（三）我国贸易管制的基本框架与法律体系

维护国际贸易秩序，保障国家经济安全，保护合法贸易的正当权益，发展国际贸易，促进社会主义市场经济健康发展，从而实现国家对外经济战略目标，是我国贸易管制的根本出发点。

经过几十年的努力，我国基本建立并逐步健全了以《对外贸易法》为核心的贸易管理的法律体系，并依照这些法律制度和我国履行国际公约的有关规定，自主实行国际贸易的管制。

我国的贸易管制是一种国家管制，因此其涉及的法律渊源只限于宪法、法律、行政法规、部门规章及相关的国际条约，不包括地方性法规、规章及各民族自治区政府的地方条例和单行条例。

1. 法律

我国现行的与贸易管制有关的法律主要有《对外贸易法》《海关法》《商检法》《动植物检疫法》《固体废物污染环境防治法》《卫生检疫法》《中华人民共和国野生动物保护法》《中华人民共和国药品管理法》（以下简称《药品管理法》）、《文物保护法》《中华人民共和国食品卫生法》等。

2. 行政法规

我国现行的与国际贸易管制有关的行政法规主要有《货物进出口管理条例》《中华人民共和国技术进出口管理条例》《关税条例》《知识产权海关保护条例》《中华人民共和国外汇管理条例》（以下简称《外汇管理条例》）、《反补贴条例》《反倾销条例》《保障措施条例》等。

3. 部门规章

我国现行的与国际贸易管制有关的部门规章很多，主要有《货物进口许可证管理办法》《货物出口许可证管理办法》《货物自动进口许可管理办法》《进口药品管理办法》《放射性药品管理办法》《两用物项和技术进出口许可证管理办法》等。

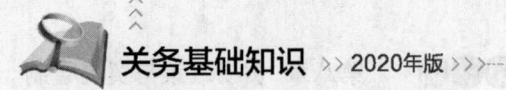

4. 国际公约

各国在通过国内立法实施本国进出口贸易管制的各项措施的同时，必然要与其他国家协调立场，确定相互之间在国际贸易活动中的权利与义务关系，以实现其外交政策和国际贸易政策所确立的目标，因此，国际贸易条约与协定便成为各国之间确立国际贸易关系立场的重要法律形式。

我国目前所缔结或者参加的各类国际条约、协定，虽然不属于我国国内法的范畴，但就其效力而言可视为我国法律渊源之一。主要有《京都公约》《濒危野生动植物种国际贸易公约》（亦称《华盛顿公约》）、《关于消耗臭氧层物质的蒙特利尔议定书》《关于麻醉品和精神药品的国际公约》《关于化学品国际贸易资料交换的伦敦准则》《关于在国际贸易中对某些危险化学品和农药采用事先知情同意程序的鹿特丹公约》（以下简称《鹿特丹公约》）、《控制危险废物越境转移及其处置的巴塞尔公约》《建立世界知识产权组织公约》等。

【复习思考题】

1. 何谓贸易管理？何谓贸易管制？试简述两者的关系。
2. 试述自由贸易政策和贸易保护政策的表现形式。
3. 何谓关税壁垒？何谓非关税壁垒？试简述两者的表现形式。
4. 试述国际贸易主要政策措施及其实现形式。
5. 试述贸易管制的性质。
6. 试述我国贸易管制的基本框架、法律体系及其实现手段。

第二节 我国贸易管制主要制度

【学习目标】

本节介绍我国贸易管制的主要内容，旨在让学习者了解我国贸易管制法律依据、框架、制度构成及主要制度内容，掌握贸易管制制度与海关监管的关系和制度实施的基本要求。

完成本节学习，学习者应取得以下成果：

1. 了解我国各项贸易管制制度的管制目的和管制性质，了解主管部门及其职责范围、管制对象与管制方式；

2. 了解货物与技术进出口许可管理的层级，掌握各管理层级的商品类别；

3. 了解"配额管理与许可证管理""许可证管理与许可证件管理""出口配额许可证管理与出口配额招标管理"等管理方式，掌握其管理范围。

【基本概念】

对外贸易经营资格管理、国营贸易管理、进出口许可管理、出入境检验检疫制度、进出口货物收付汇管理、国际贸易救济措施

【建议学习时间】

2 课时

改革开放以来，我国逐步建立并完善了对外贸易管理体系，2001 年加入世界贸易组织之后，按照世界贸易组织的基本原则和相关框架协议的要求，基本形成了与国际规则相一致的贸易管制制度。

我国贸易管制制度是一种综合制度，主要由海关管理制度、关税制度、对外贸易经营资格管理制度、进出口许可管理制度、出入境检验检疫制度、外汇管理制度及国际贸易救济措施等构成。海关管理制度与关税制度参见本书第一篇。

一、对外贸易经营资格管理制度

为了鼓励对外经济贸易的发展，发挥各方面的积极性，保障对外贸易经营者的对外自主权，国务院商务主管部门和相关部门制定了一系列法律、行政法规，对对外贸易经营活动中涉及的相应问题做出了规范，国际贸易经营者在进出口经营活动中必须遵守相应的法律、行政法规。

目前，我国对对外贸易经营者的管理实行备案登记制。法人、其他组织或者个人在从事进出口经营前，必须按照国家的有关规定，依法定程序在国家商务主管部门备案登记进出口经营权。成为对外贸易经营者后，方可在国家允许的范围内从事国际贸易经营活动。国务院商务主管部门也可以对部分进出口商品实施国营贸易管理，或者在一定期限内对部分进出口商品实施国营贸易管理。

对外贸易经营者是指依法办理工商登记或者其他执业手续，依照《对外贸易法》和其他有关法律、行政法规、部门规章的规定从事国际贸易经营活动的法人、其他组织或者个人。从事货物进出口或者技术进出口的对外贸易经营者，应当向国务院商务主管部门或者委托的机构办理备案登记；但是法律、行政法规和国务院商务主管部门规定不需要备案登记的除外，备案登记的具体实施办法由国务院商务主管部门规定。对外贸易经营者未按照规定办理备案登记的，海关不予办理进出口货物的报关验放手续。对外贸易经营者可以接受他人的委托，在经营范围内代为办理国际贸易业务。

为对关系国计民生的重要进出口商品实行有效的宏观管理，国家可以对部分货物的进出口实行国营贸易管理。实行国营贸易管理货物的进出口业务只能由经授权的企业经营，但是国家允许部分数量的国营贸易管理货物的进出口业务由非授权企业经营的除外。实行国营贸易管理的货物和经授权经营企业的目录，由国务院商务主管部门会同国务院其他有关部门确定、调整并公布。对未经批准擅自进出口实行国营贸易管理的货物的，海关不予放行。

属于进口国营贸易经营资格管理的货物有九种，包括小麦、玉米、大米、食糖、烟草、原油、成品油、化肥、棉花。进口上述货物需取得进口国营贸易经营资格或非国营贸易允许量，再申领自动进口许可证。

属于出口国营贸易管理的货物有九种，包括玉米、大米、钨及钨制品、锑及锑制品、煤炭、原油、成品油、棉花、白银。出口上述货物需取得出口国营贸易经营资格或非国营贸易允许量，再申领出口许可证。

二、货物与技术进出口许可管理制度

进出口许可是国家对进出口实行的一种行政管理制度，既包括准许进出口的有关证件的审批和管理制度本身的程序，也包括以国家各类许可为条件的其他行政管理手续，这种行政管理制度称为进出口许可管理制度。进出口许可管理制度作为一项非关税措施，是各国管理进出口贸易的常见手段，在国际贸易中长期存在，并广泛运用。

货物、技术进出口许可管理制度是我国进出口管理制度的主体，是国家贸易管制中极其重要的管理制度。其管理范围包括禁止进出口的货物和技术、限制进出口的货物和技术、自由进出口的技术及自由进出口中部分实行自动许可管理的货物。

一般来说，国家对部分进出口货物、技术实行限制或者禁止管理的目的主要有以下几种情况：

1. 为维护国家安全、社会公共利益或者公共道德；为保护人民的健康或者安全，保护动物、植物的生命或者健康，保护环境，需要限制或者禁止进口或者出口的。

2. 为实施与黄金或者白银进出口有关的措施；国内供应短缺或者为有效保护可能用竭的自然资源，需要限制或者禁止进口或者出口的。

3. 依照法律、行政法规的规定，以及根据我国缔结或者参加的国际条约、协定的规定，其他需要限制或者禁止进口或者出口的。

4. 输往国家或者地区市场容量有限，出口经营秩序出现严重混乱，为建立或者加快建立国内特定产业，为保障国家金融地位和国家收支平衡，需要限制出口的；对任何形式的农业、牧业、渔业产品有必要限制进口的。

（一）禁止进出口货物、技术管理

为维护国家安全和社会公共利益，保护人民的生命安全健康，履行中华人民共和国所缔结或者参加的国际条约和协定，国务院国际贸易主管部门会同国务院有关部门，依照《对外贸易法》的有关规定，制定、调整并公布禁止进出口货物、技术目录。海关依据国家相关法律、法规对禁止进出口目录商品实施监督管理。

1. 禁止进口货物、技术管理

对列入国家公布禁止进出口目录及其他法律、法规明令禁止或停止进口的货物、技术，任何国际贸易经营者不得经营进口。我国相关法规规章公布的禁止进口的货物、技术（截至2020年2月）如表8-1所示。

表8-1 禁止进口货物、技术管理明细表

类别	目录	具体商品和技术
	1. 列入《禁止进口货物目录》和《禁止进口固体废物目录》的商品	
	《禁止进口货物目录》第一批：（1）保护我国生态环境和生态资源；（2）为履行我国所缔结或者参加的与保护世界自然生态环境相关的国际条约协定公布的。	（1）属于破坏臭氧层物质的四氯化碳；（2）犀牛角、麝香、虎骨（世界濒危物种）。
	《禁止进口货物目录》第二批：涉及生产安全、人身安全和环境保护的旧机电产品类。	（1）旧压力容器类；（2）电器、医疗设备类；（3）汽车、工程及车船机械类。
货物	《禁止进口固体废物目录》：由原《禁止进口货物目录》第三、四、五批合并修订而成，涉及对环境有污染的14类125件固体废物。	包括：（1）废动植物产品；（2）矿渣矿灰及残渣；（3）硅废碎料；（4）废药物；（5）杂项化学品废物；（6）塑料废碎料及下脚料①；（7）废橡胶和皮革；（8）回收（废碎）纸及纸板；（9）废纺织原料及制品；（10）废玻璃；（11）金属和金属化合物废物；（12）废电池；（13）废弃机电产品和设备及其未经分拣处理的零部件、拆散件、破碎件、砸碎件等；其他。
	《禁止进口货物目录》第六批：（1）保护人的健康，维护环境安全；（2）履行《危险化学品和鹿特丹公约》和《有机污染物斯德哥尔摩公约》。	（1）长纤维青石棉（属于须淘汰的落后产品）；（2）二噁英等。
	2. 明令禁止进口商品	
	依据《动植物检疫法》禁止进境的货物。	（1）动植物疫情流行的国家和地区有关动植物及其产品和其他检疫物； （2）动植物病源（包括菌种、毒种等）害虫及其他有害生物、动物尸体、土壤； （3）带有违反"一个中国"原则内容的货物及其包装； （4）以氯氟烃物质为制冷剂、发泡剂的家用电器产品和以氯氟烃物质为制冷工质的家用电器用压缩机； （5）滴滴涕、氯丹； （6）莱克多巴胺和盐酸莱克多巴胺。
	3. 其他	
货物	依据海关规章停止进口或不得进口的货物。	（1）CFC-12为制冷工质的汽车及CFC-12为制冷工质的汽车空调压缩机（含汽车空调）； （2）旧服装； （3）Ⅶ因子制剂等血流制品； （4）氯酸钾、硝酸铵； （5）禁止进口和销售100瓦及以上普通照明白炽灯。
技术	依据《禁止、限制进口技术管理办法目录》有关规定，不得进口的技术。	钢铁冶金、有色金属冶金、化工、石油炼制、石油化工、消防、电工、轻工、印刷、医学、建筑材料等技术。

---

① 来自生活源废塑料、废纸、废纺织原料、钒渣等4类24种，系2017年新增。

2. 禁止出口货物、技术管理

对列入国家公布禁止出口目录的，以及其他法律、法规明令禁止或停止出口的货物、技术，任何国际贸易经营者不得经营出口。我国相关法规规章公布的禁止出口的货物、技术（截至2020年2月）如表8-2所示。

表8-2　禁止出口货物、技术管理明细表

类别	目录	具体商品和技术
货物	1. 列入《禁止出口货物目录》的五批商品	
	第一批： （1）保护我国自然生态环境和生态资源； （2）为履行我国所缔结或者参加的与保护世界自然生态环境相关的国际条约和协定公布的。	（1）四氯化碳、三氯三氟乙烷（属于破坏臭氧层物质）； （2）犀牛角、虎骨、麝香（世界濒危物种）； （3）发菜、麻黄草（有防风固沙作用）； （4）原木。
	第二批： 保护我国匮乏的森林资源。	木炭。
	第三批： （2）保护人的健康，维护环境安全； （2）履行《鹿特丹公约》和《关于持久性有机污染物斯德哥尔摩公约》。	（1）长纤维青石棉（属于须淘汰的落后产品）； （2）二噁英等。
	第四批： 天然砂。	硅砂、石英砂；其他天然砂（对港、澳、台出口天然砂实行出口许可证管理）。
	第五批： 森林凋落物和泥炭（无论是否经化学处理）。	腐叶、腐根、树皮、树根等森林凋落物； 沼泽（湿地）中，地上植物枯死、腐烂堆积而成的有机矿体。
货物	2. 明令禁止出口的商品	
	依据我国相关法规，以及我国缔结或者参加的国际条约、协定的规定，不得出口的货物。	主要有： （1）未定名或者新发现并有重要价值的野生植物； （2）原料血浆； （3）商业性出口的野生红豆杉及其部分产品； （4）劳改产品； （5）以氯氟烃物质为制冷剂、发泡剂的家用电器产品和以氯氟烃物质为制冷工质的家用电器用压缩机； （6）滴滴涕； （7）莱克多巴胺和盐酸莱克多巴胺。
技术	依据《禁止、限制出口技术管理办法目录》有关规定，不得出口的技术。	涉及渔、牧、农副食品加工、工业制造、测绘、集成电路制造、机器人制造、卫星应用、计算机网络、空间数据传输、中医医疗等几十项技术。

此外，国家相关法规规定对涉及国家秘密、侵犯知识产权、丑化侮辱人格、违反"一个中国"原则的出口货物及其包装物、文物中的珍贵文物等禁止出口。

（二）限制进出口货物、技术管理

为维护我国安全和社会公共利益，保护人民的生命健康，履行我国所缔结或者参加的国际条约和协定，国务院商务主管部门会同国务院有关部门，依照《对外贸易法》的规定，制定、调整并公布各类限制进出口货物、技术目录。海关依据国家相关法律、法规对限制进出口目录货物、技术实施监督管理。

1. 限制进口管理制度

国家实行限制进口管理的货物、技术，必须依照国家有关部门规定取得国务院商务主管部门或者国务院其他相关部门的许可，方可进口。

目前，我国限制进口货物管理按照其限制方式划分为进口许可证配额管理、许可证件管理和关税配额管理，如表8-3所示。

表8-3　限制进口管理方式明细表

限制方式	许可证管理	进口配额许可证管理	进口关税配额管理	其他许可证件管理
主管部门	商务部	生态环境部、商务部、海关总署	商务部、国家发展改革委	其他政府行政职能部门
管理方式	由商务部会同国务院其他有关部门制定并调整进口许可证管理目录，以签发许可证的方式对进口许可证管理目录的商品实行行政许可管理。	由生态环境部、商务部、海关总署制定并调整《中国进出口受控消耗臭氧层物质名录》；由生态环境部、商务部有关部门公布年度进出口额度；于2014年3月1日起，由国家消耗臭氧层物质进出口管理机构对进口单位年度进出口配额指标内，进出口消耗臭氧层申请获准的，签发消耗臭氧层物质进出口审批单；进出口单位持审批单向商务主管部门申领进出口许可证。	国家对部分商品的进口规定进口数量总额并制定关税配额税率。国际贸易经营者经国家批准取得关税配额证后允许按照关税配额税率进口，如超出限额则按照配额外税率征税进口。配额方式有全球配额和国别配额。	1. 濒危野生动植物种进口； 2. 密码产品和含有密码技术的设备进口； 3. 限制进口类可用作原料的固体废物进口； 4. 进口药品； 5. 美术品进口； 6. 民用爆炸物品进口； 7. 音像制品进口； 8. 黄金及其制品进口； 9. 农药进口； 10. 兽药进口； 11. 有毒化学品进口等。
管理范围	1. 部分进口货物、技术； 2. 12类重点旧机电产品； 3. 两用物项和技术进口。	公布于《中国进出口受控消耗臭氧层物质名录》（目前共六批）的消耗臭氧层物质。	1. 部分进口农产品； 2. 部分进口化肥。	

2. 限制出口管理制度

国家实行限制出口管理的货物、技术，必须依照国家有关部门规定取得国务院商务部主管部门或者国务院其他相关部门的许可，方可出口。

目前，我国对于限制出口货物管理，按《货物进出口管理条例》规定，国家规定有数量限制的出口货物，实行配额管理；其他限制出口货物，实行许可证件管理。实行配额管理的限制出

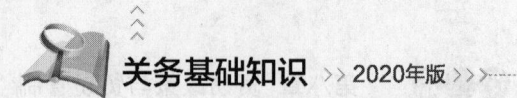

口货物，由国务院商务主管部门和国务院有关经济管理部门按照国务院规定的职责划分进行管理，如表8-4所示。

表8-4 限制出口管理方式明细表

限制方式	配额管理	许可证件管理
主管部门	商务部及其他有关经济管理部门	商务部及其他政府职能部门
管理方式	国家通过行政管理手段对部分商品的出口，在一定时期内（一年）以规定绝对数量的方式限制出口，主要有两种方式： 1. 出口配额许可证管理 由国家主管部门按申请者的需求并结合进出口的实绩、能力等条件，按效益、公正、公开和公平的原则进行分配；对获得配额的申请者发放各类配额证明。取得配额证明的申请者凭证明到商务主管部门申领出口许可证。其中出口消耗臭氧层物质的配额管理同上述该物质的进口管理。 2. 出口配额招标管理 由国家主管部门，采取招标分配的原则，经中标获得配额者，发放配额证明，中标者凭配额证明到商务主管部门申领出口许可证。	国家主管部门在一定时期内，根据国家政治、军事、技术、卫生、环保、资源保护等领域的需要，以及履行我国加入或缔结的有关国际条约的规定，对部分商品的出口签发出口许可证件来实现各类出口限制措施。
管理范围	实行出口配额许可证管理的主要商品范围： （1）部分农产品出口； （2）部分活禽、畜出口； （3）部分资源性产品、贵金属出口； （4）消耗臭氧层物质（配额由生态环境部管理）。 实行出口配额招标管理的主要商品范围：部分我国生产且国际市场需求量较大的农副产品及资源性产品出口。	1. 部分出口商品； 2. 濒危物种出口； 3. 两用物项和技术出口； 4. 黄金及其制品出口等。

（三）自由进出口货物、技术管理

除上述国家禁止、限制进出口货物和技术外的其他货物和技术，均属于自由进出口范围。自由进出口货物和技术的进出口不受限制，但基于监测进出口情况的需要，国家对部分属于自由进口的货物实行自动进口许可管理，对自由进出口的技术实行技术进出口合同登记管理。

1. 货物自动进口许可管理

自动进口许可管理是在任何情况下对进口申请一律予以批准的进口许可制度。这种进口许可实际上是一种在进口前的自动登记性质的许可制度，通常用于国家对这类货物的统计和监测目的，是我国进出口许可管理制度中的重要组成部分，也是目前被各国普遍使用的一种进口管理制度。

目前，我国自动进口许可管理包括自动进口许可证管理和非限制进口类固体废物管理两大类。进口属于自动进口许可管理的货物，进口经营者应当在办理海关报关手续前，向国务院主管部门或者国务院有关经济管理部门提交自动进口许可申请；然后凭相关部门发放的自动进口许可的批准文件，向海关办理报关手续。

2. 技术进出口合同登记管理

进出口属于自由进出口的技术，应当向国务院国际贸易主管部门或者其委托的机构办理合同

备案登记。国务院国际贸易主管部门应当自收到规定的文件之日起三个工作日内，对技术进出口合同进行登记，颁发技术进出口合同登记证，申请人凭技术进出口合同登记证，办理外汇、银行、税务、海关等相关手续。

三、出入境检验检疫制度

请参考本书第一篇有关内容。

四、货物贸易外汇管理制度

国际贸易经营者在国际贸易交易活动中，应当依照国家有关规定结汇、用汇。国家外汇管理局依据国务院《外汇管理条例》及其他有关规定，对包括经常项目外汇业务、资本项目外汇业务、金融机构外汇业务、人民币汇率生成机制和外汇市场等领域实施监督管理。

国家外汇管理局对企业的贸易外汇管理方式为非现场总量核查。国家外汇管理局通过货物贸易外汇检测系统，全面采集企业货物进出口和外汇收支逐笔数据，定期比对、评估企业货物流与资金流总体匹配情况，一方面便利合规企业贸易外汇收支，另一方面对存在异常的企业进行重点监测，必要时实施现场核查。

国际贸易项下国际收支不予限制，出口收入可按规定调回境内或存放境外。从事国际贸易机构（以下简称"企业"）的外汇收支应当具有真实、合法的交易背景，与货物进出口应当一致。企业应当根据贸易方式、结算方式及资金来源或流向，凭进出口报关单等相关单证在金融机构办理贸易外汇收支。金融机构应当对企业提交的交易单证的真实性及其外汇收支的一致性进行合理审查。国家外汇管理局及其各级分支机构，依法对企业及经营结汇、售汇业务的金融机构进行监督检查，形成了企业自律、金融机构专业审查、国家外汇管理局监管的运行机制。

五、国际贸易救济措施

世界贸易组织允许成员方在进口产品倾销、补贴和过激增长等给其国内产业造成损害的情况下，可以使用反倾销、反补贴和保障措施手段以保护国内产业不受损害。

反倾销、反补贴和保障措施都属于贸易救济措施。反倾销和反补贴措施针对的是价格歧视这种不公平贸易行为，保障措施针对的则是进口产品激增的情况。

为了充分利用世界贸易组织规则，维护国内市场上的国内外商品的自由贸易和公平竞争秩序，我国依据世界贸易组织《反倾销协议》《补贴与反补贴措施协议》《保障措施协议》及我国《对外贸易法》的有关规定，制定颁布了《反补贴条例》《反倾销条例》及《保障措施条例》。

（一）反倾销措施

反倾销措施包括临时反倾销措施和最终反倾销措施。

1. 临时反倾销措施

临时反倾销措施是指进口方主管机构经过调查，初步认定被指控产品存在倾销，并对国内同类产业造成损害，据此可以依据世界贸易组织所规定的程序进行调查，在全部调查结束之前，采取临时性的反倾销措施，以防止在调查期间国内产业继续受到损害。

临时反倾销措施有两种形式：一是征收临时反倾销税，二是要求提供现金保证金、保函或者

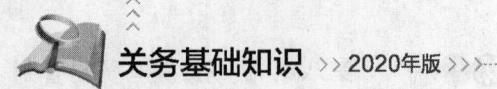

其他形式的担保。

征收临时反倾销税，由商务部提出建议，国务院关税税则委员会根据其建议做出决定，商务部予以公告；要求提供现金保证金、保函或者其他形式的担保由商务部做出决定并予以公告。海关自公告规定实施之日起执行。

临时反倾销措施实施的期限，自临时反倾销措施决定公告规定实施之日起，不超过四个月；在特殊情形下，可以延长至九个月。

2. 最终反倾销措施

对终裁决定确定倾销成立并由此对国内产业造成损害的，可以在正常海关税费之外，征收反倾销税。征收反倾销税应当符合公共利益。

征收反倾销税，由商务部提出建议，国务院关税税则委员会根据其建议做出决定，由商务部予以公告。海关自公告规定实施之日起执行。

（二）反补贴措施

反补贴与反倾销的措施相同，也分为临时反补贴措施和最终反补贴措施。

1. 临时反补贴措施

初裁决定确定补贴成立并由此对国内产业造成损害的，可以采取临时反补贴措施。临时反补贴措施采取以现金保证金或保函作为担保的征收临时反补贴税的形式。

采取临时反补贴措施，由商务部提出建议，国务院关税税则委员会根据其建议做出决定，由商务部予以公告。海关自公告规定实施之日起执行。

临时反补贴措施实施的期限，自临时反补贴措施决定公告规定实施之日起，不超过四个月。

2. 最终反补贴措施

在为完成磋商的努力没有取得效果的情况下，终裁决定确定补贴成立，并由此对国内产业造成损害的，征收反补贴税。

征收反补贴税，由商务部提出建议，国务院关税税则委员会根据其建议做出决定，由商务部予以公告。海关自公告规定实施之日起执行。

（三）保障措施

保障措施分为临时保障措施和最终保障措施。

1. 临时保障措施

临时保障措施是指在有明确证据表明进口产品数量增加，将对国内产业造成难以补救的损害的紧急情况下，进口国与成员国之间可不经磋商而做出初裁决定，并采取临时性保障措施。临时保障措施的实施期限，自临时保障措施决定公告规定实施之日起，不得超过 200 天，并且此期限计入保障措施总期限。

临时保障措施采取提高关税的形式，如果事后调查不能证实进口激增对国内有关产业已经造成损害或损害威胁，则征收的临时关税应予以退还。

2. 最终保障措施

最终保障措施可以采取提高关税、数量限制等形式，但保障措施应限于防止、补救严重损害并便利调整国内产业所必要的范围内。

保障措施的实施期限一般不超过四年，在此基础上，如果继续采取保障措施则必须满足四个条件：对于防止或者补救严重损害仍有必要；有证据表明相关国内产业正在进行调整；已经履行有关对外通知、磋商的义务；延长后的措施不严于延长前的措施。保障措施全部实施期限（包括临时保障措施期限）不得超过十年。

【复习思考题】

1. 我国对外贸易经营者的资质实行何种管理？

2. 何谓国营贸易管理？其管理的商品范围有哪些？

3. 试述我国货物与技术进出口许可管理制度的性质、基本管理框架。

4. 试述我国对部分进出口货物、技术实行限制或者禁止管理的目的。

5. 试述我国对禁止进出口货物的管理结构、管理范围及涉及的商品。

6. 试述我国对限制进出口货物的限制方式。

7. 许可证管理与许可证件管理有何区别？

8. 何谓配额许可证管理？

9. 试述我国限制进、出口货物的管理框架，如主管部门、管理方式、管理范围等。

10. 何谓进出口自动许可管理？

11. 试述我国对自由进出口货物和技术的管理性质、管理目的、管理方式。

12. 试述我国对货物外汇的主要监管方式。

13. 何谓国际贸易救济措施？可以采用的具体措施有哪些？在何种情况下使用？有哪些使用规范？

第三节 我国贸易管制的主要措施

【学习目标】

本节主要介绍政府相关行政职能部门在其职责范围内落实各项制度所制定的具体规定，重点内容包括管制商品范围、管理方式等基本情况，以及涉及许可证件管理商品在办理报关事务时应遵循的基本规范，旨在让学习者结合海关监管要求，在报关实践活动中能够正确应用贸易管制措施。

完成本节学习，学习者应获得以下成果：

1. 了解关税配额和进出口许可证管理的模式，熟悉管理商品范围，掌握报关规则；

2. 了解两用物项和技术进出口的管理措施，掌握两用物项和技术进出口的报关规则；

3. 了解自动进口许可证管理的货物类别、商品范围，掌握报关规则；

4. 了解其他各类限制进出口管理范畴的商品范围和报关规则。

【基本概念】

关税配额和进出口许可证管理、两用物项和技术进出口许可证管理、自动进口许可证管理、其他各类限制进出口管理

【建议学习时间】

6 课时

一、进出口许可证管理

进出口许可证管理属于国家限制进出口管理范畴，分为进口许可证管理和出口许可证管理。商务部是全国进出口许可证的归口管理部门，负责制定进出口许可证管理办法及规章制度，监督、检查进出口许可证管理办法的执行情况，处罚违规行为。商务部会同海关总署制定、调整和发布年度《进口许可证管理货物目录》及《出口许可证管理货物目录》。

（一）主管部门

商务部统一管理、指导全国各发证机构的进出口许可证签发工作，商务部配额许可证事务局（以下简称"商务部许可证局"）、商务部驻各地特派员办事处（以下简称"特派办"）和商务部授权的地方主管部门发证机构（以下简称"地方发证机构"，包括各省、自治区、直辖市、计划单列市及商务部授权的其他省会城市商务厅（局）、外经贸委（厅、局）为进出口许可证的发证机构），负责在授权内签发中华人民共和国进口许可证（以下简称"进口许可证"）、中华人民共和国出口许可证（以下简称"出口许可证"）。

进出口许可证是国家管理货物进出口的凭证，不得买卖、转让、涂改、伪造和变造。凡属于进出口许可证管理的货物，除国家另有规定外，国际贸易经营者应当在进口或出口前按规定向指定的发证机构申领进出口许可证，持证向海关办理申报和验放手续。

（二）管理范围

进口许可证是我国进出口许可证管理制度中具有法律效力，用来证明国际贸易经营者经营列入国家进口许可证管理目录商品合法进口的证明文件，是海关验放该类货物的重要依据。国家根据管理的实际情况，每年调整适用范围。

1. 2020 年实行进口许可证管理的商品

我国 2020 年实行进口许可证管理的商品有重点旧机电产品和消耗臭氧层物质两类。其中，对重点旧机电产品实行进口许可证管理，对消耗臭氧层物质实行进口配额许可证管理，由商务部发证机构实行分级发证，具体如下。

（1）重点旧机电产品

包括化工设备、金属冶炼设备、工程机械、起重运输设备、造纸设备、电力电气设备、食品加工及包装设备、农业机械、印刷机械、纺织机械、船舶、硒鼓、X 射线管 13 大类 59 个商品编号的旧产品。

国家对进口以上所列各类重点旧机电产品实行许可证管理，商务部许可证局负责签发进口许可证。

（2）消耗臭氧层物质

包括三氯氟甲烷（CFC-11）、二氯二氟甲烷（CFC-12）、二氯四氟乙烷（CFC-114）或它们的混合物等 47 个商品编号的商品。

为履行《关于消耗臭氧层物质的蒙特利尔议定书》及其修正案，加强对消耗臭氧层物质进出口管理，根据《中华人民共和国消耗臭氧层物质管理条例》，原国家环境保护部、商务部、海关总署于 2014 年 1 月制订、发布了《消耗臭氧层物质管理办法》，并于当年 3 月 1 日起实施。

办法中明确：对列入《中国进出口受控消耗臭氧层物质名录》的消耗臭氧层物质实行进出口配额许可证管理，《中国进出口受控消耗臭氧层物质名录》由国务院环境保护主管部门会同国务院商务主管部门、海关总署制定、调整和公布。国务院环境保护主管部门根据消耗臭氧层物质淘汰进展情况，国务院商务主管部门确定国家消耗臭氧层物质年度进出口配额总量，并在每年 12 月 20 日前公布下一年度进出口配额总量。

环境保护主管部门、商务主管部门和海关总署联合设立国家消耗臭氧层物质进出口管理机构，对消耗臭氧层物质的进出口实行统一监督管理。

从事消耗臭氧层物质的进出口单位应当在每年 10 月 31 日前，向国家消耗臭氧层物质进出口管理机构申请下一年度进出口配额。在年度进出口配额指标内，进出口单位需要进出口消耗臭氧层物质的，应当向国家消耗臭氧层物质进出口管理机构申请领取进出口受控消耗臭氧层物质审批单。国家消耗臭氧层物质进出口管理机构对符合申请条件的进出口单位签发消耗臭氧层物质进出口审批单并对获准签发的单位名单进行公示；未予批准的，应当书面通知申请单位并说明理由。申请获准的进出口单位应当持进出口审批单，向所在地省级商务主管部门所属的发证机构申请领取消耗臭氧层物质进出口许可证。在京中央企业向国务院商务主管部门授权的发证机构申请领取消耗臭氧层物质进出口许可证。

消耗臭氧层物质进出口审批单实行一单一批制。审批单有效期为 90 日，不得超期或者跨年度使用。

海关特殊监管区域、保税监管场所与境外之间进出消耗臭氧层物质的，进出口单位应当按规定申请领取进出口审批单、进出口许可证；海关特殊监管区域、保税监管场所与境内其他区域之间进出的，或者在上述海关特殊监管区域、保税监管场所之间进出的，不需要申请领取进出口审批单、进出口许可证。

通过捐赠、货样、广告物品、退运等方式将列入《中国进出口受控消耗臭氧层物质名录》的消耗臭氧层物质运入、运出中华人民共和国关境，其他法律法规另有规定的，从其规定。

进出口单位无进出口许可证或者超出进出口许可证的规定进出口消耗臭氧层物质的，或者违反海关有关规定进出口消耗臭氧层物质的，或者走私消耗臭氧层物质的，由海关依法处罚；构成犯罪的，依法移送司法机关追究刑事责任。国家消耗臭氧层物质进出口管理机构可以根据进出口单位违法行为情节轻重，禁止其再次申请消耗臭氧层物质进出口配额。

2. 2020 年实行出口许可证管理的商品

我国 2020 年实行出口许可证管理的货物为 43 种，分别实行出口配额或出口许可证管理，具体如下。

（1）实行出口配额管理的货物

出口活牛（对港澳出口）、活猪（对港澳出口）、活鸡（对香港出口）；出口小麦、玉米、大米、小麦粉、玉米粉、大米粉；出口药料用麻黄草（人工种植）；出口煤炭、原油、成品油（不含润滑油、润滑脂、润滑油基础油）；出口锯材、棉花等货物的；以上凭配额文件申领出口许可证。

出口甘草及甘草制品、蓢草及蓢草制品的，凭配额招标中标文件申领出口许可证。

以加工贸易方式出口所列货物的，凭配额证明文件、货物出口合同申领出口许可证。其中，出口甘草及甘草制品、蓢草及蓢草制品的，凭配额招标中标证明文件、海关加工贸易进口报关单申领出口许可证。

（2）实行出口许可证管理的货物

出口活牛（对港澳以外市场）、活猪（对港澳以外市场）、活鸡（对香港以外市场）；出口牛肉、猪肉、鸡肉；出口天然砂（含标准砂）、矾土、磷矿石、镁砂、滑石块（粉）、萤石（氟石）、稀土、锡及锡制品、钨及钨制品、钼及钼制品、锑及锑制品、焦炭；出口成品油（润滑油、润滑脂、润滑油基础油）、石蜡、部分金属及制品、硫酸二钠、碳化硅、消耗臭氧层物质、柠檬酸；出口白银、铂金（以加工贸易方式出口）、铟及铟制品；出口摩托车（含全地形车）及其发动机和车架、汽车（包括成套散件）及其底盘等货物的；以上需按规定申请取得出口许可证。

其中，消耗臭氧层物质的货样广告品需凭出口许可证出口；以一般贸易、加工贸易、边境贸易和捐赠贸易方式出口汽车、摩托车产品的，需按规定的条件申请取得出口许可证；以工程承包方式出口汽车、摩托车产品的，凭中标文件等材料申领出口许可证；以上述贸易方式出口非原产于中国的汽车、摩托车产品的，凭进口海关单据和货物出口合同申领出口许可证。

以加工贸易方式出口所列货物的，除另有规定以外，凭有关批准文件、海关加工贸易进口报关单和货物出口合同申领出口许可证。其中，出口润滑油、润滑脂、润滑油基础油等成品油的，需提交省级商务主管部门的转报函件；出口润滑油、润滑脂、润滑油基础油以外的成品油的，免于申领出口许可证。

（三）报关规范

1. 进口许可证的有效期为一年，当年有效。特殊情况需要跨年度使用时，有效期最长不得超过次年 3 月 31 日，逾期自行失效。

2. 出口许可证的有效期最长不得超过六个月，且有效期截止时间不得超过当年 12 月 31 日。商务部可视具体情况，调整某些货物出口许可证的有效期。出口许可证应当在有效期内使用，逾期自行失效。

3. 进出口许可证一经签发，不得擅自更改证面内容。如需更改，经营者应当在许可证有效期内提出更改申请，并将许可证交回原发证机构，由原发证机构重新换发许可证。

4. 商务部各进出口许可证签证机构与海关对进出口许可证实施联网核查，许可证电子数据与许可证纸面证书同时作为海关验放许可证商品的依据，申报地海关在确认纸面证书与电子数据内容一致后核注许可证和验放货物，并将信息反馈至发证机构。

5. 进出口许可证实行"一证一关"（进出口许可证只能在一个海关报关，下同）管理。一般情况下，进出口许可证为"一批一证"（进出口许可证在有效期内一次报关使用，下同）。

为实施出口许可证联网核销，对不属于"一批一证"制的货物，出口许可证签发时应在备

注栏内填注"非一批一证"。在出口许可证有效期内,"非一批一证"制货物可以多次报关使用,但最多不超过12次。12次报关后,出口许可证即使尚存余额,海关也停止接受报关。

实行出口"非一批一证"管理的为加工贸易方式出口的货物、补偿贸易项下出口的货物、小麦、玉米、大米、小麦粉、玉米粉、大米粉、活牛、活猪、活鸡、牛肉、猪肉、鸡肉、原油、成品油、煤炭、摩托车(含全地形车)及其发动机和车架、汽车(包括成套散件)及其底盘。

消耗臭氧层物质的出口许可证管理实行"一批一证"制,出口许可证在有效期内一次报关使用。

6. 对实行"一批一证"进出口许可证管理的大宗、散装货物,以出口为例,其溢装数量在货物总量3%以内的原油、成品油予以免证,其他货物溢装数量在货物总量5%以内的予以免证。

对实行"非一批一证"制的大宗、散装货物,在每批货物出口时,按其实际出口数量进行许可证证面数量核扣,在最后一批货出口时,应按该许可证剩余数量溢装上限,即5%(原油、成品油溢装上限3%)以内计算免证数额。

7. 以边境小额贸易方式出口配额管理的货物,由省级地方商务主管部门根据商务部下达的边境小额贸易配额和要求签发出口许可证。以边境小额贸易方式出口甘草及甘草制品、蓰草及蓰草制品、消耗臭氧层物质、摩托车(含全地形车)及其发动机和车架、汽车(包括成套散件)及其底盘等货物的,需按规定申领出口许可证。以边境小额贸易方式出口本款上述情形以外的目录所列货物的,免于申领出口许可证。

8. 铈及铈合金(颗粒<500 μm)、钨及钨合金(颗粒<500 μm)、锆、铍的出口免于申领出口许可证,但需按规定申领中华人民共和国两用物项和技术出口许可证。

9. 我国政府对外援助项下提供的目录内货物不纳入出口配额和出口许可证管理。

10. 2020年继续暂停对润滑油(海关商品编号27101991)、润滑脂(海关商品编号27101992)、润滑油基础油(海关商品编号27101993)一般贸易出口的国营贸易管理。国际贸易经营者以一般贸易方式出口上述货物的,凭货物出口合同申领出口许可证。以其他贸易方式出口上述货物的,按商务部、发展改革委、海关总署公告2008年第30号的规定执行。

11. 加工贸易项下出口目录内货物的,按以下规定执行:

(1)以加工贸易方式出口属于配额管理的货物,凭配额文件、货物出口合同申领出口许可证。其中,出口甘草及甘草制品、蓰草及蓰草制品的,凭配额招标中标文件、海关加工贸易进口报关单申领出口许可证。

(2)以加工贸易方式出口属于出口许可证管理的货物,除另有规定以外,凭有关批准文件、海关加工贸易进口报关单和货物出口合同申领出口许可证。其中,申领润滑油、润滑脂、润滑油基础油等成品油出口许可证,需提交省级商务主管部门申请函;出口除润滑油、润滑脂、润滑油基础油以外的成品油的,免于申领出口许可证。

12. 为维护国际贸易秩序,国家对列入出口许可证管理目录内的部分货物实行指定出口报关口岸管理。企业出口该部分货物的,均须到指定的口岸报关出口。

(1)甘草出口的报关口岸指定为天津海关、上海海关、大连海关,甘草制品出口的报关口岸指定为天津海关、上海海关。

(2)天然砂出口(对台港澳地区)的报关口岸限定于企业所在省(自治区、直辖市)的海关。

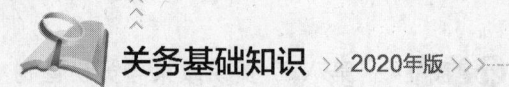

（3）对镁砂、稀土、锑及锑制品等货物暂停实行指定口岸报关出口。

二、进口关税配额管理

关税配额管理属于限制进口，实行关税配额证管理，其主管部门为商务部和国家发展改革委。所有贸易方式进口关税配额范围的商品均列入关税配额管理范围。国际贸易经营者经批准取得关税配额证后允许按照关税配额税率征税进口，如超出则按限额外税率征税进口。

2020年我国实施关税配额管理的农产品有小麦、玉米、稻谷和大米、糖、羊毛及羊毛条、棉花，实施关税配额管理的工业产品为化肥（尿素、磷酸二铵、复合肥）。

（一）实行关税配额管理的农产品

农产品进口关税配额为全球关税配额，其主管部门为商务部及国家发展改革委。商务部、国家发展改革委按规定的期限对外公布每种农产品下一年度的关税配额总量、关税配额申请条件及国务院关税税则委员会确定的关税配额农产品税则号列和适用税率。

其中，糖、羊毛、毛条由商务部公布并由商务部授权机构负责办理本地区内申请，小麦、玉米、大米、棉花由国家发展改革委公布并由国家发展改革委授权机构负责受理本地区的申请。海关凭商务部及国家发展改革委各自授权机构向最终用户发放的加盖"商务部进口农产品关税配额证专用章"或"国家发展和改革委员会农产品进口关税配额专用章"的农产品进口关税配额证，办理验放手续。

以加工贸易方式进口关税配额管理的农产品，海关凭企业提交的在"贸易方式"栏中注明"加工贸易"的进口关税配额证办理通关验放手续。由境外进入保税仓库、保税区、出口加工区的上述农产品，无须提交农产品进口关税配额证，海关按现行规定验放并实施监管。从保税仓库、保税区、出口加工区出库或出区进口的关税配额农产品，企业持进口关税配额证向海关办理进口手续。

农产品进口关税配额证实行"一证多批"制，自签发之日起三个月内有效，最迟不得超过当年12月31日。即最终用户需分多批进口的，在有效期内，凭农产品进口关税配额证可多次办理通关手续，直至海关核注栏填满为止。对当年12月31日前从始发港出运，需在次年到货的，关税配额持有者需于当年12月31日前持装船单证及有效的农产品进口关税配额证到商务部委托机构申请延期，延期的农产品进口关税配额证有效期最迟不超过次年2月28日。

（二）实行关税配额管理的工业品

化肥进口关税配额为全球配额，商务部负责全国化肥关税配额管理工作，商务部的化肥进口关税配额管理机构负责管辖范围内化肥进口关税配额的发证、统计、咨询和其他授权工作。关税配额内化肥进口时，海关凭进口单位提交的化肥进口关税配额证明，按配额内税率征税，并验放货物。

化肥进口关税配额证明有效期3个月，最迟不得超过当年12月31日。延期或者变更的，需重新办理，旧证撤销同时换发新证，并在备注栏中注明原证号。

三、两用物项和技术进出口许可证管理

为维护国家安全和社会公共利益，履行我国在缔结或者参加的国际条约、协定中所承担的义

务，国家限制两用物项和技术进出口，对两用物项和技术实行进出口许可证管理。

（一）主管部门

商务部是全国两用物项和技术进出口许可证的归口管理部门，负责制定两用物项和技术进出口管理办法及规章制度，监督、检查两用物项和技术进出口许可证管理办法的执行情况，处罚违规行为。

商务部许可证局和受商务部委托的省级商务主管部门为两用物项和技术进出口许可证发证机构。两用物项和技术进出口前，进出口经营者应当向发证机关申领中华人民共和国两用物项和技术进口许可证（以下简称"两用物项和技术进口许可证"）或中华人民共和国两用物项和技术出口许可证（以下简称"两用物项和技术出口许可证"），凭此向海关办理进出口通关手续。

（二）管理范围

两用物项和技术是指《中华人民共和国核出口管制条例》《中华人民共和国核两用品及相关技术出口管制条例》《中华人民共和国导弹及相关物项和技术出口管制条例》《中华人民共和国生物两用品及相关设备和技术出口管制条例》《中华人民共和国监控化学品管理条例》《中华人民共和国易制毒化学品管理条例》《中华人民共和国放射性同位素与射线装置安全和防护条例》和国务院批准的《有关化学品及相关设备和技术出口管制办法》等相关行政法规、规章所附清单和名录以及国家依据相关法律、行政法规和规章予以管制、临时管制或特别管制的物项和技术。

为便于对上述物项和技术的进出口管制，商务部和海关总署依据上述法规颁布了《两用物项和技术进出口许可证管理办法》。办法规定：商务部会同海关总署制定和发布《两用物项和技术进出口许可证管理目录》，并可以根据情况对《两用物项和技术进出口许可证管理目录》进行调整，以公告形式发布，对列入《两用物项和技术进出口许可证管理目录》的物项及技术的进出口统一实行两用物项和技术进出口许可证管理。

商务部委托商务部许可证局统一管理、指导全国各发证机构的两用物项和技术进出口许可证发证工作，商务部许可证局对商务部负责。商务部许可证局和商务部委托的省级商务主管部门为两用物项和技术进出口许可证地方发证机构，省级商务主管部门在商务部许可证局的统一管理下，负责委托范围内两用物项和技术进出口许可证的发证工作。两用物项和技术进出口前，进出口经营者应当向地方发证机构申领两用物项和技术进口许可证或两用物项和技术出口许可证，凭此向海关办理进出口通关手续。

2020年两用物项和技术进出口许可证管理目录，分为《两用物项和技术进口许可证管理目录》和《两用物项和技术出口许可证管理目录》两个部分（以下合并称"两用物项和技术进出口许可证管理目录"），如表8-5所示。

表 8-5 两用物项和技术进出口管理范围明细表

进 口	出 口
第一类：监控化学品（69 种） 可作为化学武器的化学品、可作为生产化学武器前体的化学品、可作为生产化学武器主要原料的化学品等三类，以及上述三类监控化学品的生产技术和专用设备。 第二类：易制毒化学品（48 种）。 第三类：放射性同位素（10 种）。	第一类：核出口管制清单所列物项和技术（159 种）； 第二类：核两用品及相关技术出口管制清单所列物项和技术（204 种）； 第三类：生物两用品及相关设备和技术管制清单所列物项和技术（144 种）； 第四类：监控化学品管理条例名录所列物项（69 种，分类方式与进口监控化学品相同）； 第五类：有关化学品及相关设备和技术出口管制清单所列物项和技术（37 种）； 第六类：导弹及相关物项和技术出口管制清单所列物项和技术（186 种）； 第七类：易制毒化学品，向全球出口（48 种）； 第八类：易制毒化学品，向缅甸、老挝、阿富汗等特定国家（地区）出口（17 种）； 第九类：部分两用物项和技术（6 种）； 第十类：特殊民用物项和技术（5 种）。

（三）办理程序

进出口属于两用物项和技术进出口许可证管理的货物，进出口经营者在进出口前获相关行政主管部门批准文件后，凭批准文件到所在地发证机构申领两用物项和技术进出口许可证，在京的中央管理企业向商务部许可证局申领。

核、核两用品、生物两用品、有关化学品、导弹相关物项、易制毒化学品和计算机的批准文件为商务主管部门签发的"两用物项和技术进口或出口批复单"。其中，核材料的出口凭国防科工局（原国防科工委）的批准文件办理相关手续，外商投资企业进出口易制毒化学品凭商务部外商投资企业易制毒化学品进口批复单或商务部外商投资企业易制毒化学品出口批复单申领两用物项和技术进出口许可证。

监控化学品进出口批准文件为国家禁止化学武器公约工作领导小组办公室签发的监控化学品进口或者出口核准单。监控化学品进出口经营者向商务部许可证局申领两用物项和技术进出口许可证。

进口放射性同位素需按《放射性同位素与射线装置安全和防护条例》和《两用物项和技术进出口许可证管理办法》有关规定，报生态环境部审批后，在商务部许可证局申领两用物项和技术进口许可证。

（四）报关规范

1. 对以任何方式进口或出口两用物项和技术时，以及过境、转运、通运列入《两用物项和技术进出口许可证管理目录》的商品，进出口经营者应向海关提交有效的两用物项和技术进出口许可证，进出口经营者未向海关出具两用物项和技术进出口许可证而产生的相关法律责任由其自行承担。

两用物项和技术在境外与保税区、出口加工区等海关特殊监管区域、保税场所之间进出的，应向海关交验两用物项和技术进出口许可证；在境内与保税区、出口加工区等海关特殊监管区域、保税场所之间进出的，或者在上述海关监管区域、保税场所之间进出的两用物项和技术，经营者无须办理两用物项和技术进出口许可证。

2.《两用物项和技术进出口许可证管理目录》列明的物项和技术，不论该物项和技术是否在《两用物项和技术进出口许可证管理目录》中列明海关商品编号，均应依法办理两用物项和技术进出口许可证。

3. 海关对进出口经营者进出口的货物是否属于两用物项和技术提出质疑，进出口经营者应按规定向相关行政主管部门申请进口或者出口许可，或者向商务主管部门申请办理不属于管制范围的相关证明。对进出口经营者未能出具两用物项和技术进口或者出口许可证或者商务部相关证明的，海关不予办理有关手续。

4. 根据有关行政法规的规定，出口经营者知道或者应当知道，或者得到国务院相关行政主管部门通知，其拟出口的物项和技术存在被用于大规模杀伤性武器及其运载工具风险的，无论该物项和技术是否列入《两用物项和技术进出口许可证管理目录》，都应当申请出口许可，并按照《两用物项和技术进出口许可证管理办法》办理两用物项和技术出口许可证。

出口经营者在出口过程中，如发现拟出口的物项和技术存在被用于大规模杀伤性武器及其运载工具风险的，应及时向国务院相关行政主管部门报告，并积极配合采取措施中止合同的执行。

5. 两用物项和技术进口许可证实行"非一批一证"制和"一证一关"制；两用物项和技术出口许可证实行"一批一证"制和"一证一关"制。"非一批一证"制是指每证在有效期内可多次报关使用，但最多不超过 12 次，由海关在许可证背面"海关验放签注栏"内逐批核减数量；"一批一证"制是指每证只能报关使用一次；"一证一关"制是指每证只能在一个海关报关使用。

"一批一证"制的大宗、散装的两用物项在报关时溢装数量不得超过两用物项和技术出口许可证所列出口数量的 5%。"非一批一证"制的大宗、散装两用物项，每批进口时，按其实际进口数量进行核扣，最后二批进口物项报关时，其溢装数量按该两用物项和技术进口许可证实际剩余数量并在规定的溢装上限 5% 内计算。

两用物项和技术进出口许可证有效期一般不超过一年，跨年度使用时，在有效期内只能使用到次年 3 月 31 日，逾期发证机构将根据原许可证有效期换发新证。

6. 两用物项和技术进出口许可证一经签发，任何单位和个人不得更改证面内容，如需对证面内容进行更改，进出口经营者应当在许可证有效期内向相关行政主管部门重新申请进出口许可，并凭原许可证和新的批准文件向发证机构申领两用物项和技术进出口许可证。

7. 两用物项和技术出口许可证实行联网核查管理，纸质许可证与许可证电子数据同时作为海关监管依据。

8. 两用物项和技术进口许可证证面的进口商、收货人应分别与海关进口货物报关单的境内收货人、消费使用单位相一致，两用物项和技术出口许可证证面的出口商和发货人应分别与海关出口货物报关单的境内收货人、生产销售单位相一致。

四、自动进口许可证管理

除国家禁止、限制进出口货物、技术外的其他货物、技术，均属于自由进出口范围。自由进出口货物、技术不受限制，但基于监测进出口情况的需要，国家对部分属于自由进口的货物实行自动进口许可管理。

自动进口许可证管理是国家基于对这类货物的统计和监督需要而实行的一种在任何情况下对进口申请一律予以批准，具有自动登记性质的许可管理。

（一）主管部门

商务部是我国自动进口许可制度的管理部门。商务部、海关总署根据《货物进出口管理条例》及国家其他法律法规的有关规定，调整、公布《自动进口许可证管理货物目录》。

商务部许可证局、各地特派办、地方发证机构及地方机电产品进出口管理机构负责自动进口许可证货物的管理和自动进口许可证的签发工作。

（二）管理范围

1. 自动进口许可证管理的商品范围

2020年实施自动进口许可证管理的货物包括两个管理目录。

（1）目录一

目录一包括由商务部发证的货物：牛肉、猪肉、羊肉、鲜奶、奶粉、木薯、大麦、高粱、大豆、油菜籽、食糖、玉米酒糟、豆粕、烟草、二醋酸纤维丝束、原油、成品油、化肥、烟草机械、移动通信产品、卫星广播电视设备及关键部件、汽车产品、飞机、船舶，共25类商品。

（2）目录二

目录二包括由商务部委托的省级地方商务主管部门或地方、部门机电办发证的货物：肉鸡、植物油、铁矿石、铜精矿、煤、成品油、化肥、钢材、工程机械、印刷机械、纺织机械、金属冶炼及加工设备、金属加工机床、电气设备、汽车产品、飞机、船舶、医疗设备，共20类商品。

2. 免于交验自动进口许可证的情形

进口列入《自动进口许可管理货物目录》的商品，在办理报关手续时须向海关提交自动进口许可证，但下列情形免于提交：

（1）加工贸易项下进口并复出口的（原油、成品油除外）；

（2）外商投资企业作为投资进口或者投资额内生产自用的（旧机电产品除外）；

（3）货样广告品、实验品进口，每批次价值不超过5000元人民币的；

（4）暂时进口的海关监管货物；

（5）进入保税区、出口加工区等海关特殊监管区域及进入保税仓库、保税物流中心的属于自动进口许可管理的货物；

（6）加工贸易项下进口的不作价设备监管期满后留在原企业使用的；

（7）国家法律法规规定其他免领自动进口许可证的。

（三）报关规范

1. 自动进口许可证有效期为六个月，但仅限公历年度内有效。

2. 自动进口许可证项下货物原则上实行"一批一证"管理，对部分货物也可实行"非一批一证"管理。

目前对实行自动进口许可管理的货物（原油、燃料油除外），实施自动进口许可证通关作业无纸化，每份进口货物报关单仅适用一份自动进口许可证。

企业申请电子自动进口许可证后，根据海关相关规定采用无纸方式向海关申报，免于交验纸质自动进口许可证。海关将通过自动进口许可证联网核查方式验核电子许可证，不再进行纸面签注。

3. 对实行"一批一证"的自动进口许可证管理的大宗、散装货物，其溢装数量在货物总量3%以内的原油、成品油、化肥、钢材等四种大宗散装货物予以免证，其他货物溢装数量在货物总量5%以内的予以免证；

对"非一批一证"的大宗、散装货物，每批货物进口时，按其实际数量核扣自动进口许可证额度数量，最后一批货物进口时，应按自动进口许可证实际剩余数量的允许溢装上限，即5%（原油、成品油、化肥、钢材溢装上限3%）以内计算免证数额。

4. 商务主管部门发证机构与各海关实施自动进口许可证联网核查，海关验核商务主管部门签发的自动进口许可纸面证书和自动进口许可电子数据，接受企业报关。

五、固体废物进口管理

根据《控制危险废物越境转移及其处置的巴塞尔公约》及我国《固体废物污染环境防治法》《固体废物进口管理办法》等法律法规，我国禁止进口不能用作原料或者不能以无害化方式利用的固体废物，对可以用作原料的固体废物实行限制进口和非限制进口分类管理。

具体来说，我国对危险废物；以热能回收为目的固体废物；经入境检验检疫不符合进口可用作原料的固体废物；环境保护控制标准或者相关技术规范等强制性要求的；尚无适用国家环境保护控制标准或者相关技术规范等强制性要求的固体废物；以及指示交货（To Order）方式承运入境的固体废物，实施禁止进口管理。

对可以弥补境内资源短缺，且根据国家经济、技术条件能够以无害化方式利用的可用作原料的固体废物，按照其加工利用过程的污染排放强度，由国家环境保护部、商务部、发展改革委、海关总署制定、公布《禁止进口固体废物目录》《限制进口类可用作原料的固体废物目录》《非限制进口类可用作原料的固体废物目录》，实施分类目录管理。

（一）主管部门

生态环境部是进口废物的国家主管部门。固体废物利用单位在组织进口列入限制进口目录的固体废物前，应当直接向生态环境部提出固体废物进口申请，经审查批准并签发相关固体废物进口许可证后才可组织进口。申请和审批进口固体废物，按照风险最小化原则，实行就近口岸报关。

国家对进口可用作原料的固体废物的国内收货人及国外供货商实行注册登记制度。向中国出口可用作原料的固体废物的国外供货商和国内收货人，应当取得注册登记证书。

进口固体废物境外装运前，应当实施装运前检验，检验合格的，出具装运前检验证书；进口的固体废物运抵固体废物进口相关许可证列明的口岸后，国内收货人应当持固体废物进口相关许可证检验检疫联、装运前检验证书及其他必要单证，向海关报检。

海关对经检验检疫未发现不符合国家环境保护控制标准、国家技术规范的其他强制性要求的进口废物原料，予以放行；对不符合国家环境保护控制标准、国家技术规范的其他强制性要求的，责令退运；对发现动植物疫情的，要实施有效的检疫除害处理措施，如无有效处理措施则依

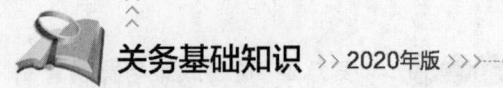

法做退回或者销毁处理，并实施检疫监管。

海关凭有效废物进口许可证办理通关手续。除另有规定外，进口固体废物不得办理转关手续（废纸除外）。

（二）管理范围

固体废物是指《固体废物污染环境防治法》管理范围内的废物，即在生产建设、日常生活和其他活动中产生的污染环境的固态、半固态废弃物质。包括：工业固态废物（在工业、交通等生产活动中产生的固体废物）；城市生活垃圾（在城市日常生活中或者为城市日常生活提供服务的活动中产生的固态废物，以及法律、行政法规规定视为城市生活垃圾的固态废物）；危险废物（列入国家危险废物名录或者根据国家规定的危险物鉴别方法认定的具有危险特性的废物）；以及液态废物和置于容器中的气态废物。

我国对进口废物分别实施禁止进口、限制进口、非限制进口三类管理。

对列入《禁止进口固体废物目录》的废物一律禁止进口；对列入《限制进口类可用作原料的废物目录》的固体废物实施限制进口管理，企业在进口前须向生态环境部申领固体废物进口许可证；对列入《非限制进口类可用作原料的固体废物目录》的固体废物，进口单位无须向生态环境部申领相关固体废物进口许可证，但必须符合进口可用作原料的固体废物环境保护控制标准或者相关技术规范等强制性要求，并经海关检验合格。经检验检疫，不符合上述环境保护控制标准或者相关技术规范要求的固体废物，不得进口；对虽列入《限制进口类可用作原料的废物目录》及《非限制进口类可用作原料的废物目录》，但经入境检验检疫不符合进口可用作原料的固体废物环境保护控制标准或者相关技术规范等强制性要求的固体废物，实施禁止进口管理。

2019 年生态环境部、商务部、发展改革委、海关总署对现行的《限制进口类可用作原料的固体废物目录》《非限制进口类可用作原料的固体废物目录》和《禁止进口固体废物目录》进行以下调整：

1. 将废五金类、废船、废汽车压件、冶炼渣、工业来源废塑料等 16 个品种固体废物，从《限制进口类可用作原料的固体废物目录》调入《禁止进口固体废物目录》，自 2018 年 12 月 31 日起执行。

2. 将不锈钢废碎料、钛废碎料、木废碎料等 16 个品种固体废物，从《限制进口类可用作原料的固体废物目录》《非限制进口类可用作原料的固体废物目录》调入《禁止进口固体废物目录》，自 2019 年 12 月 31 日起执行。

3. 将废钢铁、铜废碎料、铝废碎料等八个品种固体废物，从《非限制进口类可用作原料的固体废物目录》调入《限制进口类可用作原料的固体废物目录》，自 2019 年 7 月 1 日起执行。

（三）报关规范

废物进口许可证是我国进出口许可证制度中具有法律效力，用来证明国际贸易经营者经营列入《限制进口类可用作原料的废物目录》的废物合法进口的证明文件，是海关验放货物的重要依据。不论以何种方式进口上述管理范围的固体废物，均须事先申领废物进口许可证。

1. 向海关申报进口列入《限制进口类可用作原料的废物目录》的废物，报关单位应主动向海关提交有效的废物进口许可证及其他有关单据；向海关申报进口列入《非限制进口类可用作

原料的废物目录》的废物，报关单位应主动向海关提交有关单据。

2. 废物进口许可证当年有效，因故在有效期内未使用完的，企业应当在有效期届满30日前向发证机关提出延期申请。发证机构扣除已使用数量后重新签发固体废物相关许可证，并在备注栏中注明"延期使用"和原证号，且只能延期一次，延期最长不超过60日。

3. 固体废物相关许可证实行"一证一关"管理。一般情况下固体废物进口相关许可证为"非一批一证"制，在有效期内可以多次报关使用，由海关逐批签注核减进口数量，最后一批进口时，允许溢装上限为固体废物进口相关许可证实际余额的3%；如要实行"一批一证"，应当同时在固体废物进口相关许可证备注栏内打印"一批一证"字样。

4. 海关与生态环境部对固体废物进口许可证纸面数据与废物进口许可电子数据对接，实施联网核查，并根据实际进口数量进行核销。

5. 对废金属、废塑料、废纸等重点管理废物进口，实施分类管理。进口时不得与其他非重点及不属于固体废物的货物混合装运于同一集装箱内；因特殊原因无法分装的，进口企业应在境外起运地装运前向口岸直属海关提出申请，报经海关总署批准后，须在具备监管条件的口岸现场或园区按类别进行分拣，并根据分拣后的状态，按规范要求逐项申报。对未按上述规定进口的固体废物，如无走私或违反海关监管规定的嫌疑，进口企业可办理直接退运。

6. 海关怀疑进口货物的收货人申报的进口货物为固体废物的，可以要求收货人进行固体废物属性检验，必要时，海关可以直接进行固体废物检验，并按照检验结果处理。收货人对检验结论有异议的，生态环境部会同海关总署指定专门鉴别机构对进口的货物、物品是否属于固体废物类别进行鉴别。

7. 由境外进入保税区、出口加工区、物流园区、保税港区等海关特殊监管区域和保税物流中心、保税仓库等海关保税监管场所，应向海关交验固体废物进口许可证；从海关特殊监管区域和保税监管场所进口到境内区外或者在海关特殊监管区域和场所之间进出的固体废物，无须办理固体废物进口相关许可证。

8. 海关特殊监管区域和保税监管场所不得以转口货物为名存放进口固体废物。

六、野生动植物种进出口管理

野生动植物是人类宝贵的自然财富。为了保护野生动物，拯救珍贵、濒危野生动物，维护生物多样性和生态平衡，推进生态文明建设，我国颁布了《中华人民共和国森林法》《中华人民共和国野生动植物保护法》《中华人民共和国野生植物保护条例》《中华人民共和国濒危野生动植物进出口管理条例》等相关法律法规，并颁布了我国物种保护目录。同时，我国也是《华盛顿公约》成员方，因此我国进出口管理的濒危物种包括为保护我国珍稀物种自主保护的物种及《华盛顿公约》成员方应履行保护义务的物种。野生动植物种进出口管理属于我国限制进出口管理范畴。

（一）主管部门

国务院林业、渔业管理部门是进出口野生动植物种的主管部门，该部门设立国家濒危物种进出口管理办公室（以下简称"国家濒管办"）会同海关总署，依法制定或调整《进出口野生动植物种商品目录》，并依法对《进出口野生动植物种商品目录》所列受保护的珍贵、濒危野生动

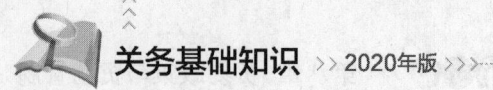

植物及其产品实施进出口证书管理。

野生动植物进出口证书包括允许进出口证明书和物种证明，由国家濒管办或其办事处根据国家濒管办公布的管辖的区域核发。允许进出口证明书分两种，国家濒管办对应《进出口野生动植物种商品目录》保护物种管理范围，对进出口属于履行《华盛顿公约》保护义务限制进出口的濒危野生动植物及其产品签发濒危野生动植物种国际贸易公约允许进出口证明书（以下简称"公约证明"）、对出口属于我国重点保护的野生动植物及其产品签发中华人民共和国濒危物种进出口管理办公室野生动植物允许进出口证明书（以下简称"非公约证明"）。国家濒管办对列入前述保护范围以外《进出口野生动植物种商品目录》中的其他野生动植物及其产品签发非《进出口野生动植物种商品目录》物种证明（以下简称"物种证明"）。

凡进出口列入《进出口野生动植物种商品目录》的野生动植物或其产品，必须严格按照有关法律、行政法规的程序进行申报和审批，并在进出口报关前取得国家濒管办或其授权的办事处签发的允许进出口证明书或物种证明。

在境外与保税区、出口加工区等海关特殊监管区域、保税监管场所之间进出野生动植物及其产品的，申请人应当向海关交验允许进出口证明书或者物种证明。

在境内与保税区、出口加工区等海关特殊监管区域、保税监管场所之间进出野生动植物及其产品的，或者在上述海关特殊监管区域、保税监管场所之间进出野生动植物及其产品的，无须办理允许进出口证明书或者物种证明。

《华盛顿公约》附录所列野生动植物及其产品需要过境、转运、通运的，不需申请核发野生动植物进出口证书。

（二）允许进出口证明书管理范围及报关规范

允许进出口证明书是我国进出口许可管理制度中具有法律效力，用来证明国际贸易经营者经营列入《进出口野生动植物种商品目录》物种合法进出口的证明文件，是海关验放该类货物的重要依据。

1. 管理范围

对列入《进出口野生动植物种商品目录》中属于《华盛顿公约》成员方应履行保护义务的物种和我国自主规定管理的野生动植物及其产品，，包括含野生动植物成分的药品、食品，不论以何种方式进出口，均需事先申领允许进出口证明书。

2. 报关规范

（1）向海关申报进出口列入《进出口野生动植物种商品目录》中属于履行《华盛顿公约》保护义务限制进出口的濒危野生动植物及其产品和出口属于我国重点保护的野生动植物及其产品的，经营者应当主动申报并同时提交有效的允许进出口证明书和其他单证，按照证书规定的种类、数量、期限完成进出口活动。

（2）经营者须在允许进出口证明书载明的进出口口岸办理报关手续；允许进出口证明书实行"一批一证"制度，有效期不得超过180天。

（三）物种证明适用范围及报关规范

由于受濒危物种进出口管理的动植物种很多，认定工作的专业性很强，为使濒危物种进出口

监管工作做到既准确又严密，海关总署和国家濒管办共同商定启用物种证明，由国家濒管办指定机构进行认定并出具物种证明，报关单位凭以办理报关手续。

1. 适用范围

对进出口列入《进出口野生动植物种商品目录》中适用允许进出口证明书管理以外的其他列入该目录的野生动植物及相关货物或物品、含野生动植物成分的纺织品，均须事先申领物种证明。

2. 报关规范

（1）物种证明由国家濒管办统一按确定格式制作，不得转让或倒卖。证面不得涂改、伪造。

（2）物种证明分为"一次使用"和"多次使用"两种。

① 一次使用的物种证明有效期自签发之日起不得超过 180 天，多次使用的物种证明有效期不得超过 360 天。

② 多次使用的物种证明只适用于同一物种、同一货物类型在同一报关口岸多次进出口的野生动植物及其产品。

（3）进出口企业必须按照物种证明规定的口岸、方式、时限、物种、数量和货物类型等进出口野生动植物，对于超越物种证明中任何一项许可范围的申报行为，海关均不予受理。

（4）海关对经营者进出口的商品或者物品是否为濒危野生动植物及其产品或者是否含有濒危野生动植物种成分提出质疑的，经营者应按海关的要求，向国家濒管办或其办事处申领物种证明；属于允许进出口证明书管理范围的，应申领允许进出口证明书。经营者未能出具证明书或物种证明的，海关不予办理有关手续。

（5）对进出境货物或物品包装或说明中标注含有《进出口野生动植物种商品目录》所列野生动植物成分的，经营者应主动如实向海关申报，海关按实际含有该野生动植物的商品进行监管。

为了提高贸易便利化水平，海关总署和国家濒管办决定，自 2017 年 4 月 1 日起，在哈尔滨、福州、厦门、昆明海关开展野生动植物进出口证书通关作业联网无纸化试点，联网无纸化的野生动植物进出口证书包括允许进出口证明书、物种证明。

试点期间，国家濒管办试点办事处不再发放纸质野生动植物进出口证书。海关将通过野生动植物进出口证书联网核查方式验证相关证书的电子数据，办理验放手续。

进出口单位使用"公约证明"出口、再出口野生动植物及其产品的，向海关申报时仍须交验纸质证书，由海关同时在纸质证书的第九栏进行逐项签注（包括提单/空运单号、数量/单位、进出境口岸、日期、签名和公章），以供进出口单位按照国际公约规定在境外使用证书，签注日期为海关放行日期。

自 2018 年 6 月 1 日起，在全国范围内对现行的《华盛顿公约》允许进出口证明书、中华人民共和国野生动植物进出口证明书和非《进出口野生动植物种商品目录》物种证明全面实行通关作业联网无纸化。进出口实行野生动植物进出口证书管理的野生动植物及其产品的，应当按照海关通关作业无纸化改革的相关规定，采用无纸方式向海关申报。海关通过野生动植物进出口证书联网核查方式验核相关证书电子数据。

七、进出口药品管理

进出口药品管理指的是为加强对药品监督管理，保证药品质量，保障人体用药安全，维护人民身体健康和用药合法权益，国家市场监督管理总局下的国家药品监督管理局依照《药品管理法》及有关国际公约和我国其他相关法规，对进出口药品实施监督管理的行政行为。

进出口药品管理是我国进出口许可管理制度的重要组成部分。药品属于国家限制进出口管理范畴，对其进出口实行分类和目录管理，所有药品进口须经国务院药品监督管理部门组织审查，经审查确认符合质量标准、安全有效的，方可批准进口，并发给进口药品注册证书。进口药品口岸检验机构应按照《中华人民共和国药典》2015年版的相应要求对进口药品进行检验，不符合要求的不得进口。进出口药品从管理角度可分为进出口麻醉药品、进出口精神药品、进出口兴奋剂及进口一般药品。

（一）主管部门

国家药品监督管理局是进出口药品的主管部门，会同海关总署制定、修订、公布进口药品目录，以签发许可证件的形式对其进出口加以管制。

目前，我国公布的药品进出口管理目录有《进出口药品目录》《生物制品目录》《精神药品管制品种目录》《麻醉品管制品种目录》《兴奋剂目录》。

允许药品进口的口岸由国家药品监督管理局会同海关总署提出，报国务院批准。目前，国务院批准的允许进口药品的口岸有北京市、天津市、上海市、大连市、青岛市、成都市、武汉市、重庆市、厦门市、南京市、杭州市、宁波市、福州市、广州市、深圳市、珠海市、海口市、西安市、南宁市19个城市所在地直属海关所辖所有口岸及苏州工业园区口岸、长沙航空口岸、济南航空口岸。

（二）麻醉药品和精神药品进出口管理范围及报关规范

麻醉药品是指连续使用后易使身体产生依赖性，能成瘾癖的药品；精神药品是指直接作用于中枢神经系统，使之兴奋或抑制，连续使用能产生依赖性的药品。我国对麻醉药品和精神药品按照药用类和非药用类分类列管：属于药用类的，国家药品监督管理局依据《药品管理法》和国务院《麻醉药品和精神药品管理办法》及有关国际条约，制定和调整《麻醉药品管制品种目录》和《精神药品管制品种目录》（以下合并简称《麻醉药品和精神药品管制目录》），并以签发麻醉药品进（出）口准许证及精神药品（出）口准许证的形式对该目录商品实行进出口限制管理。对非药用类的麻醉药品和精神药品实施禁止进出口管理。

麻醉药品和精神药品进出口准许证是我国进出口许可管理制度中具有法律效力，用来证明国际贸易经营者经营列入《麻醉品和精神药品管制品种目录》管理药品合法进出口的最终证明文件，是海关验放该类货物的重要依据。

《麻醉药品和精神药品管制品种目录》所列药品进出口时，货物所有人或其合法代理人在办理进出口报关手续前，均须取得国家药品监督管理局核发的麻醉药品或精神药品进出口准许证，凭此向海关办理报关手续。

1. 管理范围

（1）进出口列入《麻醉药品和精神药品管制品种目录》的药品属于麻醉药品范围的包括鸦片、可卡因、大麻、海洛因及合成麻醉药类和其他易成瘾癖的药品、药用原植物及其制剂；属于精神药品范围的包括含精神药品标准品及对照品，如咖啡因、脱氧麻黄碱、复方甘草片等。

（2）对于列入《麻醉药品和精神药品管制品种目录》的药品可能存在的盐、酯、醚，虽未列入该目录，但仍属于麻醉品和精神药品管制范围。

（3）任何单位以任何贸易方式进出口列入上述范围的药品，不论用于何种用途，均须事先申领麻醉药品或精神药品进出口准许证。

2. 报关规范

（1）向海关申报进出口麻醉药品和精神药品管理范围的药品，报关单位应主动向海关提交有效的麻醉药品或精神药品进出口准许证及其他有关单据。

（2）麻醉药品和精神药品进出口准许证仅限在该证注明的口岸海关使用，并实行"一批一证"制度，证面内容不得自行更改，如需更改，应到国家药品监督管理局办理换证手续。

（3）首次在中国境内销售的精神药物、麻醉药品仅限于在北京市、上海市和广州市申报进口。

（三）兴奋剂进出口管理范围及报关规范

为了防止在体育运动中使用兴奋剂，保护体育运动参加者的身心健康，维护体育竞赛的公平竞争，根据《中华人民共和国体育法》和其他有关法律法规的规定，原国家食品药品监管总局（现国家药品监督管理局）会同海关总署、国家体育总局制定颁布了《蛋白同化制剂、肽类激素进出口管理办法》和《兴奋剂目录》。

1. 管理范围

进出口列入《兴奋剂目录》的药品，包括蛋白同化制剂品种、肽类激素品种、麻醉药品品种、刺激剂（含精神药品）品种、药品类易制毒化学品品种、医疗用毒性药品品种、其他品种七类。

2. 报关规范

（1）进出口列入《兴奋剂目录》的精神药品、麻醉品、医疗用毒性药品，进出口单位应按照药品进出口管理规定，申领相关许可证件，向海关办理通关验放手续。

（2）根据《蛋白同化制剂、肽类激素进出口管理办法》的相关规定，国家对蛋白同化制剂、肽类激素实行进出口准许证管理。

① 进出口蛋白同化制剂、肽类激素，进出口单位应当向所在地省、自治区、直辖市食品药品监督管理部申领药品进（出）口准许证向海关办理报关手续。

② 药品进口准许证有效期一年。药品出口准许证有效期不超过三个月（有效期时限不跨年度）。药品进（出）口准许证实行"一证一关"制度，只能在有效期内一次性使用，证面内容不得修改。

③ 以加工贸易方式进出口蛋白同化制剂、肽类激素的，海关凭药品进（出）口准许证办理验放手续并实施监管。

④ 海关特殊监管区域和保税监管场所与境外进出及海关特殊监管区域、保税监管场所之间进出的蛋白同化制剂、肽类激素，免于办理药品进（出）口准许证，由海关实施监管。

蛋白同化制剂、肽类激素从海关特殊监管区域和保税监管场所进入境内区外，或者从境内区外进入海关特殊监管区域和保税监管场所，应当分别办理药品进（出）口准许证。

（四）一般药品进口管理范围及报关规范

国家对一般药品的管理实行目录管理。国家药品监督管理局依据《药品管理法》《中华人民共和国药品管理法实施条例》制定和调整《进口药品目录》，国家药品监督管理局授权的口岸药品检验所以签发进口药品通关单的形式对列入管理目录的商品实行进口限制管理。

进口药品通关单是我国进出口许可管理制度中具有法律效力，用来证明国际贸易经营者经营列入《进口药品目录》的药品合法进口的证明文件，是海关验放的重要依据。进口药品实施口岸检验，即进口药品由国家药品监督管理局确定的药品检验机构（以下称"口岸药品检验所"）对抵达口岸的进口药品依法实施检验。

1. 管理范围

（1）进口列入《进口药品目录》的药品，包括用于预防、治疗、诊断人的疾病，有目的的调节人的生理机能并规定有适应的症状、用法和用量的物质，包括中药材、中药饮品、中成药、化学原料药及其制剂、抗生素、生化药品、血清疫苗、血液制品和诊断药品。

（2）进口列入《生物制品目录》的药品，包括疫苗类、血液制品类及血源筛查用诊断试剂等。

（3）首次在中国境内销售的药品。

（4）进口暂未列入《进口药品目录》的原料药的单位，必须遵守《进口药品管理办法》中的各项有关规定，主动到各口岸药品检验所报验。

（5）进口两用物项许可证管理的易制毒化学品，且属《易制毒化学品管理条例》中第一类（可用于制毒的主要原料）中的药品，还应当提交药品监督管理部门出具的进口药品通关单。

2. 报关规范

（1）向海关申报进口列入管理目录中的药品，报关单位应主动向海关提交有效的进口药品通关单及其他单据。

为方便《进口药品目录》中药用辅料的通关，对于《进口药品目录》中的药用辅料，进口单位向口岸药品监管部门申领注明"本品为药用辅料，非药品，无须进行口岸检验"的进口药品通关单，办理进口海关手续。

（2）进口药品通关单仅限在该单注明的口岸海关使用，并实行"一批一证"制度，证面内容不得更改。

（3）目前，一般药品出口暂无特殊的管理要求。

八、其他货物进出口管理

（一）密码产品和含有密码技术的设备进口许可证管理

商用密码技术属于国家秘密。为了加强商用密码管理，保护信息安全，保护公民和组织的合法权益，维护国家的安全和利益，国务院制定了《商用密码管理条例》对密码产品和含有密码技术的设备实行限制进口管理。进口密码产品以及含有密码技术的设备或者出口商用密码产品，必须报经国家密码管理机构批准。任何单位或者个人不得销售境外的密码产品。

1. 主管部门

国家密码管理局是商用密码产品和含有密码技术设备进口的国家主管部门，会同海关总署依法制定、调整并公布《密码产品和技术的设备进口管理目录》，以签发密码产品和含有密码技术设备进口许可证（以下简称"密码进口许可证"）的形式，对该类产品实施进口限制管理。

2. 管理范围

商用密码产品和含有密码技术的设备进口管理范围包括列入《密码产品和技术的设备进口管理目录》，以及虽暂未列入目录但含有密码技术的进口商品。

列入管理目录的商品包括加密传真机、加密电话机、加密路由器、非光通讯加密以太网交换机、密码机、密码卡（不包括数字电视智能卡、蓝牙模块和用于知识产权保护的加密狗）等商品。

3. 报关规范

密码进口许可证是我国进出口许可管理制度中具有法律效力，用来证明国际贸易经营者经营列入我国密码产品和含有密码技术的设备管理范围的商品合法进口证明文件，是海关验放货物的重要依据。国际贸易经营者进口列入《密码产品和技术的设备进口管理目录》的商品，以及含有密码技术但暂未列入管理目录的商品，在组织进口前应事先向国家密码管理局申领密码进口许可证，凭此向海关办理通关手续。

（1）免于交验密码进口许可证的情形。加工贸易项下为复出口而进口的；由海关监管，暂时进口后复出口的；从境外进入保税区、出口加工区及其他海关特殊监管区和保税加工场所，或在海关特殊监管区域、保税场所之间进出的。

（2）从海关特殊监管区域、保税加工场所进入区外的，需交验密码进口许可证。

（3）进口单位知道或者应当知道其所进口的商品含有密码技术，但暂未列入目录的，也应当申领密码进口许可证，进口时，应当主动向海关提交密码进口许可证。

（4）密码进口许可证实行计算机联网核销管理，国家密码管理局通过密码进口许可证联网核销系统，将密码进口许可证的电子数据发送给海关，海关将许可证核销数据反馈给国家密码管理局。联网核查系统运行成熟后，海关总署和国家密码管理局将试行密码进口许可证通关作业无纸化。

（5）在进口环节发现应提交而未提交密码进口许可证的，海关按有关规定进行处理。

（二）艺术品进出口管理

为加强对艺术品进出口经营活动、商业性艺术品展览活动的管理，促进中外文化交流，丰富人民群众文化生活，国家对艺术品进出口实施监督管理。

1. 主管部门

艺术品进出口管理是我国进出口许可管理制度的重要组成部分，属于国家限制进出口范畴。文化和旅游部是艺术品经营活动的主管部门，负责制定艺术品经营管理政策，监督管理全国艺术品经营活动，建立艺术品市场信用监管体系。海关负责对艺术品进出境环节进行监管。

省、自治区、直辖市人民政府文化行政部门负责艺术品进出口经营活动审批，建立专家委员会，为文化行政部门开展的内容审查、市场监管相关工作提供专业意见。

从事艺术品经营活动的经营单位，在领取营业执照后，应到其住所地县级以上人民政府文化行政部门备案。艺术品进出口单位应当在从境外进口或者向境外出口艺术品前（包括以销售、商业宣传为目的在境内公共展览场所举办的，有境外艺术品创作者或者境外艺术品参加的各类展示活动）向艺术品进出口口岸所在地省、自治区、直辖市人民政府文化行政部门提出申请，并报送规定材料；文化行政部门应当在受理之日起五日内做出决定，批准的，发给批准文件，批准文件中应附美术品详细清单。申请单位持批准文件到海关办理手续。

2. 管理范围

艺术品进出口活动应当遵守国家有关法律、法规，其主要管理事项如下。

（1）纳入我国进出口管理的艺术品是指绘画作品、书法篆刻作品、雕塑雕刻作品、艺术摄影作品、装置艺术作品、工艺美术作品等及上述作品的有限复制品，不包括文物。

（2）禁止经营以下艺术品：走私、盗窃等来源不合法的艺术品；伪造、变造或者冒充他人名义的艺术品；除有合法手续、准许经营的以外，法律、法规禁止交易的动物、植物、矿物、金属、化石等为材质的艺术品。

（3）我国禁止进出境含有下列内容的艺术品：违反宪法确定的基本原则的；危害国家统一、主权和领土完整的；泄露国家秘密、危害国家安全或者损害国家荣誉和利益的；煽动民族仇恨、民族歧视，破坏民族团结，或者侵害民族风俗习惯的；宣扬或者传播邪教迷信的；扰乱社会秩序，破坏社会稳定的；宣扬或者传播淫秽、色情、赌博、暴力、恐怖或者教唆犯罪的；侮辱或者诽谤他人、侵害他人合法权益的；蓄意篡改历史、严重歪曲历史的；危害社会公德或者有损民族优秀文化传统的；我国法律、行政法规和国家规定禁止的其他内容的。

（4）个人携带、邮寄艺术品超过海关认定的自用、合理数量，海关要求办理进出口手续的，应当按对艺术品经营单位的规定办理审批文件。

3. 报关规范

（1）向海关申报进出口管理范围内的艺术品，报关单位应主动向海关提交有效的进出口批准文件及其他有关单据。

（2）艺术品进出口单位向海关提交的批准文件不得擅自更改。如需更改，应当及时将变更事项向审批部门申报，经审批部门批准确认后方可变更。

（3）同一批已经批准进口或出口的艺术品复出口或复进口，进出口单位可持原批准文件正本到原进口或出口口岸海关办理相关手续，文化行政部门不再重复审批。上述复出口或复进口的艺术品如与原批准内容不符，进出口单位应当到文化行政部门重新办理审批手续。

（三）音像制品进口管理

为了加强对音像制品的进口管理，促进国家文化交流，丰富人民群众的文化生活，我国颁布了《中华人民共和国音像制品管理条例》《音像制品进口管理办法》及其他有关规定，对音像制品实行进口许可管理制度。

1. 主管部门

国家对出版、制作、复制、进口、批发、零售音像制品，实行许可制度。音像制品成品进口业务由经新闻出版广播电影电视总局批准的音像制品成品进口经营单位经营；未经批准，任何单位或者个人不得经营音像制品成品进口业务。各级海关在其职责范围内负责音像制品进口的监督管理工作。

进口用于出版的音像制品，以及进口用于批发、零售、出租等的音像制品成品，应当报主管部门进行内容审查，经审查批准并取得进口音像制品批准单后方可进口，进口单位持进口音像制品批准单向海关办理进口报关手续。

2. 管理范围

（1）进口音像制品，是指从外国进口音像制品和进口用于出版、批发、零售、出租（包括利用信息网络出版）及其他用途的音像制品，包括录有内容的录音带、录像带、唱片、激光唱盘和激光视盘等。

（2）音像制品用于广播电视播放的，适用广播电视法律、行政法规。

（3）国家禁止进口有下列内容的音像制品：反对宪法确定的基本原则的；危害国家统一、主权和领土完整的；泄露国家秘密、危害国家安全或者损害国家荣誉和利益的；煽动民族仇恨、民族歧视，破坏民族团结，或者侵害民族风俗、习惯的；宣扬邪教、迷信的；扰乱社会秩序，破坏社会稳定的；宣扬淫秽、赌博、暴力或者教唆犯罪的；侮辱或者诽谤他人、侵害他人合法权益的；危害社会公德或者民族优秀文化传统的；有法律、行政法规和国家规定禁止的其他内容的。

3. 报关规范

（1）向海关申报进口音像制品，报关单位应当主动申报并向海关提交有效的进口音像制品批准单及其他有关单据。

（2）进口音像制品批准单内容不得更改，如需修改，应重新办理。进口音像制品批准单一次报关使用有效，不得累计使用。其中，属于音像制品成品的，批准单当年有效；属于用于出版的音像制品的，批准单有效期为一年。

（3）在经批准进口出版的音像制品版权授权期限内，音像制品进口经营单位不得进口该音像制品成品。

（4）随机器设备同时进口及进口后随机器设备复出口的记录操作系统、设备说明、专用软件等内容的音像制品，无须申领"进口音像制品批准单"，海关凭进口单位提供的合同、发票等有效单证验放。

（5）进口用于展览、展示的音像制品，由展览、展示活动主办单位提出申请，并将音像制品目录和样片报国家主管机关进行内容审查，海关按暂时进口货物管理。用于展览、展示的进口音像制品确需在境内销售、赠送的，在销售、赠送前，必须依照规定按成品进口重新办理批准手续。

（四）黄金及其制品进出口管理

进出口黄金管理指的是中国人民银行依据《中华人民共和国金银管理条例》等有关规定，对进出口黄金及其制品实施监督管理的行政行为。黄金及制品进出口管理的范围包括未锻造金，黄金制品是指半制成金和金制成品等。

1. 主管部门

中国人民银行是黄金及黄金制品进出口主管部门，中国人民银行会同海关总署制定了《黄金及黄金制品进出口管理办法》并联署调整、公布《黄金及其制品进出口管理商品目录》。

2. 管理范围

黄金及其制品进出口准许证是我国进出口许可管理制度中具有法律效力，用来证明国际贸易经营者经营黄金及其制品合法进出口的证明文件，是海关验放该类货物的重要依据。

列入中国人民银行、海关总署联合发布的《黄金及其制品进出口管理目录》的黄金及其制品，主要包括氰化金、氰化金钾（含金40%）、非货币用金粉、非货币用未锻造金、非货币用半制成金、货币用未锻造金（包括镀铂的金）、金的废碎料、其他黄金制首饰及其零件、其他贵金属制金器及其零件、金质铸币（金质贵金属纪念币）、黄金表壳（按重量计含金量80%以上）、黄金表带（按重量计含金量80%以上）等。

3. 报关规范

（1）中国人民银行根据国家宏观经济调控需求，可以对黄金及制品进出口的数量进行限制性审批。对黄金及制品进出口实行准许证制度。列入《黄金及其制品进出口管理目录》的黄金及制品进口或出口通关时，应当向海关提交中国人民银行及其分支机构签发的黄金及其制品进出口准许证。黄金及其制品进出口管理属于我国进出口许可管理制度中限制进出口管理范畴。

（2）进出口单位以下列贸易方式进出口黄金及制品的，应办理黄金及其制品进出口准许证：一般贸易；加工贸易转内销及境内购置黄金原料以加工贸易出口黄金制品的；海关特殊监管区域、保税监管场所与境内区外进出口的；个人、法人或者其他组织因公益事业捐赠进口黄金及黄金制品的。

（3）通过加工贸易方式进出的，海关特殊监管区域、保税监管场所与境外之间进出的，海关特殊监管区域、保税监管场所之间进出的，以维修、退运、暂时进出境方式进出境的黄金及其制品免于办理黄金及其制品进出口准许证。

（五）民用爆炸物品进出口管理

为了加强对民用爆炸物品进出口的管理，维护国家经济秩序，保障社会公共安全，根据《中华人民共和国民用爆炸物品安全管理条例》，国家对民用爆炸物品实施进出口限制管理。

1. 主管部门

工业和信息化部（以下简称"工信部"）为国家进出口民用爆炸物品的主管部门，负责民用爆炸物品进出口的审批；公安机关负责民用爆炸物品境内运输安全监督管理；海关负责民用爆炸物品进出口环节的监管。

在进出口民用爆炸物品前，进出口企业应当向工信部申领民用爆炸物品进/出口审批单。在取得民用爆炸物品进/出口审批单后，进出口企业应当将获准进出口的民用爆炸物品的品种和数量等信息向收货地或者出境口岸所在地县级人民政府公安机关备案，在依法取得公安机关核发的民用爆炸物品运输许可证后方可运输民用爆炸物品。

2. 管理范围

管理范围包括用于非军事目的、列入我国《民用爆炸物品品名表》的各类工业炸药及其制品，工业雷管，工业索类火工品，民用爆炸器材等。

3. 报关规范

（1）企业进出口民用爆炸物品的，凭民用爆炸物品进/出口审批单向口岸海关办理进出口手续。报关单位应主动向海关提交有效的民用爆炸物品进/出口审批单及其他有关单据。民用爆炸物品进/出口审批单实行"一批一单"和"一单一关"管理。

（2）海关无法确定进出口物品是否属于民用爆炸物品的，由进出口企业将物品样品送交具有民用爆炸物品检测资质的机构鉴定，海关依据有关鉴定结论实施进出口管理。

（3）进出口企业申请退运民用爆炸物品时，应当向工信部办理进/出口审批手续。申请退运时需提交申请文件、退运保函、原民用爆炸物品进/出口审批单及相应报关单。工信部审核通过后核发民用爆炸物品进/出口审批单，其中"申请进/出口用途及理由"标明退运货物。退运报关时，海关对所退运的货物进行审核验放。

（4）民用爆炸物品在海关特殊监管区域或者保税监管场所与境外之间进出的，应当向海关提交民用爆炸物品进/出口审批单；民用爆炸物品在海关特殊监管区域或者保税监管场所与境内之间进出的，或者在海关特殊监管区域或者保税监管场所之间进出的，无须办理民用爆炸物品进/出口审批单。

（六）有毒化学品管理

有毒化学品是指进入环境后通过环境蓄积、生物累积、生物转化或化学反应等方式损害健康和环境，或者通过接触对人体具有严重危害和具有潜在危险的化学品。

为了保护人体健康和生态环境，加强有毒化学品进出口的环境管理，国家根据《关于化学品国际贸易资料交流的伦敦准则》，发布了《中国严格限制进出口的有毒化学品目录》，凡进口或出口上述目录中有毒化学品的，应向生态环境部申请办理有毒化学品进口环境管理登记证和有毒化学品进（出）口环境管理放行通知单。

进出口单位向海关申报进出口有毒化学品时应主动提交有毒化学品进（出）口环境管理放行通知单，进出口数量以有毒化学品进出口环境管理放行通知单所列数量为限，不允许溢装；有毒化学品进出口环境管理放行通知单实行电子数据联网核查，一份报关单对应一份通知单。

（七）农药进出口管理

农药进出口管理是国家农业主管部门依据《中华人民共和国农药管理条例》（以下简称《农药管理条例》），对进出口用于预防、消灭或者控制危害农业、林业的病、虫、草和其他有害生物，有目的的调节植物、昆虫生长的化学合成或者来源于生物、其他天然物质的一种物质或者几种物质的混合物及其制剂实施的管理。

农业农村部是国家农药进出口的主管部门，会同海关总署依据《农药管理条例》和《鹿特丹公约》，制定、调整、公布《中华人民共和国进出口农药管理名录》（以下简称《农药名录》）。进出口列入上述目录的农药，应事先向农业农村部农药检定所申领农药进出口登记管理放行通知单，凭此向海关办理报关手续。

农药进出口登记管理放行通知单是我国进出口许可管理制度中具有法律效力，用来证明国际贸易经营者经营《农药名录》所列农药合法进出口的证明文件，是海关验放该类货物的主要依据。农业农村部与海关总署对农药进出口登记管理放行通知单实施联网核查，农业农村部将通知单电子数据通过中国电子口岸实时发送给海关总署，现场海关根据电子数据验核纸质通知单办理通关手续，并将通知单核销情况反馈给农业农村部。

农药进出口登记管理放行通知单实行"一批一证"管理，进出口一批农药产品，办理一份通知单，对应一份海关进出口货物报关单。通知单一式两联，第一联由进出口单位交海关办理通关手续，由海关留存，与报关单一并归档，第二联由农业农村部留存。

（八）兽药进口管理

兽药进口管理是指农业农村部依据《进口兽药管理办法》，对进出口兽药实施监督管理。受管理的兽药是指用于预防、治疗、诊断畜禽等动物疾病，有目的地调节其生理机能并规定作用、用途、用法、用量的物质。

进口兽药实行目录管理，《进口兽药管理目录》由农业农村部会同海关总署制定、调整公布。企业进口列入《进口兽药管理目录》的兽药，应向进口口岸所在地省级人民政府兽医行政管理部门申请办理进口兽药通关单，进口单位进口时，需持"进口兽药通关单"向海关申报，海关按货物进口管理的相关规定办理通关手续。进口兽药通关单实行"一单一关"制，在30日有效期内只能一次性使用。

进口料件或加工制成品属于兽药且无法出口的，应当按照规定办理进口兽药通关单，海关凭进口兽药通关单办理内销手续。从保税区、出口加工区及其他海关特殊监管区域和保税监管场所进入境内区外的兽药，应当办理进口兽药通关单。

以暂时进口方式进口的不在中国境内销售的兽药，暂时进口期满后全部复运出境的，以及从境外进入保税区、出口加工区及其他海关特殊监管区域和保税监管场所的兽药及海关特殊监管区域、保税监管场所之间进出的兽药，免于办理进口兽药通关单，由海关按照有关规定实施监管。

兽药进口单位进口暂未列入《进口兽药管理目录》的兽药时，应如实申报，自动向海关出具进口兽药通关单；对进口同时列入《进口药品目录》的兽药，海关免于验核进口药品通关单；对进口的兽药，因企业申报不实或伪报用途所产生的后果，企业应承担相应的法律责任。

自2016年11月1日起，农业农村部会同海关实施进口兽药通关单联网核查试运行。试运行期间，农业农村部对进口单位申领进口兽药通关单审核批准后，将签发的进口兽药通关单电子数据通过监管证件联网核查系统传输至海关，同时核发纸质进口兽药通关单。报关单位采用无纸方式向海关申报的，海关通过联网核查方式验凭进口兽药通关单电子数据并办理报关手续，报关单位可以免于交验纸质进口兽药通关单。

（九）水产品捕捞进口管理

我国已加入养护大西洋金枪鱼国际委员会、印度洋金枪鱼委员会和南极海洋生物资源养护委员会。为遏制非法捕捞活动和有效养护有关渔业资源，上述政府间渔业管理组织成员已对水产品实施合法捕捞证明制度。根据合法捕捞证明制度的规定，国际组织成员进口部分水产品时有义务验核船旗国政府主管机构签署的合法捕捞证明，没有合法捕捞证明的水产品被视为非法捕捞产品，各成员方不得进口。

为有效履行我国政府相关义务，树立我国负责任的渔业国际形象，农业农村部会同海关总署对部分水产品捕捞进口实施进口限制管理，并调整公布了《实施合法捕捞证明的水产品清单》。对进口列入《实施合法捕捞证明的水产品清单》的水产品（包括进境样品、暂时进口、加工贸易进口及进入海关特殊监管区域和海关保税监管场所等），进口单位应向农业农村部申领合法捕捞产品通关证明。

为加强对合法捕捞产品的进口监管，有效防范和打击非法捕鱼活动，提高通关效率，农业农村部、海关总署对合法捕捞产品通关证明实行联网核查。农业农村部不再签发纸质版合法捕捞产品通关证明，有关单位向农业农村部申领合法捕捞产品通关证明，办结后，农业农村部授权的中国远洋渔业协会通知申请单位，并实时将合法捕捞产品通关证明电子数据传输至海关，海关凭电子数据接受企业报关。

申请合法捕捞产品通关证明时，应提交由船旗国政府主管机构签发的合法捕捞证明原件。如在船旗国以外的国家（地区）加工的上述清单所列产品进入我国，申请单位应提交由船旗国政府主管机构签发的合法捕捞产品副本和加工国或者地区授权机构签发的再出口证明原件。

本节各类许可证件及其管理列表如表 8-6 所示。

表 8-6　许可证件管理一览表

许可证件名称	发证机构	有效期	联网核查	代码	管理要点	管理范围
进口许可证	商务部三级发证；进出口消耗臭氧层物质由地方商务主管部门凭消耗臭氧层物质进出口审批单发证	一年	是	1	"一批一证""一证一关"；"非一批一证"使用不超过 12 次；出口大宗散装溢装 5% 以内（油 3% 以内）免证。	重点旧机电产品；消耗臭氧层物质两类。
出口许可证		六个月内	是	4	消耗臭氧层物质在海关特殊监管区、保税监管场所与境外之间进出应领审批单、许可证，在海关特殊监管区、保税监管场所与境内其他地区或海关特殊监管区、保税监管场所之间进出免领审批单、许可证。	部分农、禽、畜产品；资源性产品；贵金属；消耗臭氧层物质等。
两用物项和技术进口许可证	商务部授权省级商务主管部门凭相关行政主管部门批准文件发证	一年内	是	2	"非一批一证"和"一证一关"。	监控化学品、易制毒化学品、放射性同位素三类。
两用物项和技术出口许可证			是	3	"一批一证"和"一证一关"。	海关有权对是否属于两用物项提出质疑。 核、核两用品、导弹、生物、监控化学品、易制毒化学品、有关化学品、无人驾驶航空飞行器八类。
密码产品和设备进口许可证	国家密码管理局	具体规定	是	M	加密传真机、加密电话机、加密路由器、非光通讯以太网交货机、密码机、密码卡。下列情形免证：1. 加工贸易；2. 暂准进口；3. 从境外进入海关特殊监管区、保税监管场所及前述区域、场所之间进出。	
自动进口许可证（非机电产品）	商务部三级发证机构和地方机电产品进出口办公室发证	六个月	是	7	1. "一批一证"；如"非一批一证"，使用不超过六次。2. 大宗散装溢装 5% 以内（原油、成品油、化肥、钢材 3% 以内）免证。下列情形免证：1. 加工贸易；2. 外商投资额内生产自用；3. 5000 元以下货样广告品、实验品；4. 暂准进口；5. 进入海关特殊区域、场所。	目录一包括由商务部发证的货物：二十四类。目录二包括由商务部委托的省级地方商务主管部门或地方、部门机电办发证的货物：十八类。
自动进口许可证（机电产品）			是	0		

表8-6 续1

许可证件名称	发证机构	有效期	联网核查	代码	管理要点	管理范围
固体废物进口许可证	生态环境部	当年有效	是	p	1. "非一批一证" "一证一关"； 2. 口岸报检； 3. 海关有权对是否属于固体废物提出怀疑等。	列入《限制类可用作原料固体废物目录》。
关税配额证明	商务部、国家发展改革委分工发证	具体规定	否	1	"一证多批"制。	农产品：糖、羊毛、毛条（商务部）；小麦、玉米、大米、棉花（国家发展改革委）；工业品：化肥（商务部）。
濒危物种允许进口证明书	国家濒管办	具体规定	是	F	"一证一批"制。	列入《进出口野生动植物种商品目录》。
濒危物种允许出口证明书				E		
精神药品进出口准许证	国家药监局	具体规定	是	I	"一证一批"制。	列入《精神药品管制目录》。
麻醉品进出口准许证				W		列入《麻醉品管制目录》。
药品进出口准许证	国家药监局	具体规定	是	L	1. "一证一批"制； 2. 从境外进入海关特殊监管区、场所或从前述区域、保税监管场所进入境内区外应领证。	蛋白同化制剂、肽类激素等。
药品进口通关单	国家药监局授权口岸药品检验所发证	具体规定	是	Q	"一证一批"制。	1. 列入《进口药品目录》《生物制品目录》。 2. 首次在我国境内销售的药品。
进口音像制品批准单	新闻出版广播电影电视总局	音像制品成品当年有效；出版的影像制品一年有效	是	Z	一次报关使用。	进口录有内容的录音带、录像带、唱片、激光唱片、激光视盘；录制的光学媒体等。
有毒化学品环境管理放行通知单	生态环境部	具体规定	是	X	海关验放的依据。	列入《中国禁止或严格限制的有毒化学品名录》。
黄金及其制品进出口准许证	中国人民银行	具体规定	是	J	海关特殊监管区、保税监管场所与境外及前述区域、场所之间进出免证。	列入《黄金及其产品进出口管理目录》

表8-6 续2

许可证件名称	发证机构	有效期	联网核查	代码	管理要点	管理范围
民用爆炸物品 进/出口 审批单	工信部	具体规定	是	K	"一批一单""一单一关"管理。	列入《民用爆炸物品品名表》的火药、炸药、雷管、导火索等。
农药进出口登记管理放行通知单	农业农村部	具体规定	是	S	"一批一证"制。	列入《农药管理名录》。
进口兽药通关单	省级政府兽医行政管理部门	具体规定	是	R	"一单一关",一次使用。	列入《进口兽药管理目录》。
合法捕捞产品通关证明	农业农村部	具体规定	是	U	样品、暂时进口、加工贸易、进入海关特殊监管区、场所等应领证。	列入《实施合法捕捞证明的水产品清单》。

【复习思考题】

1. 试分别简述进出口许可证管理措施中的具体管理方式。

2. 试述2020年进出口许可证管理商品的范围。

3. 何谓"一批一证""非一批一证""一证一关"?

4. 实行"非一批一证"进、出口许可证管理的大宗散装货物溢装数量免证额是如何计算的?

5. 何谓进口关税配额管理?试述我国进口关税配额管理的方式、管理范围。

6. 试述我国对两用物项和技术进出口的管理方式、管理范围。

7. 海关对进出口货物是否属于两用物项和技术提出质疑时,进出口经营者应如何处置?

8. 对属于两用物项和技术的进出口货物报关单,有何特别填制要求?

9. 试述两用物项和技术进出口许可证的办理程序。

10. 哪些情形下,进口列入《自动进口许可管理货物目录》的商品可以免于交验自动进口许可证?

11. 试述我国对进口固体废物的管理方式、管理范围。

12. 我国对进口可用作原料的固体废物的国内收货人及国外供货商实行怎样的管理制度?

13. 对向海关申报进口列入《限制进口类可用作原料的废物目录》或《非限制进口类可用作原料的固体废物目录》的固体废物分别有何要求?

14. 国家对进口固体废物的检验检疫报检有何特殊规定?

15. 试述我国野生动植物种管理的主管部门、管理方式、允许进口证明和物种证明的适用范围及报关要求。

16. 试述精神药品、麻醉品、兴奋剂的主要范围及我国进出口管理规范。

17. 试述我国对艺术品进出口的管理范围、管理方式、报关规范。

18. 试述我国音像制品的进口管理范围、报关规范。

19. 试述密码产品和含有密码技术的设备进口管理范围、管理方式。

20. 何种情形下进口密码产品和含有密码技术的设备免于交验密码产品和含有密码技术设备

进口许可证?

21. 对进口暂未列入《密码产品和技术的设备进口管理目录》的商品，但含有密码技术，进口单位是否需要申领密码进口许可证?

22. 试述我国艺术品进出口管理的主管部门、管理范围、报关规范。

23. 试述我国音像制品进口管理的主管部门、管理范围、报关规范。.

24. 哪些情况下进出口黄金及其制品需要申领黄金及其制品进出口准许证?

25. 试述我国农药、兽药进出口管理的相关要求。

3

国际贸易实务基础知识

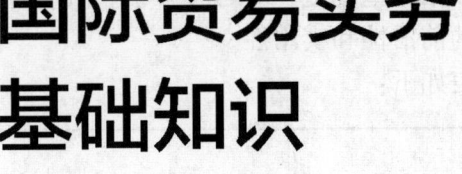

导 读

关务是围绕国际贸易货物买卖展开并服务于国际贸易流程的商务活动，其根本目的是保障国际贸易和企业国际供应链管理的顺利进行。因此，国际贸易从洽谈合同开始的每一个环节，都与关务工作有着紧密的关系；同时，从特定的意义上说，关务的服务对象既包括国际贸易的标的物——"货"，也包括国际贸易的参与主体——"企"，还包括作为关务中所简称的"关"，即国家的货物进出境监督管理机关——海关。因此，国际贸易实务是关务从业人员必须掌握的基础知识。

本篇以现行国际贸易实务的国际条约、国际惯例和业务常识为基础，结合关务工作实际业务需求，在全面介绍的基础上，对与关务职业活动有紧密联系的相关知识进行重点讲述，确保教材内容具有较强的前沿性和实用性。

本篇课时表如下：

第三篇　总课时（29课时，不含练习）	第九章（2课时）	第一节	1课时
		第二节	1课时
	第十章（5课时）	第一节	2课时
		第二节	1课时
		第三节	1课时
		第四节	1课时
	第十一章（5课时）	第一节	1课时
		第二节	1课时
		第三节	1课时
		第四节	1课时
		第五节	1课时
	第十二章（5课时）	第一节	1课时
		第二节	1课时
		第三节	1课时
		第四节	1课时
		第五节	1课时
	第十三章（2课时）	第一节	1课时
		第二节	1课时
	第十四章（10课时）	第一节	1课时
		第二节	2课时
		第三节	2课时
		第四节	2课时
		第五节	2课时
		第六节	1课时

国际贸易概述

第九章 >>

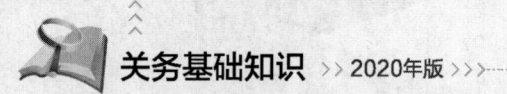

国际贸易是各国（地区）在国际分工的基础上相互联系的主要形式，反映了各国（地区）在经济上的相互依赖关系。国际贸易一般由进口贸易和出口贸易所组成。我国是全球第一大货物贸易国。

第一节　国际贸易概述

【学习目标】

本节内容旨在让学习者总体了解国际贸易的含义、特点与分类，为理解国际贸易操作实务奠定理论基础。

完成本节学习，学习者应获得以下成果：

1. 了解国际贸易的基本特点、类型及涉及的业务范围；

2. 了解国际贸易业务各环节的基本程序；

3. 理解关务工作对顺利履行合同的重要意义。

【基本概念】

国际贸易、货物贸易、服务贸易、技术贸易、卖方履行出口合同

【建议学习时间】

1 课时

一、国际贸易的含义与特点

国际贸易（International Trade）又称对外贸易或进出口贸易，是指跨越国境的货品、服务（劳务）、技术，包括信息数据等的交易和交换活动。广义的国际贸易包括货物贸易、服务贸易等，狭义的国际贸易仅限于货物贸易。本书所论述的国际贸易主要指货物贸易。

国际贸易的根本特点是交易标的物在不同国家（地区）之间的流动，即商品交换。国际货物贸易属商品交换范围，与国内贸易在性质上并无不同，但由于它是在不同国家（地区）间进行的，所以与国内贸易相比具有以下特点。

首先，国际贸易既然是不同国家（地区）之间的商品交换，势必涉及不同法律体系和具体规则等方面的差异和冲突，受到有关国家（地区）在国际贸易政策、措施等方面的制约；同时国际货物的每笔交易除了买卖双方之外，还涉及国内外运输、保险、银行等主体的多个业务环节，若一个环节出问题，就会影响整笔交易的正常进行。因此，国际贸易所涉及的问题远比国内贸易复杂。

其次，国际贸易的发展一般不如国内贸易稳定，容易受到国际政治、经济形势、贸易摩擦、汇率浮动等客观条件的影响。尤其在当前国际金融市场变化莫测与商品价格瞬息万变的情况下，国际贸易的不稳定性更加明显。

最后，国际货物买卖的交易数量通常都比较大，而且货物往往需要长途运输，在远距离的运

输过程中，可能遇到各种自然灾害、意外事件和其他外来风险，加之国际市场情况复杂、多变，从而加大了国际贸易的风险程度。

二、国际贸易的分类

国际贸易从不同的角度有很多分类方式，依照交易商品的类别，主要可分为货物贸易、服务贸易、技术贸易三种。

（一）货物贸易

货物贸易是指有形的、以实物形态表现的各种商品的贸易。不同国家（地区）之间通过物资交换，可发挥比较优势，克服劣势，进行资源合理配置，节约社会劳动，增加社会财富，实现社会总产品的平衡。由此，提高贸易参与国（地区）的劳动生产率，带动各自相关经济部门的发展。

（二）服务贸易

服务贸易是一国（地区）的法人或自然人在其境内或进入他国（地区）境内向外国（地区）的法人或自然人提供服务的贸易行为。服务贸易类型包括商业服务，通信服务，建筑及有关工程服务，销售服务，教育服务，环境服务，金融服务，健康与社会服务，与旅游有关的服务，娱乐、文化与体育服务，运输服务等。

根据世界贸易组织《服务贸易总协定》的解释，服务贸易的主要方式有四种，即跨境交付，即从一国（地区）境内向任何其他国（地区）境内提供服务；境外消费，即在一国（地区）境内向任何其他国（地区）的服务消费者提供服务；商业存在，即一国（地区）的服务提供者在任何其他国（地区）境内以商业存在提供服务；自然人流动，即一国（地区）的服务提供者在任何其他国（地区）境内以自然人的存在提供服务。

（三）技术贸易

技术贸易是指国际间商业性技术转让，即当事人双方按照商定的条件，通过买卖方式把某种内容的技术从卖方转让给买方的行为。技术贸易的主要方式有两种：一种是买卖专利、专有技术或商标使用权；一种是买卖包含、使用，或使用专利、专有技术制造，或者是需要支付商标使用费等条件下成交的货物，例如成套设备、芯片、集成电路或其他高新技术产品。后者是复杂的国际贸易行为，但也是常见的国际贸易方式。

无论我国还是其他国家（地区），货物贸易仍然是国际贸易中最基本、最主要的贸易形式，而且技术贸易和服务贸易的做法，不少也是从货物贸易的做法中延伸出来的，有的还是直接沿袭货物贸易的基本做法。因此，本章主要介绍货物贸易方面的基础理论、基本知识和业务操作程序。

三、国际贸易的基本流程

货物贸易可分为进口贸易和出口贸易，对一国（地区）而言的出口贸易；对贸易伙伴国（地区）而言就是进口贸易。尽管进口贸易和出口贸易的程序相反，其业务运作的侧重点也各不

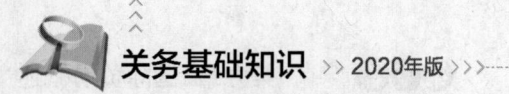

相同，但都分别包括交易前的准备、合同签订和履行合同三个阶段。

（一）出口贸易的基本流程

1. 交易前的准备

出口交易前的准备工作，主要包括下列事项：

（1）落实货源和备货；

（2）调查研究并选择目标市场和客户；

（3）制定出口商品经营方案或价格方案；

（4）开展多种形式的广告宣传和促销活动。

2. 签订出口合同

在做好上述准备工作之后，即可通过函电联系或当面洽谈等方式，就出口交易的具体内容同国外客户进行磋商交易。当一方的发盘被另一方接受后，交易即告达成，合同就算订立。

3. 出口合同的履行

出口合同订立后，交易双方就要根据"重合同、守信用"的原则，履行各自承担的义务。例如按 CIF 条件和信用证付款方式达成交易，就卖方履行出口合同而言，主要包括下列各环节的工作：

（1）按时、按质、按量交付约定的货物；

（2）落实信用证，做好催证、审证、改证工作；

（3）及时租船订舱，安排运输、保险，并办理出口报关手续；

（4）缮制、备妥有关单据，及时向银行交单结汇和收取货款。

（二）进口贸易的基本流程

1. 交易前的准备

进口交易前的准备工作，主要包括下列事项：

（1）制定进口商品经营方案或价格方案；

（2）选择适当的采购市场和供货对象。

2. 签订进口合同

进口贸易的交易磋商和合同订立的做法与出口贸易基本相同，尤其应做好比价工作，以便在与外商谈判中争取对自己有利的条件。

3. 进口合同的履行

如按 FOB 条件和信用证付款方式成交，买方履行合同的程序，一般包括下列事项：

（1）按合同规定向银行申请开立信用证；

（2）及时派船到口岸接运货物，并催促卖方备货装船；

（3）审核有关单据，在单证相符时付款赎单，办理进口报关手续并验收货物。

【复习思考题】

1. 国际贸易的特点是什么？

2. 货物贸易、服务贸易和技术贸易有哪些区别？

3. 服务贸易的四种主要方式是什么？

4. 技术贸易的两种主要方式是什么？

5. 国际贸易的基本流程是什么？

6. 关务工作对于国际贸易的履行有什么重要意义？

第二节　国际贸易方式

【学习目标】

本节内容旨在让学习者掌握国际贸易不同方式的含义和特点，为后续学习通关中的不同海关监管方式奠定基础。

完成本节学习，学习者应获得以下成果：

1. 掌握国际贸易各种贸易方式的含义和特征；

2. 掌握不同贸易方式的分类和区别；

3. 了解不同贸易方式下买卖双方的权利义务关系。

【基本概念】

国际贸易方式、一般贸易、经销、一般经销、独家经销、代理、总代理、独家代理、一般代理、加工贸易、进料加工、来料加工、来件装配、租赁贸易、融资租赁、经营租赁、对销贸易、易货贸易、互购贸易、补偿贸易、跨境电子商务、寄售、投标、国际工程承包、拍卖、期货

【建议学习时间】

1 课时

国际贸易方式是指国际贸易中买卖双方的交易安排方式。在国际贸易活动中，每一笔交易都要通过一定的贸易方式来进行。贸易方式是在买卖双方交易过程中随着不同商品、不同地区和不同对象，根据双方的需要形成的。当前在国际贸易中存在着灵活多样的贸易方式，各种贸易方式也可交叉进行，随着国际贸易的发展，新的贸易方式如跨境电子商务等不断涌现。

需要指出的是，现行进出口货物报关单的"监管方式"（即海关监管方式）栏目与国际贸易方式有着密切的关系，但是也存在明显的不同。海关监管方式是以国际贸易方式为基础，结合海关对进出口货物的征税、统计及监管条件综合设定的海关对进出口货物的管理方式。为满足海关管理的要求，通关自动化系统的监管方式代码采用四位数字结构，其中前两位是按海关监管要求和计算机管理需要划分的分类代码，后两位为海关统计代码。

目前主要的国际贸易方式有以下几种。

一、一般贸易

一般贸易是指我国境内有进出口经营权的企业单边进口或单边出口的贸易。买卖双方自由选

择交易对象，通过函电往来或当面洽谈，达成协议签订合同，进行交易活动。这是国际贸易最普遍的一种交易方式。

报关单监管方式中的"一般贸易"（代码为"0110"），与上述国际贸易方式中的"一般贸易"容易混淆。读者可在学习掌握填制相应业务技能后明辨二者关系。

二、经销

经销（Distributorship）是指出口企业与国外经销商达成书面协议，在约定的经销期限和范围内，利用国外经销商就地推销某种商品的一种方式。经销属于转卖行为的一种贸易方式，在国际贸易中使用较广泛。经销商以自己的名义和资金进行买卖业务，与出口企业的关系也是买卖关系。经销可以分为一般经销和独家经销。

（一）一般经销

一般经销是指出口企业根据经销协议给予国外经销商在一定地区、一个时期内经营某项商品的销售权，经销商则有义务维护出口企业的利益，必要时还要对经销商品组织技术服务，进行宣传推广，而出口企业也需要向经销商提供种种帮助。经销商虽享有经销权，在购货上能得到一些优惠，但没有独家经营的权利。出口企业可以在同一地区指定几个经销商。

（二）独家经销

独家经销又称为包销（Exclusive Sales），是指出口企业与国外一个或几个客户组成的集团即独家经销商达成书面协议，由前者将某一种或某一类商品在约定地区和一定期限内独家经营的权利给予后者。独家经销方式下，双方的关系属于售定性质，商品由包销方承购，并自行销售，自负盈亏，承担货价跌落及库存积压的风险。

三、代理

代理（Agency）是国际贸易中的一种习惯做法。在国际贸易中，代理业务是以委托人为一方，独立的代理人为另一方，在约定的时间和地区内，代理人以委托人的名义和资金从事业务活动，相互之间的关系是委托代销关系，代理商有积极推销商品的义务和享有收取佣金的权利。

代理方式的种类很多，按委托人对代理人授权的大小，分为总代理、独家代理和一般代理，其中总代理的权限最大。

（一）总代理

总代理（General Agency）是指在指定地区委托人的全权代理。总代理除了有权代理委托人进行签订买卖合同、处理货物等商务活动外，也可以进行一些非商业性的活动，如有权指派分代理并可分享其佣金。对委托人而言，总代理的行为与其利害关系密切相连，故一般多由具备丰富的工作经验和知识、懂得经营销售的技巧、明了所在国的法律、对市场具有分析研究能力的人员，或者就是委托人的指派人员或国外机构担任。

（二）独家代理

独家代理（Exclusive Agent/Solo Agency）是指委托人给予代理商在特定地区和规定期限内享

有代销指定商品的专营权。按惯例，在独家代理的情况下，凡是委托人在约定地区发生的交易，只要是独家代理的商品，不论其是否通过该独家代理人，委托人都要向其支付约定比例的佣金。独家代理与独家经销在经营性质上完全不同：前者，代理人与委托人之间属于委托代理关系；而后者，独家经销商与出口人之间是买卖关系。

两者的区别主要有：第一，承担风险不同，独家代理人不承担经营风险，而独家经销商要承担经营风险。第二，盈利方式不同，独家代理人赚取的是佣金，而独家经销商赚取的是商业利润。第三，专营权不同，独家代理人在特定地区和期限内，享有代销指定商品的专营权，而独家经销商拥有包销的专营权，包括专买权和专卖权。

（三）一般代理

一般代理（Commission Agency）又称为佣金代理，是指在同一地区和期限内委托人可以同时委派几个代理人代表委托方的代理，代理人不享有独家专营权。对于一般代理，代理人根据销售金额及协议规定的办法和百分率向委托人计收佣金。

四、加工贸易

加工贸易是指经营企业进口全部或部分原辅材料、零部件、元器件、包装物料，利用本国的生产能力和技术，加工或者装配成成品后再复出口的贸易方式。由此，加工贸易是以加工为特征、以商品为载体的再出口业务。

加工贸易的形式多种多样，目前常见的基本形式主要有进料加工和来料加工两种。

（一）进料加工

进料加工（Processing with Imported Materials）是指本国经营企业与国外原材料、零部件供应商订立进口合同，以自有外汇购入国外的原材料、辅料、元器件和零部件，利用本国的技术、设备和劳动力，加工成成品后，再销往国外市场的经营活动。进料加工业务中，本国的经营企业既要与国外的客户签订购买原材料、零部件进口合同，又要与国外客户签订成品出口合同。两个合同均以货物所有权的转移为特征，是两笔不同的货物买卖。在实际操作时，经营企业从境外采购原材料，单边进口加工成成品后销往境外单边出口。经营企业必须自担风险、自负盈亏，通过进料加工获取商业利润。

（二）来料加工

来料加工（Processing with Customer's Materials），是一种委托加工的贸易方式。通常由国外客户提供原材料、辅料、包装物等，委托本国生产企业即加工业务承接方，按委托方的要求加工成成品后运交委托方，由委托方在国外销售的经营活动。来料加工业务中，委托方对其所提供的原材料、辅料、包装物料，及加工成的成品拥有所有权，承担原材料市场和成品销售市场的风险，承接方则按约定收取加工费。来料加工业务体现了人工成本高的国家利用人工成本低廉国家的生产能力来降低成本、提高利润，从而为其商务经营活动服务的经营策略。

来料加工中还有一种特殊的形式被称作来件装配（Assembling with Customer's Parts），是指国外委托方提供零部件、元器件，有的还提供包装材料，委托本国承接方按其工艺设计要求进行装

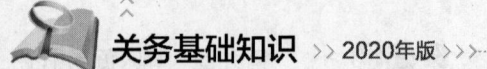

配，成品交还委托方处置，承接方按约定收取装配费的经营活动。

报关单监管方式栏目中也有对应加工贸易设置的多种监管方式，如"进料对口"（代码为"0615"）与"来料加工"（代码为"0214"）等。

五、租赁贸易

租赁贸易（Leasing Trade）又称租赁信贷，是信贷和贸易结合的一种贸易方式。它是由资产所有者为租赁方（出租人），按契约规定，将物件租给使用人（承租人），使用人在规定期限内支付租金并享有租赁物件使用权的经济行为。跨越不同国家（地区）的出租人、承租人之间进行的租赁贸易称为国际租赁。

国际租赁的出租人与承租人分处不同国家（地区），除了出租人与承担人，国际租赁中有时会出现供货人，形成三方合作的租赁业务。这种供货人可能与出租人在同一个国家（地区），也可能与出租人不在同一个国家（地区），他们之间签订的租赁合同均属国际租赁。

租赁贸易从不同的角度可分为多种，本教材参照我国海关对租赁进出口货物的监管要求，按照租赁目的，分为融资租赁和经营租赁两种。

（一）融资租赁

融资租赁以融通资金为主要目的，承租人用运营或使用货物所获得的收入购买物件的使用权，代替了自行筹资购买物件的所有权的做法。承租人付清全部租金后，物件的所有权即转移给承租人。融资租赁租期较长，租赁合同不可撤销，承租人负责设备的保险、保养和维修。

（二）经营租赁

经营租赁租期较短，出租人负责提供资金信贷和技术服务，承租人使用完租赁物件，付清服务费用（租金）后退还物件。经营租赁的合同可以撤销，出租人需通过多次出租才能收回物件的投资及费用。

租赁期在一年及一年以上的进出口货物，监管方式代码为"1523"和"9800"，简称租赁贸易、租赁征税；租赁期不满一年的进出口货物，监管方式代码为"1500"，简称租赁不满一年。

报关单监管方式中对应的种类设置还考虑了关税征收计算的方式，较为复杂，只有理解了租赁贸易的上述基本特征，才能更好地掌握。

六、对销贸易

对销贸易又称返销贸易、反向贸易或互抵贸易等，它是以货物或劳务、工业产权和专有技术等的进口和出口相结合并互为条件的贸易方式。

对销贸易的基本种类可分为易货贸易、互购贸易、补偿贸易等多种贸易方式。

（一）易货贸易

易货贸易（Barter）是指在买卖双方之间进行的货物或劳务等值或基本等值的交换，不涉及现金的收付。易货贸易的双方当事人以一份易货合同，确定交易商品的价值，及作为交换的商品或劳务的种类、规格、数量等内容。

易货贸易可分为直接易货和综合易货（或称一揽子易货）。直接易货是指买卖双方各以一种能为对方所接收的货物直接交换，两种货物的交换时间相同，价值相等。综合易货是指交易双方都承诺购买对方等值商品，从而将进出口结合在一起的贸易方式。综合易货常用于企业间的大宗交易或政府间的易货行为，企业间的综合易货常以对开信用证方式对货款逐笔平衡，政府间的综合易货常以记账的方式结算。

（二）互购贸易

互购贸易（Counter Purchase）又称为对购交易或平行交易，是指一方向另一方出口商品和（或）劳务的同时，承担以所得款项的一部分或全部向买方购买一定数量或金额的商品和（或）劳务的义务。采用互购贸易方式，交易双方一般要签订两份相互独立的合同，交易双方互为买主和卖主。

（三）补偿贸易

补偿贸易（Compensation Trade）又称产品返销，是指交易的一方在对方提供信贷的基础上，进口设备和（或）技术，而用向对方返销进口设备和（或）技术所生产的直接产品或其他产品或劳务所得的价款分期偿还进口价款。偿还的方式主要有：直接产品偿还、间接产品偿还和劳务偿还三种。

补偿贸易实际上是一种商品信贷。我国开展补偿贸易筹措资金一般采用两种方法：一种是由外国设备和（或）技术提供者向他们自己的银行直接贷款，为我方垫付进口设备的资金，然后以我方返销产品偿付贷款和银行利息；另一种是由我方直接向国外银行贷款，然后用返销产品收入的外汇偿还银行的本息。

补偿贸易的监管方式代码为"0513"，简称补偿贸易。

七、跨境电子商务

跨境电子商务（Cross Border E-commerce）是指分属不同关境的交易主体，以互联网为媒介，经电子商务平台达成交易，进行支付结算，并通过跨境物流运营商送达商品，完成交易的一种国际商业活动。

电子计算机技术的迅猛发展和互联网接入速度的不断加快，将商务活动带入了信息时代。网络营销、网上交易、网上支付等新型商务活动模式正在为人们所熟悉和认识。跨境电子商务的参与者除了生产者、供应商、中间商、批发商、零售商和消费者外，还包括了金融机构、运输及保险机构、认证机构、政府机构、通关配送服务机构等。众多部门协同，利用网络将信息流、商流、资金流和物流结合起来，以更全面、更灵活、更便捷的全新商务活动方式，完成全部贸易活动。因此，跨境电子商务正在成为知识经济时代国际贸易竞争的新领域。作为外贸和关务从业人员，要适应实际工作的需要，就必须学习和掌握跨境电子商务的有关知识和技能。

根据交易对象的不同，跨境电子商务主要分为以下三种类型。

（一）企业对企业的电子商务（Business-to-Business，B-to-B，可简化为 B2B）

B2B 交易的双方都是商家（或企业），他们将企业内部网络链接各种商务网络平台，用互联

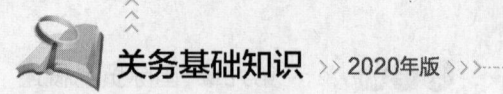

网技术快速反应的优势，开展营销、发展客户、采购或者销售货物，完成商务交易。

（二）企业对消费者的电子商务（Business-to-Consumer，B-to-C，可简化为 B2C）

B2C 交易的卖方通过商务网络平台，向消费者，即客户提供一个新型的在线购物环境；客户在网上购物、在线支付货款，由物流配送运营商完成交货。这种形式实质上是一种新型商业零售模式。

（三）企业+企业对消费者的电子商务（Business-to-Business-to-Consumer，B-to-B-to-C，可简化为 B2B2C）

B2B2C 是一种新的通过互联网的销售模式，第一个 B 指生产商、供应商。第二个 B 指拥有客户管理、信息反馈、数据库管理、决策支持等功能，能提供高附加值服务，并为卖方与消费者建立联系的交易平台。B2B2C 把"生产商→供应商→经销商→消费者"各个产业链紧密连接在一起，把从生产、分销到终端零售的资源进行全面整合，形成一个从创造价值到价值变现的供应链，使商家和消费者都能获取更多利益。

B2B2C 电子商务模式具有潮流性，符合商业发展的趋势。它不仅可以实现商家与商家的直接网上交易，还可以借助其强大的平台特性，让更多的消费者寻找自己想要的交易目标，从而改变人们的消费行为甚至生活方式。

作为一种不同于传统的新型交易方式，跨境电子商务将生产企业、流通企业及消费者和政府带入一个数字化的虚拟空间，使人们不再受地域、时间的限制，以非常简捷、快速的方式完成繁杂的商务活动，从而优化了资源配置，提高了生产效率。国际贸易的发展和管理模式正在进一步受到跨境电子商务的影响。[①]

八、其他国际贸易方式

（一）寄售

寄售（Consignment）是一种委托代售的贸易方式，寄售人（Consigner）先将准备销售的货物运往国外寄售地，委托当地代销人（Consignee）按照寄售协议规定的条件，替寄售人进行销售，在货物出售后，再由代销人将货款交付寄售人的销售方式。

在国际贸易中，寄售是寄售人为开拓商品的销路，委托国外代销商销售，以扩大出口为目的而采用的一种国际贸易方式。

---

① 跨境电子商务发展的影响是多方面的：1. 跨境电子商务的高效率改变了国际贸易活动方式，使传统国际贸易活动中间环节繁多、重复劳动、人为因素错误等现象得以减少或避免。2. 互联网信息拉近了生产者与消费者的距离，使生产者可按照用户不同的要求进行个性化按需生产，产品和服务更贴近市场。3. 在线结算、网上支付使金融业的发展空间更加广阔。4. 与传统的交易方式相比，跨境电子商务突破了传统交易所具有的地理因素，是一种无边界交易。用户必须面临因各国文化、政治和法律的不同而产生的风险。比如，一主权国家的税收权利只能在本国范围行使，税收当局对超越一国的在线远程交易导致税收管辖权行使困难；又比如，跨境电子商务使传统国际贸易碎片化，给对货物进行成批数量监管为主的海关监管模式带来新的挑战。5. 跨境电子商务引起的相关法律问题涉及税务、电子签名、合同形式、证据效力、管辖权、知识产权、隐私等各个方面。国际贸易领域有关买卖要约的撤销、合同成立的时间地点、交易双方当事人的权利和义务等传统交易的原有法律意义都需要相应地改变。

寄售与正常出口销售相比，具有以下特点。

1. 寄售是凭实物进行买卖的现货交易

寄售人先将货物运至目的地市场，然后经代销人在寄售地向当地买主销售。

2. 寄售人与代销人之间属于委托代售关系，而非买卖关系

代销人只根据寄售人的指示代为处置货物，在委托人授权范围内可以自己的名义出售货物、收取货款并执行与买主订立的合同。

3. 货物出售以前，所有权属寄售人

在代销人未将货物出售前，商品的所有权仍属寄售人所有。一旦代销人破产，寄售人可以收回寄售货物。因此货物售出以前，所有的风险和费用都由寄售人自行承担，代销人只收取佣金作为报酬。

寄售方式的优点是卖方可以根据其寄售地的市场供求情况，掌握销售时机，提高商品的竞争能力。寄售的商品直接与买方见面，买主看货成交，即时采购，有利于卖方开辟新市场、推销新产品。寄售方式的缺点是卖方的资金周转期长、费用增加、收汇安全性差，卖方比较被动，面临的风险也较大。

寄售贸易的监管方式代码为"1616"，简称寄售代销。

(二) 投标与国际工程承包

投标（Tender）是投标人根据招标人的招标条件，应邀发出实盘，以期达成交易的一种贸易方式。招标和投标是一种贸易方式的两个方面。招标人是购买商品的人，招标条件是招标人提出的各项交易条件、交易程序及有关注意事项。投标人是供货人，投标人根据招标人的条件互相竞争，最后由招标人选择最有利的条件成交，所以投标方式是一种竞卖方式。

投标与一般交易的方式不同，一般包括招标、投标、开标三个环节。招标人提出条件后向多家投标人发出邀请并对有意愿参加竞标者进行资信和能力方面的审核，以确认投标资格；投标人按要求提供投标保证金后，根据招标条件一次递价，中标即成交，无须经过双方反复磋商。投标人之间竞争激烈，而招标人则通常处于比较主动的地位。

国际工程承包是一种综合性的国际经济合作方式，多采取招投标方式来进行。它是指从事国际工程承包的公司或联合体通过招标与投标的方式，与业主签订承包合同，取得某项工程的实施权利，并按合同规定，完成整个工程项目的合作方式。通过国际承包工程，可以实现技术、劳务、设备及商品等多方面的出口，不仅能多创外汇，而且具有一定的政治影响。

(三) 拍卖

拍卖（Auction）是由专营拍卖业务的拍卖行接受货主的委托，按照一定的章程和规则，以公开叫价的方法，把货物卖给出价最高的买主的一种贸易方式。

在国际贸易中，采用拍卖方式进行交易的商品，一般都是些品质不易标准化，或难以久存或习惯上采用拍卖销售的商品，主要有艺术品、烟草、羊毛、毛皮、木材、果蔬、鱼类等。拍卖属于现货交易，它采用事先看货、当场叫价、落槌成交的做法。

一般情况下，拍卖都是在拍卖行的统一组织下进行，委托人把拍卖标的托付给拍卖行，通过拍卖行的中介服务实现转让给买受人，属于中介服务性质的交易方式。参与拍卖的买主，通常须

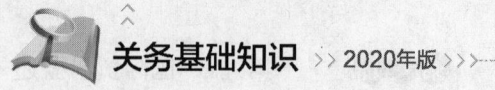

向拍卖行交付一定数量的预约保证金。

拍卖业务具有自己独特的法律和规章。拍卖除了受国家法律的规范外，在交易磋商程序、方式及最终合同订立和履行方面，还受拍卖行自身特殊规定的约束。

(四) 期货

期货 (Futures) 全称为商品期货交易，是指在期货市场或商品交易所，按照严格的程序和规则，买卖特定商品期货合同的交易活动。在交易所里，通常都是根据商品的品级、标准或样品进行买卖。达成交易后卖方只是将代表商品的证件转让给买方，无须交付实物。场内一切交易，必须通过交易所的经纪人或交易所会员进行。

在交易所里，期货不是买卖实际货物，而是买卖品质、数量、包装、交货地点和方式、支付、解决争议等条款及内容都已经标准化了的期货合同。买卖双方只需协商确定价格和交货期两项条款，以及合同份数。这种标准合同的交易称为"买空卖空"，买进期货的一方称为"多头"，而卖出期货的一方则被称为"空头"。

【复习思考题】

1. 一般贸易的特点是什么？

2. 独家经销的特点是什么？买卖双方的权利义务关系是怎样的？

3. 独家代理和独家经销有什么不同？

4. 总代理和独家代理有什么不同？

5. 进料加工和来料加工有什么不同？

6. 融资租赁和经营租赁有什么不同？两者的租金有什么区别？

7. 对销贸易的类型有哪些？对销贸易的货物价格是如何确定的？

8. 跨境电子商务有几种类型？有什么区别？

9. 为什么说跨境电子商务是国际贸易的重要发展趋势？

10. 投标与国际工程承包是什么关系？

11. 寄售中买卖双方的权利义务关系是怎样的？

12. 拍卖中拍卖行的作用是什么？

13. 期货交易中是否进行实际的货物买卖？原因是什么？

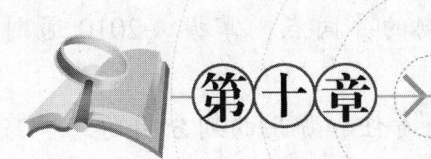

国际贸易术语

贸易术语（Trade Terms）是国际贸易发展到一定历史阶段的产物，它是以英文单词缩写大写字母为模式，全面确定国际运输、保险、报关、纳税等手续由谁办理，运费、保险费、装卸费及其他各项费用由谁支付，以及货物在运输装卸过程中，可能遭遇到各种风险由谁承担的专门用语。

第一节　国际贸易术语的相关惯例

【学习目标】

本节旨在介绍国际贸易术语的惯例，以及《国际贸易术语解释通则》的基础知识。

完成本节学习，学习者应获得以下成果：

1. 了解贸易术语的含义、作用及主要国际贸易惯例；

2. 了解《2010通则》与《2000通则》国际贸易惯例的异同点，掌握《2010通则》的最新变化。

3. 掌握不同贸易术语下，货物交接过程中有关风险、责任和费用的划分问题。

【基本概念】

贸易术语、国际贸易术语解释通则、《2000通则》、EXW、FAS、装运合同、船舷为界、CFR、DAF、DES、DEQ、DDU、DDP

【建议学习时间】

2课时

一、关于贸易术语的国际贸易惯例

19世纪初，国际贸易中已开始使用各种贸易术语，但是对贸易术语并无统一的解释。后来国际上陆续出现了有关贸易术语的解释和规则，这些解释和规则逐渐被较多国家的法律界和工商界所熟悉、承认和接受，成为有关贸易术语的国际贸易惯例。目前，在国际上有较大影响的有关贸易术语的国际贸易惯例主要有三种。

延展阅读

（一）《1932年华沙—牛津规则》

《1932年华沙—牛津规则》（Warsaw-Oxford Rules 1932）是国际法协会专门为解释CIF合同而制定的。该规则对CIF买卖合同的性质做了说明，并具体规定了在CIF合同中买卖双方所承担的费用、责任和风险。

（二）《1990年美国国际贸易定义修正本》

《1990年美国国际贸易定义修正本》（Revised American Foreign Trade Definition 1990）（简称《美国国际贸易定义》）是由美国几个商业团体制定的。它最早于1919年在纽约制定，1941年与1990年经过两次修订，命名为《1990年美国国际贸易定义修正本》。

该惯例解释的贸易术语共有六种，分别为：

1. EXW（Ex Works）（产地交货）；

2. FOB（Free On Board）（在运输工具上交货）；

3. FAS（Free Along side）（在运输工具旁边交货）；

4. CFR（Cost and Freight）（成本加运费）；

5. CIF（Cost，Insurance，Freight）（成本、保险费、运费）；

6. DEQ（Delivered Ex Quay）（目的港码头交货）

《美国国际贸易定义》主要在美洲一些国家采用，由于它对贸易术语的解释，特别是FOB、FAS的解释与《通则》的解释有明显的差异，所以，在同美洲国家进行交易时应加以注意。

二、国际贸易术语解释通则

《国际贸易术语解释通则》（INCOTERMS）（简称《通则》），是国际商会为了统一对各种贸易术语的解释而制定的。最早的《通则》产生于1936年，为了适应国际贸易实践的不断发展，于1953年、1967年、1976年、1980年、1990年、2000年、2010年分别进行了修订，是当今世界最具影响力的国际贸易惯例。目前国际贸易实践中应用较多的为《2000年国际贸易术语解释通则》和《2010年国际贸易术语解释通则》，分别简称为《2000通则》和《2010通则》。

（一）《2000通则》

需要强调的是，《2000通则》涵盖的范围只限于贸易合同当事人权利义务中与货物交付有关的事项。《2000通则》中的13种贸易术语如表10-1所示。

表10-1 《2000通则》中的13种贸易术语明细表

组别	术语缩写	术语英文名称	术语中文名称
E组	EXW	Ex Works（…named place）	工厂交货（……指定地点）
F组	FCA	Free Carrier（…named place）	货交承运人（……指定地点）
	FAS	Free Alongside Ship（… named port of shipment）	装运港船边交货（……指定装运港）
	FOB	Free On Board（…named port of shipment）	装运港船上交货（……指定装运港）
C组	CFR	Cost and Freight（…named port of destination）	成本加运费（……指定目的港）
	CIF	Cost，Insurance and Freight（…named port of destination）	成本、保险费加运费（……指定目的港）
	CPT	Carriage Paid To（…named place of destination）	运费付至（……指定目的地）
	CIP	Carriage and Insurance paid to（…named place of destination）	运费和保险费付至（……指定目的地）

表10-1 续

组别	术语缩写	术语英文名称	术语中文名称
D 组	DAF	Delivered At Frontier (…named place)	边境交货（……指定地点）
	DES	Delivered Ex Ship (…named port of destination)	目的港船上交货（……指定目的港）
	DEQ	Delivered Ex Quay (…named port of destination)	目的港码头交货（……指定目的港）
	DDU	Delivered Duty Unpaid (…named place of destination)	未完税交货（……指定目的地）
	DDP	Delivered Duty Paid (…named place of destination)	完税后交货（……指定目的地）

《2000 通则》中 13 种贸易术语责任、风险、费用承担情况如表 10-2 所示。

表 10-2 《2000 通则》中 13 种贸易术语责任、风险、费用承担明细表

组别	术语	风险划分界限	交货点	适用的运输方式	运输办理	保险办理	出口报关	进口报关
E 组	EXW	货交买方处置时起	卖方所在地或指定地点	各种	无	无	买方	买方
F 组	FCA	货交承运人处置时起	出口国指定地点	各种	买方	无	卖方	买方
	FAS	货交装运港船边后	装运港船边	水运	买方	无	卖方	买方
	FOB	货物越过装运港船舷	装运港船上	水运	买方	无	卖方	买方
C 组	CFR	货物越过装运港船舷	装运港船上	水运	卖方	无	卖方	买方
	CIF	货物越过装运港船舷	装运港船上	水运	卖方	卖方	卖方	买方
	CPT	货交承运人处置时起	出口国指定地点	各种	卖方	无	卖方	买方
	CIP	货交承运人处置时起	出口国指定地点	各种	卖方	卖方	卖方	买方
D 组	DAF	边境货交买方处置时起	出口国边境	各种	卖方	无	卖方	买方
	DES	目的港船上货交买方处置时起	目的港船上	水运	卖方	无	卖方	买方
	DEQ	目的港码头货交买方处置时起	目的港码头	水运	卖方	无	卖方	买方
	DDU	进口国指定地点货交买方处置时起	进口国指定地点	各种	卖方	无	卖方	买方
	DDP	进口国指定地点货交买方处置时起	进口国指定地点	各种	卖方	无	卖方	卖方

《2000 通则》对 13 种贸易术语按 E 组（启运）、F 组（主运费未付）、C 组（主运费已付）和 D 组（到达）分为四类，依照卖方交货义务从最小（EXW）到最大（DDP）渐次排列。

（二）E 组术语

本组仅包括 EXW（工厂交货）一种贸易术语。

当卖方在其所在地或其他指定的地点（如工厂、工场或仓库等）将货物交给买方处置时，即完成交货。卖方不负责办理货物出口的清关手续或将货物装上任何运输工具。

EXW 术语是卖方承担责任最小的术语，也是唯一由买方负责办理出口清关手续的术语。

（三）F 组术语

本组包括 FCA（货交承运人）、FAS（装运港船边交货）和 FOB（装运港船上交货）三种贸易术语。在采用装运地或装运港交货条件成交而主要运费未付的情况下，即要求卖方将货物交至买方指定的承运人时，应采用 F 组术语。

按 F 组术语签订的合同属于装运合同。在 F 组术语中，FOB 术语的买卖双方风险划分的界线和 C 组中的 CFR 和 CIF 术语是相同的，均以装运港船舷为界。"船舷为界"是一种传统的划分规则，由于其界限分明，易于理解和接受，故一直在使用。但随着运输技术的变化，在使用集装箱运输、多式联运和滚装运输时，再使用以"船舷为界"已没有实际意义。国际贸易界曾对是否应该修订这种规则产生争议。对此，国际商会制定《2000 通则》时，对以"船舷为界"的规定未作改动，对 FOB、CFR 和 CIF 术语仍规定买卖双方承担货物灭失或损坏的一切风险，以货物在指定的装运港越过船舷为界；但同时又规定，如合同当事人无意采用越过船舷交货，可相应地采用 FCA、CPT 和 CIP 术语。

（四）C 组术语

本组包括 CFR（成本加运费）、CIF（成本、保险费加运费）、CPT（运费付至……）和 CIP（运费、保险费付至……）四种贸易术语。

在采用装运地或装运港交货条件而主要运费已付的情况下，宜采用 C 组贸易术语。按此类术语成交，卖方必须订立运输合同，并支付运费，但对货物发生灭失或损坏的风险及货物发运后所产生的费用，卖方不承担责任。C 组术语包括两个分界点，即风险划分点与费用划分点，这两个分界点是分离的。按 C 组术语签订的合同属于装运合同。

综上可以看出，C 组术语和 F 组术语具有相同的性质，即卖方都是在装运地或发货地完成交货义务。因此，按 F 组术语和 C 组术语订立的合同都属于装运合同。《2000 通则》指出，装运合同的特点是卖方要支付将货物按照惯常航线和习惯方式运至约定地点所需的通常运输费用，而货物灭失或损坏的风险及货物以适当方式交付运输之后所产生的额外费用则应由买方承担。

（五）D 组术语

本组包括 DAF（边境交货）、DES（目的港船上交货）、DEQ（目的港码头交货）、DDU（未完税交货）和 DDP（完税后交货）五种贸易术语。采用 D 组术语，卖方应负责将货物运至边境（Border）或目的港（Port）或进口国内约定的目的地（Place）或点（Point），并承担货物运至该地之前的全部风险和费用。

按 D 组术语订立的销售合同属于到货合同。需要指出的是，DDP 是唯一由卖方负责办理进口清关的术语。

【复习思考题】

1. 什么是贸易术语？在国际贸易实践中，使用贸易术语能解决什么问题？
2. 有关贸易术语的国际惯例主要有哪几种？

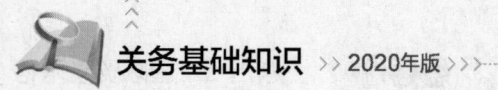
3. 试述各贸易术语的交货点和风险点。

第二节 常用贸易术语

【学习目标】

本节旨在介绍《2000 通则》中有关交易标的价格构成和确定双方在货物交接方面的责任义务所涉及的主要贸易术语。作为关务人员必须掌握贸易术语在货物贸易合同中的作用，并能对不同贸易术语成交的进出口货物，按其对应的通关作业要求，办理进出口报关手续。

完成本节学习，学习者应获得以下成果：

掌握主要贸易术语规定的货物交接过程中有关风险、责任和费用的划分问题。

【基本概念】

FOB、CIF、象征性交货、FCA、承运人、CPT、CIP、FOB 班轮条件、FOB 吊钩下交货、FOB 理舱费在内、FOB 平舱费在内、FOB 包括理舱和平舱、CFR 班轮条件、CFR 卸至码头、CFR 吊钩下交接、CFR 舱底交接

【建议学习时间】

1 课时

在国际贸易中，FOB、CFR、CIF 和 FCA、CPT、CIP 是六种最为常用的贸易术语。

一、FOB（装运港船上交货）

FOB（Free On Bard…named port of shipment），即装运港船上交货（……指定装运港）。

"装运港船上交货"，又称"船上交货"，使用这一贸易术语，要注明装运港名称。使用这一术语时，卖方应负责在合同规定的日期或期间内，在指定的装运港，把货物装到买方指定的船上，并承担货物装上船为止的一切费用和风险。该术语仅适用于海洋或内河运输。

根据《2000 通则》的解释，FOB 术语下买卖双方的主要义务如表 10-3 所示。

表 10-3　FOB 术语下买卖双方的主要义务

卖方基本义务	买方基本义务
1. 负责提供货物、商业发票及合同规定的其他单据。 2. 在合同规定的日期或期间内，在装运港将货物装上买方指定的船只并通知买方。 3. 负责办理出口清关手续、提供出口许可证，支付出口关税和费用。 4. 承担货物在装运港越过船舷为止的一切费用和风险。	1. 按照合同规定支付货款，并收取符合合同规定的货物和单据。 2. 负责租船或订舱，支付运费，并将船名、装船地点和装船时间通知卖方。 3. 取得进口许可证或其他官方证件，办理进口报关手续。 4. 承担货物在装运港越过船舷后的一切费用和风险。

《2000 通则》规定，如果买方指定的船只未能按时到港或接运货物，或者买方未能就派船问题给予卖方充分的通知，只要货物已被划为本合同项下的货物，自规定的交货期届满之后，买方就要承担货物灭失或损坏的风险。

二、CFR（成本加运费）

CFR（Cost and Freight…named port of destination），即成本加运费（……指定目的港）。

CFR 术语是指卖方必须负担成本加装运港至目的港的运费。该术语也仅适用于海运和内河航运。

根据《2000 通则》的解释，CFR 术语下买卖双方的主要义务如表 10-4 所示。

表 10-4　CFR 术语下买卖双方的主要义务

卖方基本义务	买方基本义务
1. 负责提供货物、商业发票及合同规定的其他单据。 2. 负责租船或订舱，支付运费。 3. 在合同规定的日期或期间内，在装运港将货物装上船并通知买方。 4. 负责办理出口清关手续、提供出口许可证，支付出口关税和费用。 5. 承担货物在装运港越过船舷为止的一切费用和风险。	1. 按照合同规定支付货款，并收取符合合同规定的货物和单据。 2. 取得进口许可证或其他官方证件，办理进口报关手续。 3. 承担货物在装运港越过船舷后的一切费用和风险。

值得注意的是，按 CFR 条件成交，卖方不办理货运保险。为此，装船后务必及时向买方发出装船通知，以便买方认为有必要时及时办理货运保险。否则，卖方应承担货物在运输途中发生风险造成的损失。

三、CIF（成本加保险费、运费）

CIF（Cost, Insurance and Freight …named port of destination），即成本加保险费、运费（……指定目的港）。

使用这一术语，卖方负责租船或订舱，在合同规定的装运日期或期间内将货物装上运往指定目的港的船舶，负担货物装上船前的一切费用和风险，支付运费和保险费。这一术语也仅适用于海洋和内河运输。

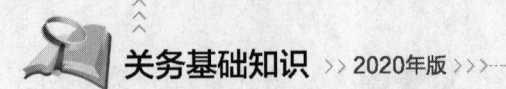

根据《2000 通则》的解释，CIF 术语下买卖双方的主要义务如表 10-5 所示。

表 10-5　CIF 术语下买卖双方的主要义务

卖方基本义务	买方基本义务
1. 负责提供货物、商业发票及合同规定的其他单据。 2. 负责租船或订舱，支付运费。 3. 负责办理保险，支付保险费。 4. 在合同规定的日期或期间内，在装运港将货物装上船并通知买方。 5. 负责办理出口清关手续、提供出口许可证，支付出口关税和费用。 6. 承担货物在装运港越过船舷为止的一切费用和风险。	1. 按照合同规定支付货款，并收取符合合同规定的货物和单据。 2. 取得进口许可证或其他官方证件，办理进口报关手续。 3. 承担货物在装运港越过船舷后的一切费用和风险。

在 CIF 术语条件下，只要卖方在约定的装运港按期把货物装到运往指定目的港的船上，同时办理了保险，并将约定的单证及时交给买方，就算完成了交货义务。即使卖方装船以后至交单这段时间内，货物发生损坏或灭失，只要卖方提交的单据符合要求，买方就不得拒收单据和拒付货款。反之，即使货物安全到达并符合要求，但单据不符合要求，买方仍有权拒付货款。因此，CIF 是一种典型的象征性交货，卖方凭单交货，买方凭单付款。

四、FCA（货交承运人）

FCA（Free Carrier…named place），即货交承运人（……指定地点）。

使用这一术语，卖方在指定地点将货物交给买方指定的承运人照管，并办理了出口清关手续，即履行了交货义务。这里所指的"承运人"，既包括实际履行运输合同的承运人，也包括签订运输合同的运输代理人。该术语适用于各种运输方式，包括多式联运。

根据《2000 通则》的解释，FCA 术语下买卖双方的主要义务如表 10-6 所示。

表 10-6　FCA 术语下买卖双方的主要义务

卖方基本义务	买方基本义务
1. 负责提供货物、商业发票及合同规定的其他单据。 2. 在合同规定的日期或期间内，将货物交给买方指定的承运人并通知买方。 3. 负责办理出口清关手续、提供出口许可证，支付出口关税和费用。 4. 承担货交承运人之前的一切费用和风险。	1. 按照合同规定支付货款，并收取符合合同规定的货物和单据。 2. 负责办理运输，支付运费，并将运输工具名称、装运地点和装运时间通知卖方。 3. 取得进口许可证或其他官方证件，办理进口报关手续。 4. 承担货交承运人之后的一切费用和风险。

在海洋运输情况下，如果是整箱货（FCL），卖方将载货的集装箱交给海运承运人，就算完成了交货义务；如果是拼箱货（LCL）或非集装货物，卖方应将货物运到起运地，交给海运承运人。

采用航空运输时，卖方应将货物交给航空承运人。在其他运输方式和多式联运方式下，卖方都应将货物交给承运人。

不论采取上述哪种运输方式，买卖双方各自承担的风险均以货交承运人处置时为界，即卖方承担货交承运人之前的风险，买方承担货交承运人之后的风险。风险转移后，同运输风险相关的责任与费用相应转移。

五、CPT（运费付至）

CPT（Carriage Paid To…named place of destination），即运费付至（……指定目的地）。

CPT 是指卖方向其指定的承运人交货，但卖方还必须支付将货物运至目的地的运费，亦即买方承担交货之后一切风险和其他费用。该术语适用于各种运输方式，包括多式联运。

根据《2000 通则》的解释，CPT 术语下买卖双方的主要义务如表 10-7 所示。

表 10-7　CPT 术语下买卖双方的主要义务

卖方基本义务	买方基本义务
1. 负责提供货物、商业发票及合同规定的其他单据。 2. 负责办理运输，支付运费。 3. 在合同规定的日期或期间内，将货物交给指定的承运人并通知买方。 4. 负责办理出口清关手续、提供出口许可证，支付出口关税和费用。 5. 承担货交承运人之前的一切费用和风险。	1. 按照合同规定支付货款，并收取符合合同规定的货物和单据。 2. 取得进口许可证或其他官方证件，办理进口报关手续。 3. 承担货交承运人之后的一切费用和风险。

六、CIP（运费、保险费付至）

CIP（Carriage and Insurance Paid to…named place of destination），即运费、保险费付至（…指定目的地）。

CIP 是指卖方向其指定的承运人交货，但卖方还必须支付将货物运至目的地的运费，亦即买方承担卖方交货之后的一切风险和额外费用。按照 CIP 术语，卖方还必须办理货物在运输途中灭失或损坏风险的保险。该术语适用于各种运输方式，包括多式联运。

根据《2000 通则》的解释，CIP 术语下买卖双方的主要义务如表 10-8 所示。

表 10-8　CIP 术语下买卖双方的主要义务

卖方基本义务	买方基本义务
1. 负责提供货物、商业发票及合同规定的其他单据。 2. 负责办理运输，支付运费。 3. 负责办理保险，支付保险费。 4. 在合同规定的日期或期间内，将货物交给指定的承运人并通知买方。 5. 负责办理出口清关手续、提供出口许可证，支付出口关税和费用。 6. 承担货交承运人之前的一切费用和风险。	1. 按照合同规定支付货款，并收取符合合同规定的货物和单据。 2. 取得进口许可证或其他官方证件，办理进口报关手续。 3. 承担货交承运人之后的一切费用和风险。

当前，集装箱运输和多式联运被广泛采用。买卖双方应根据具体交易的实际情况，适当选用

FCA、CPT 和 CIP，以替代传统的主要适用于水运的 FOB、CFR 和 CIF 术语。使用 FOB、CFR 或 CIF 术语，与 FCA、CPT 和 CIP 相比存在两个缺点：一是增加了卖方的风险责任，从货交承运人延伸到在装运港越过船舷（或装到船上）；二是推迟了运输单据的出单时间，从而延缓了卖方交单收汇的时间，影响资金周转速度和造成利息损失。因此，在出口业务中，推广使用 FCA、CPT 和 CIP 术语，对卖方是有利的。

七、常用贸易术语的变形

大宗商品成交时买方通常采用租船运输。由于船方通常按不负担装卸货物条件出租船舶，故买卖双方在装货费由谁负担的问题上容易产生争议。为此，订立合同时，可在 FOB、CFR、CIF 等术语后加列字句或缩写来表示，这就形成了贸易术语的变形。

（一）FOB 术语变形

1. FOB 班轮条件

FOB 班轮条件（FOB Liner Terms），指装货费用按班轮运输处理，即卖方不负担装货费用。

2. FOB 吊钩下交货

FOB 吊钩下交货（FOB under Tackle），指卖方负担的费用仅到船舶吊钩所及之处，即卖方不负担装货费用。

3. FOB 理舱费在内

FOB 理舱费在内（FOB Stowed），指卖方负担货物装船和理舱的费用。为了使船上装载的货物放置妥善和分布合理，货物装船后，需要进行垫隔和整理，此项作业称作理舱。

4. FOB 平舱费在内

FOB 平舱费在内（FOB Trimmed），指卖方负担货物装船和平舱的费用。货物装船后，为了保持船舶承受压力均衡和航行安全，对成堆装入船舱的散装货物，如煤炭，粮谷等，需要进行调动和平整，此项作业称作平舱。

5. FOB 包括理舱和平舱

FOB 包括理舱和平舱（FOB Stowed and Trimmed），指卖方负担货物装船、理舱和平舱的费用。

上述 FOB 术语变形，只是为了明确装货费用由谁负担，并不改变交货地点和风险转移的界限。但是，对于贸易术语的变形，国际上并无统一和权威性的解释。因此，国际商会推荐，在实际业务中，买卖双方应订明这些变形是否仅限于费用的划分，还是包括了风险在内，防止以后履行合同时因双方理解不一而发生纠纷，造成损失。

（二）CFR 术语变形

1. CFR 班轮条件

CFR 班轮条件（CFR Liner Terms），指卸货费按班轮运输处理，即买方不负担卸货费用。

2. CFR 卸至码头

CFR 卸至码头（CFR Landed），指由卖方负担卸货费用，其中包括驳运费在内。

3. CFR 吊钩下交接

CFR 吊钩下交接（CFR Ex Tackle），指卖方负担将货物从船舱吊起卸到船舶吊钩所及之处（码头上或驳船上）的费用。在船不能靠岸的情况下，租用驳船的费用和货物从驳船卸到岸上的费用，由买方负担。

4. CFR 舱底交接

CFR 舱底交接（CFR Ex Ship's Hold），指买方负担将货物从舱底起吊卸到码头的费用。

对 FOB 贸易术语变形的解释及其在实际业务应用中需注意的问题所作的说明，也适用于 CFR 贸易术语变形。

（三）CIF 术语变形

CIF 术语的变形及其解释与 CFR 术语变形相同，包括以下四种：CIF 班轮条件（CIF Liner Terms）、CIF 卸至码头（CIF Landed）、CIF 吊钩下交接（CIF Ex Tackle）、CIF 舱底交接（CIF Ex Ship's Hold）。其具体解释可参考 CFR 术语变形。

【复习思考题】

1. 试述 FOB、CFR、CIF 三种术语的异同。
2. 试述贸易术语变形的作用，并举例说明。
3. 试述 FOB、CFR、CIF 与 FCA、CPT、CIP 的主要区别。

第三节　2010 国际贸易术语解释通则

【学习目标】

本节旨在介绍《2010 通则》中的主要贸易术语。作为关务人员必须掌握贸易术语不同版本的区别，并能对不同贸易术语成交的进出口货物，按其对应的通关作业要求，办理进出口报关手续。

完成本节学习，学习者应获得以下成果：

掌握《2010 通则》主要贸易术语规定的货物交接过程中有关风险、责任和费用的划分问题。

【基本概念】

DAT、DAP

【建议学习时间】

1 课时

为适应国际贸易的快速发展和实践领域发生的新变化，国际商会于 2007 年开始对《2000 通则》进行修订。最终《2010 通则》于 2010 年 9 月面世，并于 2011 年 1 月 1 日起正式生效。

《2010 通则》更加适合现行国际贸易的实际需要，更广泛地为世界各国贸易界和法律界人士所接受和承认。但是，需要说明的是，因为国际惯例并不具有普遍约束力，《2010 通则》的生效实施，并不表明《2000 通则》自动作废。买卖双方有权自愿选择采用某种国际惯例，或做出与某种解释或规则不同的规定，并在合同中订明。如果买卖双方在合同中既不排除，也不明确采用何种惯例，一旦事后双方在交接货物方面发生争议提交诉讼或仲裁时，法院或仲裁机构往往会引用某种公认的或影响较大的国际贸易术语惯例（例如《2010 通则》）来作为裁决或仲裁案件的依据。所以，作为外贸及关务从业人员，必须了解《2010 通则》中的新内容。

一、《2010 通则》的主要变化

与《2000 通则》描述形式不同，《2010 通则》的表述更加简单，每条贸易规则前面都有一条引言，解释每条规则的基本内容，比如什么时候该术语被运用，什么时候风险转移，相关费用在卖方和买方之间怎样分配等。虽然引言并不是《2010 通则》规则的一部分，但是，针对特定的交易，它们能帮助使用者更准确、更有效地把握贸易术语规则。

与《2000 通则》相比较，《2010 通则》有如下实质性变化。

（一）新增 DAT 和 DAP 两个术语

《2010 通则》以 DAT 和 DAP 两种新术语取代了《2000 通则》中 D 组的 DAF、DES、DEQ 和 DDU，术语总数由原来的 13 个减少为 11 个。新增的 DAT 和 DAP 术语都明确规定了指定交货地点：DAT（Delivered At Terminal…named place of destination），即运输终端交货（……指定目的地）；DAP（Delivered At Place…named place of destination），即目的地交货（……指定目的地）。

通过在两个术语后面明确注明包括边境地点、港口、码头、集装箱堆场和终点站等，完全可以满足《2000 通则》中的 DAF、DES、DEQ、DDU 四种术语的使用需要。使用 DAT 时，卖方将货物从到达指定目的港或指定目的地的运输工具卸下后，交由买方处置（与《2000 通则》DEQ 相同）。使用 DAP 时，卖方同样将货物在指定目的港或指定目的地交由买方处置，由买方安排卸货。

（二）简化分类方式

《2010 通则》未沿用以往将术语按交货地点分类、按英文字头分组的方式，而是简单地将术语按适用范围分两类：一类为适用于任何单一或多种运输方式的术语，包括 EXW、FCA、CPT、CIP、DAT、DAP、DDP；另一类为适用于海运和内河运输方式的术语，包括 FAS、FOB、CFR、CIF，如表 10-9 所示。

表 10-9 《2010 通则》中的 11 种贸易术语明细表

适用范围	代码	中英文全称
任何单一运输方式或多种运输方式	EXW	Ex Works（insert named place of delivery） 工厂交货（插入指定交货地点）
	FCA	Free Carrier（insert named place of delivery） 货交承运人（插入指定交货地点）
	CPT	Carriage Paid To（insert named place of destination） 运费付至（插入指定目的地）
	CIP	Carriage and Insurance paid to（insert named place of destination） 运费和保险费付至（插入指定目的地）
	DAT	Delivered At Terminal（insert named terminal at port or place of destination） 运输终端交货（插入指定港口或目的地）
	DAP	Delivered at Place（insert named place of destination） 目的地交货（插入指定目的地）
	DDP	Delivered Duty Paid（insert named place of destination） 完税后交货（插入指定目的地）
海运和内河运输	FAS	Free Alongside Ship（insert named port of shipment） 装运港船边交货（插入指定装运港）
	FOB	Free On Board（insert named port of shipment） 装运港船上交货（插入指定装运港）
	CFR	Cost and Freight（insert named port of destination） 成本加运费（插入指定目的港）
	CIF	Cost，Insurance and Freight（insert named port of destination） 成本、保险费加运费（插入指定目的港）

（三）取消"船舷"概念

《2010 通则》对 FOB、CFR、CIF 等三种术语的运用，删除了以往以越过船舷作为风险划分界限的表述，取消了"船舷"的概念。代之以卖方必须将货物置于"船上"时才构成交货，并在专用词解释中明确指出《2010 通则》中的"交货"用来指明在这里货物灭失或损坏的风险从卖方转移至买方。这一变化更准确地适应目前运输方式的需要。

（四）丰富了海关手续的内涵

使用不同术语时，《2010 通则》在 A2/B2 和 A10/B10 条款中明确了买卖双方各自应承担的风险和费用，提供货物进口/出口或过境所需要的文件和信息，包括安全相关信息的安检通关义务；在专用词解释中明确指出，海关手续指为遵守任何适用的海关规定所需满足的要求，并可包括各类文件、安全、信息或实物检验的义务。

（五）对 FOB、CFR、CIF 术语卖方义务作添加规定

《2000 通则》规定 FOB、CFR、CIF 项下卖方必须负责在装运港将货物交到船上。实际上，

在国际贸易过程中，货物在运输途中常常被多次转卖，从而形成链式交易。

在此情况下，装运货物是由第一个卖方完成的，处于链式交易中间位置的某个或某几个卖方并不实际装运货物，而以取得已在装运港交到船上的货物履行其交货义务。为明确起见，《2010通则》对此做出规定，添加"或取得已如此交付的货物"。经添加后的规定，FOB、CFR、CIF项下的卖方，除了可以将货物装运上船完成交货义务外，也可以不负责装运货物，而以"取得已如此交付的货物"替代"装运货物的义务"。此规定有利于大宗商品的连环合同链式销售。

二、《2010通则》概述

《2010通则》生效实施以后，并不意味着《2000通则》自动作废。买卖双方既可以自愿采用《2010通则》中的相关内容，也可以仍然沿用《2000通则》甚至更早版本中的条款。如果想在合同中适用《2010通则》，则应在合同中做出明确表示，如"FCA 38 Cours Albert ler, Paris, France INCOTERMS 2010"（"FCA"是贸易术语，"38 Cours Albert ler, Paris, France"是指交货地点或地址，"INCOTERMS 2010"是指所适用的《2010通则》）。

尽管《2010通则》没有沿用《2000通则》的分类方式，只是简单地将11种贸易术语按照适用范围分为两类，但《2000通则》的分类仍有重要意义，为了便于学习者对应比较，现将《2010通则》贸易术语按照《2000通则》的分类方法进行分类，如表10-10所示。

表10-10　《2010通则》贸易术语按组分类表

按交货地点分类	组别	性质	国际代码	交货地点	适用范围
出口国（地区）境内	E组	起运合同	EXW	工厂所在地	任何
	F组	装运合同（主运费未付）	FCA	出口国（地区）指定地点	任何
			FAS	装运港船边	水运
			FOB	装运港船上	水运
	C组	装运合同（主运费已付）	CFR	装运港船上	水运
			CIF	装运港船上	水运
			CPT	出口国（地区）指定地点	任何
			CIP	出口国（地区）指定地点	任何
进口国（地区）境内	D组	到达合同	DAT	进口国（地区）指定地点	任何
			DAP	进口国（地区）指定地点	任何
			DDP	进口国（地区）指定地点	任何

《2010通则》中买卖双方各自应履行的义务如表10-11所示。

表 10-11　《2010 通则》买卖双方义务对照表

A 卖方义务	B 买方义务
A1 卖方一般义务	B1 买方一般义务
A2 许可证、授权、安检通关和其他手续	B2 许可证、授权、安检通关和其他手续
A3 运输合同与保险合同	B3 运输合同与保险合同
A4 交货	B4 收取货物
A5 风险转移	B5 风险转移
A6 费用划分	B6 费用划分
A7 通知买方	B7 通知卖方
A8 交货凭证	B8 交货证据
A9 查对—包装—标记	B9 交货检验
A10 协助提供信息及相关费用	B10 协助提供信息及相关费用

（一）卖方/买方一般义务

卖方一般义务包括交货和交单，即提供买卖合同约定的货物和商业发票，如需要提供其他单据，买卖双方需要在合同中做出明确约定。

买方一般义务是按照买卖合同约定支付价款。

买卖双方一般义务中所指出的任何单证在双方约定符合惯例的情况下，可以是同等作用的电子记录和程序。

（二）许可证、授权、安检通关和其他手续

在涉及该项义务的情况下，除 EXW 术语外，卖方必须自负风险和费用，取得所需要的出口许可或其他官方授权，办理货物出口所需的一切海关手续。

在涉及该项义务的情况下，除 DDP 术语外，买方必须自负风险和费用，取得所需要的进口许可或其他官方授权，办理货物进口所需的一切海关手续。

（三）运输合同与保险合同

在 EXW 术语下，卖方对买方无订立运输合同的义务，买方对卖方也无订立运输合同的义务。

在 FCA、FAS 和 FOB 术语下，买方必须自负风险签订运输合同。卖方对买方无订立运输合同的义务，但若买方提出要求或按商业习惯，卖方可以按照通常条件签订运输合同，但由买方承担风险和费用。卖方可以拒绝签订运输合同，如果拒绝，卖方应立即通知买方。

在 CFR、CIF、CPT、CIP、DAT、DAP 和 DDP 术语下，卖方必须自负费用签订运输合同，买方对卖方无订立运输合同的义务。

在 CIF、CIP 术语下，卖方必须自负费用取得货物保险，买方对卖方无订立保险合同的义务。

在 EXW、FCA、FAS、FOB、CFR、CPT、DAT、DAP 和 DDP 术语下，卖方对买方无订立保险合同的义务，但应买方要求，卖方必须向买方提供保险所需信息；买方对卖方无订立保险合同

的义务，但应卖方要求，买方必须向卖方提供保险所需信息。

（四）交货/收取货物

在 EXW、FCA、CPT 和 CIP 术语下，卖方可以在合同约定日期或期限内，在出口国（地区）境内任何约定地点交货。

在 FAS、FOB、CFR 和 CIF 术语下，卖方可以在合同约定日期或期限内，在出口国（地区）境内指定装运港交货。

在 DAT、DAP 和 DDP 术语下，卖方可以在合同约定日期或期限内，在进口国（地区）境内指定目的港或目的地交货。

当卖方完成交货义务时，买方必须收取货物。

（五）风险转移

通常情况下，卖方承担完成交货义务之前货物灭失或损坏的一切风险，买方承担卖方完成交货义务之后，货物灭失或损坏的一切风险。

（六）费用划分

通常情况下，买卖双方关于进出口清关费用、运费、保险费的划分如表 10-12 所示。

表 10-12　《2010 通则》中买卖双方的费用划分表

贸易术语	出口清关费用	运费	保险费	进口清关费用
EXW	买方	买方	买方	买方
FAS	卖方			
FCA				
FOB				
CFR		卖方		
CPT				
CIF				
CIP			卖方	
DAT				
DAP				
DDP				卖方

（七）通知买方/卖方

卖方必须就已按约定方式完成交货给予买方充分的通知，以便买方采取收取货物通常所需要的措施。

买方必须就相关事项给予卖方充分的通知，如买方有权决定在约定期限内的交货时间/或指定地点内的收取货物点、买方指定的承运人或船名等。

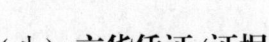

（八）交货凭证/证据

在 EXW 术语下，卖方对买方无义务提供交货凭证，买方有义务向卖方提供其已收取货物的相关凭证。

在 FCA、FAS 和 FOB 术语下，卖方必须自负费用向买方提供完成交货的通常凭证，应买方要求并由其承担风险和费用的情况下，卖方必须协助买方取得运输凭证，当该交货凭证交付时，买方必须接受。

在 CFR、CPT、CIF 和 CIP 术语下，卖方必须自负费用向买方提供运输凭证。该运输凭证必须载明合同中的货物，且其签发日期应在约定运输期限内，并能使买方在指定目的地向承运人索取货物，或能使买方在货物运输途中向下一买方转让或以通知承运人的方式出售货物。当运输凭证以可转让形式签发且有数份正本时，卖方必须将整套正本提交给买方。当该运输凭证与合同相符时，买方必须接受。

在 DAT、DAP 和 DDP 术语下，卖方必须自负费用向买方提供凭证，以确保买方能收取货物，买方必须接受卖方提供的符合合同的交货凭证。

（九）查对—包装—标记/货物检验

卖方必须支付交货所需的查对费用，如查对质量、丈量、过磅、点数的费用，以及出口国（地区）有关机构强制进行的装运前检验费用。可在需要时自负费用以合适货物运输的方式对货物进行包装，并作适当标记。

买方必须支付任何装运前检验费用，但出口国（地区）有关机构强制进行的检验除外（不包括 EXW 和 DDP 术语）。

（十）协助提供信息及相关费用

买卖双方必须及时相互提供或协助对方取得其清关、过境所需要的任何单证和信息，包括安全信息，相关费用由对方承担。

【复习思考题】

1. INCOTERMS 2010 中的 DAT 与 DAP 术语有何区别？

2. 试比较 EXW 与 DDP 的卖方义务。

3. "交货"与"装运"两个不同用语在哪些贸易术语中的意义是一致的？在哪些贸易术语中的意义是不一致的？

第四节 贸易术语与进出口商品价格

【学习目标】

本节旨在介绍贸易术语与进出口商品价格之间的关系。

完成本节学习，学习者应获得以下成果：

熟练掌握不同贸易术语之间的价格换算。

【基本概念】

投保加成率

【建议学习时间】

1 课时

一、价格构成因素

在国际货物销售合同中，贸易术语一般在价格条款中列明，进出口商品的价格构成因素因使用的贸易术语不同而不同。在业务实践中，最为常见的贸易合同是选用 FOB、CFR 和 CIF 三种术语的合同。FOB 价一般包括商品成本、国内总费用和预期利润，以 FOB 术语的价格为基础，CFR、CIF 术语的价格按卖方承担义务的不同而相应递增，如表 10-13 所示。

表 10-13　商品价格构成因素表

CIF 价格	CFR 价格	FOB 价格	商品成本	生产成本：制造商生产某一产品所需的投入	出口退税（扣除项）：我国实施出口退税制度，出口商品按照不同比例退还有关增值税和消费税，出口企业往往将出口退税作为扣除项计入成本
				加工成本：加工商加工成品或半成品所需的成本	
				采购成本：贸易商向供应商采购商品的价格	
			国内总费用	经营费用：如国内运输、仓储、领证、商检、报关等费用	
				管理费用：指各项业务开支费用	
				财务费用：主要有贷款利息、银行费用等	
			预期利润	利润是交易的最终目的，因此预期利润是价格的主要组成部分	
		国际运输费用			
	国际保险费用				

选用何种贸易术语，与买卖双方的经济利益密切相关。一般来说，在出口业务中，出口企业应争取多选用 CIF 和 CFR 术语，而少用 FOB 术语；反之在进口业务中，应争取多选用 FOB 术语，而少用 CFR 和 CIF 术语。对 FCA、CPT 和 CIP 术语的选用，在出口和进口业务中，也应分

别按上述原则予以掌握，为本国增加外汇收入，节省外汇支出，促进本国运输、保险事业的发展。

另外，在出口业务中，应顺应集装箱运输和多式运输的趋势，推行 FCA、CPT 和 CIP 术语替代 FOB、CFR 和 CIF 的使用，当然，也可根据不同交易的具体情况，选择 EXW、DAT、DAP 和 DDP 等贸易术语来适应国际贸易的发展。

二、商品价格与报关

国际贸易货物的价格与买卖双方的经济利益密切相关，选用不同的贸易术语，进出口商品的价格会有所不同。但是，进出口商品的价格构成因素是复杂的，除了受选用的贸易术语影响外，交易双方为完成交易所约定的其他费用和支付安排也会影响商品价格。

例如，商业习惯中的佣金、折扣、专利等费用，根据我国海关法规定，有的应计入进出口商品的完税价格，有的则予以扣除。为了有效遵守我国海关关税征收规定，外贸及关务从业人员必须认真研究进出口商品的价格构成因素，正确办理报关纳税手续。下面以一含有购货佣金的成交价格为例，分析商品价格对报关纳税的影响。

【案例 1】国内 A 企业与外商签订 FOB 交易条件的一般贸易进口合同，进口某项商品 10000 件，成交单价为每件 50 美元。按照国际贸易惯例的规定，FOB 术语由买方安排运输、支付运费，为此 A 企业支付了总价为 2500 美元的运费和 500 美元的运输保险费。另外，A 企业为购买这批货物还另向购货代理人支付每件商品 2 美元佣金。货物进口时，A 企业向海关申报了进口该批货物的价格，并提供了相关票据。由此，该货物进口时，可能申报三种价格，如表 10-14 所示。

表 10-14　A 企业申报价格表

申报价格	单价（美元/件）	总价（美元）	备注
买卖合同成交价	50.00	500000.00	外商开出 FOB 发票价
货物进口到岸价	50.30	503000.00	FOB+I+F
企业核算成本价	52.30	523000.00	FOB+I+F+购货佣金

该批货物属于单边进口，在我国境内消费使用，应缴纳进口关税及进口环节海关代征税。根据我国海关从价税征收规定，进口货物完税价格应由海关以货物的成交价格为基础审查确定，并应加上货物运抵中华人民共和国境内输入地点起卸前的运费及相关费用、保险费，而买方承担的购货佣金则不计入完税价格。因此，该批货物向海关申报的价格，应为第二种情形，即单价每件 50.30 美元，总价 503000 美元。

以上案例说明，卖方开出发票中的价格是买方向卖方支付的价格，是某种特定条件下商业交易层面的价格。买方为将货物运回国内，自行支付的运费保险费、向购货代理人支付的佣金并未被记录在发票中。根据通关规则，发票价格以外的其他实际支付价格如果应该计入进口货物完税价格的，向海关申报时则应以发票价格为基础，将其他单独列明的实付价格，合并计入总价，并同时将其分摊进单价，形成调整后的价格，即所谓"完税价格"，再按该商品适用的税率计征关税。由此，海关通过进出口商对商品价格的申报，获取商品价值信息，可以准确审定完税价格，确保进出口税的征收。

在我国报关业务实践中，将商品交易价格按规则调整后向海关申报的情形是经常发生的，但是这种调整是建立在商品交易价格基础上的。因此，全面掌握商品价格构成的知识，正确办理报关手续，是对报关人员业务素养的基本要求。

三、常用贸易术语的换算

不同贸易术语表示的价格因素不同。一方面，进出口企业在经营活动中，经常需要对所订立的进出口合同中采用的贸易术语进行换算，以核算进出口商品的实际成本。另一方面，在报关实践中，企业也需要将买卖双方的成交价格调整为符合海关征税规则的进出口货物完税价格，并依据税率计算出应纳税额，以利于资金的准备。以下主要介绍 FOB、CFR 和 CIF 三种常用术语的换算。

（一）FOB 换算为 CFR 与 CIF

CFR 价 = FOB 价 +运费

CIF 价 =（FOB 价+运费）/［1-保险费率×（1+投保加成率）］

根据《2010 通则》的规定，在 CIF 合同中，卖方有责任办理货运保险并支付保险费。除非另有约定外，保险金额应为合同规定的价款加 10%，并以合同货币投保。此处"加 10%"即为投保加成率，以使货物万一在运输途中因风险遭受损失，买方向保险公司索赔时"预期利润"也得到赔偿。但是，在 FOB 合同中，买方是根据自己的意愿办理货运保险，如果买方没有对合同价款进行投保加成，其 CIF 价的换算公式应为：

CIF =（FOB +运费）/（1-保险费率）

同时此换算公式也适用于进口货物完税价格的报关核算，因为我国海关进口货物完税价格中不包括"预期利润"。

（二）CFR 换算为 FOB 与 CIF

FOB 价 =CFR 价-运费

CIF 价 = CFR 价/［1-保险费率×（1+投保加成率）］

有关 CFR 换算成 CIF 时的投保加成问题与上述 FOB 换算相同，此处不再赘述。

（三）CIF 换算为 FOB 与 CFR

FOB 价 =CIF 价×［1-保险费率×（1+投保加成率）］-运费

CFR 价 =CIF 价×［1-保险费率×（1+投保加成率）］

【案例2】 我国出口商出口泰国曼谷某商品，按 CIF 价商品每千克 50 美元。现泰国客户要求改报 FOB 价。已知我出口商投保 W. P. A. ，保险费率0.25%，主运费每千克 5 美元。问在我国出口商利润不变的情况下如何向进口商报 FOB 价？

按照公式，计算如下：

FOB 价＝CIF 价×［1-保险费率×（1+投保加成率）］-运费
　　　　＝50×［1-0.25%×（1+10%）］-5
　　　　＝44.8625 美元

【复习思考题】

1. 试述使用 FOB、CFR、CIF 的商品价格构成因素。
2. 商品价格对报关有什么影响?
3. 不同术语的价格换算公式是什么?

国际贸易合同
主要条款

第十一章 >>

〈
〈
〈

国际贸易合同或称国际货物销售合同，是指营业地在不同国家（地区）的当事人所订立的货物买卖合同。其格式一般包括约首、主要条款和约尾三个部分。其中，主要条款包括品名、品质、数量、包装、价格、运输、保险、支付、检验、索赔、不可抗力和仲裁等项内容。这些基本条款直接关系到缔约双方在买卖中的权利和义务，是合同的主要内容。

从贸易合同的角度看，不同国家（地区）当事人之间对合同解释的一致性极为重要。因此，一些国际组织、商会、行业协会及民间团体等都制定了大量的示范合同及其解释供合同双方自由选用。例如，国际商会（ICC）为制成品的转卖制订了《国际商会国际销售示范合同》（The ICC Model International Sale Contract）；波罗的海交易所粮谷饲料贸易协会（GAFTA）为粮谷、饲料的买卖制定了70多个标准合约格式；联合国欧洲经济委员会对成套设备的买卖制订了标准合同格式，其中《成套设备和机器出口供应一般条件》最为著名；我国国际经济贸易仲裁委员会和我国国际商会仲裁研究所也制订了《成套设备进口合同（CIF条件）》；中日、中韩政府间也分别制订有《中日一般货物销售合同条款集》和《中韩货物销售示范合同》，等等。

关务人员应当提高对合同的重视程度，对合同格式、术语和文本用词、双方权利义务的划分等进行专业学习。各种不同的术语、用词与条款规定，通常体现了该合同的价值取向，对买卖双方也是各有利弊。本章从关务工作角度出发，对其中部分条款进行阐述。

第一节　品名与品质条款

【学习目标】

本节内容旨在让学习者熟悉掌握品名和品质条款的规定形式、规定方法等基本内容和相关专业术语。

完成本节学习，学习者应取得以下成果：

1. 熟悉合同品质条款的基本内容和专业术语，区分当事人的责任、权利和义务；了解该条款在关务工作中的运用和影响；

2. 结合通关业务掌握品质条款相应的业务处理基本规则。

【基本概念】

国际贸易合同、国际贸易合同主要条款、品质、等级、标准、样品、标准样品、参考样品、卖方样品、复样、买方样品、对等样品、品质机动幅度、品质公差

【建议学习时间】

1课时

商品的名称和质量是国际货物买卖当事人双方首先要商定的交易条件，是买卖双方进行交易的物质基础，也是买卖合同中的主要条款之一。对于关务工作而言，商品的名称和质量是对进出口货物、物品进行归类、估价、原产地确定和适用贸易管制等工作的基本依据。

一、品名

商品的名称（Name of Commodity），或称品名，是指能使某种商品区别于其他商品的一种称呼或概念。商品的名称在一定程度上体现了商品的自然属性、用途及主要的性能特征。在实践中，商品主要依据用途、主要原料或成分、制造工艺、外观形态等来命名。

品名是交易标的物的称谓，是国际货物销售合同中必须具备的内容，因此表述必须明确、具体，适合商品的特点。使用外文时，其译名也必须准确反映原名。

二、品质

商品的质量（Quality of Good），或称品质，是商品的内在素质以及外观形态。内在素质包括物理特性、化学成分、生物结构、技术性能等，外观形态包括外形、色泽、款式和透明度等的综合，两者决定了商品的使用效能。商品的品质表述，明确了交易标的物的状态，其品质的优劣对商品价格、销售数量、市场份额和买卖双方的经济利益起重要作用。

（一）品质表示方法

在国际贸易中，表示品质的方法有多种，归纳起来，可以分为两大类：文字说明表示和样品表示。

1. 凭说明买卖

用文字说明表示商品的质量，又称"凭说明买卖"（Sale by Description）。其主要方式如表11-1所示。

表11-1 凭说明买卖的主要表示方式

方法	示例
凭规格买卖 （Sale by Specifications）	Vital Wheat Gluten, Moisyure Max 10%, Protein Min 75%, Ash Max 2%, Water Absorption Min 150% 活性小麦面筋粉，水分最高10%，蛋白质最低75%，灰分最高2%，吸水最低150%
凭等级买卖 （Sale by Grade）	Chinese Green Tea, Special Chunmee, Special Grade, Art No. 41022 中国绿茶，特珍眉①，特级，货号41022
凭标准买卖 （Sale by Standard）	Rifampicin, B. P. 1993 利福平，英国药典1993年
凭品牌或商标买卖 （Sale by Brand or Trade Mark）	Maling Brand Worcestershire Sauce 梅林牌辣酱油
凭产地名称或地理标志买卖 （Sale by Name of Origin, or by Geographical Indication）	Sichuan Preserved Vegetable 四川榨菜
凭说明书或图样买卖 （Sale by Description or Illustration）	Quality and technical data to be strictly in conformity with the description submitted by the seller 品质和技术数据必须与卖方所提供的产品说明书严格相符

---

① 珍眉，是浙江传统名茶，眉茶中的上品，主要的外销茶类。出口眉茶包括特珍、珍眉、雨茶、贡熙、特针和秀眉等六个花色产品，均有严格的加工标准样和贸易标准样规定。其中，特级珍品眉茶，即"特珍眉"，以采摘于清明至谷雨的一芽一叶、二叶为原料，条索紧结有锋苗，色泽绿润起霜，香味浓醇，汤色明净，叶底黄绿嫩。

用文字说明表示商品品质的最基本方法就是用文字规定产品的规格（Specification），如成分、含量、纯度、大小等，也可以通过规定商品的等级或标准来确定质量。

等级和标准是规格的固定化，等级（Grade）是指同一类的货物，根据长期生产和贸易实践，按照其品质、重量、成分、外观或者效能等的不同，用文字、数码或者符号所作的分类；标准（Standard）是经政府机关或者工商团体、同业公会等制定和公布的某类商品的规格。

2. 用样品表示

用样品表示即"凭样品买卖"，以样品所表示的商品品质作为交货的质量依据。样品（Sample）通常是指从一批商品中抽出来或者由生产部门设计、加工出来的能够反映和代表整批商品品质的少量实物。该样品称为"标准样品"（Type Sample）。贸易实践中有时买卖双方为了发展贸易关系而寄送样品供对方参考，即所谓"参考样品"（Reference Sample），但这种样品不能作为交货的质量依据。

按照样品提供者的不同，样品可分为卖方样品、买方样品和对等样品。凭卖方样品买卖是指由卖方提供样品，买方加以确认并作为交货的品质依据。在向买方送交标准样品时，卖方应留存一份或者数份同样的样品，即"复样"（Duplicate Sample），以备日后交货或者处理争议时核对之用。凭买方样品买卖是指由买方提供样品，卖方加以确认并作为交货的品质依据。

在实际业务中，如卖方认为按买方来样供货没有确切把握，可根据买方来样，加工出一个类似样品交买方确认，这种样品称为"对等样品"（Counter Sample），又称为"回样"（Return Sample）或"确认样品"（Confirming Sample）。如买方同意凭对等样品洽谈交易，就等于把"凭买方样品买卖"变为"凭卖方样品买卖"，使卖方处于较为有利的地位。

此外，除了凭文字说明买卖和凭样品买卖外，少数特种商品还采用看货买卖方式，即买方或者其代理人先在卖方存放货物的场所验看货物，并就所验货物成交。这种方法多用于寄售、拍卖或者展卖业务中，主要针对珠宝、首饰、工业品等具有独特性质的商品。

（二）品质机动幅度和品质公差

1. 品质机动幅度

品质机动幅度是指为了避免品质条款的规定过于严格造成卖方交货困难，在合同中规定对特定质量指标在一定幅度内可以机动。品质机动幅度主要用于初级产品及某些工业制成品的品质指标。其具体规定方法有：规定范围、规定极限、规定上下差异。

2. 品质公差

工业品在生产过程中，产品品质相对品质指标产生一定的误差难以避免，如对手表可以允许有一定的走时误差。这种被国际同行业公认的允许产品品质出现的差异即为"品质公差"（Quality Tolerance），交货质量在此范围内即可认为与合同相符。一般来说，品质公差为国际同行业公认，因此无须在合同中明确规定。但是如果国际同行业对特定指标没有公认的误差，或者双方对品质公差存在不同理解，则应在合同中具体约定买卖双方共同认可的误差。

卖方交货质量在机动幅度或品质公差范围内，一般按照合同单价计价，但也可以在合同中约定品质增减价条款。

（三）品质条款的作用

根据《联合国国际货物销售合同公约》（以下简称《销售合同公约》）[1] 的规定，卖方交货必须符合约定品质，如果卖方交货不符合约定的品质条件，买方有权要求赔偿，在一定条件下要求修理、降低价款或者交付替代品，甚至拒收货物或者解除合同。

【复习思考题】

1. 关务人员学习进出口商品品质的知识有什么意义？
2. 采用"凭买方样品买卖"表示品质时，卖方通常会采取什么做法使自己处于有利地位？
3. 试述"品质机动幅度"与"品质公差"的含义及作用。

第二节　数量条款

【学习目标】

本节内容旨在让学习者熟悉掌握数量条款的规定形式、规定方法等基本内容和相关专业术语。

完成本节学习，学习者应取得以下成果：

1. 熟悉合同数量条款的基本内容和专业术语，区分当事人的责任、权利和义务；了解该条款在关务工作中的运用和影响；
2. 结合通关业务掌握数量条款相应的业务处理基本规则。

【基本概念】

常见计量单位、毛重、以毛作净、净重、实际皮重、平均皮重、约定皮重、公量、净净重、溢短装条款、约量

【建议学习时间】

1 课时

在国际货物买卖中，商品的数量不仅是国际货物销售合同中的主要交易条件，而且是构成有效合同的必备条件。合同中的数量条款是双方交接货物的数量依据。不明确卖方应交付多少货物，除无法确定买方应该支付多少金额的货款外，还会影响到价格及其他的交易条件。此外，商品成交数量还常常受到买卖双方所在国政府进出口管理政策的限制，如配额许可制度的约束。

---

　① 《联合国国际货物销售合同公约》（the United Nations Convention on Contracts for the International Sale of Goods，CISG）是由联合国国际贸易法委员会主持制定的，于 1988 年 1 月 1 日正式生效。截至 2020 年，该公约有 93 个缔约方，我国为缔约方之一。

一、国际贸易计量单位

在国际贸易中，通常采用的计量单位有六种：按重量（Weight）计量、按个数（Number）计量、按长度（Length）计量、按面积（Area）计量、按容积（Capacity）计量、按体积（Volume）计量。在不同的计量方法下，通常采用的计量单位名称及适用的商品也不同，如表11-2所示。

表 11-2　国际贸易计量单位明细表

计量单位	适用商品	常见计量单位
重量 Weight	主要适用于羊毛、棉花、谷物、矿产品、盐、油类等天然矿产品；农副产品及矿砂、钢铁等部分工业制品	克（G）、千克（KG）、盎司（OZ）、磅（LB）、公吨（MT）、长吨（LT）、短吨（ST）等
个数 Number	主要适用于成衣、文具、纸张、玩具、车辆、拖拉机、活牲畜、机器零件等杂货类商品及一般制成品	只（PC）、件（PKG）、双（PR）、台/套/架（ST）、打（DZ）、罗（GR）、大罗（G.GR.）、令（RM）、卷（ROLL OR COLL）、辆（UNIT）、头（HEAD）、箱（C/S）、捆（BALE OR BDL）、桶（BARREL OR DR）、袋（B）、盒（BX）、听（TIN OR CAN）等
长度 Length	主要适用于布匹、塑料布、电线电缆、绳索、纺织品等	码（YD）、米（M）、英尺（FT）、厘米（CM）等
面积 Area	主要适用于木材、玻璃、地毯、铁丝网、纺织品、塑料板、皮革等板型材料；皮质商品和塑料制品	平方米（SQ.M）、平方英尺（SQ.FT）、平方码（SQ.YD）、平方英寸（SQ.INCH）等
容积 Capacity	主要适用于小麦、玉米、汽油、天然瓦斯、化学气体、煤油、酒精、啤酒、双氧水等谷物类及部分流体、气体物品	公升（L）、加仑（GAL）、蒲式耳（BU）等
体积 Volume	主要适用于化学气体、木材等	立方码（CU.YD）、立方米（CU.M）、立方英尺（CU.FT）、立方英寸（CU.INCH）等

由于各国度量衡制度不同，所使用的单位各异，因此了解与熟悉相互之间的换算方法是很重要的。目前国际贸易中常用的度量衡制度，包括国际单位制（International System of Units）、公制（The Metric System）、英制（The British System）和美制（The US System）。我国的法定计量单位制度为公制。

二、国际贸易计重方法

在进出口贸易中，重量是一种最为常用的货物数量的计量方法，合同中重量的不同计量方法如表11-3所示。

表 11-3 国际贸易计重方法明细表

类别	计量方法		适用商品
毛重 Gross Weight	商品本身的重量连同包装的重量		
净重 (Net Weight)	商品本身重量即毛重扣除皮重（包装）得出的重量	按照毛重计算，重量又称为"以毛作净"（Gross for Net）	一般用于单位价值不高的农副产品和初级产品
		实际皮重 将整批商品的包装逐一过磅，算出每件包装的重量和总重量	在国际贸易中，如果合同没有明确采用何种方法计算重量和价格时，按照惯例应当按照净重计算
		平均皮重 从全部商品中取出几件，称其包装的重量，除以抽取的件数，得出平均数，再乘以总件数，算出全部包装重量	
		习惯皮重 按照市场已公认的规格化的包装计算，即用标准单件皮重乘以总件数即可	
		约定皮重 按照买卖双方事先约定的皮重作为计算的基础	
公量 （Conditioned Weight）	用科学的方法去掉商品中所含水分之后，再加上标准水分重量所求得的重量 公量＝净重×（1+标准回潮率）／（1+实际回潮率）		通常用于少数经济价值较高而水分含量不稳定的货物，如羊毛、生丝、鸭绒等
理论重量 （Theoretical Weight）	件重量乘以件数得出总重量		主要用于某些有固定规格和固定体积的商品，其形状规则，密度均匀，每一件的重量大致相同。如钢板、马口铁等
实物重量（净净重） （Net Net Weight）	净重扣除内包装的重量及其他包含杂物，如水分等的重量		

三、数量机动幅度条款

在国际货物买卖中，有些商品受本身特性、生产、运输或包装等条件的限制，在实际交货时不易精确计算。为了便于合同的顺利履行，减少争议，买卖双方通常在合同中规定数量机动幅度条款，这种条款一般称为"溢短装条款"（More or Less Clause）。所谓溢短装条款，是指在规定具体数量的同时，在合同中规定允许多装或少装的一定百分比。卖方交货的数量只要在允许增减的范围内即为符合合同有关交货数量的规定。例如，在合同中规定"装运数量允许有5%的增减"（Shipment Quantity 5% More or Less Allowed）。

在采用溢短装条款时，具体伸缩量的掌握大多明确由卖方决定，在由买方负责装运时，也可由买方决定。在采用租船运输时，为了充分利用船舱容积，也可授权由承运人决定。

此外，在少数合同中可以采用"约量"（Approximately or About）条款来表示实际交货数量有一定幅度的伸缩。但由于"约"字在国际贸易中有不同的解释，有的为2.5%，有的为5%，因此双方应事先在合同中规定对"约"的理解，并达成书面协议或在一般交易条件中列明。但在一般情况下，以在数量条款中明确溢短装幅度为宜，尽量避免使用约量条款。另外，根据国际商会《跟单信用证统一惯例》（UCP600）规定，凡"约"或"大约"的词语用于涉及信用证规定的数量，应解释为允许有关数量有10%的增减幅度。

四、数量条款的作用

在国际贸易中，买卖双方必须约定交易货物的数量作为履约的依据。根据《销售合同公约》规定，卖方交货的数量必须与合同规定相符。如卖方所交货物的数量小于合同规定，卖方应在规定的交货期届满前补交，但不得使买方遭受不合理的不便或承担不合理的开支。即使如此，买方也有保留要求损害赔偿的权利。反之，如卖方所交货物的数量大于合同规定，买方除了可以拒收超额部分的数量，也可以收取多交数量中的一部分或全部，但应按合同价格付款。

【复习思考题】

1. 试述各种计量方法、计量单位中英文名称及常用计量单位的换算方法。
2. 对少数经济价值较高而水分含量不稳定的国际贸易货物通常用什么方法计重？
3. 为什么要在国际货物销售合同中规定数量机动幅度条款？数量机动幅度是如何规定的？
4. 何谓"以毛作净"？

第三节　包装条款

【学习目标】

本节内容旨在让学习者熟悉掌握包装条款的规定形式、规定方法等基本内容和相关专业术语。

完成本节学习，学习者应取得以下成果：

1. 熟悉合同包装条款的基本内容和专业术语，区分当事人的责任、权利和义务；了解该条款在关务工作中的运用和影响；

2. 结合通关业务掌握包装条款相应的业务处理基本规则。

【基本概念】

散装、裸装、运输包装、集合运输包装、运输标志、唛头、指示性标志、警告性标志、销售包装、中性包装、定牌中性、无牌中性、定牌

【建议学习时间】

1 课时

国际贸易中的货物，除无须包装可直接装入运输工具中的散装货物（Bulk Cargo），以及在形态上自成件数不必包装，或者只需略加捆扎即可成件的裸装货物（Nude Cargo）之外，其他绝大多数商品都需要包装。

包装条款是国际货物销售合同中的主要条款之一，按照合同约定的包装要求提交货物是卖方的义务。货物的包装也涉及海关对进出口货物监管、查验的识别。

一、运输包装

(一) 包装的方式

运输包装又称为"大包装"或"外包装",主要作用在于保护货物在运输中不被损坏或散失,并且方便货物的搬运和储存。

在国际贸易中,货物的种类不同,对包装方式的要求也不尽相同,通常有箱(Case)、袋(Bag)、包(Bale)、桶(Drum)等。此外,对于可以自行成件的商品,如圆钢、钢板、木材,在运输过程中,只需加以捆扎即可的,即为裸装(Nude Pack);对于大宗的液态或者成粉、粒、块状的商品,如煤炭、矿砂、粮食、石油等,可直接装入运输工具内运送的,即为散装(In Bulk)。根据不同的包装方式,买卖双方还会对包装做出详细规定。

由于大型运输工具的发展,出现了集合运输包装,或称为组合运输包装,即将一定数量的单件包装组合成一件大的包装或装入一个大的包装容器内。集合包装有集装箱(Container)、托盘(Pallet)和集装袋(Flexible Container)等。

(二) 包装的标志

货物包装的标志是为了方便货物的识别、运输、仓储、检验和交接,防止错发、错运、错提货物,而在商品的外包装上书写、压印、贴印、刷制图形、文字和数字等标志。按其用途可分为运输标志、指示性标志和警告性标志。

1. 运输标志

运输标志(Shipping Mark),又称唛头(Mark),通常是由一个简单的几何图形和一些字母、数字及简单的文字组成。其主要内容包括:①收、发货人的代号。用文字、字母及图形说明收货人或发货人,有的还加列合同号码。②目的地的名称或代号。③件号,如箱号、包号、桶号、件号、批号等。

2. 指示性标志

指示性标志(Indicative Mark),用来提示人们在装卸、运输和保管过程中需要注意的事项,一般都以简单、醒目的图形和文字在包装上标出。

3. 警告性标志

警告性标志(Warning Mark),是指对一些易燃品、爆炸品、有毒品等危险品在其运输包装上清楚而明确地刷制的标志,以示安全操作警告。

二、销售包装

销售包装又称内包装、小包装,是直接接触商品并随商品进入零售网点和消费者直接见面的包装。这类包装除必须具有保护商品的功能外,还应便于商品销售和消费者购买。商品的销售包装通常标有条形码。条形码是由一组粗细间隔不等的平行线条及其相应的数字组成的标记,通过计算机系统可以判断出该商品的生产国别或地区、生产厂家、品种规格和售价等一系列有关该产品的信息。

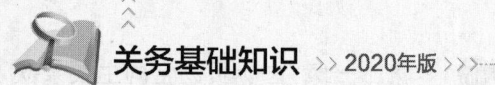

三、中性包装和定牌

（一）中性包装

中性包装（Neutral Packing），是指在出口商品和内外包装上不标明生产国别的包装。采用这种包装，主要目的是方便中间商转售货物或为了打破某些国家的关税与非关税壁垒。中性包装又分定牌中性和无牌中性。定牌中性是指在商品和包装上使用买方指定的商标、牌号，但不注明生产国别。无牌中性是指在商品和包装上均不使用任何商标、牌号，也不注明生产国别。

（二）定牌

定牌也称定牌生产，是指卖方按买方要求在其出售的商品或包装上标明买方指定的商标或牌号。采用定牌是为了利用买方或者其品牌的声誉，扩大商品销路。采用定牌的中国出口商品，一般要标明"中国制造"。

四、规定方式

根据《销售合同公约》规定"卖方须按照合同规定的方式装箱或包装"，卖方没有按照合同规定的方式装箱或包装，即构成违约。为了明确国际货物销售合同中当事人的责任，应在买卖合同中对商品的包装要求做出明确具体的规定。

包装条款的内容一般包括包装材料、包装方式、包装规格、包装标志和包装费用等内容。如"In wooden cases of 50 kilos net each"（木箱装，每箱50千克净重），又如"Each set packed in one export carton，each 810 cartons in one 40ft container"（每台装一个出口纸箱，810个纸箱装1个40英尺集装箱）。在实际业务中，切忌使用笼统、含糊的词句。例如一般不宜采用"适合海运包装"（Seaworthy Packing）、"习惯包装"（Customary Packing）之类的术语。因为这类术语含义模糊，且无统一解释，容易引起争议。

包装费用通常包括在货价之内，不另计收。

【复习思考题】

1. 进出口商品包装有哪些种类？其主要作用是什么？
2. 什么是运输标志？它一般由哪些内容组成？
3. 何谓中性包装？何种情况下采用这些做法？

第四节　装运条款

【学习目标】

本节内容旨在让学习者熟悉掌握装运条款的规定形式、规定方法等基本内容和相关专业术语。

完成本节学习，学习者应取得以下成果：

1. 熟悉合同装运条款的基本内容和专业术语，区分当事人的责任、权利和义务；了解该条款在关务工作中的运用和影响；

2. 结合通关业务掌握包装条款相应的业务处理基本规则。

【基本概念】

交货、装运、装运期、交货期、交货时间、交货地点、装运港、目的港、装卸时间、滞期费、速遣费、装运通知

【建议学习时间】

1课时

在交易磋商和签订买卖合同时，必然涉及货物的装运。装运条款规定得合理、明确，才能保证装运工作顺利进行。买卖合同的装运条款，主要包括装运期和交货期、装运港和目的港、装卸时间、装运通知等内容。

一、装运期和交货期

在国际货物买卖中，按合同规定的时间和地点交付合同的货物是卖方的主要义务。

（一）交货和装运概念

在国际贸易中，存在着交货（Delivery）和装运（Shipment）两种不同的术语，因此，也就有交货时间（Time of Delivery）和装运时间（Time of Shipment）两种提法。装运期（Time of Shipment，也称为装运时间）和交货期（Time of Delivery，也称为交货时间）是两个互有联系但内涵不同的概念。

使用 FOB、CFR、CIF 及 FCA、CPT、CIP 六种术语达成的交易，卖方在装运港或装运地将出口清关的货物装到船上或者交付给承运人就算完成了交货的义务，称为"装运合同"。在装运合同中，交货与装运在一定意义上是一致的。但是，在这类合同中，货物交由承运人的所谓交货，只有在卖方向买方交付了货物已交承运人的货运单据后才能加以确认，买方据此付款。特别是以信用证方式结算货款的买卖合同，根据《跟单信用证统一惯例》（UCP600）的解释，卖方向开证银行交付的运输单据应符合信用证规定的装运日期，这被认为货物已如期交付。人们也因此把这种交付方式称为"凭单交货、凭单付款"的象征性交货方式（Symbolic Delivery）。此外，《2010 通则》在其"专用词解释"中明确，"交货"一词指的是货物灭失和损坏的风险自卖方转移至买方的时间和地点。因此，在装运合同中以使用装运时间和装运地点来明确卖方应于何时、何地交货较为适宜。

至于《2010 通则》中的 DAT、DAP 和 DDP 术语，主要使用"到货合同"，卖方必须在目的地实际交货（Actual Delivery）。从这个意义来讲，"装运"与"交货"是两个不同的概念，不能混淆。

（二）交货时间和地点

交货时间（Time of Delivery）是指卖方按买卖合同的规定应该将货物交付给买方或承运人的

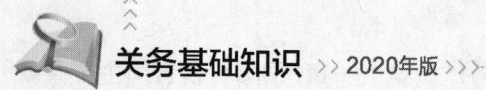

期限。

交货地点（Place of Delivery）是指卖方按买卖合同规定应该将货物交付给买方或承运人的地点。

因此可以看出，采用 FOB、CFR、CIF 及 FCA、CPT、CIP 六种术语签订的买卖合同，货物交付的时间就是卖方将货物装上运输工具的时间；货物的交付地点，就是卖方将货物装上运输工具所在的装运港或装运地（装运时间＝交货时间，装运地点＝交货地点）。

如果采用 E 组与 D 组术语成交，均采用实际交货的方式，且分属于起运和到达术语，则买卖双方应在合同的装运条款、交货条款中分别具体订明装运时间和交货时间、装运地点和交货地点，不能相互替代使用。

二、装运港和目的港

装运港（Port of Shipment）和目的港（Port of Destination）的规定是买卖合同中不可缺少的重要内容，它与合同使用的贸易术语中买卖双方所承担的运输责任有关。因此，在磋商交易和签订买卖合同时，必须对装运港和目的港做出明确、合理的规定。为了便于卖方根据货源情况安排装运，以及适应买方接收和转售货物的实际需要，装运港一般由卖方提出，经买方同意后确定；目的港则由买方提出，经卖方同意后确定。

三、装卸时间和滞期、速遣条款

在国际贸易中，大宗商品大多使用程租船运输。由于装卸时间直接关系到船方的经营效益，因此，负责租船的一方，为了促使对方及时完成装卸任务，都在买卖合同中规定装卸时间、装卸率、滞期费、速遣费条款。

（一）装卸时间

装卸时间的规定方法很多，其中主要有下列几种。

1. 日（Days）或连续日（Running Days；Consecutive Days）

即每一天，连续经过、中间不存在中断，包括所有的日子，如周六、周日和假日等。英美判例法确认连续日的含义与日（Day）完全相同。即不论是由于天气原因不能装卸货物，还是因为节假日不能装卸货物，装卸时间都连续计算，不做任何扣减。

2. 工作日（Working Day）

工作日是指在港口当地，按照港口当地的习惯，进行正常装卸作业的日子。而休息日，例如一般国家规定的星期日不属于工作日。但在实务中，即便是国家规定的休息日，有些港口也进行工作，所以最好在合同中给予明确。

3. 累计 24 小时好天气工作日（Weather Working Days of 24 Hours）

指在好天气的情况下，不论港口习惯作业为几小时，均以累计 24 小时实际作业时间作为一个工作日。如果港口规定每天作业 8 小时，则一个工作日便跨及几天的时间。这种规定对租船人有利，而对船方不利。

4. 连续 24 小时好天气工作日（Weather Working Days of 24 Consecutive Hours）

指在好天气的情况下，可以作业的 24 小时算一个工作日，而不管实际是否作业，中间因坏

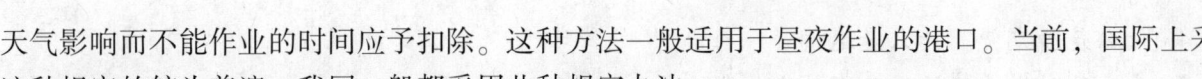

天气影响而不能作业的时间应予扣除。这种方法一般适用于昼夜作业的港口。当前，国际上采用这种规定的较为普遍，我国一般都采用此种规定办法。

除了具有一定含义的日数表示装卸时间的办法外，有时关于装卸时间并不按日数或每天装卸货物的吨数来规定，而只是按"港口习惯速度尽快装卸"（To Load/Discharge in Customary Quick Dispatch，CQD）来规定。这种规定不明确，容易引起争议，故采用时应审慎。

为了计算装卸时间，合同中还必须对装卸时间的起算和止算时间加以约定。关于装卸时间的起算时间，各国法律规定或习惯并不完全一致。一般规定船长向承租人或其代理人递交了"装卸准备就绪通知书"（Notice of Readiness，N/R）后，并经过一定的规定时间，才开始起算。关于止算时间，现在世界各国习惯上都以货物装完或卸完的时间，作为装卸时间的止算时间。

装卸率是指每日装卸货物的数量，直接影响到装卸时间。装卸率的高低关系到完成装卸任务的时间和运费水平。装卸率规定过高或过低都不合适：规定过高，完不成装卸任务，要承担滞期费的损失；反之，规定过低，虽能提前完成装卸任务，可得到船方的速遣费，但船方会因装卸率低，船舶在港时间长而增加运费，致使租船人得不偿失。因此，装卸率的规定应适当。

（二）滞期费与速遣费

采用程租船运输时，滞期费与速遣费是买卖合同和租船合同中均要涉及的重要问题，也是滞期速遣条款的主要内容之一。根据该项条款的规定，如果在装卸期限内，租船人未能完成装卸任务，延误了船期，应向船方支付一定的罚金，即滞期费，它相当于船舶因滞期而发生的损失和费用；反之，如租船人按约定时间提前完成装卸任务，船方要按其在装卸港所节省的停泊时间向租船人支付一定的奖金，即速遣费，速遣费一般相当于滞期费的一半。

四、装运通知

装运通知（Advice of Shipment）条款在于明确买卖双方的责任，做好船货衔接工作。

按照国际贸易的一般做法，在按 FOB 条件成交时，卖方应在约定的装运期开始以前（一般为 30 天），向买方发出货物备妥准备装船的通知，以便买方及时派船接货。买方接到卖方发出的通知后，应按约定时间，将船舶到港受载日期通知卖方，以便卖方及时安排货物出运和准备装船。

在按 FOB、CFR 或 CIF 条件成交时，卖方应于货物装船后，立即将合同号、货物品名、件数、重量、发票金额、船名及装船日期等项内容，通知买方，以便买方在目的港做好接卸货物的准备，并及时办理进口报关等手续。

如按 FOB 或 CFR 条件成交，买方接到此项装运通知后，及时办理货物保险手续。按照国际贸易惯例，如因卖方漏发或未及时发出此项装运通知，致使买方漏保或未及时办理保险时，则卖方应负担买方因此而遭受的有关损失。

【复习思考题】

1. 交货和装运的含义有什么区别？
2. 合同中一般如何规定交货的时间与地点？
3. 合同中一般如何规定装卸时间？

4. 什么是滞期费？什么是速遣费？

5. 卖方及时发出装运通知有什么作用？

第五节　检验、索赔、不可抗力和仲裁条款

【学习目标】

本节内容旨在让学习者熟悉掌握检验、索赔、不可抗力和仲裁条款的规定形式、规定方法等基本内容和相关专业术语。

完成本节学习，学习者应取得以下成果：

1. 熟悉合同检验、索赔、不可抗力和仲裁条款的基本内容和专业术语，区分当事人的责任、权利和义务；了解该条款在关务工作中的运用和影响；

2. 结合通关业务掌握包装条款相应的业务处理基本规则。

【基本概念】

检验权、检验的时间和地点、检验证书、检验标准、索赔、违约、根本性违约、损害赔偿、解除合同、实际履行、不可抗力、仲裁

【建议学习时间】

1 课时

一、检验条款

商品检验的目的是为了鉴定卖方交付给买方的货物的品质、数量和包装是否符合合同规定。商品检验对保护买方的利益是十分重要的，在磋商交易中，如何订立检验条款，往往是买卖双方争论较多的问题之一。

商品检验条款的主要内容包括检验权、检验时间与地点、检验机构与检验证书、检验方法与标准等内容。

（一）买方检验权

《销售合同公约》和我国法律都明确规定，除双方另有约定外，买方有权对自己所购买的货物进行检验。如发现货物不符合规定，而且确属卖方责任，买方有权采取要求卖方予以损害赔偿等补救措施，直至拒收货物。但是，支持买方对货物的检验权并不是表示它是对货物接受的前提条件，买方对收到的货物可以进行检验，也可以不进行检验，假如买方没有利用合理的机会对货物进行检验，就是放弃了检验权，也就丧失了拒收货物的权利。

（二）检验时间和地点

虽然国际上一般都承认买方对货物有检验权，但应在何时何地进行检验，各国（地区）法

律并无统一规定。因此，为了明确责任，买卖双方应在合同中对检验的时间和地点做出明确的规定。基本做法有三种：一是在出口国（地区）装运前或装运时检验；二是在进口国（地区）卸货后检验；三是在出口国（地区）检验、在进口国（地区）复验。三种做法各有特点，其中第三种做法以出口国（地区）检验的检验证书作为收付货款的依据，以进口国（地区）的复验结果作为买方向卖方提出异议和索赔的依据，这对买卖双方都较为公平合理，所以被国际贸易中的大多数当事人所接受。

（三）检验证书

检验机构对进出口商品检验检疫或鉴定后，根据不同的检验结果或鉴定项目签发的各种检验证书、鉴定证书和其他证书，统称为检验证书（Inspection Certificate）。

在国际贸易中，检验证书起着公证证明的作用，作为买卖双方交接货物、结算货款、进行索赔和理赔的依据之一，也是通关、征收关税或优惠减免关税等的有效凭证。在信用证方式结算货款的情况下，检验证书通常也是银行议付货款和出口收汇的依据。

（四）检验方法与标准

我国法律规定对列入海关实施检验检疫目录的商品和其他法定检验检疫对象进行包括抽样、检验和检查、评估、验证和合格保证、注册、认可和批准等工作。我国海关对法定检验以外的商品实施抽查检验。

根据我国法律，商品的检验标准是国家法律、行政法规规定设立的各项技术规范和强制性要求，没有强制性标准的按国际贸易合同约定的标准检验；强制性标准低于合同约定的检验标准的，按照合同约定检验；没有前述标准的，按照生产国标准、有关国际标准或者海关制定的标准检验。

二、索赔条款

索赔（Claim）是指进出口贸易中，因一方违反合同规定直接或间接给另一方造成损失，受损方向违约方提出赔偿请求，以弥补其所受损失。当违约的一方受理对方提出的赔偿要求即为理赔（Settlement）。

（一）索赔依据

违约是受损方向合同另一方提出索赔的基本依据，即该方没有按照合同和法律的规定履行合同的义务。根据《销售合同公约》规定，如果一方当事人违反合同的结果使得另一方当事人蒙受损失，以至于实际上剥夺了根据合同有权得到的利益，就构成根本性违约。

（二）救济方式

《销售合同公约》规定的救济方式主要有损害赔偿、解除合同、实际履行三种。

1. 损害赔偿

损害赔偿是指违约方用金钱来补偿另一方由于其违约所遭受的损失，是国际货物买卖中最常用的救济手段。

根据《销售合同公约》规定，一方违反合同，只要使另一方蒙受损失，受损害方就有权提出损害赔偿，而且损害赔偿请求权并不因其采取了其他救济方式而丧失。损害赔偿的范围应当与受损方因对方违约而遭受的包括利润在内的损失金额相等，但不得超过违反合同一方在订立合同时，按照当时已经知道或者理应知道的事实和情况，对合同预料或者理应预料到的可能的损失。

2. 解除合同

解除合同是指合同当事人免除或者终止履行合同义务的行为。根据《销售合同公约》规定，合同一方不履行义务构成根本性违约时，另一方有权解除合同。

3. 实际履行

实际履行是指当事人未履行合同义务，另一方当事人有权要求按照合同规定完整地履行合同义务，而不能用其他的补偿手段，如金钱来替代，同时还有权向法院起诉，要求法院强制另一方按合同规定履行。

（三）索赔条款的规定方式

买卖双方为了在索赔和理赔工作中有所依据，一般都会在合同中订立索赔条款。在实践中，索赔条款可根据不同的需要做不同的规定，通常采用的主要有"异议与索赔条款"和"罚金条款"两种。

1. 异议与索赔条款（Discrepancy and Claim Clause）

一般是针对卖方交货质量、数量或包装不符合合同规定而订立的，主要包括索赔依据、索赔期限和索赔的处理方法。

索赔依据主要是指由卖方同意的或法律规定的检验机构出具的检验证书。索赔期限是指受损害一方有权向违约方提出索赔的期限。超过约定的索赔期限，即丧失索赔权。

《销售合同公约》和我国法律都规定，索赔期限为自买方收到货物之日起两年之内。当然，买卖双方也可针对交易的具体情况，自行约定合理、适当的索赔期限。对索赔的处理方法，买卖双方则可约定索赔的范围、索赔金额的计算方法等内容。

2. 罚金条款（Penalty Clause），也称违约金条款（Liquidated Damage Clause）

较多使用于卖方延期交货、买方延期接货或延期付款时，其基本做法是在合同中预先规定罚金的数额或罚金的百分比。

在采用信用证方式结算货款的出口合同中，针对国外买方不开立或不按时开立信用证，以及在出口FOB、FCA合同中，针对买方不派船或不按时派船，不指定承运人或不按时指定承运人，可以规定卖方有权解除合同或延期交货，并要求给予损害赔偿。

三、不可抗力条款

不可抗力（Force Majeure），或称人力不可抗拒，是指在合同签订以后，不是由于当事人的故意或过失，发生了当事人所不能预见的、无法预防的意外情况，以致不能履行合同或不能如期履行合同。当事人可以据此免除履行合同的责任或延迟履行合同，对方无权要求损害赔偿。

（一）认定

对于什么是不可抗力，各国说法并不一致，但一般都认为，不可抗力事件是在合同签订后发生的，不是由于任何一方当事人过错或故意造成的，事件的发生及其造成的后果是当事人无法预见、无法控制、无法避免和不可克服的。

引起不可抗力的原因有自然原因和社会原因两种。前者是指水灾、旱灾、飓风、暴雨、大雪、地震等人类无法控制的自然力量所引起的灾害，后者是指战争、罢工、政府禁运等。但不能错误地认为，所有的自然原因和社会原因引起的事件，都属于不可抗力。物价的涨落、货币的升值贬值等，除买卖双方另有约定外，不属于不可抗力的范围。

各国法律一般都允许当事人对不可抗力的范围在订立不可抗力条款时自行商定。

（二）法律后果

根据《销售合同公约》和有关的法律原则，如果发生不可抗力事件，致使合同无法得到全部、部分或者如期履行，有关当事人可以依据法律或者合同的规定，在不可抗力影响的时间和范围内，免除其相应的责任。一般来说，如果不可抗力事件只是部分或者暂时阻碍了合同的履行，则发生事件的一方可以部分履行或者延迟履行；同时当事人无须向对方承担损害赔偿的责任。

（三）通知与证明

不可抗力事件发生后，不能履约的一方应当将不可抗力事件及时通知对方当事人。《销售合同公约》明确规定，不履行义务的一方，必须将事件及其对履行义务能力的影响通知另一方。如果该项通知在其已经知道或者应该知道此一障碍后的一段合理时间内，仍未为另一方收到，则应对由于另一方未收到通知而造成的损害负赔偿责任。

另外，各国国内法一般都规定，一方要援引不可抗力免责，应当就不可抗力事件提供必要的证明文件。在我国，有关证明文件一般由中国国际商会出具，国外大都由当地的商会或者登记注册的公证行出具。

四、仲裁条款

在国际货物买卖中，买卖双方在合同履行过程中因种种原因发生争议是难以避免的。一旦交易双方发生争议，通常先由双方协商解决，协商不成时，就需要通过法律手段来解决，即仲裁或者诉讼。所谓仲裁（Arbitration）又称公断，是指买卖双方在争议发生之前或发生之后，签订书面协议，自愿将争议提交双方同意的第三者予以裁决的一种方式。

由于当今世界一国（地区）法院的裁决在另一国（地区）的承认和执行往往遇到较多的困难，而世界上大多数国家（地区）签署了《承认和执行外国仲裁裁决公约》，因此仲裁成为解决国家（地区）之间货物买卖纠纷的主要途径。仲裁裁决具有法律约束力，当事人双方必须遵照执行。

国际货物销售合同中的仲裁条款，一般应包括提交仲裁的事项，即提请仲裁的争议范围、仲裁地点、仲裁机构、仲裁规则、仲裁的效力等内容。

（一）仲裁协议

仲裁协议是指当事人将达成的争议提交仲裁裁决的书面协议，它可以是在争议发生之前，合同当事人在合同中订立仲裁条款，也可以是在争议发生之后双方当事人订立的提交仲裁的协议。

仲裁协议是仲裁庭管辖案件的基础，双方订立有效仲裁协议后，就不能再将争议诉诸法院。仲裁合同独立于主合同存在，不因合同的终止、无效而终止或无效。

（二）仲裁机构与仲裁庭

在国际商事仲裁中，一般争议双方在仲裁协议中指定某一常设仲裁机构，该机构可以在当事人某一方的所在国（地区），也可以在双方同意的第三国（地区）。发生争议提交仲裁后，双方再按照该仲裁机构的规则指定仲裁员并组成仲裁庭，对争议进行裁决。我国进行国际商事仲裁的机构主要是中国国际经济贸易仲裁委员会。

（三）仲裁裁决效力

仲裁裁决一般是终局性的，对双方当事人都有约束力，当事人应当执行，而不能就同一问题再诉诸法院。一般来说，只有当事人认为仲裁协议无效或者仲裁有程序性问题，才可以要求法院对仲裁予以审查，法院一般也不审查仲裁的实体问题。

【复习思考题】

1. 何谓买方的检验权？为什么说买方对货物的检验权并不表示它是买方接受货物的前提条件？

2. 根据国际贸易惯例，买卖双方订立合同时对国际贸易货物的检验时间和地点有哪些基本做法？

3. 如何理解不可抗力？

第十二章 >> 国际货物运输实务

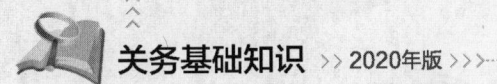

运输是人类社会经济活动中不可缺少的重要环节，在经济上运输具有二重性，既是社会生产和生活必要的条件，又是一个物质生产部门。国际货物运输是实现运输对象从一国（地区）向另一国（地区）运送的物流活动，属于国际物流范畴。

第一节　国际货物运输基础知识

【学习目标】

本节旨在介绍国际货物运输的含义、特点、构成关系、对象等基础知识。其中国际货物运输对象与包装是重点内容，对于关务工作也是要掌握的重要业务基础知识。

完成本节学习，学习者应取得以下成果：

1. 了解国际货运的含义与特点；
2. 掌握国际货运的构成，掌握运输代理人相关概念；
3. 了解国际货运运输工具的种类；
4. 掌握国际货物运输对象的不同分类方式及重要概念；
5. 掌握国际货物运输的包装要求与标志；
6. 掌握货物丈量、衡重的基本知识；
7. 了解货物积载因数的含义和计算方法。

【基本概念】

国际货物运输、承运人、货主、运输代理人、运输标志、包装储运指示标志、危险货物标志、货物积载因数

【建议学习时间】

1 课时

一、国际货物运输的含义与特点

国际货物运输通常也被称为国际贸易运输，是国际贸易的重要环节。从贸易的角度来说，国际货物运输也是一种无形的国际贸易。

国际货物运输即货物在国家与国家、国家与地区之间的运输。国际货物运输又可分为贸易物资运输和非贸易物资（如展览品、个人行李、办公用品、援外物资等）运输两种。由于国际货物运输主要是贸易物资的运输，非贸易物资的运输往往只是贸易物资运输部门的附带业务，所以，国际货物运输也通常被称为国际贸易运输，从一国（地区）的角度来说，就是对外贸易运输，简称外贸运输。

国际货物运输与国内货物运输相比具有环节多、关系人众多、时间性强、政治法律环境复杂、风险大等特点。

二、国际货物运输的构成

国际货物运输活动主要由国际运输的关系方、国际运输工具和国际运输方式三个方面构成。

(一) 国际货物运输的关系方

1. 承运人

承运人（Carrier）是指专门经营水上、铁路、公路、航空等客货运输业务的交通运输部门，如轮船公司、铁路或公路运输公司、航空公司等。它们一般都拥有大量的运输工具，能为社会提供运输服务。

2. 货主

货主（Cargo Owner）是指专门经营进出口商品业务的外贸部门或进出口商。货主多为国际贸易运输工作中的托运人（Shipper）或收货人（Consignee）。

3. 运输代理人

运输代理人（Forwarder）是指根据货主或承运人的要求，代办国际货物运输业务的中间人，它们在承运人与货主之间起着桥梁的作用。目前，国际货物运输的代理人主要有租船代理，又称租船经纪人；船务代理；货运代理；咨询代理等。以上各类代理之间的业务往往互相交错，如不少船务代理也兼营货运代理，有些货运代理也兼营船务代理等。

(二) 国际货物运输工具

1. 包装工具

包括包装机械、充填包装机技、灌装机械、封口机械、贴标机械、捆扎机械、热成型包装机械、真空包装机械和其他机械。

2. 集装工具

主要有集装箱、托盘和集装袋等。

3. 运输工具

主要有汽车、火车、船舶、飞机和管道等。

4. 装卸搬运工具

主要有起重机械、装卸备运车辆、连续输送机械和散装机械等。

(三) 国际运输方式

根据使用的运输工具不同，国际货物运输主要分为海洋运输、铁路运输、航空运输、公路运输、邮包运输、管道运输、集装箱运输、大陆桥运输，以及由各种运输方式组合而成的国际多式联运等多种方式。组织国际货物运输，必须正确选择运输方式和管理组织方式。

三、国际货物运输对象

国际货物运输的对象就是国际货物运输部门承运的各种进出口货物，如原料、材料、工农业产品、商品及其他产品等，它们的形态和性质各不相同，对运输、装卸、保管也各有不同的要求。可以从货物的形态、性质、重量、运量等不同角度对国际货物运输的对象进行简单的分类。

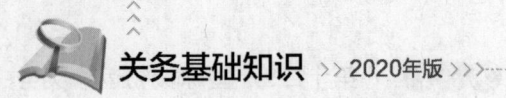

（一）从货物形态的角度分类

1. 包装货物

为了保证有些货物在装卸运输中的安全和便利，必须使用一定材料对它们进行适当的包装，这种货物就叫包装货物，通常可分为箱装货物、桶装货物、袋装货物、捆装货物等。

2. 裸装货物

裸装货物又称无包装货物。常见的有各种钢材、生铁、有色金属及车辆和一些设备等。

3. 散装货物

在运输中，没有包装、一般无法清点件数的大批量低价货物，采用散装方式，以利于使用机械装卸作业进行大规模运输，降低运费。散装货物包括干质散装货物和液体散装货物，如煤炭、铁矿、磷酸盐、木材、粮谷、工业用盐、硫黄、化肥和石油等。

（二）从货物性质的角度分类

1. 普通货物

即没有特殊性质和运输需要特别注意的货物种类，又可细分为清洁货物、液体货物、粗劣货物等。

2. 特殊货物

具有某些特殊性质和运输过程中需要特别注意的货物种类，又可细分为以下几种。

（1）危险货物

危险货物包括易燃、易爆炸、有毒害、具有腐蚀性和有放射性危害的货物。《国际海运危险货物规则》根据危险货物的理化性质及对人身和环境的伤害情况，将危险货物分为九个大类，每一大类又划分为若干小类。

（2）冷藏货物

冷藏货物是指在常温条件下易腐烂变质和其他需按指定的某种低温条件运输的货物。例如，易腐性货物中需处于冷冻状态运输的肉、鱼和鸡等，处于低温状态运输的水果和蔬菜等。

（3）贵重货物

贵重货物是指价值贵重的货物，如金和银等贵重金属、货币、高价商品和精密仪器等。

（4）活的动植物

活的动植物是指具有正常生命活动，在运输过程中需要特别照顾的动物和植物。例如，牛、马、猪、羊、树木等。

（5）长大、笨重货物

长大、笨重货物是指单件货物体积过大或过长，重量超过一定界限的货物。按照港口收费规定和运价表规定，通常将单件重量为5吨以上的货物称为重件货物，将长度超过12米的货物视为长大件货物。

(三)从货物重量的角度分类

1. 重质货物

凡一吨重量的货物,如果体积小于 40 立方英尺或 1 立方米,称为重质货物。

2. 轻泡货物

轻泡货物又称为体积货物,凡一吨重量的货物,如果体积大于 40 立方英尺或 1 立方米,称为轻泡货物。

(四)从货物运量大小的角度分类

1. 大宗货物

大宗货物是指运量很大的同批(票)货物,如化肥、粮谷、煤炭等,约占世界海运总量的 75%~80%。

2. 件杂货物

大宗货物以外的货物称为件杂货物,一般都有包装,可分件点数,约占世界海运总量的 25%,但在货价方面要占到 75%。

四、货物的运输包装

为在流通过程中保护产品,方便储运,促进销售,按一定技术方法采用的容器、材料及辅助物等的总体名称,称为货物的运输包装。货物运输包装的作用是在流通过程中保护货物质量和数量的完整无损,便于货物的运输、装卸、交接、保管和成组化,加快货物的周转,促进生产和销售。货物的运输包装是进行运送、装卸、堆码等作业的重要依据。

货物运输包装的质量是货运质量的重要基础。货物包装材料和包装方法须符合一定的技术要求,以充分保证货物在运输、装卸和保管中的安全。货物因包装不良在运输中会发生破损、变质,甚至造成重大损失。对于危险货物来说,不符合规定要求还会危及人身、运输工具和设备的安全。

(一)货物运输包装的目的

1. 防止货物受水湿、破损、污染、变质等影响,确保货物质量完好。
2. 防止货物散落、泄漏、丢失、短缺,保证货物数量完整。
3. 防止货物本身的毒害或其他危险的扩散。
4. 便于货物的运输、装卸和堆码保管。
5. 便于理货、交接、计数,提高装卸运输效率,加快船舶、货物的周转。

(二)货物运输包装的基本要求

为了保证货运质量,维护国家和人民的物资完好无损,货物运输包装应遵循"坚固、经济、适用、可行"的原则。其基本要求如下:

1. 要根据货物物理化学性质、结构形态,选择适宜包装的容器、材质和封口。
2. 要有一定的强度,经得起运输过程中正常的碰撞、震动、挤压等外力的冲击。包装的封

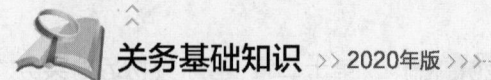

缄、捆扎、加固应严密、坚固，以确保货物安全。

3. 包装内要有适当的衬垫。根据货物性质须充填合适的防潮、防震、固定的缓冲材料，所用材料应清洁、干燥，与所装货物不会起任何化学作用。

4. 包装要便于运输、装卸和堆码。包装的单件重量、规格尺寸与形式要便于机械操作、人力搬运、装卸堆垛和理货计数。

5. 包装经济上要合理，防止过分包装或过弱包装，应符合流通中的实际要求。合理选用材料，减轻包皮重量，应选择用料少而容量大及能多次使用的包装，可因地制宜、就地取材。

6. 包装上标志要清晰、正确、牢固、完整，符合国内和国际上的规定。

（三）货物运输包装上的标志

在按件托运的货物或运输包装上，用涂刷、印染、拴挂、粘贴等方法，以简单的图案、符号和文字做特定的记号，称为货物的标志，俗称"唛头"（Mark）。货物标志的作用是便于运输中工作人员识别和辨认货物，以利于货物的装运、分票、清点、交接，避免错发、错运、错交；同时，显示出货物的重量、尺码、性质和注意事项等，在装卸搬运中，可指示工作人员正确操作，以保证货物的完整和人身及运输工具的安全。

货物标志的种类按其用途分为运输标志、包装储运指示标志、危险货物标志等。

1. 运输标志

运输标志是为运输全过程中便于对货物的识别和辨认的需要而制作的。它便于运输部门的工作人员在运输过程中，借助运输标志，将货件与票据相对照，认定收（发）货人，进行理货、装卸、交接、查核等直至把货物正确运交收货人。它是防止错运、错转、错交及无法交付货物的重要条件。在国际贸易中，运输标志也是核对单证、货物并使单货相符以利于加快货物运输的一个关键性问题。

2. 包装储运指示标志

包装储运指示标志简称指示标志，按国内或国际的规定，以特定的图案或简短说明文字表示，其作用是反映货件特点，提醒人们在装卸、保管等过程中应注意的事项，以确保货物的安全，故又称注意标志。

3. 危险货物标志

危险货物标志是按国内或国际的规定，以特定的图案和文字表示危险货物的性质和类别的专用标志。其作用是反映货物的主要危险性质，提醒人们在运输、装卸及储存保管过程中引起警惕，采取相应的防护措施，以保证货物、运输工具和人身的安全。

五、货物的丈量、衡重及积载因数

货物的重量和体积，是承托人之间计算运费的主要依据，也是港航方制订配积载和装卸货计划的重要依据。要确切地掌握货物的体积、重量资料，必须对货物进行正确的丈量和衡重。

（一）货物的丈量

货物的丈量，也称量尺，是指测算货物外形的体积。在运输中，一定重量的货物其尺度和体积，对于运费计算和货物在船舱内的装载有着直接影响。货物与水运相关的体积，要通过准确的测量和使用正确的计算方法，才能反映出正确的数值。所有进行丈量的货物，其体积的计算都不是以货物的实际体积为依据的，而是以货物在运输时对舱容的占用量来确定的。货物丈量的方法应遵循这个原则。

货物的丈量体积是指货物外形最大处长、宽、高三个尺码组成的立方体的体积，即丈量体积=最大长度×最大宽度×最大高度。此方法称为满尺丈量，俗称"逢大量"的方法。丈量的工具与丈量的工作有着密切的关系，量具应经国家计量管理部门检定合格后，方可使用。在丈量工作中，一般使用的量具有木卡尺、钢卷尺和皮带尺三种。

(二) 货物的衡重

货物衡重是指衡定货物重量的真实数据。货物的重量是耗费船舶载重吨的主要因素，水运企业凭此收取运费，制定积载和装卸计划等。货物的衡重工作通常使用的衡制有三种，一种是公制单位，这是国际上通用的重量单位，如吨，用 MT 表示；一种是美制单位，美洲国家多使用，如短吨，用 ST 表示；一种是英制单位，欧美国家多使用，如长吨，用 L/T 表示。

(三) 货物的积载因数

货物积载因数是配积载工作中一个十分重要的数据。货物积载因数（Stowage Factor，简写 S. F. ）是指某种货物每一吨重量所具有的体积或在船舶货舱中正常装载时所占有的容积。前者为不包括亏舱的货物积载因数，俗称理论积载因数；后者为包括亏舱的货物积载因数。计算公式分别为：

1. 不包括亏舱的货物积载因数

$$S. F. = V / Q$$

式中：
S. F. ——货物积载因数；
V——货物的量尺体积；
Q——货物的重量。

2. 包括亏舱的货物积载因数

$$S. F. = W / Q$$

式中：
S. F. ——货物积载因数；
W——货物占用货舱的容积；
Q——货物的重量。

【复习思考题】

1. 国际货物运输的特点是什么？
2. 运输代理人在国际货物运输中有什么作用？
3. 国际货物运输工具有哪些？
4. 从货物形态的角度分类，国际货物运输对象可以分为哪几种？

5. 从货物性质的角度分类，国际货物运输对象可以分为哪几种？

6. 从货物重量的角度分类，国际货物运输对象可以分为哪几种？

7. 从货物运量大小的角度分类，国际货物运输对象可以分为哪几种？

8. 国际货物运输的包装有哪些？

9. 货物积载因数如何计算？

第二节　国际海上货物运输

【学习目标】

本节旨在介绍国际海上货物运输业务的基础知识。其中班轮运输业务与提单是重点内容，对于关务工作也是重要的业务基础知识。

完成本节学习，学习者应取得以下成果：

1. 了解国际海运船舶营运方式；

2. 了解海运航线和国内外主要港口；

3. 掌握班轮运输业务的关系方、船期表等基本概念；

4. 熟悉班轮运价与运费的构成和标准，能够正确判断班轮运费计算方法；

5. 熟练掌握提单的种类及其要点，以及提单记载的内容。

【基本概念】

班轮运输、租船运输、F.O.、F.I.、F.I.O.、F.I.O.T.、光船租船、定期航线、不定期航线、近洋航线、运洋航线、无船承运人、国际货运代理、班轮船期表、运价、运价本、等级费率本、班轮运费、附加运费、班轮运费的计费标准、运费吨、起码运费、拼箱货班轮运费、从价运费、提单、已装船提单、收货待运提单、记名提单、不记名提单、指示提单、清洁提单、不清洁提单、直达提单、转船提单、多式联运提单、船公司提单、无船承运人提单、倒签提单、顺签提单、预借提单、过期提单、

【建议学习时间】

1 课时

水路货物运输，主要是利用船舶进行货物运输的一种运输方式。水路货物运输包括江河货物运输和海上货物运输，海上货物运输又可分为沿海货物运输和国际海上货物运输。水路货物运输最适于承担运量太、运距长、对时间要求不太紧、运费负担能力相对较低的货运任务。国际海上货物运输伴随着国际贸易而开展，其活动范围广阔、航行距离长、运输风险大；其经营活动要受到有关国际公约和各国法律的约束，也要受到国际航运市场的影响。

一、国际海运船舶营运方式

国际海上货物运输，按照海上运输船舶运营方式分为班轮运输和租船运输。

延展阅读

（一）班轮运输（Liner Transport）

班轮运输又称定期船运输，简称班轮（Liner），是指船舶在固定航线上和固定港口之间按事先公布的船期表和运费率往返航行，从事客货运输业务的一种运输方式。班轮运输比较适合于运输小批量的货物。

班轮运输具有以下特点：

1. 具有"四固定"的基本特点。即船舶按照固定的船期表，沿着固定的航线和港口来往运输，并按相对固定的运费率收取运费。

2. 具有"一计二不计"的特点。即运价内已包括装卸费用，货物由承运人负责配载装卸，船货双方不计算滞期费和速遣费。

3. 船货双方的权利、义务、责任、豁免等，以船方签发的提单条款为依据。

4. 班轮承运的货物品种、数量比较灵活，货运质量较有保证，且一般采取在码头仓库交接货物，故为货主提供了较便利的条件。

（二）租船运输（Shipping by Chartering）

租船运输又称不定期船运输，没有预定的船期表、航线、港口，船舶按租船人和船东双方签订的租船合同规定的条款完成运输服务。根据协议，船东将船舶出租给租船人使用，完成特定的货运任务，并按商定运价收取运费。采用租船运输的货物主要是低价值的大宗货物，例如，煤炭、矿砂、粮食、化肥、水泥、木材、石油等。一般都是整船装运，运量大，运价比较低，并且运价随市场行情的变化波动。

在租船运输中，货物的装卸费由船东和租船人协商约定后，在租船合同中做出具体规定，如表 12-1 所示。

表 12-1　程租船装卸货费用承担表

固定用语	简称	含义
Liner Term	班轮条件	船方负责装货和卸货，租金中包括装卸费
Free out	F.O	船方管装不管卸，租金中包括装货费，不包括卸货费
Free in	F.I	船方管卸不管装，租金中包括卸货费，不包括装货费
Free in and out	F.I.O	船方不负责装卸，租金中不包括装卸费
Free in and out, Stowed and Trimmed	F.I.O.S.T	船方不负责装卸，也不负责理舱和平舱，租金中不含有关费用

此外，还有约定期限的光船租船方式。在这种租船方式下，船舶出租人提供的船舶不配备船员，在约定的期间内由租船人占有、使用和营运船舶，并向出租人支付租金。

二、海运航线和港口

（一）世界海上运输航线

延展阅读

海运航线是指船舶在两个或多个港口之间，从事海上旅客和货物运输的线路。航线按船舶营

运方式划分为定期航线和不定期航线。定期航线又称班轮航线，是指使用固定的船舶，按固定的船期和港口航行，并以相对固定的运价经营客货运输业务的航线，主要装运杂货；不定期航线是临时根据货运的需要而选择的航线。船舶、船期、挂靠港口均不固定，是以经营大宗、低价货物运输业务为主的航线。

航线按航程的远近划分为近洋航线、远洋航线和沿海航线。

1. 近洋航线

近洋航线是对本国各港口至邻近国家港口间的海上运输航线的统称。我国习惯上以亚丁港以东地区的亚洲向大洋洲的航线称为近洋航线。我国对外贸易主要近洋航线有中国至朝鲜、日本、越南、菲律宾、新马泰、印度尼西亚、澳大利亚、新西兰、印度及巴基斯坦等航线，以及内地至港澳地区的航线。

2. 远洋航线

远洋航线是指航程距离较远，船舶航行跨越大洋的运输航线。我国习惯上以亚丁港为界，把去往亚丁港以西，包括红海两岸和欧洲及南北美洲广大地区的航线划为远洋航线。我国对外贸易主要远洋航线有中国至红海、东非、西非、地中海、西欧、北欧及波罗的海、北美、中南美八条航线。

3. 沿海航线

沿海航线是指本国沿海各港之间的海上运输航线。例如，上海至广州、青岛至大连等航线。

（二）港口

港口是水运的起点和终点，是船舶进出的水陆交接口岸，它既为海上运输服务，又为内陆运输服务。客货运输无论从船舶转入陆运工具，还是由陆运工具转入船舶，都离不开港口的服务工作。所以，一个现代化的港口，实际也是城市海陆空立体交通的总管，是"综合运输体系"的中心。

延展阅读

1. 世界主要港口

目前，世界上共有大小港口3000多个，国际贸易港约2400个，分属145个国家和地区，其中吞吐量超过1亿吨的港口有10多个。主要的港口有荷兰的鹿特丹（Rotterdam），美国的纽约（New York）、新奥尔良（New Orleans）和休斯敦（Huston），日本的神户（Kobe）和横滨（Yokohama），比利时的安特卫普（Antwerp），法国的马赛（Marseille），英国的伦敦（London）及新加坡（Singapore）等。

2. 我国主要港口

我国沿海现有大小港口158个，各港口共有码头泊位921个，其中万吨级以上的深水泊位有147个。目前，我国对外开放的港口主要有大连港、秦皇岛港、天津港、烟台港、青岛港、南通港、连云港港、上海港、宁波港、温州港、福州港、黄埔港、湛江港、北海港、海口港、香港港等。

三、班轮运输业务

（一）班轮运输的主要关系方

班轮运输中，通常会涉及班轮承运人、船舶代理人、无船承运人、货运代理人、托运人等有关货物运输的关系人。

1. 班轮承运人

班轮承运人即班轮公司，是运用自己拥有或者自己经营的船舶，提供国际港口之间班轮运输服务，并依据法律规定设立的船舶运输企业。

班轮公司应拥有自己的船期表、运价本、提单或其他运输单据。根据各国的管理规定，班轮公司通常有船舶直接挂靠在该国的港口。世界上知名的班轮公司有马士基航运公司、中国远洋海运集团、地中海航运公司（MSC）、日本邮船（NYK）、韩进海运（Hanjin）、商船三井（M.O.S.K）、东方海外（OOCL）、长荣（Evergreen）、达飞（CMA）等。

2. 船舶代理人

船舶代理人是接受船舶经营人的委托，为船舶经营人的船舶及其所载货物或集装箱提供办理船舶进出港口手续、安排港口作业、接受订舱、代签提单、代收运费等服务，并依据法律规定设立的船舶运输辅助性企业。

3. 无船承运人

无船承运人（Non-vessel Operating Common Carrier，NVOCC），也称无船公共承运人，指经营无船承运业务的公司，是以承运人身份接受托运人的货载，签发自己的提单或者其他运输单证，向托运人收取运费，通过班轮公司完成国际海上货物运输，承担承运人责任，并依据法律规定设立的提供国际海上货物运输服务的企业。

根据我国有关法规的规定，在中国境内经营无船承运业务应当在中国境内依法设立企业。经营无船承运业务，应当办理提单登记，并交纳保证金，无船承运人应有自己的运价本。

无船承运人可以与班轮公司订立协议运价，从中获得利益，但是，无船承运人不能从班轮公司那里获得佣金。

4. 货运代理人

国际货物运输代理简称国际货运代理、货运代理或国际货代，英文名称为 The Freight Forwarder 或 Forwarding Agent。

《中华人民共和国国际货物运输代理业管理规定实施细则》第二条规定：

"国际货物运输代理企业（以下简称国际货运代理企业）可以作为进出口货物收货人、发货人的代理人，也可以作为独立经营人，从事国际货运代理业务。

国际货运代理企业作为代理人从事国际货运代理业务，是指国际货运代理企业接受进出口货物收货人、发货人或其代理人的委托，以委托人名义或者以自己的名义办理有关业务，收取代理费或佣金的行为。

国际货运代理企业作为独立经营人从事国际货运代理业务，是指国际货运代理企业接受进出口货物收货人、发货人或其代理人的委托，签发运输单证、履行运输合同并收取运费以及服务费的行为。"

国际货运代理人本质上属于货物运输关系人的代理人，是联系发货人、收货人和承运人的货物运输中介人。虽然国际货物运输代理人有时也以独立经营人身份从事货物的仓储、短途运输，甚至以缔约承运人身份出具运单、提单，但这只不过是为了适应市场竞争需要，满足某些客户的特殊需要而拓展服务范围的结果，并不影响其作为运输代理人的本质特征。

国际货运代理的传统地位是作为代理人，负责代发货人或货主订舱、保管货物和安排货物运输、包装、保险等，并代他们支付运费、保险费、包装费、海关关税等，然后按整个费用的比例收取一定的代理手续费。上述所有的成本均由客户承担，其中包括国际货运代理因货物的运输、保管、保险、报关、签证、办理汇票的承兑和为其服务所引起的一切费用；同时，还应支付由于国际货运代理不能控制的原因，致使合同无法履行而产生的其他费用。客户只有在提货之前全部付清上述费用，才能取得提货的权利。否则，国际货运代理对货物享有留置权，有权以某种适当的方式将货物出售，以此来补偿其所应收取的费用。

5. 托运人

托运人（Shipper），是指本人或者委托他人以本人名义或者委托他人为本人与承运人订立海上货物运输合同的人；本人或者委托他人以本人名义或者委托他人为本人将货物交给与海上货物运输合同有关的承运人的人。

6. 收货人

收货人（Consignee）是指根据提单或其他相关运输单证，有权向承运人主张提取货物的人，尽管收货人没有参与运输契约的签订，但同样是运输的当事人，可以依据提单或其他相关单证向承运人主张权利。

（二）船期表

班轮船期表（Liner Schedule）是班轮运输营运组织工作中的一项重要内容。班轮公司制订并公布班轮船期表有多方面的作用。首先是为了招揽航线途经港口的货载，既为满足货主的需要，又体现海运服务的质量；其次是有利于船舶、港口和货物及时衔接，以便船舶有可能在挂靠港口的短暂时间内取得尽可能高的工作效率；再次是有利于提高船公司航线经营的计划质量。

班轮船期表的主要内容包括：航线、船名、航次编号、始发港、中途港、终点港的港名，到达和驶离各港的时间，以及其他有关的注意事项等。

（三）班轮运价与运费

1. 运价和运费的概念

运价是调节航运市场状态的关键因素，是平衡运力与运输需求关系的杠杆。航运资源的调节完全取决于航运市场运价机制的作用，班轮运价体现了班轮运输市场的供求关系。

运价（Freight Rate）是运输单位货物而付出运输劳动的价格。海上运输价格，简称海运运价。运输产品表现为货物的空间位移，所以，运价是运距的增函数。

运费（Freight）是承运人根据运输合同完成货物运输后从托运人处收取的报酬。运费与运价的关系是：运费等于运价与运量之积。即：

$$F = R \times Q$$

式中：F 为运费，R 为运价，Q 为运量。这是运费与运价基本关系的数学表达式。

2. 运价本

运价本（Tariff），也称费率本或运价表，是船公司承运货物向托运人据以收取运费的费率表汇总，运价本主要由条款和规定、商品分类和费率三部分组成。按运价制定形式不同，运价本可

以分为等级费率本和列名费率本。

(1) 等级费率本

等级费率本中的运价是按商品等级来确定的。

这种运价是按照货物负担运费能力的定价原则，首先根据货物价格将货物划分为若干等级；之后确定不同等级的货物在不同航线或港口间的不同等级的运价。同一等级的商品在同一航线或港口间运输时，使用相同的运价。

这种运价的运价表附有商品分级表（Scale of Commodity Classification）。在计算运费时，首先根据商品的名称在商品分级表中查找出该商品所属等级，再从该商品的运输航线或运抵港口的等级费率表（Scale of Rates）中查找该级商品的费率。商品分类部分按其英文字母顺序排列，在每一商品后面注明商品等级。费率表部分按航线划分，制定每一航线与商品等级相对应的集装箱和杂货费率。

随着集装箱运输的发展，货物等级差别越来越小，现在几个等级货物的运价基本或完全相同，商品的分类也趋于简单。

(2) 列名费率本

列名费率本，也称单项费率运价本，其中的运价是根据商品名称来确定的。对各种不同货物在不同航线上逐一确定的运价称为单项费率运价。按照货物名称和航线名编制的这种运价表也称作商品运价表（Commodity Freight Rate Tariff）。所以，根据货物名称和所运输的航线，即可直接查出该货物在该航线上运输的运价。

3. 班轮运费结构

班轮运费包括基本运费和附加运费两部分。基本运费是对任何一种托运货物计收的运费；附加运费则是根据货物种类或不同的服务内容，视不同情况而加收的运费，通常是由于特殊情况或者临时发生某些事件而加收的运费。附加运费可以按每一计费吨（或计费单位）加收，也可按基本运费（或其他规定）的一定比例计收。

(1) 基本运费

基本运费指对运输每批货物所应收取的最基本的运费，是整个运费的主要构成部分。它根据基本运价（Basic Freight Rate）和计费吨计算得出。基本运价按航线上基本港之间的运价给出，是计算班轮基本运费的基础。基本运价的确定主要反映了成本定价原则，确定费率的主要因素是各种成本支出，主要包括船舶的折旧或租金、燃油、修理费、港口使用费（如装卸费、吨税和靠泊等费用）、管理费、人员工资等。

延展阅读

(2) 附加运费

实际班轮业务中，经常有一些需要特殊处理的货物及需要加靠非基本港或转船接运的货物需要运输，即使是基本港之间的运输，也因为基本港的自然条件、管理规定、经营方式等情况的不同而导致货物运输成本的差异。这些都会使班轮公司在运营中支付相应的费用。为了使这些费用得到一定的补偿，需要在基本运费的基础上，在计算全程运费时计收一定的追加额。这一追加额就是构成班轮运费的另一组成部分即附加运费。

为了在特定情况下保持一定水平的收益，应对各种不稳定因素引起的额外成本支出，承运人就需要通过附加费的形式，按照合理分担有关费用的定价原理确定附加运费。

附加运费的种类主要有燃油附加费、货币贬值附加费、港口附加费、港口拥挤附加费、转船附加费、超长附加费、超重附加费、直航附加费、选港附加费、变更卸货港附加费、旺季附加费等。

4. 班轮计费标准

班轮运费的计费标准是指计算运费时使用的计算单位。根据我国的基本计量制度规定，我国的法定计量单位采用公制。在运费计算中，重量单位用"吨"，体积单位用"立方米"。以一公吨或一立方米为一计量单位。

在班轮运费的计收中，涉及的基本概念有运费吨、起码运费等。

（1）运费吨

计算运费的一种特定的计费单位。通常，取重量和体积中相对值较大的为计费标准，以便对船舶载重量和舱容的利用给予合理的费用支付。

例如，某票货物重1.2吨，体积为15立方米，它的运费吨则按15吨计算；而另一票货物重8吨，体积2.6立方米，它的运费吨则记为8吨。在运价表中，运费吨一般表示为FT或W/M。需要说明的是，上述货物体积指货物的量尺体积。

（2）起码运费

指以一份提单为单位最少收取的运费。承运人为维护自身的最基本收益，对小批量货物收取起码运费，用以补偿其最基本的装卸、整理、运输等操作过程中的成本支出。不同的承运人使用不同的起码运费标准，件杂货和拼箱货一般以一运费吨为起码运费标准，最高不超过五运费吨，班轮公司收取起码运费后不再加收其他附加费。

承运人制定的运价表中都具体规定各种不同商品的计算运费标准，通常有以下几种：

①W（Weight）——表示该种货物应按其毛重计算运费。

②M（Measurement）——表示该种货物应按其尺码或体积计算运费。

③W/M——表示该货物应分别按其毛重和体积计算运费，并选择其中运费较高者计算。

④Ad. Val.（Ad Valorem）——表示该种货物应按其FOB价格的某一百分比计算运费，又称为从价运费。

⑤Ad. Val. or W/M——表示该种货物应分别按其FOB价格的某一百分比和毛重、体积计算运费，并选择其中运费高者。

⑥W/M plus Ad. Val——表示这种货物除应分别按其毛重和体积计算运费，并选择其中运费较高者外，还要加收按货物FOB价格的某一百分比计算的运费。

5. 班轮运费计算方法

（1）拼箱货班轮运费的计算

通常，拼箱货班轮运费是由基本运费和各项附加运费组成的，其计算公式为：

$$F = F_b + \sum S(\sum, \text{代表汇总的意思})$$

式中：F为运费总额，F_b为基本运费额，S为某一项附加费。

基本运费是货物的计费吨（重量吨或容积吨）与基本运价（费率）的乘积，附加运费通常是在基本运费基础上附加一定百分比得到。例如，燃油附加费10%，旺季附加费10%，则总的附加运费为基本运费的20%。

（2）从价运费情况下的计算

从价运费是按货物的FOB价格的某一百分比计算的。但是，某些贸易合同可能是以CIF价格成交的，所以，要将 CIF 价格换算为 FOB 价格。之后，再算出从价运费。

按照一般的贸易习惯，CFR 价格是 CIF 价格的 99% 的比例，通过以下关系式求得 FOB 价格。

$$P_{CFR} = 0.99 P_{CIF}$$

$$FR = (Ad. Val.) P_{FOB}$$

$$P_{CFR} = P_{FOB} + FR = P_{FOB} + (Ad. Val.) P_{FOB} = (1 + Ad. Val.) P_{FOB}$$

$$P_{FOB} = \frac{P_{CFR}}{1 + Ad. Val.} = \frac{0.99 P_{CIF}}{1 + Ad. Val.}$$

式中：P_{FOB} 为 FOB 价格，FR 为运费，P_{CFR} 为 CFR 价格，P_{CIF} 为 CIF 价格。

（3）集装箱班轮整箱货运费计算

整箱货的运费计算采用均一费率（Freight All Kinds：FAK）的标准计收运费，即对具体航线按货物等级及箱型、尺寸的包箱费率（Box Rate），或仅按箱型、尺寸的包箱费率而不考虑货物种类和级别计算运费。均一费率指按单位集装箱计收运费率，也称为包箱费率。采用包箱费率计算集装箱运费时，只需要根据具体航线、货物等级及箱型、尺寸所规定的费率乘以箱数。目前集装箱班轮运输中基本都是采用这种方法计收运费。

四、提单及提单业务

（一）提单的定义及作用

根据《汉堡规则》，提单是指用以证明海上货物运输合同和货物已由承运人接收或装船，以及承运人保证据以交付货物的单证。《中华人民共和国海商法》（以下简称《海商法》）第 71 条给提单下的定义是："提单，是指用以证明海上货物运输合同和货物已经由承运人接收或者装船，以及承运人保证据以交付货物的单证。提单中载明的向记名人交付货物，或者按照指示人的指示交付货物，或者向提单持有人交付货物的条款，构成承运人据以交付货物的保证。"

提单（Bill of Lading，B/L）在国际海运中既是一份非常重要的业务单据，又是一份非常重要的法律文件，是国际海上货物运输中最具有特色的运输单据。在国际贸易中，提单也起到了贸易单证的作用，是一种有价证券。

根据法律的规定，提单具有三项主要作用。

1. 提单是证明货物已由承运人接管或已装船的货物收据。

2. 提单是承运人保证凭此交付货物的物权凭证。

3. 提单是海上货物运输合同成立的证明。

（二）提单的种类

按照记载内容的不同，可将提单做多种分类，现将常见的分类分述如下。

1. 按货物是否已装船划分

（1）已装船提单（On Board B/L；Shipped B/L）

指整票货物全部装船后，由承运人或其代理人向托运人签发的货物已经装船的提单。该提单上除了载明其他通常事项外，还须注明装运船舶名称和货物实际装船完毕的日期。

（2）收货待运提单（Received for Shipment B/L）

指承运人在收到货物等待装船时，向托运人签发的提单。这种提单没有表明货物已经装船，更没有装船日期，往往也不注明装运船舶的名称，将来货物能否装运尚不确定，对提单受让人无保障，因此，买方和银行一般都不接受这种提单。货物装船后，承运人在待运提单上加注装运船名和装船日期及准确装货数量并签字后，待运提单即变为已装船提单。

2. 按收货人记载方式划分

（1）记名提单（Straight B/L）

指在收货人栏内填写具体收货人名称的提单。多数国家法律规定，记名提单只能由提单上所记载的收货人提货，不能通过背书转让。记名提单可避免提单转让可能带来的风险，但也丧失了它的可流通性。美国法律规定，记名提单下提取货物时不必出示提单，仅凭身份证明即可，但我国《海商法》规定，记名提单下提取货物时需要出示提单。

（2）不记名提单（Blank B/L；Open B/L；Bearer B/L）

也称作持有人提单、空白提单，是指收货人栏不填写任何内容的提单。这种提单不需任何背书手续，可以直接凭交付履行转让。不记名提单的转让虽然极为简便，但如果提单遗失或被窃，然后被转让给善意第三人时极易引起纠纷。目前经过银行开出的信用证几乎都接受这种提单。

（3）指示提单（Order B/L）

指在收货人栏内填写"凭某人指示"（To Order of …）的提单。如果在收货人栏内填写"To Order"，则视为"To Order of Shipper"，凭托运人指示提货。指示提单可以通过背书的方法转让给他人。背书有空白背书、记名背书、指示式背书三种。空白背书是指仅由背书人在提单的背面签署自己的名字或盖章，而不注明被背书人的名称；记名背书是指背书人除在提单的背面签字盖章外，还列明被背书人的名字；指示式背书指提单的背书人重新指定一个指示人，将指示人的权力交给他人的做法。例如，指示人除在提单的背面签字盖章外，还在提单上背书为：Deliver to Order of …。提单经空白背书后，即成为不记名提单；提单经托运人记名背书后，即成为记名提单，此种提单不能再转让。

3. 按对货物外表状况有无不良批注划分

（1）清洁提单（Clean B/L）

指未载有承运人对货物外表状况的任何不良批注的提单。收货人和银行都要求卖方必须提交清洁提单。

（2）不清洁提单（Foul B/L；Unclean B/L）

指提单上记载有承运人对货物外表状况的不良批注的提单。

4. 按运输方式划分

（1）直达提单（Direct B/L）

指由承运人签发的，货物从装货港装船后，中途不经过转船而直接运抵卸货港的提单。

（2）转船提单（Transshipment B/L；Through B/L）

指在装货港装货的船舶不直接驶达货物的目的港，而要在中途港换装其他船舶运抵目的港的提单。

（3）多式联运提单（Combined Transport B/L；Intermodal Transport B/L；Multimodal Transport B/L）

指货物由海路、内河、铁路、公路和航空等两种以上不同运输工具共同完成全程运输时所签发的提单，这种提单主要用于集装箱运输。多式联运提单一般由承担海运区段运输的船公司签发。

5. 按照签发人不同划分

（1）船公司提单（Liner-B/L）

指由船舶所有人或其指定人（如船长、船舶代理）签发的提单。

（2）无船承运人提单（House-B/L）

指由无船承运人签发的提单。此种提单下，无船承运人作为提单承运人对提单持有人承担提单合同义务。由于无船承运人一般具有国际货运代理资格，故人们常将此种提单称为货运代理提单。

6. 特殊提单

（1）倒签提单（Back Dated B/L；Anti-dated B/L）

指在货物装船完毕后，应托运人的要求，由承运人或其代理人签发的提单，但是该提单上记载的签发日期早于货物实际装船完毕的日期，即托运人从承运人处得到的以早于货物实际装船完毕的日期作为提单签发日期的提单。由于倒填日期签发提单，所以称为"倒签提单"。倒签提单的目的是为了满足贸易合同或信用证的要求，其特征是提单记载的实际装船完毕日期被提前。

（2）顺签提单（Post-date B/L）

指在提单上记载的签发日期晚于货物实际装船完毕的日期，即托运人从承运人处得到的以晚于该票货物实际装船完毕的日期作为提单签发日期的提单。由于顺填日期签发提单，所以称为"顺签提单"。承运人顺签提单的做法同样也掩盖了真实的情况，因此也要承担由此而产生的风险责任。

（3）预借提单（Advanced B/L）

指由于信用证规定的装运期或交单结汇期已到，而货物尚未装船或货物尚未装船完毕时，应托运人要求而由承运人或其代理人提前签发的已装船提单，即托运人为能及时结汇而从承运人处借用的已装船提单。与签发倒签提单相比，承运人签发预借提单，要承担更大的法律风险。

（4）过期提单（Stale B/L）

通常过期提单有两种，第一，出口商不按规定或法定的期限向银行交付的提单，即货物装船后，卖方向当地银行提交装船提单时，银行按正常邮程预计收货人不能在船舶抵港之前收到的提单。第二，按照《跟单信用证统一惯例》的规定，在提单签发日期后21天才提交的提单。过期提单影响买方及时提货、转售并可能造成其他损失，因而为防止买方以此为借口而拒付货款，银行一般都拒收过期提单。

（三）提单记载的内容

提单正面和背面均写有内容，通常提单的正面有着固定的格式，记载有与货物运输相关的事项内容，而提单的背面则印刷了事先约定的诸多条款，称为提单背面条款，用来调节承运人和托运人及其他当事人之间的权力义务关系，另外，提单正面通常也会印就少量的条款。提单的正面内容有：

1. 船名（Vessel）；
2. 承运人（Carrier）；

3. 托运人（Shipper）；

4. 收货人（Consignee）；

5. 通知人（Notify Party）；

6. 装货港、卸货港、转运港（Loading；Discharging；Transshipping Ports）；

7. 货物描述（Description of Goods）；

8. 运费及其他费用（Fireight and Other Fees）；

9. 提单的签发日期、地点和份数（Place and Date of Issue，Number of Original B/L）；

10. 提单的签字或盖章（Sign）。

【复习思考题】

1. 班轮运输与租船运输方式有何异同？

2. 班轮运费由哪几部分构成？

3. 班轮运费如何计算？

4. 提单的作用是什么？

5. 按货物是否已装船划分，提单可以分为哪几种？

6. 按收货人记载方式划分，提单可以分为哪几种？

7. 按运输方式划分，提单可以分为哪几种？

8. 特殊提单有哪几种？

第三节　集装箱运输业务

【学习目标】

本节旨在介绍集装箱运输业务的基础知识。在掌握基本知识的基础上，学习掌握集装箱运输业务的货运流程，对关务工作具有重要的意义。

完成本节学习，学习者应取得以下成果：

1. 了解集装箱的基本概念；

2. 掌握集装箱标志；

3. 掌握整箱货和拼箱货的区别与业务异同；

4. 熟练掌握集装箱货物交接地点和操作方式；

5. 熟练掌握集装箱班轮货运流程；

6. 熟悉集装箱运输相关单证。

【基本概念】

集装箱、TEU、FEU、集装箱标志、整箱货、拼箱货、集装箱堆场、集装箱货运站、集装箱货物的交接方式、场站收据联单、集装箱预配清单、集装箱设备交接单、集装箱装箱单

【建议学习时间】

1 课时

集装箱运输（Container Transport）是指以集装箱这种大型容器为载体，将货物集合组装成集装单元，以便在现代流通领域内运用大型装卸机械和大型载运车辆进行装卸、搬运作业和完成运输任务，从而更好地实现货物"门到门"运输的一种新型、高效率和高效益的运输方式。

一、集装箱的定义与标准化

（一）集装箱的定义

延展阅读

集装箱（Container）在我国台湾和香港等地被称为"货柜"或"货箱"。根据国际标准化组织（ISO）及大多数标准术语的定义，它是一种运输设备，应具有如下条件：

1. 具有耐久性，其坚固程度足以反复使用；
2. 便于商品运送而专门设计的，在一种或多种运输方式途中无须换装；
3. 设有便于装卸和搬运，特别是便于从一种运输方式转移到另一种运输方式的装置；
4. 设计时应注意到便于货物装满或卸空；
5. 内容积为一立方米或一立方米以上。

（二）集装箱标准化

目前使用的国际集装箱规格尺寸主要是第一系列的四种箱型，即 A 型、B 型、C 型和 D 型。另外，为了便于计算集装箱数量，可以用 20 英尺的集装箱作为换算标准箱，并以此作为集装箱船载箱量、港口集装箱吞吐量、集装箱保有量等的计量单位。其相互关系为：40 英尺集装箱 = 2TEU[①]，以此类推。

另外，实践中人们有时将 40 英尺集装箱称为 FEU（Forty-feet Equivalent Unit）。货运代理人应该注意的是，在集装箱运输中，"TEU"和"FEU"的关系在运费计算、允许装载的货物重量和体积等方面通常并非按照两倍关系进行计算。

表 12-2　第一系列集装箱规格尺寸和总重量明细表

规格 （英尺）	箱型	长			宽			高			最大总重量	
		公制 毫米（mm）	英制		公制 毫米（mm）	英制		公制 毫米（mm）	英制		千克（kg）	磅（lb）
			英尺 （ft）	英寸 （in）		英尺 （ft）	英寸 （in）		英尺 （ft）	英寸 （in）		
40	1AAA 1AA 1A 1AX	12192	40′		2438	8′		2896 2591 2438 <2438	9′ 8′ 8 <8′	6″ 6″ ′	30480	67200

---

① TEU，Twenty-feet Equivalent Unit，20 英尺集装箱的缩写简称。

表12-2　续

规格（英尺）	箱型	长			宽			高			最大总重量	
		公制 毫米（mm）	英制		公制 毫米（mm）	英制		公制 毫米（mm）	英制		千克（kg）	磅（lb）
			英尺（ft）	英寸（in）		英尺（ft）	英寸（in）		英尺（ft）	英寸（in）		
30	1BBB 1BB 1B 1BX	9125	29′	11.25″	2438	8′		2896 2591 2438 <2438	9′ 8′ 8 <8′	6″ 6″ ′	25400	56000
20	1CC 1C 1CX	6058	19′	10.5″	2438	8′		2591 2438 <2438	8′ 8 <8′	6″ ′	24000	52900
10	1D 1DX	2991	9′	9.75″	2438	8′		2438 <2438	8 <8′	′	10160	22400

二、集装箱标志

为了方便集装箱运输管理，国际标准化组织规定集装箱应在规定的位置上标出以下内容。

（一）第一组标记：箱主代码、顺序号和核对数

1. 箱主代码

箱主代码是集装箱所有者的代码，它由四位拉丁字母表示；前三位由箱主自己规定，并向国际集装箱局登记；第四位字母为U，表示海运集装箱代号。例如，中国远洋运输（集团）公司的箱主代码为：COSU。

2. 顺序号

顺序号为集装箱编号，按照国家标准（GB 1836—85）的规定，用六位数阿拉伯数字表示，不足六位，则以0补之。

3. 核对数

核对数用于计算机核对箱主号与顺序号记录的正确性。核对号一般位于顺序号之后，用一位阿拉伯数字表示，并加方框以醒目。

核对号是由箱主代码的四位字母与顺序号的六位数字通过特有的方式换算而得。

（二）第二组标记：最大总重、自重、最大允许载货量及内容积

1. 最大总重（Max Gross）

最大总重又称额定重量，是集装箱的自重和最大允许载货量之和。最大总重单位用千克（kg）和磅（lb）同时标出。

2. 自重（Tare）

自重指集装箱的空箱重量。

3. 最大允许载货量（Net）

最大允许载货量指集装箱最大装载货物的重量。

4. 内容积（Capacity）

内容积指集装箱内部允许装载货物的最大体积。

三、整箱货与拼箱货

在集装箱货物的流转过程中，其流转形态分为两种，一种为整箱货，另一种为拼箱货。

（一）整箱货

整箱货（FCL）是指由货方负责装箱和计数，填写装箱单，并加封志的集装箱货物，通常只有一个发货人和一个收货人。

国际公约或各国海商法没有整箱货交接的特别规定，而承运人通常根据提单正面和背面的印刷条款及提单正面的附加条款，承担在箱体完好和封志完整的状况下接受并在相同的状况下交付整箱货的责任。在目前的海上货运实践中，班轮公司主要从事整箱货的货运业务。

（二）拼箱货

拼箱货（LCL）是指由承运人的集装箱货运站负责装箱和计数，填写装箱单，并加封志的集装箱货物，通常每一票货物的数量较少，因此装载拼箱货的集装箱内的货物会涉及多个发货人和多个收货人。承运人负责在箱内每件货物外表状况明显良好的情况下接受并在相同的状况下交付拼箱货。在目前的货运实践中，主要由拼箱集运公司从事拼箱货的货运业务。

四、集装箱货物交接地点与方式

（一）集装箱货物的交接地点

货物运输中的交接地点是指根据运输合同，承运人与货方交接货物、划分责任风险和费用的地点。目前集装箱运输中货物的交接地点有集装箱堆场、集装箱货运站和其他双方约定的地点（例如，门，Door）。

1. 集装箱堆场

集装箱堆场（Container Yard，CY），是交接和保管空箱（Empty Container）和重箱（Loaded Container）的场所，也是集装箱换装运输工具的场所。

2. 集装箱货运站

集装箱货运站（Container Freight Station，CFS），是拼箱货交接和保管的场所，也是拼箱货装箱和拆箱的场所。

集装箱堆场和集装箱货运站也可以同处于一处。

（二）集装箱货物的交接方式

在集装箱运输中，根据实际交接地点不同，集装箱货物的交接有多种方式，在不同的交接方式中，集装箱运输经营人与货方承担的责任、义务不同，集装箱运输经营人的运输组织的内容、范围也不同。较常使用的情况有以下九种：

1. 门到门（Door to Door）交接方式；

2. 门到场（Door to CY）交接方式；

3. 门到站（Door to CFS）交接方式；

4. 场到门（CY to Door）交接方式；

5. 场到场（CY to CY）交接方式；

6. 场到站（CY to CFS）交接方式；

7. 站到门（CFS to Door）交接方式；

8. 站到场（CFS to CY）交接方式；

9. 站到站（CFS to CFS）交接方式。

在实践中，承运人在集装箱堆场接受整箱货时，要确保箱体完好和封志完整；当承运人在集装箱货运站交付拼箱货时，则是在箱内货物外表状况明显良好的情况下交付，因此 CY to CFS 这一交接方式明显使承运人的责任加重，所以目前已基本不存在。实践中这九种海运集装箱货物交接的最主要方式为 CY to CY，这是班轮公司通常采用的交接方式；CFS to CFS，这是集拼经营人通常采用的交接方式。

五、集装箱班轮货运流程

延展阅读

（一）订舱托运

货运代理人接受货主委托后，根据货主提供的有关贸易合同或信用证条款的规定，在货物出运之前一定的时间内，填制订舱单向船公司或其代理人申请订舱。船公司或其代理人在决定是否接受发货人的托运申请时，会考虑其航线、船舶、运输要求、港口条件、运输时间等方面能否满足运输的要求。船方一旦接受订舱，就会着手编制订舱清单，并制作预配清单，分送集装箱码头堆场、集装箱空箱堆场等有关场所，并将据此安排办理空箱及货运交接等工作。

（二）提取空箱

在订舱后，货运代理人应提出使用集装箱的申请，船方会给予安排并发放集装箱设备交接单。凭设备交接单，货运代理人就可安排提取所需的集装箱。

在整箱货运输时，通常是由货运代理人安排集装箱卡车运输公司（实践中通常称为车队）到集装箱空箱堆场领取空箱，但也可以由货主自己安排提箱。无论由谁安排提箱，在领取空箱时，提箱人都应与集装箱堆场办理空箱交接手续，并填制设备交接单。拼箱货运输往往是由货运代理人直接提取空箱，货主将货物送至货运代理人的货运站进行装箱作业。

（三）货物装箱

整箱货的装箱工作大多是由货运代理人安排进行，并可以在货主的工厂、仓库装箱或是由货主将货物交由货运代理人的集装箱货运站来装箱。当然，也可以由货主自己安排货物的装箱工作。装箱人应根据订舱清单的资料，并核对场站收据和货物装箱的情况，填制集装箱货物装箱单。

（四）码头放关

由货运代理人或发货人自行负责装箱并加封志的整箱货，通过车队运至集装箱码头堆场，此时，托运人货物出运前应办妥有关出口手续。

集装箱码头堆场在验收货箱后，即在场站收据上签字，并将签署的场站收据交还给货运代理人或发货人。这一过程在实务中俗称"放关"，即码头核对集装箱的通关放行信息和集装箱装箱信息，核对没有问题，码头将该集装箱配入船图后，方可装船。集装箱装船后，货运代理人或发货人可以凭经签署的场站收据要求承运人签发提单。

（五）换取提单

货运代理人或发货人凭经签署的场站收据，在支付了预付运费后（在预付运费的情况下），就可以向承运人或其代理人换取提单。发货人取得提单后，就可以去银行结汇。至此，集装箱货物出口运输流程结束。

（六）进口换单

集装箱货物运至目的港后，进口地收货人或其代理人可以凭出口地托运人寄交的提单至目的港承运人代理人处换取提货单，办理相关提货手续。

（七）进口提箱

货运代理人获得提货单并办理了海关商检等进口放行手续后，可以凭此向港口装卸区办理提箱手续，并负责将货物运至货主指定地点，将货物交付给货主。

（八）交还空箱

在进口提箱后，货运代理人在将货物交付给收货人后，还需将空箱回运至承运人指定地点，将空箱交还给承运人。

六、集装箱运输相关单证

（一）场站收据联单

场站收据联单是用来维系集装箱出口运输过程中不同当事人之间关系的一套单据，俗称十联单，整个集装箱出口运输就是借助十联单的流转而进行的。

场站收据联单现在通常是由货代企业缮制送交船公司或其代理人订舱，整个场站收据流程就是从订舱开始的。场站收据联单虽有十联之多，但其核心单据为第五联、第六联、第七联。

第五联是装货单，盖有船公司或其代理人的图章，是集装箱装卸作业区接受装货的指令。报关时海关查核后在此联盖放行章，船方凭此收货装船。

第六联供港区在货物装船前交外轮理货公司，当货物装船时与船上大副交接。

第七联场站收据俗称黄联，在货物装上船后由集装箱码头堆场签章，返回船公司或其代理人，据此签发提单。

（二）集装箱预配清单

集装箱预配清单是船公司的内部管理单据，该清单格式及内容各船公司大致相同。一般有提

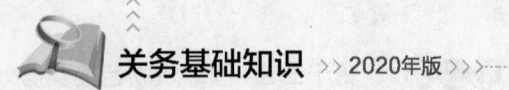

单号、船名、航次、货名、件数、毛重、尺码、目的港、集装箱类型、尺寸和数量、装箱地点等。船公司箱管部门在货物订舱后，将该清单发给空箱堆存点，空箱堆存点据此向货主核发设备交接单以提空箱之用。

（三）集装箱设备交接单

集装箱设备交接单（Equipment Interchange Receipt，EIR）是集装箱进出港区、场站时，用箱人、运箱人与管箱人或其代理人之间交接集装箱及设备的凭证，兼有发放集装箱的凭证功能。所以它既是一种交接凭证，又是一种发放凭证，对集装箱运输特别是对箱务管理起着巨大作业。它在日常业务中被简称为"设备交接单"（EIR）。在集装箱货物出口运输中，设备交接单主要是货主（或货运代理人）领取空箱出场及运送重箱装船的交接凭证。

（四）集装箱装箱单

集装箱装箱单（Container Load Plan，CLP）根据已装进集装箱内的货物制作，是每个载货集装箱都需要的，详细记载每一个集装箱内货物的名称、数量等内容的唯一单据。因此，在以集装箱为单位进行运输时，集装箱装箱单是一张极其重要单据。集装箱装箱单的主要作用有：

1. 作为发货人、集装箱货运站与集装箱码头堆场之间货物的交接单证；
2. 作为向船方通知集装箱内所装货物的明细表；
3. 单据上所记载的货物与集装箱的总重量是计算船舶吃水差、稳定性的基本数据；
4. 在卸货地点是办理集装箱保税运输的单据之一；
5. 当发生货损时，是处理索赔事故的原始单据之一；
6. 卸货港集装箱货运站安排拆箱、理货的单据之一。

（五）交货记录联单

交货记录联单属于集装箱运输三大单证中的一种，交货记录的性质实际上与杂货班轮流程中的提货单一样，仅仅是在其组成和流转过程方面有所不同。交货记录标准格式一套共五联：到货通知书、提货单、费用账单（蓝色）、费用账单（红色）、交货记录。

【复习思考题】

1. 什么是集装箱？为什么会出现集装箱？
2. 集装箱标志包括哪些内容？集装箱号具有哪些特点？
3. 整箱货和拼箱货在业务流程上有何区别？
4. 集装箱货物的交接方式有哪些？
5. 请按顺序简述集装箱货物班轮运输流程。
6. 请按工作流程描述集装箱运输单据的流转过程。

第四节　国际航空货物运输

【学习目标】

本节旨在介绍国际航空货物运输的基础知识。在掌握基本知识的基础上，学习和掌握货运流程，对关务工作具有重要的意义。

完成本节学习，学习者应取得以下成果：

1. 了解航空集中托运的概念和文件；
2. 能够区分主运单和分运单的内容；
3. 了解航空运输的运费、运价基本概念；
4. 熟练掌握货运单。

【基本概念】

航空集中托运、分运单、主运单、集中托运货物舱单、运价、航空运费、计费重量、实际毛重、体积重量、计费重量、最低运费、国际航协运价、普通货物运价、指定商品运价、等级货物运价、航空货运单

【建议学习时间】

1 课时

航空货运同其他的交通方式相比，有着鲜明的特点。这些特点与各种不同运输方式相比有运送速度快、破损率低、安全性好、空间跨度大、可节省生产企业的相关费用等优势，也有运价比较高、载量有限、易受天气影响等劣势。

一、航空集中托运

（一）航空集中托运的概念

航空集中托运指集中托运商将多个托运人的货物集中起来作为一票货物交付给承运人，用较低的运价运输货物。货物到达目的站，由分拨代理商（Beak Bulk Agent）统一办理海关手续后，再分别将货物交付给不同的收货人。

（二）航空集中托运的文件

1. 分运单（House Air Way Bill，HAWB）

代理人在进行集中托运货物时，首先从各个托运人处收取货物，在收取货物时，需要给托运人一个凭证，这个凭证就是分运单。

分运单表明托运人把货物交给了代理人，代理人收到了托运人的货物，所以分运单就是代理人与发货人交接货物的凭证。代理人可自己颁布分运单，不受到航空公司的限制，但通常的格式

还要按照航空公司主运单来制作。在分运单中，托运人栏和收货人栏都是真正的托运人和收货人。

2. 主运单（Master Air Way Bill，MAWB）

代理人在收取货物之后，进行集中托运，需要把来自不同托运人的货物集中到一起，交给航空公司，代理人和航空公司之间就需要一个凭证，这个凭证就是主运单。

航空主运单对于代理人和航空公司都非常重要，因为它记载了货物的最主要信息。货物运输的过程就是信息流的过程，信息流保证了货物运送的安全性和准确性，主运单表明代理人是航空公司的销售代理人，表示取得授权的代理人在市场上可以销售航空公司的舱位。通常航空公司根据代理人的实际情况和结算周期，分时间间隔发放给代理人一定数量的货运单，通常代理人销售完一定数量的运单后，与航空公司进行结算。因此，主运单是代理人与承运人交接货物的凭证，同时又是承运人运输货物的正式文件。

在主运单中，托运人栏和收货人栏都是代理人。在中国只有航空公司才能颁布主运单，任何代理人不得自己印制颁布主运单。

一票集中托运货物的所有分运单都要装在结实的信封内附在主运单后，并在货运单"Nature and Quantity"栏内注明"Consolidation as per attached manifest"。这又涉及另外一个文件即集中托运货物舱单（Manifest）。

3. 集中托运货物舱单（Manifest）

由于在主运单中，货物的品名是通过品名栏中注明的"集中托运货物的相关信息附在随带的舱单中"，并没有列出具体的货物品名，因此需要查询集中托运货物舱单，才能了解在主运单中有哪些分运单和货物。通过集中托运货物舱单，我们可以看出，主要有各个分运单号，以及各个分运单中货物的运送目的地、件数、重量、体积等项目。

4. 识别标签

对于集中托运货物，要在每一件货物上贴上识别标签，在识别标签上要特别注明主单号和分单号。

（三）航空集中托运的货物

并不是所有的货物都可以采取集中托运的方式，对于集中托运的货物的性质是有一定的要求。以下货物不得以集中托运形式运输：贵重物品、活体动物、尸体、骨灰、外交信袋、危险物品。

二、航空货物的运价与运费

货物的航空运费是指将一票货物自始发地机场运输到目的地机场所应收取的航空运输费用。一般来说，货物的航空运费主要由两个因素组成，即货物适用的运价与货物的计费重量。IATA（国际航空运输协会，简称"国际航协"）根据运输的货物种类和运输起讫地点分类规定了不同的航空货物运价与运费计算方法。同时由于飞机业务载运能力受飞机最大起飞全重和货舱本身体积的限制，因此货物的计费重量需要同时考虑其体积重量和实际重量两个因素。又因为航空货物运价的"递远递减"的原则，产生了一系列重量等级运价，而重量等级运价的起码重量也影响着货物运费的计算。

延展阅读

（一）航空货物运费计算中的基本知识

1. 基本概念

运价，又称费率，是指承运人对所运输的每一重量单位货物（千克或磅）所收取的自始发地机场至目的地机场的航空费用。航空运价一般以运输始发地的本国货币公布，有的国家以美元代替其本国货币公布。以美元公布货物运价的国家视美元为当地货币。运输始发地销售的航空货运单的任何运价、运费值均应为运输始发地货币，即当地货币。以美元公布货物运价的国家的当地货币为美元。

销售航空货运单所使用的运价应为填制货运单之日的有效运价即在航空货物运价有效期内适用的运价。

航空运费是指航空公司将一票货物自始发地机场运至目的地机场所应收取的航空运输费用。该费用根据每票货物所适用的运价和货物的计费重量计算而得。每票货物是指使用同一份航空货运单的货物。由于货物的运价是指货物运输起讫地点间的航空运价，航空运费就是指运输始发地机场至目的地机场间的运输货物的航空费用，不包括其他费用。

其他费用是指由承运人、代理人或其他部门收取的与航空货物运输有关的费用。即在组织一票货物自始发地至目的地运输的全过程中，除了航空运输外，还包括地面运输、仓储、制单、国际货物的清关等环节，提供这些服务的部门所收取的费用。

2. 计费重量

计费重量是指用以计算货物航空运费的重量。货物的计费重量是指货物的实际毛重，或者是货物的体积重量，或者是较高重量分界点的重量。

实际毛重（Actual Gross Weight）指包括货物包装在内的货物重量，称为货物的实际毛重。由于飞机最大起飞全重及货舱可用业载的限制，一般情况下，对于高密度货物，应考虑其货物实际毛重可能会成为计费重量。

体积重量（Volume Weight）指按照国际航协的规则，将货物的体积按一定的比例折合成的重量，称为体积重量。由于货舱空间体积的限制，一般对于低密度的货物，即轻泡货物，考虑其体积重量可能会成为计费重量。不论货物的形状是否为规则的长方体或正方体，计算货物体积时，均应以最长、最宽、最高的三边的厘米长度计算。长、宽、高的小数部分按四舍五入取整，体积重量的折算，换算标准为每6000立方厘米折合1千克。

体积重量（千克，kgs） = 货物体积$/6000\text{cm}^3$

计费重量（Chargeable Weight）一般来说是取货物的实际毛重与货物的体积重量两者之间的较高者；但当货物按较高重量分界点的较低运价计算的航空运费较低时，则此较高重量分界点的货物起始重量作为货物的计费重量。国际航协规定，国际货物的计费重量以0.5千克为最小单位，重量尾数不足0.5千克的，按0.5千克计算；0.5千克以上不足1千克的，按1千克计算。当使用同一份运单，收运两件或两件以上可以采用同样种类运价计算运费时，计费重量为货物总的实际毛重与总的体积重量两者较高者。同上所述，较高重量分界点重量也可能成为货物的计费重量。

3. 最低重量

最低运费是指一票货物自始发地机场至目的地机场航空运费的最低限额。货物按其适用的航空运价与其计费重量计算所得的航空运费，应与货物最低运费相比，取高者。

（二）国际航空货物运价体系

目前国际航空货物运价按制定的途径划分为协议运价和国际航协运价。

1. 协议运价

协议运价是指航空公司与托运人签订协议，托运人保证每年向航空公司交运一定数量的货物，航空公司则向托运人提供一定数量的运价折扣。目前航空公司使用的运价大多是协议运价。

2. 国际航协运价

国际航协运价是指 IATA 在 TACT（The Air Cargo Tariff）运价资料上公布的运价。国际货物运价使用 IATA 的运价手册（Tact Rates Book），结合并遵守国际货物运输规则（Tact Rules）共同使用。

3. 现有定价遵照的原则

（1）重量分段对应运价

在每一个重量范围内设置一个运价。例如，北京到首尔的运价表，如表 12-3 所示。

表 12-3　北京到首尔的运价表

重量分级（千克）	运价（元/千克）
N	24.95
45 千克≤运输重量<100 千克	19.00
100 千克≤运输重量<300 千克	16.17
300 千克≤运输重量	14.38

"N"表示的是重量在 45 千克以内的货物。

（2）数量折扣原则

随着运输重量的增大，运价越来越低，这实际上是使用定价原则中的数量折扣原则，通过这个原则，保证飞机的舱位有充分的货物。从表 12-3 可以看出，45 千克≤运输重量<100 千克的运价是 19.0 元，100 千克≤运输重量<300 千克的运价是 16.17 元，300 千克≤运输重量的运价是 14.38 元，重量越大运价越低。

（3）运距的因素

这是一个基本因素，运距越长运价越高，这是因为运距越长，运输的消耗越大，因此运价越高。

（4）根据产品的性质分类

国际航协根据产品性质在普货运价的基础上分运价附加和运价附减，如对活体动物、骨灰、灵柩、鲜活易腐物品、贵重物品、急件等货物采取附加的形式，对书报杂志、作为货物运输的行李采取附减的形式。

（三）普通货物运价

普通货物运价（General Cargo Rate，简称 GCR）是指除了等级货物运价和指定商品运价以外的适合于普通货物运输的运价。

通常，普通货物运价根据货物重量不同，分为若干个重量等级。例如，"N"表示标准普通货物运价（Normal General Cargo Rate），是指45千克以下的普通货物运价（如果没有45千克以下运价时，N则表示100千克以下普通货物运价）。同时，普通货物运价还公布有"Q45""Q100""Q300"等不同重量等级。这里"Q45"表示45千克以上（包括45千克）普通货物的运价，依此类推。对于45千克以上的不同重量分界点的普通货物运价均用"Q"表示。

用货物的计费重量和其适用的普通货物运价计算而得的航空运费不得低于运价资料上公布的航空运费的最低收费标准（M）。

这里，代号"N""Q""M"主要用于填制货运单运费计算栏中"Rate Class"一栏。

（四）指定商品运价

指定商品运价（Specific Commodity Rate，简称SCR），是指适用于自规定的始发地至规定的目的地运输特定品名货物的运价。

通常情况下，指定商品运价低于相应的普通货物运价。就其性质而言，该运价是一种优惠性质的运价。鉴于此，指定商品运价在使用时，对于货物的起讫地点、运价使用期限、货物运价的最低重量起点等均有特定的条件。

使用指定商品运价计算航空运费的货物，其航空货运单的"Rate Class"一栏，用字母"C"来表示。

（五）等级货物运价

等级货物运价（Class Rate），是指在规定的业务区内或业务区之间运输特别指定的等级货物的运价。IATA规定，等级货物包括活动物、贵重货物、书报杂志类货物、作为货物运输的行李、尸体、骨灰、汽车等。

等级货物运价是在普通货物运价基础上附加或附减一定百分比的形式构成，附加或附减规则公布在国际货物运输规则中，运价的使用须结合运价手册（Tact Rates Books）一同使用。

通常附加或不附加也不附减的等级货物用代号"S"（S——Surcharged Class Rate）表示。附减的等级货物用代号"R"（R——Reduced Class Rate）表示。

三、航空货运单

航空货运单是由托运人或者以托运人的名义填制，是托运人和承运人之间在承运人的航线上运输货物所订立运输契约的凭证。

航空货运单通常包括有出票航空公司标志的航空货运单和无承运人任何标志的中性货运单两种。航空货运单既可用于单一种类的货物运输，也可用于不同种类货物的集合运输；既可用于单程货物运输，也可用于联程货物运输。航空货运单不可转让，属于航空货运单所属的空运企业。

货运单是托运人或其代理人所使用的最重要的货运文件，其作用归纳如下：

1. 是承运人与托运人之间缔结运输契约的凭证；

2. 是承运人收运货物的证明文件；

3. 是运费结算凭证及运费收据；

4. 是承运人在货物运输组织的全过程中运输货物的依据；

5. 是进出口货物办理清关的证明文件；

6. 是保险证明。

我国国际航空货运单由一式十二联组成，包括三联正本，六联副本和三联额外副本。其中，正本三的托运人联，在货运单填制后，交给托运人作为托运货物及货物预付运费时交付运费的收据。同时，也是托运人与承运人之间签订的有法律效力的运输文件。

运单要求用英文打字机或计算机，用英文大写字母打印，各栏内容必须准确、清楚、齐全，不得随意涂改。货运单已填内容在运输过程中需要修改时，必须在修改项目的近处盖章注明修改货运单的空运企业名称、地址和日期。修改货运单时，应将所有剩余的各联一同修改。

航空货运单的主要栏目包括：

1. 货运单号码（The Air Waybill Number）；

2. 始发站机场（Airport of Departure）；

3. 货运单所属承运人的名称及地址（Issuing Carries Name and Address）；

4. 正本联说明（Reference to Originals）；

5. 契约条件（Reference to Conditions of Contract）；

6. 托运人栏（Shipper）；

7. 收货人栏（Consignee）；

8. 填开货运单承运人的代理人栏（Issuing Carrier' Agent）；

9. 运输路线（Routing）；

10. 财务说明（Accounting Information）；

11. 货币（Currency）；

12. 运费代号（CHGS Code）；

13. 运费（Charges）；

14. 供运输用声明价值（Declared Value for Carriage）；

15. 供海关用声明价值（Declared Value for Customs）；

16. 保险的金额（Amount of Insurance）；

17. 运输处理注意事项处填制相应的航空公司注意事项（Handling Information）；

18. 货物运价细目（Consignment Rating Details）；

19. 其他费用（Other Charges）；

20. 托运人签名（Sign of Shipper）；

21. 承运人签名（Sign of Carrier）。

【复习思考题】

1. 什么是航空集中托运？

2. 分运单与主运单的区别是什么？

3. 什么是计费重量？什么是最低重量？

4. 现有航空定价的原则有哪些？

5. 航空货运单的种类和作用是什么？

第五节　国际多式联运

【学习目标】

本节旨在介绍国际多式联运的基础知识。

完成本节学习，学习者应取得以下成果：

1. 掌握国际多式联运的概念和特征；
2. 掌握国际多式联运经营人的法律地位和作用。

【基本概念】

国际多式联运、统一责任制、多式联运经营人

【建议学习时间】

1 课时

一、国际多式联运的含义

（一）定义

《联合国国际货物多式联运公约》（以下简称《多式联运公约》）中对国际多式联运所做的定义是：国际多式联运是指多式联运经营人按照多式联运合同，以至少两种不同的运输方式，将货物从一国境内接管地点运到另一国境内指定交货地点的运输方式。

国际多式联运不同于传统的联合运输，它是为了适应集装箱运输而发展起来的一种新型运输方式。这种运输形式的主体不再只是运输工具的拥有者，而更主要的是由多式联运经营人来承担，这种经营人可以没有运输工具，即所谓的契约承运人（Contracting Carrier）或无船承运人（NVOCC）。在承运人责任制度上，它打破了传统上承运人的分段责任制度，而采用了由多式联运经营人对全段运输承担总责任的所谓"统一责任制"，对维护货方利益提供了极大的保障。

（二）特征

根据《多式联运公约》的规定，一项国际多式联运应当具备以下特征：

1. 多式联运经营人必须与货主签订多式联运合同；
2. 多式联运经营人必须对全程运输承担承运人的运输责任；
3. 必须是国际货物运输；
4. 必须签发多式联运单据，明确规定经营人对全程运输期间承担运输责任；
5. 必须使用两种或两种以上的运输方式进行不间断的运输。

二、国际多式联运经营人

国际多式联运是一项极其复杂的国际间货物运输系统工程，涉及面广，环境复杂，必须有一

个总负责人按照多式联运合同，进行全程运输的组织、安排、衔接和协调等管理工作，这个总负责人就是多式联运经营人。

《多式联运公约》对多式联运经营人所下的定义是：多式联运经营人是指其本人或通过其代表订立多式联运合同的任何人，他是事主，而不是发货人的代理人或代表，或参加多式联运承运人的代理人或代表，负有履行合同的责任。

从上述定义可以看出，多式联运经营人是订立多式联运合同并负有履行合同责任的人。由于多式联运是在国际间使用多种不同运输工具共同完成，不可能有一个多式联运经营人拥有全部运输工具，承担全部运输，因此在订立合同后，多式联运经营人往往把部分运输区段或全部运输区段的运输任务委托各区段实际承运人去完成，自己并不参加某区段实际的运输或不参加任何区段的实际运输。这种多式联运经营人与各区段实际承运人订立的分运输合同，不能改变多式联运经营人在多式联运合同中当事人的身份，各区段承运人只对多式联运经营人负责，而多式联运经营人必须对多式联运合同负责。

当多式联运经营人从发货人那里接管货物时起，其对多式联运合同的责任也就开始，他必须按照合同，把货物从一国境内的接货地安全、完好、及时地运至另一国境内指定的交货地。如果货物在全程运输任何区段发生的过失、损害或延误交付，多式联运经营人均以本人身份直接向货主进行赔偿，即使货物的灭失、损害是某区段实际承运人灭失所致。

【复习思考题】

1. 什么是国际多式联运？
2. 什么是统一责任制？

第十三章 >>

国际货物运输保险与国际贸易结算

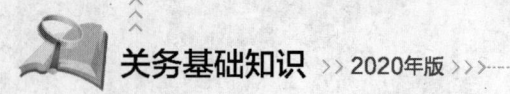

第一节　国际货物运输保险

【学习目标】

本节主要介绍国际货物运输保险方面的相关知识，介绍其对通关作业产生的影响。完成本节学习，学习者应获得以下成果：

1. 了解货运保险业务的营运特点，以及保险费的计收方式；

2. 掌握国际不同运输方式通关资料的种类及其来源，能结合本教材第十一章的知识，正确获取报关、报检的信息。

【基本概念】

中国人民保险公司海洋运输保险条款、伦敦保险业协会货物保险条款、基本险、附加险、投保加成

【建议学习时间】

1 课时

一、国际货物海上运输保险

在国际贸易中，由于各国地理位置上的原因，以及海洋运输具有运费低廉、运量大等的优点，货物运输大部分都是通过海洋运输方式来完成的。货物在海上运输及在海陆交接过程中，可能遭遇各种风险和损失，但保险公司并不是对所有风险都予以承保，也不是对一切损失都予以补偿。为了明确责任，保险公司将其承保的各类风险及对风险所造成的各种损失的赔偿责任，在其承保的各种险别中都加以明确规定。因此，我们必须了解保险公司对海上风险和损失所作的解释和规定。

（一）海上风险和损失

1. 海上风险

海上风险，一般指船舶、货物在海上运输中所发生的各种风险。在保险业务中，保险公司所承保的风险，主要包括自然灾害、意外事故和其他外来原因所引起的外来风险。这些风险，在保险业务中，都有其特定的含义，具体如下：

（1）自然灾害

自然灾害（Natural Calamity）指恶劣气候（如暴风雨）、雷电、海啸、地震、洪水、火山爆发等人力不可抗拒的灾害。

（2）海上意外事故

海上意外事故（Fortuitous Accidents at Sea）指船舶搁浅、触礁、沉没、火灾、爆炸、碰撞、失踪或其他类似偶然的、难以预料的原因造成的事故。

（3）外来风险

外来风险（Extraneous Risks）指由于海上风险以外的其他外来原因引起的风险，分为一般外来风险和特殊外来风险两种。例如，偷窃、破碎、雨淋、受潮、受热、发霉、串味、沾污、短量、渗漏、钩损、锈损等属于一般外来风险，战争、罢工、交货不到、拒收等属于特殊外来风险。

上述各类风险，均属海洋运输保险所承保的范围，买方或卖方可根据需要，向保险公司投保。

2. 海上损失

海上损失是海运保险货物在海洋运输中由于海上风险所造成的损坏或灭失，又称为海损。按照货物损失的程度，海损可以分为全部损失与部分损失；按货物损失的性质，又可分为共同海损与单独海损。在保险业务中，共同海损与单独海损均属部分损失。

（二）国际货物海上运输保险条款与保险险别

海洋运输货物保险条款由各保险公司自行制定。在保险单中，通常列有各种保险条款，以规定保险人对承保货物遭受损失时的赔偿责任范围。这种对保险人承保责任范围所作的规定，称为保险险别。保险险别可由投保人根据货物特点和航线、港口等情况自行选择投保。在国际保险市场上，影响较大并具有代表性的是伦敦保险业协会所制定的《协会货物条款》（Institute Cargo Clause，简称 I. C. C）。

在我国国际贸易业务中，经常使用的是中国人民保险公司所制定的保险条款。《中国人民保险公司海洋运输货物保险条款》简称《中国保险条款》（China Insurance Clause，简称 C. I. C）。中国人民保险公司参照《协会货物条款》的规定，将货物保险的险别，分为平安险（Free from Particular Average，简称 F. P. A）、水渍险（With Average 或 With Particular Average，简称 W. A 或 W. P. A.）和一切险（All Risks）三种。

平安险、水渍险和一切险都是货物运输保险的基本险别。一切险是水渍险和各种一般附加险的总和，是保险责任范围最广的险别。根据不同类别货物的需要，在投保一种基本险别外，尚须加保的险别，都叫附加险（Extraneous Risks），附加险不能单独投保。

1. 平安险

平安险是我国的习惯叫法，英文原意是"不负单独海损责任"。也就是说，被保险标的所遭受的单独海损，原则上不在保险人承保范围之内。

按照规定，承保平安险时，保险人仅对自然灾害和海上意外事故所造成的整批货物全部损失负赔偿责任，而对单独海损不负责任。但下列损失，仍在平安险承保的责任范围之内。

（1）由于船舶或驳运工具发生搁浅、触礁、沉没或者焚毁所引起的单独海损，以及在航运中发生上述意外事故之前或之后，又遭遇恶劣气候，如暴雨、巨浪等自然灾害所致的部分损失。

（2）被保险货物在装载、转载或卸载时因落水所遭到的一件或数件的完全灭失。

（3）由于船舶遭受搁浅、触礁、沉没、互撞，与流冰或其他物体碰撞，以及失火、爆炸等意外事故所造成货物的全部或部分损失。

（4）由于共同海损引起的牺牲、分摊和救助费用。

平安险虽然在词义上不负单独海损责任，但实际上它还是包含一部分单独海损责任的。

2. 水渍险

水渍险也是我国保险业务中的习惯叫法，英文原意为"负单独海损责任"。其责任范围是：

（1）平安险责任范围以内的全部责任。

（2）由于恶劣气候，如暴风、巨浪等自然灾害引起的部分损失。

水渍险的责任范围比平安险的责任范围大。

3. 一切险

一切险的责任范围是：除包括平安险和水渍险的各项责任外，保险人对于被保险货物因遭受所有因意外事故所发生损失，不论是共同海损、单独海损、全部损失、部分损失，以及其他外来原因造成的偷窃、淡水雨淋、破碎等损失，均包括在一切险承保责任范围之内。但是，由于货物本身特性所造成的损失、物价跌落的损失等，不包括在一切险承保范围之内。一切险条款的责任范围很广泛，但战争险（War Risks）或罢工险（Risks of Strikes）则不包括在内。

4. 附加险

在附加险条款中，有一般附加险条款和特殊附加险条款两类。由于货物种类繁多，各有特点，所以投保附加险的险别各异，投保人可根据需要选择投保一种或若干种附加险。

一般附加险的种类很多，其中主要包括：偷窃提货不着险（Theft, Pilferage and Non-delivery, 简称 T. P. N. D.），淡水雨淋险（Fresh and/or Rainwater Damage Risks），渗漏险（Risk of Leakage），短量险（Risk of Shortage in Weight），钩损险（Hook Damage），混杂、沾污险（Risk of Intermixture and Contamination），破碎险（Risk of Breakage），碰损险（Clashing），锈损险（Risk of Rust），串味险（Risk of Odor），受潮受热险（Sweating and/or Heating）等。

保险人对承保这些附加险的货物，在运输途中发生损失，均按条款规定的责任范围予以赔偿。战争险属于特殊附加险，按照战争险条款的规定，其责任范围包括：由于战争、类似战争行动、敌对行为、武装冲突或海盗等行为及因船舶被捕获、拘押、禁制、扣留等事故所造成的损失，以及水雷、鱼雷、炸弹或其他常规武器所造成的损失，均由保险人负责赔偿。特殊附加险还包括罢工险、舱面险、进口关税险、拒收险、黄曲霉素险、交货不到险等。

《协会货物条款》的海运货物险别包括六种，分别是：协会货物 A 险条款（简称 I. C. C. A）、协会货物 B 险条款（简称 I. C. C. B）、协会货物 C 险条款（简称 I. C. C. C）、协会战争险条款（货物）（Institute War Clauses Cargo）、协会罢工险条款（货物）（Institute Strikes Clauses Cargo）、恶意损害险条款（Malicious Damages Clause）。在上述六种险别条款中，除恶意损害险外，其余五种险别条文结构统一，体系完整，因此，除 A、B、C 三种险别可以单独投保外，战争险和罢工险在需要时也可作为独立的险别进行投保。

（三）保险责任的起讫

根据《协会货物条款》规定，保险责任起讫采用"仓至仓"条款，自货物运离保险单所载仓库或储存处所时开始，在正常运输过程中继续有效，直至货物送达保险单所载地点的最后仓库或储存处所时为止。倘若在最后卸货港自船边卸毕时起 60 天内未将货物送至保险单所载的最后仓库，则保险责任应于该 60 天届满时终止。如卸货后货物须运往另一目的地，则保险责任应于货物一经开始起运起即行终止。

战争险保险责任的起讫是，从货物装上海轮之后，到货物在最后卸货港口卸离海轮时，或海轮到达最后卸货港当夜 12 时起满 15 天止。

（四）保险金额和保险费

1. 保险金额（Insured Amount）

按照国际保险市场的习惯做法，出口货物的保险金额一般按 CIF 货价另加 10% 计算，这增加的 10% 是投保加成。

保险金额的计算公式是：

保险金额＝CIF 价×（1+投保加成率）

2. 保险费（Premium）

投保人按约定方式缴纳保险费是保险合同生效的条件。保险费率（Premium Rate）是由保险公司根据一个时期、不同种类的货物的赔付率，按不同险别和目的地确定的。计算公式是：

保险费＝保险金额×保险费率

出口业务中，CFR 和 CIF 是两种常用的术语。鉴于保险费是按 CIF 货值为基础的保险金额计算的，两种术语价格应按下述方式换算。

由 CIF 换算成 CFR：

CFR 价 = CIF 价×［1−保险费率×（1+投保加成率）］

由 CFR 换算成 CIF：

CIF 价 = CFR 价÷［1−保险费率×（1+投保加成率）］

在进口业务中，为了简化手续，方便计算，一些企业可与保险公司签订预约保险合同，保险金额按进口货物的 CIF 货值计算，不另加成；保费率按"特约费率表"规定的平均费率计算。如按 FOB 进口货物，则按平均运费率换算为 CFR 货值后再计算保险金额，其计算公式如下：

FOB 进口货物：

保险金额 = ［FOB 价×（1+平均运费率）］ ÷（1−平均保险费率）

CFR 进口货物：

保险金额＝CFR 价÷（1−平均保险费率）

由于这里的保险金额是按平均费率估算的 CIF 价，故也不再加成。

二、国际货物航空运输保险

货物通过航空进行运输时，可能会遭受各种风险和损失，例如，由于飞机碰撞、倾覆、坠落和失踪所引起的货物损失，或由于遭受恶劣气候、火灾、雷电、爆炸、风暴、台风或其他危难事故所引起货物损失，以及由于外来原因造成的损失（如偷窃、短少等）。在选择航空运输险别时，应根据货物特点来确定。航空运输保险的基本险分为航空运输险和航空运输一切险，以及附加险、战争险。

航空运输货物保险责任的起讫，是自被保险货物经航运公司收讫并签发航空运单时起开始生效，在正常运输过程中继续有效，直至该项货物运抵目的地交给收货人仓库或储存处所时为止。但保险货物到达目的地后航空公司保管期间的保险责任，以自航空公司发出到货通知书给收货人当日午夜起算 30 天为限。

三、国际货物陆上运输保险

货物通过火车或汽车在陆上运输时，可能遇到各种风险和发生各种损失。例如，由于车辆遭受碰撞、倾覆或脱轨所引起的货物损失，或由于遭受隧道坍塌、崖崩、火灾、雷电、爆炸、风暴等所引起的货物损失，以及在运输途中由于其他外来原因所造成的货物短少、短量、雨淋、生锈、受潮、受热、发霉、串味、沾污等全部或部分损失。为了保障货物遭受损失后能得到经济上的补偿，被保险人可根据货物特点和实际需要来选定，并按保险公司规定的条款办理陆上运输货物的保险。

根据中国人民保险公司的陆上运输货物保险条款，陆上运输货物的基本险别分为陆运险（Overland Transportation Risks）和陆运一切险（Overland Transportation All Risks）两种。

此外，还有适用于陆运冷藏货物的专门保险：陆上运输冷藏货物险及附加险、陆上运输货物战争险（火车）。陆上运输保险责任的起讫也采用"仓至仓"责任条款，即自被保险货物运离保险单所载明的起运地发货人的仓库或储存处所时生效，包括正常陆运和与其有关的水上驳运在内，直至该项货物运交保险单所载明的目的地收货人仓库时为止。但被保险货物到达最后卸载的车站后的 60 天，保险责任终止。陆上运输货物险的索赔时效从被保险货物在最后目的地车站全部卸离车辆后起算，最长不超过两年。

四、邮包运输保险

邮包运输是指利用邮局办理货物运输的方式。这种方式具有手续简便、费用低等特点，但只适用于重量轻、体积小的商品，如精密仪器、配件、药品和样品、资料等零星物品的运输。邮包收据是邮包运输的主要凭证。它既是邮局收到寄件人邮包后所签发的凭证，也是收件人凭此提取邮件的凭证，又是当邮包发生灭失或损坏时索赔和理赔的依据。但邮包收据不是物权凭证。

邮包运输保险是指承保邮包通过海、陆、空三种运输工具在运输途中由于自然灾害、意外事故或外来原因所造成的包裹内物件的损失。根据《中国人民保险公司邮包保险条款》的规定，邮包运输保险的险别分为邮包险和邮包一切险。

【复习思考题】

1. 试述货物运输保险在国际贸易中的作用。
2. 我国海洋运输货物保险的基本条款有哪几种？试述责任范围。
3. 我国海洋运输货物保险的附加险有哪些？在投保一切险时，是否包括上述所列的附加险？
4. 按 CIF 或 FOB 贸易术语对外成交，一般应怎样确定投保金额？为什么？
5. 伦敦保险业协会货物保险条款有哪些险别？这些险别能否单独投保？

第二节 国际贸易结算

【学习目标】

本节旨在让学习者掌握履行国际贸易合同时，与当事人双方切身利益相关的货款结算所涉及的结算工具和支付方式。

完成本节学习，学习者应取得以下成果：

1. 了解各种结算工具的种类、定义；
2. 掌握货款结算的主要方式、业务程序及其在国际贸易中的运用；
3. 掌握不同结算方式的信用属性，能分析其风险所在，从而对其利弊做出判断。

【基本概念】

结算工具、汇票、汇付、电汇、托收、付款交单、承兑交单、信用证、跟单信用证、议付

【建议学习时间】

1 课时

国际贸易结算是国际结算的一种，是指为结清不同国家（地区）当事人之间因贸易活动形成的债权债务关系而发生的货币收付活动。其内容包括结算工具和支付方式。

一、结算工具

结算工具是国际贸易结算的重要内容之一，是国际贸易中货款交付的工具。国际贸易中主要的支付工具为货币和票据。货币用于计价、结算和支付。票据仅用于结算和支付。根据不同的情况，选用不同的结算工具，可以保证国际贸易的顺利进行，保障进出口双方的利益，减少贸易纠纷及外汇风险。国际贸易中常用的结算工具主要有计价货币和票据两种。

（一）计价货币

计价货币是指在国际贸易中，进出口双方用来结算货款的现金结算工具。国际贸易中所使用的货币一般有三种，即本国货币、对方国家货币、第三国货币，采用哪种货币由买卖双方协商确定。在进出口业务中，交易当事人应选择可自由兑换并具有稳定性的货币。由于金融市场汇率浮动，买卖双方都将承担一定的汇率变化的风险。在国际贸易中，用现金货币结算货款是非常少见的，仅限于少量购买、预付定金、小额赔偿等。

（二）票据

票据是以支付金钱为目的的金融单据，是由出票人签名于票据上，约定由自己或另一人无条件支付确定金额的、可流通转让的证券。票据一般可分为汇票、本票及支票三种，其中汇票是国

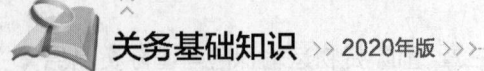

际贸易最常用的结算工具。

1. 汇票

根据《中华人民共和国票据法》（以下简称《票据法》）对汇票的定义：汇票是出票人签发的，委托付款人在见票时或者在指定日期无条件支付确定的金额给收款人或持票人的票据。

按照各国广泛引用或参照的英国票据法所下的定义，汇票是由一人签发给另一人的无条件书面命令，要求受票人见票时或于未来某一规定的或可以确定的时间，将一定金额的款项支付给某一特定的人或其指定的人或持票人。

汇票可以通过背书转让，在国际结算中使用比较广泛，并通常附带商业单据一起使用。

2. 本票

按照我国《票据法》对本票的定义，本票是由银行签发的，承诺自己在见票时无条件支付确定的金额给收款人或者持票人的票据。本票的付款人是出票人自己。我国《票据法》对本票出票人的资格有严格的限制，只有符合中国人民银行规定且经其审定的银行方可签发本票。

3. 支票

支票是出票人签发的，委托办理存款业务的银行或者其他金融机构在见票时无条件支付确定的金额给收款人或者持票人的票据。按照各国票据法的一般规则，支票出票人必须按照签发的支票金额承担保证向持票人付款的责任。据此，支票的出票人所签发的支票金额不得超过其付款时在付款人处实有的金额，否则，即为空头支票。签发空头支票是被各国法律所禁止的。

二、支付方式

货款结算的基本方式有汇付、托收和信用证三种。

（一）汇付

汇付（Remittance）又称汇款，是指付款人主动通过银行或其他途径将款项汇交收款人的一种结算方式。它的实质是贸易双方利用银行间的资金划拨渠道，将一方的资金付给另一方，以完成收、付方之间债权债务的清偿。汇付由于资金和结算工具的流动方向均从进口方流动到出口方，两者的方向一致，即款项和结算工具同时向相同方向流动，因此，汇付属于顺汇。汇付可分为电汇、信汇和票汇三种方式。

1. 电汇

电汇（Telegraphic Transfer，简称 T/T）是指汇出行应汇款人（通常为进口方）的申请，以电报、电传或环球银行间金融系统（SWIFT）等电讯手段发出付款委托通知书给收款人所在地的汇入行，委托将款项解付给指定收款人的方式。

电汇方式由于资金转移的速度快、效率高、成本低，收款人可以迅速收到款项，已经成为常用的国际结算方式。

2. 信汇

信汇（Mail Transfer，简称 M/T）是指汇出行应汇款人（通常为进口方）的申请，以信函格式开立汇款通知书并通过航邮（By Airmail）方式通知汇入行解付一定金额的款项给收款人（通常为出口方）的方式。信汇方式由于资金转移速度较电汇慢，但费用相对较低，故适用于汇款金额较小、不需要快速到达的汇款。

3. 票汇

票汇（Remittance by Bank's Demand Draft，简称 D/D）是指汇出行应汇款人（通常为进口方）的申请，开立银行即期汇票，汇出行将票据交给汇款人，汇款人再将票据转交收款人，收款人凭此向汇入行收取款项的方式。

汇付由于支付手续简单、资金转移速度快、成本较低等特点，已经成为重要的国际支付方式。

国际贸易采用汇付方式结算货款时，可能会出现"款到货不到"或者"货到款不到"的情况，而银行只提供服务不提供信用，无法完全确保进出口双方的利益。因此，使用汇付方式取决于买卖双方中一方对另一方的信任，属于商业信用。汇付方式目前主要适用于小额国际贸易、货到付款、预付合同订金及货款尾数、佣金等费用的支付。

（二）托收

托收（Collection），指出口方先行发货，开出汇票连同有关货运单据，委托银行（托收行）通过其在进口地的联行或代理行（代收行）根据出口方的指示向付款人（进口方）取得付款或承兑（或其他条件）后交付单据的一种结算方式。国际结算中，托收是常用的结算方式之一。托收业务，由于汇票或单据的传递方向与资金的流动方向相反，因此属于逆汇。托收主要分为光票托收、跟单托收两种方式。

1. 光票托收

光票托收（Clean Collection）是指不附带商业单据的金融单据托收，即债权人（出口方）仅向银行（托收行）提交汇票，委托银行（托收行）代为向债务人（进口方）取得付款或承兑的一种结算方式。

光票托收手续简单，费用低廉。

2. 跟单托收

跟单托收（Documentary Collection）是指附带商业单据的金融单据托收或不用金融单据的商业单据托收，即债权人（出口方）开立汇票（或不开立汇票），连同发票、装箱单、物权凭证（例如，海运提单）、保险单据等商业单据，委托出口地银行（托收行）通过其在进口地的代理银行（代收行）向债务人（进口方）取得付款或承兑后交付单据的一种结算方式。交付单据的方式主要有付款交单、承兑交单两种。

（1）付款交单（Documents against Payment，简称 D/P）

付款交单是指委托人指示托收行、代收行在付款人付清托收款项后方能将单据交予付款人的托收方式。付款交单按付款时间可分为即期付款交单（D/P at Sight）及远期付款交单（D/P after Sight）。

（2）承兑交单（Documents against Acceptance，简称 D/A）

承兑交单是指委托人指示托收行、代收行在付款人审单后决定接受单据时，由付款人在汇票上办理承兑，代收行审查承兑手续齐全后留下汇票，单据即交付款人，待汇票到期，付款人再向代收行付款的托收方式。

在托收业务中，银行是否能收到货款，依赖买方的信用。如果银行不能从买方收到实际货款，银行只要按照出口人的指示行事，不承担任何责任。托收方式与汇付方式一样属于商业

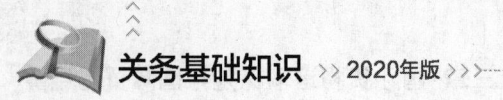
信用。

（三）信用证

信用证是随着国际贸易的发展，在银行参与国际贸易结算时从仅提供服务逐步演变到既提供服务，又提供信用和资金融通的过程中形成的。目前，信用证已成为国际贸易结算中广泛使用的非常重要的一种结算方式。

1. 信用证的含义

信用证（Letter of Credit，简称 L/C）又称信用状，是指开证银行应开证申请人的要求并按其指示，或因其自身需要，向受益人开立的、载有确定金额的、在规定期限凭符合信用证条款规定的单据付款的书面保证文件。

根据 2007 年 7 月 1 日正式生效的《跟单信用证统一惯例》（UCP600）的定义：信用证是一项约定，无论其如何命名或描述，该约定不可撤销并因此构成开证行相符提示予以兑付的确定承诺。

相符提示（Complying Presentation）是指与信用证中的条款及条件、统一惯例中所适用的规定及国际标准银行实务相一致的提示。

兑付是指：（1）对于即期付款信用证即期付款；（2）对于延期付款信用证发出延期付款承诺并到期付款；（3）对于承兑信用证承兑由受益人出具的汇票并到期付款。

简言之，信用证是银行开立的、有条件承诺付款的书面文件。

2. 信用证的特点

（1）信用证是一种银行信用

信用证支付方式是一种银行信用，开证行处于第一付款人的地位，信用证是开证行的付款承诺，即开证行的承付不以进口人的付款作为前提条件。

（2）信用证是独立于合同之外的一种自足的法律文件

在国际贸易结算中，银行开立的信用证虽然以进出口双方的贸易合同为基础，并且其中的条款大部分源自贸易合同，但信用证一经开立，就成为独立于贸易合同以外的具有法律效力的文件。

（3）信用证是一项单据业务

信用证结算方式是一种纯单据业务，根据 UCP600 第五条规定："银行处理的是单据，而不是单据所涉及的货物、服务或其他行为。"只要提交的单据与信用证、单据本身或其他单据相符，开证行就应承担付款责任。

3. 信用证的作用

采用信用证方式支付，在很大程度上缓解了进出口双方互不信任的矛盾，并给进出口双方及银行都带来一定的好处。信用证在国际结算中的作用，主要表现在：

（1）对出口商来说，只要按信用证规定发运货物，向指定银行提交规定的单据，收款就有了保障。有时，在货物装运前还可凭信用证向银行申请打包贷款（Packing Credit），货物装运后将汇票和单据交议付行议付，通过押汇可及时收取货款，有利于加速资金周转。

（2）对进口商来说，申请开证时只需缴纳少量押金或凭开证行授予的授信额度开证，待单据到达后再行支付全部货款，减少了资金的占用。而且通过信用证上的所列条款，可以控制出口

人的交货时间、质量和数量的检验要求及按规定方式交付货物和单据证件，保证合同的履行。

（3）对银行来说，开证行只承担保证付款责任，它贷出的只是信用而不是资金，在对出口人或议付行交来的汇票偿付前，已掌握了代表货物的单据，故并无多大风险，还可以从信用证业务中获得利息和手续费等收入。此外，通过信用证业务，可以带动其他客户往来、保险、仓储等业务，增加银行收益。

总之，信用证方式在国际贸易结算中起到了资金安全和资金融通作用。

【复习思考题】

1. 试比较汇票、本票、支票的异同。

2. 试写出 T/T、M/T、D/D、D/P、D/A、L/C 的英文全文、中文译名，并分别简述其含义。

3. 试述汇付、托收、信用证三种结算方式的信用性质。

4. 试比较汇付、托收、信用证三种结算方式的收、付款风险。

5. 试述信用证结算方式的特点。

第十四章 >> 国际贸易单证

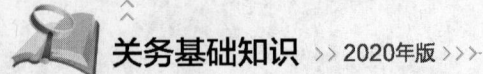

国际贸易从签订合同直至货物装运、投保、报检、报关、货款支付及进口商提取货物的整个国际贸易业务流程中，每个环节都需要相应的单证签发、处理、交接和传递，以满足进出口企业、运输部门、银行、保险公司、海关及政府管理机构等多方面的需要。所以，报关人员作为通关环节的业务操作人员，掌握国际贸易单证知识十分重要。本章重点介绍与通关有关的国际贸易常用单证。

第一节　概　述

【学习目标】

本节旨在让学习者熟悉国际贸易流程中的各类单据、文件，使学习者掌握国际贸易单证的主要内容和作用，为通关实践打好基础。

完成本节学习，学习者应取得以下成果：

1. 了解国际贸易单证之间的相互关系、单证制作签发所涉及的经济和管理部门；

2. 了解国际贸易单证的作用，熟悉其在各业务环节的法律效力；

3. 掌握国际贸易单证的缮制规范，了解其国际通行标准的相关惯例和规则。

【基本概念】

国际贸易单证，《跟单信用证统一惯例》，正确、完整、相符的规范

【建议学习时间】

1 课时

国际贸易是不同国家（地区）之间的商品买卖，作为一种商品交换行为通常表现为货物和货款的双向交流，而在实际业务中这种交流是借助于国际贸易单证的签发、组合、流转、交换和应用来实现的。

一、国际贸易单证的含义

国际贸易单证（Foreign Trade Documents）是国际贸易中使用的各种单据、文件与证书的统称。通常凭借国际贸易单证来处理进出口货物的交付、运输、保险、报关、结汇等事宜。狭义的国际贸易单证通常指结算单证，特别是信用证结算方式下的结算单证。

国际贸易单证作为贸易文件，它的流转环节构成了贸易程序。国际贸易的各种单证除了贯穿于进出口企业相互之间的外销、进货、运输、结汇的全过程外，还必须与企业外部的银行、海关、交通运输部门、保险公司、检验检疫机构及有关行政管理机关等发生多方面的必要联系，单证量多、涉及面广，环环相扣、互为条件、互相影响。

二、国际贸易单证的作用

国际贸易单证的作用是通过进出口业务诸多具体环节体现的，较为广泛，本书仅结合通关业

务实际，从以下三方面进行阐述。

（一）国际贸易结算的基本工具

进出口贸易中，买卖双方分处不同国家（地区），在绝大多数情况下，商品和货币不能简单交换，而只能以单证作为媒介手段。国际货物贸易单证化，使得货物买卖通过单证买卖来实现。卖方交货不仅要将实际货物装运出口，而且要向买方提交包括货物所有权凭证在内的全套单证以表示让渡物权。卖方交单意味着交付了货物，而买方付款是以得到物权凭证代表买到了商品。这样，尽管在交易中买卖的是货物，但在国际结算中，不以货物为依据，而是以单证作为依据，特别是按照 CIF 贸易条件成交的合同，已由一些国际交易规则订明"卖方凭单交货，买方凭单付款"，实行单据和货款对流的原则。

（二）划分贸易相关方权责利益的重要凭证

国际贸易单证贯穿于进出口贸易的全过程，各种单证的签发、组合、流转和应用不仅反映了贸易合同履行的进程，也体现了进出口货物交接过程中所涉及的贸易合同、运输合同、保险合同的当事人及银行、海关和相关政府等关系人之间的权责利益关系。当发生争议时，这些单证又是处理索赔和赔付的依据。可见，国际贸易单证是一种涉外商务和法律文件，是划分与贸易有关各方权责利益的重要凭证。

（三）办理通关手续的重要文件

国际贸易货物进出口时，进出口商必须向海关提交规定的单证，办理通关手续。这些单证在通关过程中都有其特定的作用，有的反映货物的数量、包装情况，是海关实施监管验核货物的凭证；有的表明货物的品质、价格、产地情况，是海关商品归类、确定完税价格、适用税率、依法征税的判断依据；而有关商品检验证书则证明了货物的质量、数量、卫生等状况，是海关实施监管的依据。申报单证作为法律文件，其真实、正确、齐全是办理通关手续的基本要求。

三、国际贸易单证的规范

国际贸易单证是货物买卖的证明，不但关系到商家是否能安全收货、结汇，也反映买卖的真实性、合法性等相关情况，其内容应当符合相关规范。

（一）正确、完整、相符

国际贸易单证的内容应做到正确、完整、相符。

1. 正确

国际贸易单证内容的正确性是第一要求，至少应包括两方面的内容：一方面是单证内容要客观、真实地反映交易活动，符合有关国际惯例和进出口国的法律法规，交易属于正当、合法的商业交易活动；另一方面是单证内容无差错，能保证安全收货、结汇及进出口贸易各环节的相关作业活动顺利进行。

2. 完整

完整是指一笔进口或者出口业务所涉及的单证齐全和完备。国际贸易单证的完整性是构成单

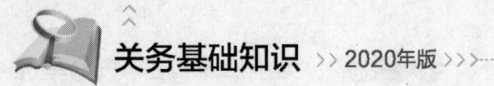

证合法性的重要条件之一，主要表现在以下三点：

（1）单证的内容完整，即每份单证的项目、描述、用词、拼写及签署或背书都必须完整，不可或缺。

（2）单证的种类完整，即包含的范围应与双方约定、交易条件及货物进出口国的相关规定相符合。

（3）单证份数完整，即单证的份数符合合同、信用证的条款，并能满足业务操作环节和办理通关手续的需要。

3. 相符

一是指各类单证之间的相同内容相符、逻辑关系相符，即单单一致，保证单证真实地反映了交易状况；二是指单证与进出口的实际货物相符，单证对货物属性、状态的描述真实、准确、客观，代表了所出运的货物，即单货一致。

（二）符合有关国际惯例和法律规定

国际贸易单证是为贸易全过程服务的，而国际贸易之所以能在不同国家（地区）之间进行，是交易双方及与货物进出口有关各方都以相关国际惯例和进出口国（地区）法律法规为行事规则。所以，国际贸易单证的格式、单证的代码应符合国际通行标准，国际贸易单证的内容应遵循有关国际惯例和进出口国（地区）法律法规的规定。

目前，相关的国际惯例主要是指国际商会的《跟单信用证统一惯例》（UCP600）、《跟单信用证项下单据的国际标准银行业务》（ISBP681）、《托收统一规则》（URC522）、《国际贸易术语解释通则》（INCOTERMS）等。

【复习思考题】

1. 何谓国际贸易单证？

2. 试述国际贸易单证在国际贸易中的主要作用及其具体体现。

3. 试述国际贸易单证的基本规范。

第二节 成交类单证

【学习目标】

本节主要介绍国际贸易中与货物成交有关的单证并提供英文相应范本，旨在让学习者理解其含义、作用和适用的相关法律规范，熟悉其内容，并在通关活动实践中参考、借鉴。

完成本节学习，学习者应取得以下成果：

1. 正确理解国际贸易书面合同和商业发票各栏目适用国际通行标准的表现形式；

2. 掌握国际贸易合同和商业发票中交易标的、相关条款、当事人权利义务等要素有关的意思表达方式及英文表现形式；

3. 能结合海关监管要求，正确获取单证信息，用于通关实践。

【基本概念】
合同、商业发票、形式发票、厂商发票

【建议学习时间】
2 课时

成交类单证主要包括合同和发票。

一、合同

（一）含义和作用

延展阅读

贸易合同是指买方和卖方按一定的程序经过磋商，就某项交易标的达成的交易条件，用签订书面证明的形式，确认双方约定的条件内容有一定格式的书面文件。

在交易磋商过程中，一方发盘经另一方接受以后，交易即告成立，买卖双方就构成了合同关系。双方在磋商过程中的往返函电，就构成有效的书面合同。成交后，另行签署一份合同书或确认书不是合同有效成立的必备条件。《销售合同公约》第十一条规定："销售合同无须以书面订立或书面证明，在形式方面也不受任何其他条件的限制。销售合同可以用人证在内的任何方法证明。"各国法律一般都承认书面合同，有的国家同时还承认口头合同。但是，在国际贸易实践中，在当事人双方经过磋商一致，达成交易以后，一般还要签订一份具有一定格式的书面合同，以进一步明确双方的权利义务。签订书面合同具有以下主要作用。

1. 合同成立的证据

根据法律要求，凡是合同必须能得到证明，提供证据，包括人证和物证。通过函电磋商时，书面证明自不成问题。但是，通过口头磋商成立的合同，举证就难以做到，所以口头合同因不能被证明而得不到法律保障。我国法律一贯认为涉外经济合同，应当采用书面形式。

我国政府在向联合国交存对《销售合同公约》的核准书时提出了保留，即我国不同意国际货物买卖合同采用书面以外的形式订立、更改或终止。因此，为证明合同的成立，订立书面合同形式是我国国际贸易的基本做法。

2. 合同生效的条件

买卖双方在交易磋商阶段就各项交易条件进行充分商讨取得共识，但承认这种共识必须以签订书面合同为准。因此，即使双方已对交易条件全部协商一致，在书面合同签订之前，合同不能生效。我国法律规定，当事人采用合同书包括确认书形式订立合同的，自双方当事人签字或者盖章时合同成立。

3. 合同履行的依据

在国际贸易实践中，货物买卖合同的履行涉及企业内外众多部门和单位，过程也很复杂。为了便于合同的履行，必须将不论是口头或书面达成的交易，并经协商一致的交易条件综合起来，全面、清楚地在一份有一定格式的书面文字合同上列明，为明确双方的权利和义务及合同的准确履行提供更好的依据。

（二）主要内容

不管是销售合同，还是购货合同，它们具有以下的相同内容。

1. 合同号码（Contract Number）；
2. 买卖双方各自名称（Name of Both the Seller and the Buyer）；
3. 品名、规格、数量、包装方式（Name of Commodity，Specification，Quantity and Packing）；
4. 单价和总值（The Unit Price and Total Value）；
5. 唛头（Shipping Marks）；
6. 保险条款（Insurance Clauses）；
7. 装运期（Time of Shipment）；
8. 装运港和目的港（Port of Shipment and Destination）；
9. 支付条款（Terms of Payment）；
10. 索赔（Claim）；
11. 不可抗力（Force Majeure）；
12. 仲裁（Arbitration）；
13. 其他条款（Other Terms）；
14. 买卖双方的签名（Signature of the Parties Concerned）；
15. 签署的时间与地点（Time and Place of Signature）。

（三）合同样本

合同样本如图 14-1 所示。

Sales Contract

No.：GD-11ATX2509

Date：Sep. 20,2011

Sellers：CHINA ARTEX SHANGHAI IMPORT AND EXPORT CORPORATION

Buyers：THE ABCDE GROUP,INC.

This contract is made by and between the Buyers and the Sellers,whereby the Buyers agree to buy and the Sellers agree to sell the under-mentioned commodity according to the terms and conditions stipulated below：

1. Description of Goods	2. Quantity	3. Unit Price	4. Amount
GARMENTS 100% COTTON JERSEY BABY'S OVERALL 100% COTTON JERSEY BABY'S BEATLE	2,000PCS 2,000PCS	CIF NEW YORK USD3. 00/PC USD3. 20/PC	USD6,000. 00 USD6. 400. 00 USD12,400. 00

5. Total Value：SAY U. S. DOLLARS TWELVE THOUSAND FOUR HUNDRED ONLY.

6. Packing：lpc/Polybag, 50pcs/Carton

Shipping mark：JOHNSON'S

              12KG05107

              NEW YORK

              NO. 1-80

              MADE IN CHINA

7. Shipment：Not later than Nov. 10th, 2011 by sea from China to New York U. S. with partial shipment and transshipment allowed. Within 24 hours immediately after completion of loading of goods on board the vessel the seller shall advice the buyer by Fax or E-mail of the contract number, the name of goods loaded, port of loading, sailing date and expected time of arrival (ETA) at the port of destination.

8. Payment：By irrevocable L/C payably by a draft at sight, to reach the seller not later than Oct. 5, 2011 and to be available for negotiation in China until the 15 days after shipment.

9. Insurance：To be effected by the seller at 110% of the invoice value covering Institue Cargo clauses<A>, the Institue War clauses as per ICC clauses.

10. Claims：Claims concerning the goods shipped, if any, shall be filed within 30 days after arrival at the destination, to be supported by a surrey report. It is understood that the Seller shall not be liable for any discrepancy of the goods shipped due to causes for which the Insurance Company, Shipping Company, other transport organization or Post Office are liable.

11. Force Majeure：If the shipment of the contracted goods is prevented or delayed in whole or in part by reason of war, earth quake, flood, fire, storm, heavy snow or other causes of force majeure, the seller shall not be liable for non-shipment or late shipment of the goods of the contract. However, the seller shall notify the buyer by phone/fax/e-mail and furnish later within 5 days by registered airmail with a certificate issued by China Chamber of International Commerce attesting such event or events.

12. Arbitration：Any dispute arising from or in connection with the performance of the Contract shall be settled through negotiation by both parties, failing which they shall be submitted for arbitration. The arbitration shall take place in China and shall be conducted by the arbitration commission of the ICC China in accordance with the rules or procedures of the said commission.

The Buyer：

THE ABCDE GROUP, INC.

The Seller：

CHINA ARTEX SHANGHAI

IMPORT AND EXPORT CORPORATION

图 14-1　合同样本

二、发票

在进出口业务实践中，发票主要包括商业发票、形式发票和厂商发票。

（一）不同发票的含义和作用

1. 商业发票

商业发票（Commercial Invoice），简称发票，是卖方向买方开立的，对所装运货物做出全面、详细说明，并凭此向买方收款的货款价目总清单。

商业发票是卖方结汇所需的单据之一，也是买方凭此收货、付款及报关纳税的依据。其主要作用有：

（1）商业发票是整套货运单据的中心，通过了解发票的内容，可以掌握每笔装运货物的全貌；

（2）商业发票便于进口商验收、核对出口商所发运的货物，查看是否符合合同或信用证的规定；

（3）商业发票可以作为买卖双方记账的原始凭证；

（4）商业发票可以作为报关、纳税的计税依据；

（5）在不使用汇票的情况下，商业发票可以代替汇票，作为出口商向进口商收款的凭据。

2. 形式发票

形式发票（Proforma Invoice）是在贸易合同订立之前开立的发票，主要用于进口方向当局申请批汇或进口许可证。它不是一种正式发票，不能用于托收和议付，它所列的单价、数量等也仅仅是出口方根据当时情况所作的估计，对双方都无最终约束力。

3. 厂商发票

厂商发票（Manufacturer's Invoice）是由出口货物的制造商出具的以本国货币计价的发票，其作用是供进口国海关检查是否有削价倾销行为，以便确定是否征收反倾销税。

（二）主要内容

商业发票由出口企业自行缮制，无统一、固定格式，但基本栏目大致相同，其内容主要依据合同和信用证的特定要求而拟就，分首文、本文和结文三部分。

首文部分包括发票名称、编号、出票日期、信用证或合同号码、收货人或抬头、运输工具及运输路线等。

本文部分包括唛头、货物描述、单价与总金额等。

结文部分包括许可证号、汇票出票条款、信用证要求在发票上证明或声明的其他内容、发票制作人签章等。

发票的主要内容具体如下：

1. 出票人（Issuer）的名称、地址、传真、电子邮箱、电话号码。发票的出票人一般为出口公司。

2. 商业发票号码和出票日期（Invoice No. and Date）。商业发票的号码由出口商统一编制，一般采用顺序号，便于查对。商业发票的出票日期是所有单据中出单最早的，通常在签订合同或收到信用证，备妥货物后开立。

3. 抬头（To/Sold to Messrs/For Account and Risk of Messrs）。抬头人即收货人，一般注明合同买方或信用证的开证人名称、地址、联系方式。

4. 合同编号（Contrat No.）和信用证编号（L/C No.）。

5. 装运港（地）和目的港（地）名称（From/To/Via）。该栏一般注明货物运输的起讫地点。如货物需要转运，则注明转运地，有的还注明运输方式。

6. 唛头及件号（Mark & Nos/ Shipping Mark）。该栏一般注明运输标记和集装箱号。无唛头时列明"N/M"。

7. 品名和货物描述（Name and Commodity/Description of Goods）。该栏列出具体装运的货物名称、品质、规格及包装状况等内容。商业发票中的货物描述必须与合同或信用证中显示的内容相符。

8. 数量（Quantity）、单价（Unit Price）和总价（Amount/Total Price）。数量为实际装运的数量。单价包括计价货币、计价单位、单位价值数额、贸易术语四部分。总价一般由大小写组成。如果合同单价含有佣金（Commission）或折扣（Rebate/Discount/Allowance），发票上一般也会注明。另外，有时根据买方或信用证条款的要求，对按 CIF、CIP 或者 CFR、CPT 成交的，还分别列明运费（Freight）、保费（Insurance/Premium）、FOB 或 FCA 价格。

9. 特殊条款。主要是根据买方或信用证的要求，对一些特殊事项加注声明。例如，加注进口许可证号、货物产地、净重和毛重（一般只列总净重和总毛重）、船名、汇票出票条款及证明单货相符的声明文句等。

10. 签章（Signed by/Signature）。签字人一般为出口公司的法人代表或授权制单人员。签字可使用印签，并注明公司名称。根据《跟单信用证统一惯例》（UCP600）的规定，商业发票无须签署。但如果信用证要求提交"已签署的商业发票"（Signed Commercial Invoice），或"手签的商业发票"（Manually Signed Commercial Invoice），则该商业发票必须签名，且后者还须由签字人手签。

（三）发票样本

发票样本如图 14-2 所示。

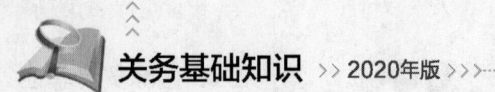

上海华纱进出口有限公司
CHINA ARTEX SHANGHAI IMPORT AND EXPORT CORPORATION
18 XIZANG NORTH ROAD SHANGHAI, CHINA

COMMERCIAL INVOICE

Tel：021-35788887

Fax：021-35788876

E-mail：giec@168.com

L/C No.：TH5391

Sold to Messrs：

THE ABCDE GROUP，INC.

445 KENNEDY DRIVESAYREVILLE，NEW JERSEY

FROM：SHANGHAI

Invoice No.：ATX051212

Date：Oct. 08，2011

S/C No.：GD-11ATX2509

TO：NEWYORK VIA HONGKONG BY VESSEL

Marks & No. s	Description of Goods	Quantity	Unit Price	Amount
JOHNSON'S 12KG05107 NEW YORK NO. 1-80 MADE IN CHINA	GARMENTS 100% COTTON JERSEY BABY'S OVERALL 100% COTTON JERSEY BABY'S BEATLE	2,000PCS 2,000PCS	CIF NEW YORK USD3.00/PC USD3.20/PC	USD6,000.00 USD6.400.00 USD12,400.00

TOTAL：SAY U.S. DOLLARS TWELVE THOUSAND FOUR HUNDRED ONLY.

THE ABOVE MENTIONED GOODS ARE OF CHINESE ORIGIN.

THIS IS TO CERTIFY THAT THE ABOVE MENTIONINGS ARE TRUE AND CORRECT.

CHINA ARTEX SHANGHAI IMPORT AND EXPORT CORPORATION

WANG LIQIN

图 14-2　发票样本

【复习思考题】

1. 何谓成交类单证?

2. 试述国际贸易合同、商业发票的主要作用。

3. 试述国际贸易合同条款、商业发票各栏目描述内容的含义及英文表现形式。

4. 试述国际贸易合同与发票内容的共同之处。

第三节　包装类单证

【学习目标】

本节旨在让学习者了解并掌握记载或描述国际买卖货物的包装情况的单据，为在办理通关事务实践中，正确申报货物的包装情况奠定基础。

完成本节学习，学习者应取得以下成果：

1. 了解包装单据的含义、作用及其种类；

2. 掌握包装单据国际通行标准、描述方式及其英文表现形式；

3. 掌握各类货物包装单位、包装种类的单据表现形式，能正确获取货物包装信息。

【基本概念】

装箱单、重量单、尺码单

【建议学习时间】

2 课时

包装类单证是专门用于记载或描述包装情况的单据。由于国际上货物买卖的数量较大、品种繁多，往往无法在发票上一一列明，而必须使用专门的单证加以说明，因此，包装类单证就成为发票的附属单证。它是商业单证中的重要单据，包括装箱单、重量单和尺码单等。

一、装箱单

(一) 装箱单的含义和作用

延展阅读

装箱单（Packing List/Packing Specification）也称包装单、花色码单、码单，是用于说明货物包装细节的清单。除散装货物外，卖方一般都向买方提供装箱单作为发票的补充，以便在货物到达目的港后，供海关查验货物和收货人核对货物。装箱单的内容因货物不同而各异，主要载明所装货物的名称、规格、数量、花色搭配等详细情况。

(二) 装箱单的主要内容

装箱单的内容应与实际货物装箱情况相符，并与商业发票上所列货物名称、数量等内容一致。装箱单无统一格式，但基本栏目相似，其内容如下。

1. 抬头。内容同发票，也有不列抬头而注明"As per Inv."或"To whom it may concern"。

2. 品名和规格。内容同发票，但装箱单着重表现货物的包装情况和包装材料，如 Packed in seaworthy cartons（装入适合海洋运输的纸箱），一般不显示货物价格和装运情况，对货物描述以使用统称为多。

3. 包装及数量（Packing/Packed in）。注明每种货物的包装件数和合计数，如 Packed in 100 cartons of 2 pieces each（装 100 箱，每箱 2 件），并在装箱单的长、宽、高（Length/Width/Height）和体积（Measurement）栏内标出每个包装件的实际尺寸。

在单位包装货量或品种不固定的情况下，需注明每个包装件内的含量，并根据包装件编号，一一列出。在每一个包装件内，一般尽可能详细地列出从最小包装到最大包装所使用的包装材料、包装方式等细节，如 25kgs net in a poly woven cloth laminated with outer 2-ply kraft paper bag（每个聚乙烯塑料袋内净装 25 千克，外套双层牛皮纸袋）。

4. 毛重（Gross Weight，G. W）及净重（Net Weight，N. W）。注明总毛重和总净重，有的也

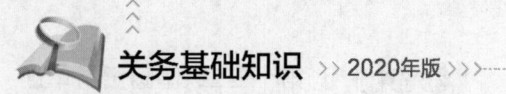

列明货物的单件毛重、净重或皮重。不定量包装货物，通常要逐件列出单件重量。

5. 唛头。唛头内容一般与发票所列相同，有时仅在装箱单中列明。

（三）装箱单样本

装箱单样本如图 14-3 所示。

上海华纱进出口有限公司

CHINA ARTEX SHANGHAI IMPORT AND EXPORT CORPORATION

18 XIZANG NORTH ROAD SHANGHAI, CHINA

PACKING LIST

Tel：021-35788887   Invoice No.：ATX051212

Fax：021-35788876   Date：Oct. 08，2011

E-mail：giec@168.com   S/C No.：GD-11ATX2509

L/C No.：TH5391

Sold to Messrs：

THE ABCDE GROUP，INC.   Marks & No. s

445 KENNEDY DRIVESAYREVILLE，NEW JERSEY

FROM：SHANGHAI   TO：NEWYORK VIA HONGKONG BY VESSEL

Case No.	Description of Goods	QTY	N. W	G. W	MEAS
1-40	GARMENTS 100% COTTON JERSEY BABY'S OVERALL 2,000PCS	50PCS/CARTONS 40CARTONS	@ 4. 00KGS 160. 00KGS	@ 5. 00KGS 200. 00KGS	@（42×23×25）CM 0. 966CBMS
41-80	100% COTTON JERSEY BABY'S BEATLE 2,000PCS	50PCS/CARTONS 40CARTONS	@ 8. 50KGS 340. 00KGS	@ 10. 00KGS 400. 00KGS	@（55×30×34）CM 2. 244CBMS
TOTAL:	4,000PCS	80CARTONS	500. 00KGS	600. 00KGS	3. 210CBMS

TOTAL QUANTITY：4,000PCS；PACKING 80 CARTONS.

TOTAL PAKED IN EIGHTY CARTONS ONLY.

WE HEREBY CERTITY THAT ABOVE MENTIONED GOODS ARE OF CHINESE ORIGIN

CHINA ARTEX SHANGHAI IMPORT AND EXPORT CORPORATION

WANG LIQIN

图 14-3　装箱单样本

二、其他包装单据

(一) 重量单

重量单是详细记载货物重量情况的单据。除装箱单上的内容外，重量单上必须尽量清楚地列明货物的毛重、净重及总的毛重和净重情况，供买方安排运输、存仓、销售时参考。重量单总的毛重和净重必须与商业发票、运输单据、原产地证书等的描述一致。

重量单样本如图 14-4 所示。

WEIGHT LIST

Shipper/Export/Manufacturer Shipper/Export/Manufacturer ABCDEF TRADING,LTD. 9/F,SOUTHERN B/D 13 PERTH WA AUSTRALIA		NO. & date of invoice AJS-038 Feb. 06,2009	
		CONTRACT NO. PZ-AB54201	
Ship to ZHEJIANG MINERAL(GRO UP)CO. LTD. ××××RD,CHINATING INDU CAMPUS HANGZHOU,CHINA		TEL:42-2-783-×××× FAX:42-2-783-××××	
Notify Party SAME AS CONSIGNEE			
Port of loading DAMPIER,AUSTRALIA	Port of Discharge NINGBO,CHINA	Marks and Numbers IN NUDE PACKING	
Carrier NEW ORIENT V -423S	Final destination NINGBO,CHINA		
Nos. of Package	Description of Goods	Net-weight(kgs)	Gross-Weight(kgs)
30 BUNDLES	ELECTROLYTIC REFINED COPPER	16,101.680	17,001.680

Details：

B/No.	N. W(kgs)	G. W(kgs)	B/No.	N. W(kgs)	G. W(kgs)	B/No.	N. W(kgs)	G. W(kgs)
1	523.500	553.500	11	515.550	545.550	21	540.000	570.000
2	523.500	553.000	12	530.500	560.570	22	540.000	570.000
3	530.000	560.000	13	530.570	560.570	23	540.000	570.000
4	510.800	540.800	14	524.000	554.000	24	530.000	560.400
5	570.000	600.000	15	590.000	620.000	25	530.000	560.000
6	550.000	580.000	16	582.000	612.000	26	525.000	555.750
7	550.000	580.000	17	515.550	545.550	27	523.680	553.680
8	550.000	580.000	18	530.255	560.255	28	510.500	540.500
9	545.000	575.000	19	530.255	560.255	29	520.000	550.000
10	545.000	575.000	20	550.300	580.300	30	545.200	575.200

PACKED IN BUNDLES BY BINDING STEEL RIBBON；
LOADED ON BOARD THE VESSEL WITH 3% MAX. MORE OR LESS ALLOWED ACCORDING TO THE CONTRACT NO.
PZ-AB54201

Signed by ABCDEF TRADING,LTD
JAMES ABOT

图 14-4　重量单样本

（二）尺码单

尺码单是侧重于说明货物每件的尺码和总尺码的包装单据，即在装箱单内容的基础上再重点说明每件、每个不同项目货物的尺码和总尺码。如果不是统一尺码应逐件列明。

尺码单样本如图14-5所示。

MEASUREMENT LIST

Shipper：MC PACKING（JIADING）CO.，LTD（measurement）

12，TACHENG ROAD JIADING DIC.

SHANGHAI CHINA

Invoice Number/Invoice Date：

N32714/04/01/2012

Mode of transport：SEA

Consignee：LUCEN TRADING（PTE）LTD.

29 GUL CIRCLE，JURON TOWN

SINGAPORE 623617

FOB SHANGHAI

No.	Material Description	Quantity	Unit	N. W （kgs）	G. W （kgs）
	Grand-total	17	Pcs	29192. 86	29543. 90

Measurement

Pallet No.	Pallet Dimension （M）	Measurement （CBM）
1	8258×999. 5×300	0. 25
2	8258×999. 5×300	0. 25
3	8258×999. 5×370	0. 30
4	8258×999. 5×370	0. 30
5	8258×999. 5×370	0. 30
6	8258×999. 5×370	0. 30
7	8258×999. 5×370	0. 30
8	8258×999. 5×370	0. 30
9	8258×999. 5×370	0. 30
10	8258×999. 5×215	0. 18
11	8258×999. 5×215	0. 18
12	8258×999. 5×215	0. 18
13	8258×999. 5×355	0. 29
14	8258×999. 5×355	0. 29
15	8258×999. 5×210	0. 17
16	8258×999. 5×210	0. 17
17	8258×999. 5×210	0. 17

Grand-total   4. 23CBM

DAVID LI MING

图14-5　尺码单样本

【复习思考题】

1. 试述包装类单证的主要作用。

2. 试述装箱单、重量单、尺码单各栏目描述内容的含义及英文表现形式。

第四节　运输类单证

【学习目标】

本节旨在让学习者了解海洋运输和航空运输方式的单证内容，为学习者在办理通关事务实践中，正确申报国际买卖货物运输状况奠定基础。

完成本节学习，学习者应取得以下成果：

1. 了解海运提单、海运单、航空运单、铁路运单、邮包收据的含义、性质及承托双方当事人的权利与义务；

2. 熟悉各类提单的表现形式、作用及其意义；

3. 掌握提单、运单各栏目的内容，熟悉其英文表现形式，能按通关要求正确获取国际买卖货物的运输信息。

【基本概念】

海运提单、海上货运单、航空运单、铁路运单、邮政收据

【建议学习时间】

2 课时

运输单证是证明货物已经交付承运人接管或已装上运输工具或已发运的书面证明。国际贸易货物采用不同的运输方式，承运人或无船承运人签发不同的运输单证。这些运输单证中，有的作为交接货物的依据，有的用作结算货款的凭证，也有的代表货物的所有权凭证，可流通转让。

按照不同的运输方式，运输单证主要有海洋运输单证、航空运输单证、陆路运输单证、邮政运输单证、联合运输单证等。本节主要介绍海运提单、海上货运单、航空运单、铁路运单和邮政收据。

一、海运提单

延展阅读

（一）含义和作用

海运提单（Ocean Bill of Lading）简称提单，是指用以证明海上货物运输合同和货物已经由承运人接管或者装船，以及承运人保证据以交付货物的单据。

实际业务中，海运提单的性质和作用表现在三个方面：

1. 海运提单是承运人应托运人的要求所签发的货物收据，表明承运人已按提单所列内容收到了货物。

2. 海运提单是承运人和托运人之间订立运输合同的证明。提单条款明确规定了承运人与托运人之间的权利与义务、责任与豁免，是处理双方之间有关海洋运输方面争议的主要依据。

3. 海运提单是物权凭证。它是代表货物所有权的凭证，收货人或提单的合法持有人有权向承运人提取货物。作为一种物权证明，持有人还可在载货船舶到达目的港之前先行转让，也可向银行押汇。

（二）种类

提单可从不同的角度进行分类，常见的提单如表14-1所示。

表14-1　海运提单分类表

分类角度	名称	含义	注明方法	备注
根据货物外包装状况进行分类	清洁提单（Clean B/L）	货物装船时表面状况良好，承运人未加有不良批注的提单	一般印有"在提单内所列货物表面状况良好"一类词句，未加有其他不良批注	UCP600规定，银行只接受未载有明确宣称货物及（或）包装有缺陷的条款或批注的清洁运输提单
	不清洁提单（Unclean B/L）	承运人在提单上另加有货物及（或）包装有缺陷的批注的提单	承运人在提单上批注"外箱破裂""雨淋""唛头不清"等	
根据货物运输方式分类	已装船提单（On Board B/L）	承运人在货物已装船后签发给托运人的提单	1. 预先印就表明货物已被装上指名船只或已装运于指名船只的文字。此时装运日期和装船日期为签发日期。2. 在收妥备运提单上加批注，即装船结束时在此类提单上批注货物装船日期和实际装货船名，则成为已装船提单。此时，批注日期即装运日期和装船日期	一般信用证均要求提交已装船提单。备运提单由于在装货前已经签发，因此不利于收货人安全收货，信用证项下银行一般不接受此种提单
	备运提单（亦称收货提单）（Received for Shipment B/L）	承运人应托运人要求，在收货后等待装船期间先行签发的一种提单	提单开头一般有如下声明文句："兹有……收到下列货物……"未载明船名、装船日期	
根据收货人抬头不同分类	记名提单（Straight B/L）	必须有收货人本人持单提货的提单，一般不可转让	收货人一栏载有收货人名称	
	不记名提单（Blank B/L）	未指明收货人，任何人持有该提单均可提货的提单，无须背书即可转让	收货人一栏留空不填或填"持有人（To Bear）"	
	指示提单（Order B/L）	按记名人或非记名人的指示提货的提单，可背书转让	在收货人一栏填有"凭指示（To Order）"或"凭某人指示（To Order of…）"字样	

分类角度	名称	含义	注明方法	备注
根据货物运输方式分类	直达提单（Direct B/L）	同一船舶将货物自装运港一直运送到目的港条件下签发的提单	仅列有装运港和目的港	
	转船提单（Transshipment B/L）	在运输全程中货物自装运港到最终目的港中途需要换船转运条件下签发的提单	列明了装运港、目的港和转运港，有的注明了二程船或者三程船的名称	
	联运提单（Through B/L）	在运输全程中需有两种以上运输方式才能将货物自装运港运至最终目的港条件下，由第一承运人（船公司）签发的提单	列明了装运港、目的港和交货地（表明第一程运输为海运，到达目的港后高位其他运输方式）	
根据使用效力分类	正本提单（Original B/L）	在法律和商业上都是公认有效的单证	提单上须注明"Original"字样，并载有承运人、船长或代理人签字盖章及提单签发日期	
	副本提单（Copy B/L）	仅作业务参考用	没有承运人、船长或代理人签字盖章，一般注明"Copy"或"Non-negotiable"	

（三）主要内容

海运提单的内容可分为固定部分和可变部分。固定部分是指海运提单背面的运输契约，这一部分一般不做更改。可变部分是指海运提单的正面各个栏目须填写的内容，要根据运输货物、运输时间、托运人及收货人的不同情况填写。

提单的格式很多，每个船公司都有自己的提单格式，但基本内容大同小异，主要包含以下项目：

1. 承运人名称（Carrier）

提单是承运人签发的，因此承运人的名称一般事先印制在提单的显著位置。

2. 提单号码（B/L No.）

本栏注明提单的顺序号，该编号与装货单一致。提单号是货物查询、货物跟踪、收运杂费、报检、报关等环节中不可或缺的一项重要内容。

3. 托运人（Consigner/Shipper）

本栏注明与承运人签订运输契约的人，一般为出口人。有时出口人是实际供货商的代理，此时实际供货商也可以是托运人。

4. 收货人（Consignee）

本栏有记名式、指示式、不记名式三种方式。

（1）记名式，收货人的名称和地址被记载在该栏目。

（2）指示式，收货人栏有两种：一是记载"To Order"（凭指示），称为托运人指示提单。记载"To Order of Shipper"时与"To Order"一样，也是托运人指示提单。在托运人未指定收货人或受让人以前，货物仍然属于托运人。二是记载 "To Order of…"（凭……的指示），则称为记名指示提单，由被记名的指示人指定收货人或受让人，被记名的指示人可以是银行也可以是商家。

（3）不记名式，收货人一般为 "To Bear"（交持票人），即空白抬头。

5. 被通知人（Notify Party）

被通知人是接受船方发出货到通知的人，它是收货人的代理人。如果收货人栏采用指示式、不记名式，此栏一般为实际的收货人，通常为进口人。

6. 前段运输（Pre-carriage by）

本栏记载正式装上海轮前在收货地采用的运输工具，如 "By Train No. …"（火车）或 "Truck"（汽车）；如果前段运输采用船舶，则记载该船名称。

7. 收货地点（Place of Receipt）

本栏填写货物需转运时运抵装运港前一段收货的地点。若不需要转运，此栏空白不填。

8. 船名及航次（Ocean Vessel/Voyage No.）

根据实际装运的船名和航次填写。若是收妥待运提单，在货物实际装船完毕后再填写船名。

9. 装运港（Port of Loading）

本栏填写直接装运货物上船的港口。如果货物需要转运，列明转运港口名称。

10. 卸货港（Port of Discharge）

本栏填写货物最后卸货的港口。若货物直达目的港，卸货港为最后目的港。如果货物需转运，装运港后面没有注明中转港，则可在目的港之后加注。

11. 交货地点（Place of Delivery）

本栏填写最终目的港名称。如果货物的目的地就是目的港，则这一栏可填写为目的港或者空白不填。

12. 标记与号码、集装箱号及封志号（Marks & Nos/Container No. & Seal No.）

提单上的标记唛头应与本批货物的其他单证一致，没有唛头时，用 "N/M" 表示。如果货物采用集装箱运输，所使用的每一个集装箱的号码、封号等列明在集装箱号及封志号栏中。

13. 件数、包装种类（Number and Kind of Packages）

本栏的件数指本海运提单项下装船出口的货物包装件的数量，而非货物的数量。对不同货物的运输，本栏可做如下记载。

（1）包装货物，应注明最大包装数量和单位，例如，"1000 Bales" "250 Drums" 等。

（2）散装货物，应注明 "In Bulk" 字样。裸装货物应注明件数，如一台机器或一辆汽车，填 "1Unit"；100 头牛，填 "100 Heads" 等。

（3）货物有两种或多种包装，且包装方式、包装材料不同，如 "5 Cartons" "10 Bales" "12 Cases" 等，件数栏内容要逐项列明，同时应注明合计数量，如上述包装数量可合计为 "27 Packages"。

（4）托盘装运，列明托盘数量，同时用括号加注货物包装件数，如 "5 Pallets"（60 Cartons），提单内还应加注 "Shipper's Load and Count"。

（5）合计栏，列明各种包装方式最大包装件合计数的英文大写（Total Number of…）。

14. 货物描述（Description of Goods）

货物的名称一般为大类统称，而无货物的详细品名及规格，但用途不同的大类产品一般分别列明。

15. 毛重（Gross Weight）和体积（Measurement）

一般以"公吨"作为重量单位，以"立方米"作为体积单位，小数点后保留三位。

（四）海运提单样本

海运提单样本如图14-6所示。

Shipper		B/L No. 承运人 *CARRIER* 中远集装箱运输有限公司 **COSCO CONTAINER LINES** Port-to-Port or Combined Transport BILL OF LADING ORIGINAL RECEIVED in external apparent good order and condition except as otherwise noted. The total number of packages or units stuffed in the container. The weight, measure, marks, numbers, quality, contents and value mentioned in this Bill of Lading are to be considered unknown unless the contrary has expressly acknowledged and agreed to. The signing of this Bill of Loading is not to be considered as such an ag-reement. On presentation of this Bill of Lading duly endorsed to the *Carrier* by or on behalf of the Holder of Bill of Lading, the rights (Terms of Bill of Lading continued on the back hereof)
Consignee		
Notify party		
Pre-carriage by	Place of Receipt	
Ocean Vessel Voy. No.	Port of loading	
Port of Discharge	Place of delivery	

Marks & Nos. Container No.	No. & kind of pkgs	Description of goods		Gross weight	Measurement
Total No. of container or other pkgs or units (in words)					

Freight & charges	Revenue Tons	Rate	Per	Prepaid	Collect

Ex rate	Prepaid at	Payable at	Place and date of issue: NINGBO 20 NOV., 2008
	Total prepaid	No. of B(s)/L (9) THREE	Signed by
Laden on board the Vessel: Date: By:			

图 14-6　海运提单样本

二、海上货运单

（一）含义和作用

海上货运单（Sea Waybill/Ocean Waybill），简称海运单，是证明海上货物运输合同和货物由承运人接管或装船，以及承运人保证据以将货物交付给单证所载明的收货人的一种不可流通的单证，因此又称不可转让海运单（Non-negotiable Sea Waybill）。

在实际业务中海运单的性质和作用主要表现在：

1. 海运单是承运人和托运人之间的海上运输合同证明。

2. 海运单是出运货物的收据。不同于海运提单的是，海运单不是物权凭证，不可以背书转让。收货人不凭海运单提货，承运人也不凭海运单而是凭海运单载明的收货人的身份证明或提货通知交付货物，只要该凭条能证明其为海运单上指明的收货人即可。

由于对进口商而言，海运单提货方便、及时、费用节省，能有效防止假单据欺诈，而且有利于推行 EDI 电子数据交换，所以海运单的使用范围正在逐步扩大。但是，目前海运提单仍然是最主要的海运单据。

（二）主要内容

海运单的内容和含义与提单基本相同，在此不再赘述。但需要指出的是，由于海运单是不可转让的，亦不能作为物权凭证，所以海运单的收货人一栏必须是实际的收货人，而不能做成可转让形式的抬头，如"凭指示"（To Order）或"凭××指示"（To Order of…）。

三、航空运单

（一）含义和作用

航空运单（Air Waybill）是承运人签发给托运人表示已经收妥货物接受空运的货运单据，是承运人和托运人之间的运输合同和货物收据。航空运单与海运提单不同，它不是物权凭证，不能凭此提货或转让。货到目的地后，收货人凭承运人发出的到货通知书提货。航空运单依签发人不同可分为总运单（Master Air Waybill/MAWB）和分运单（House Air Waybill/HAWB）。总运单是航空公司签发的，分运单是航空货运代理公司签发的，两者的内容基本相同，法律效力相当，对于托运人或发货人而言，只是承担货物运输的当事人不同。

（二）主要内容

不同的航空公司和航空货运代理公司的航空运单各有不同，但大多借鉴 IATA 推荐的标准格式，差别并不大，其基本内容如下。

1. 收发货人名称及地址。一般发货人栏填写出口方的名称及地址（Shipper's Name and Address），收货人栏填写进口方的名称和地址（Consignee's Name and Address）。因航空运单不能转让，所以收货人栏不能出现"To Order"（凭指示）之类的字样。

2. 承运人代理的名称及所在城市（Issuing Carrier's Agent Name and City）。若运单由承运人代理人签发时，此栏为实际名称及城市。如航空运单由承运人签发，此栏可空白不填。

3. 始发站机场名称、第一承运人地址和所要求的运输路线 ［Airport of Departure (Add. of First Carrier) and Requested Routing］。

4. 目的站机场名称 (Airport of Destination)。货物如需转运，则在栏目"To"（至）中填转运点的名称，并注明由谁承担第一程运输 (By Fist Carrier)。

5. 会计结算情况 (Accounting Information)。一般根据实际情况填写运费预付或运费到付等内容。

6. 费用币制 (Currency)。注明始发国的货币国际标准代码，如"CNY"（人民币）。

7. 运费及声明价值费 (WT/VAL, Weight Charge/Valuation Charge)。航空运费"WT/VAL"，指根据货物计费重量乘以适用的运价收取的运费。声明价值费是指下列第八项所列向承运人申报价值时，必须与运费一起交付的声明价值费。

8. 供运输使用的声明价值 (Declared Value for Carrier)。按国际公约规定，托运人在交付托运时需声明货物价值，如发生货损，承运人按其声明价值赔偿。声明价值必须标明币制。如不声明价值，此栏则填写"N. V. D."(No Value Declared)。

9. 供海关适用的申报价值 (Declared Value for Customs)。此栏所填数据为海关征税依据。如本地以商业发票或出口货物报关单申报价值为征税依据时，可留空不填或填"As Per INV."（根据发票）。如作为货样等极少数量货物，可填"N. C. V."(No Commercial Value)，表明没有商业价值。

10. 商品名称、包装件数、毛重 (Commodity, No. of Pieces, Gross Weight)。

11. 费率及运费总额 (Rate/Charge, Total)。

12. 发货人或代理人签名 (Signature of Shipper or Its Agent)。由发货人或代理人在此栏签名，保证该货物并非危险货物。

13. 承运人或其代理签字及签发运单日期、地点 ［Exwcuted on … (Date) at … (Place), Signature of Issuing Carrier or Its Agent］。正本航空运单必须由承运人或其代理人签章后才能生效。

按照国家惯例，承运人或其代理人签发的航空运单正本有三份，分别由航空公司、发货人和收货人留存。

（三）航空运单样本

航空运单样本如图 14-7 所示。

Shipper's Name and Address		Shipper's Account Number		Not Negotiable **Air Waybill** 中国东方航空公司 Issued by CHINA EASTERN AIRLINES 2250 HONGQIAO ROAD SHANGHAI CHINA
Consignee's Name and Address		Consignee's Account Number		Copies 1,2 and 3 this Air Waybill are originals and have the same validity
				It is agreed that goods described herein are accepted in apparent good order and condition（except as noted） for carriage SUBJECT TO THE CONDITIONS OF CONTRACT ON THE REVERSE HEREOF. ALL GOODS MAY BE CARRIED BY ANY OTHER MEANS INCLUDING ROAD OR ANY CARRIER UNLESS SPCIFIC CONTRARY INSCTRCTIONS ARE GIVEN HEREIN BY THE SHIPPER, AND SHIPPER AGREES THAT THE SHIPMENT MAY BE CARRIED DEEMS APPROPRIATE. THE SHIPPER'S ATTENTION IS DRAWN TO THE NOTICE CONCERNING CARRIER'S LIMITATION OF LIABILITY. Shipper may increase such limitation of liability by declaring a higher value for carriage and paying a supplemental charge of required.
Issuing Carrier's Agent Name and City				Accounting Information
Agents IATA Code		Account No.		
Airport of Departure （Add. of First Carrier） and Requested Routing				

To	By First Carrier	Routing and Destination	To	By	To	By	Currency	Chgs Code	WT/VAL		Order		Declared val for Carrier	Declared val for Customs
									PPD	COLL	PPD	COLL		

Airport of Destination	Requested Flight/Date		Amount of Insurance	If shipper requests insurance in accordance with the conditions thereof indicate amount to be insures in figures in box marked "Amount of Insurance".
Handling Information				

No. of Place RCP	Gross Weight	kg lb	Rate Class / Commodity Item No.	Chargeable Weight	Rate / Charge	Total	Nature and Quantity of Goods （Incl. Dimensions or Volume）

Prepaid	Weight Charge	Collect	Other Charges
	Valuation Charge		
	Tax		
	Total other Charges Due Agent		Shipper certifies that particular's on the face hereof are correct and agree THE CONDITIONS ON REVERSE HEREOF:
	Total Charges Due Carrier		Signature Shipper or his Agent
Total Prepaid	Total Collect		Carrier certifies that the goods described hereon are accepted for carriage subject to THE CONDITION OF CONTRACT ON THE REVERSE HEREOF. The goods then being in apparent good order and condition except as noted hereon.
Currency Conversion Rate	CC Charges in Dest Currency		
For Carriers Use only at Destination	Charges at Destination	Total Collect Charges	Executed （date） at （place） Signature of issuing Carrier 789-3905 0933

图 14-7　航空运单样本

四、铁路运单

铁路运单（Railway Bill）是铁路承运人收到货物后所签发的铁路运输单据。我国国际贸易铁路运输按营运方式分为国际铁路联运和国内铁路运输两种方式。前者使用铁路运单，后者使用承运货物收据。

1. 国际铁路联运运单

国际铁路联运运单是国际铁路联运的主要运输单据，它是参加联运的发送国铁路与发货人之间订立的运输契约，其中规定了参加联运的各国铁路和收、发货人的权利和义务，对收、发货人和铁路都具有法律约束力。当发货人向始发站提交全部货物，并付清应由发货人支付的一切费用，经始发站在运单和运单副本上加盖始发站承运日期戳记，证明货物已被接管承运后，即认为运输合同已经生效。

铁路运单一式五联，第一联为运单正本，随同货物到达终点站，并交给收货人，它既是铁路承运货物出具的凭证，也是铁路与货主交接货物、核收运杂费和处理索赔与理赔的依据；第二联为运行单，随货走，是铁路办理货物交接、清算运费、统计运量和收入的原始凭证，由铁路留存；第三联为运单副本，由始发站盖章后交发货人，是卖方凭此向收货人结算货款的主要证件；第四联为货物交付单，随货走，由终点站铁路留存；第五联为到达通知单，由终点站随货物交收货人。

2. 承运货物收据

承运货物收据（Cargo Receipt）是对港澳铁路运输中使用的一种结汇单据。该收据包括大陆段和港段两段运输，是代办运输的外运公司向出口人签发的货物收据，也是承运人与托运人之间的运输契约，同时还是出口人办理结汇手续的凭证。

五、邮政收据

邮政收据（Parcel Post Receipt）是邮政运输的主要单据，它既是邮局收到寄件人的邮包后所签发的凭证，也是收件人凭以提取邮件的凭证，当邮包发生损坏或丢失时，它还可以作为索赔和理赔的依据，但邮政收据不是物权凭证。

【复习思考题】

1. 试述运输类单证的主要作用。
2. 海运提单与海运单有何区别？
3. 海运提单可以从哪些角度分类，各包括哪些提单，表现形式如何，意义何在？
4. 正确表述海运提单、航空运单各栏目描述内容的含义及英文表现形式。

第五节　结算类单证

【学习目标】

本节旨在让学习者了解国际货物买卖中以银行信用保证作为货款结算方式的信用文件和常用支付工具汇票的单证内容，以便学习者正确、全面理解与交易双方切身利益相关的单据表现形式。

完成本节学习，学习者应取得以下成果：

1. 了解信用证的含义和作用，掌握 SWIFT 信用证的特点和结构；

2. 掌握信用证与汇票的内容。

【基本概念】

信用证、汇票

【建议学习时间】

2 课时

国际货物买卖中，由于交易双方分处不同的国家和地区，货款结算通常会涉及支付方式、支付工具等问题，这些问题直接关系到交易双方的切身利益。在实际业务中，为了收汇安全，大都采用属于银行信用的信用证结算方式来降低收汇风险，并以外汇票据而非现金作为主要工具来流通。

一、信用证

信用证的含义、特点、作用已在本篇第十三章第三节做了较详细的描述，此处仅介绍信用证业务中应用较广泛的 SWIFT 信用证。

（一）SWIFT 简介

SWIFT 是环球金融银行电讯协会（Society for Worldwide Interbank Telecommunication）的简称。它是一个国际银行同业间非盈利性的国际合作组织，专门从事传递各国（地区）之间非公开性的国际金融电讯业务，其中包括外汇买卖、证券交易、开立信用证、办理信用证项下的汇票和托收等，同时还兼理国际账务清算和银行资金调拨。

SWIFT 于 1973 年 5 月在比利时成立，总部设在布鲁塞尔，在荷兰阿姆斯特丹和美国纽约分别设有交换中心（Swifting Center），并为各参加成员开设集线中心（National Concentration），为国际金融业务提供快捷、准确、优良的服务。目前，已由 2000 多家分设在包括我国在内的不同国家和地区的银行参加该协会并采用其信息网络系统。

在国际贸易信用证方式结算中，都采用电报和电传开证，各国银行标准不一，条款和格式也各不相同，而且文字烦琐。采用 SWIFT 信用证后，使信用证具有标准化、固定化和统一格式的

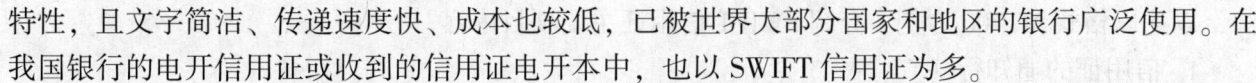

特性，且文字简洁、传递速度快、成本也较低，已被世界大部分国家和地区的银行广泛使用。在我国银行的电开信用证或收到的信用证电开本中，也以 SWIFT 信用证为多。

（二）SWIFT 信用证的特点

凡依据国际商会所制定的电讯信用证格式设计，利用 SWIFT 网络系统设计的特殊格式（Format）并传递的信用证信息（Message），即通过 SWIFT 开立或通知的信用证称为 SWIFT 信用证，也称环银电协信用证。其主要特点如下：

1. 格式标准化，安全性高。对于 SWIFT 电文，该系统有统一的要求和格式，使用规定的代码（Tag），做到用语标准化；电文的收发均有使用者的代号（User I/D）及密码（Password）对全证加密控制，且密码定时更换，保障 SWIFT 电文的安全性。

2. 解释统一，费用较低。采用 SWIFT 信用证，必须遵守 SWIFT 使用手册的规定，按国际商会制定的《跟单信用证统一惯例》的规定处理，证中可以省去银行的承诺条款（Undertaking Clause），但并不因此免去银行所应承担的义务。与传统电讯开证方式相比较，同样多的内容，SWIFT 的费用只有电传（Telex）的 18%、电报（Cable）的 2.5% 左右，费用较低。

3. 服务范围广，处理业务快。除信用证外，凡会员银行的有关国际银行业务的电讯均可使用 SWIFT 系统。每笔交易从发出电讯到收到对方确认只需 1~2 分钟，并可 7 天 24 小时连续不停地运转。

（三）SWIFT 信用证的结构

SWIFT 信用证因使用系统设计的特殊格式传送，有其特殊的固定结构，目前使用的格式代号为 MT700 和 MT701。以下是格式结构简介：

1. 电文表现形式。SWIFT 信用证电文由"项目"（Field Name）、"项目代号"（Tag）和"项目内容"（Content）三栏组成。项目是开证人申请开立信用证时按规定提出的，不同交易的信用证项目数量并不一致。每个项目的代号由两位固定的数字或两位数字加英文字母组成，如项目"Latest Date of Shipment 44C"（最后装运日，代号 44C）。代号不同，其含义不同，如"Applicant 50（申请人，代号 50）""Documents Required 46A（应具备单据，代号 46A）"。

2. 项目的选用。SWIFT 手册规定的信用证项目分为必选项目（Mandatory Field）和可选项目（Optional Field）两类。选用必选项目是构成信用证合法性的必要条件，如"31 Date and Place of Expiry"（信用证有效期和到期地点）；可选项目亦称备选项目，是另外增加的，开证人可根据合同等实际情况选用若干项，如"39B Maximum Credit Amount"（信用证最大限制金额）。

3. 项目内容表示。项目内容的本质是开证银行承诺付款的条件，属于信用证条款。它也是信用证结算货款方式下受益人（出口商）制作单据的依据。其内容涉及业务面广、专业性强并应符合《跟单信用证统一惯例》的规则，是信用证的核心部分，表述时必须准确、全面、详尽。但是，SWIFT 信用证电讯格式对项目内容描述的数字和文字都有字数限制，电文一般以商务英语短句形式出现，且通常无主语和标点符号。这种表示方式，对相关业务人员提出了较高的专业素养要求。

（四）SWIFT 信用证的内容

信用证的内容除涉及该结算方式下整个贸易各环节业务外，还牵涉银行信用证业务的相关做法，以下以格式 MT700 为例，介绍 SWIFT 信用证主要项目内容。

1. 信用证的通知行（To：…）。

2. 信用证的开证银行（Fm：…）。

3. 信用证的性质（40A：Form of Doc. Credit）。根据《跟单信用证统一惯例》的规定，信用证是不可撤销的。

4. 信用证的号码（20：Doc. Credit Number）。

5. 信用证的开证日期（31C：Date of Issue）。SWIFT 格式表达日期的顺序是"年月日"，共六位数。

6. 该证的到期日和到期地点（31D：Date and Place of Expiry）。信用证的到期地点可以是开证行所在地，也可以是受益人所在地。如果是开证行所在地，受益人应提出修改，否则要把握好向开证行交单的时间和邮程，防止信用证失效。

7. 开证人（50：Applicant）。一般由订立买卖合同的买方申请开证，在该栏记载名称和地址信息。

8. 受益人（59：Beneficiary）。受益人是订立买卖合同的买方，在该栏记载名称和地址信息。

9. 信用证币种和金额（32B：Currency Code，Amount）。在 SWIFT 格式中，金额的小数点用逗号"，"表示。

10. 信用证总金额允许上下浮动的比率（39A：Percentage Credit Amount Tolerance）。例如，允许上下浮动 5%，则表示成"05/05"。

11. 押汇银行及押汇方式（41A：Available with…by…）。该项目实际上反映的是信用证的使用范围和银行付款的类型。如证上显示"Available with…bank"，则表示此证应在有效期内交到指定的"……银行"；如果显示"Available with any bank"，则表示此证中的单据可被交到任何银行。"By"后面跟的是银行付款类型，如即期付款、延期付款、承兑和议付等。

12. 信用证中汇票付款的期限（42C：Drafts at…）。如是"即期"，则表示成"At…sight"。

13. 汇票的付款人（42A：Drawee）。一般情况下是开证行，但有时也会是一个开证行指定的偿付行。

14. 货物是否允许分批出运（43P：Partial Shipment）。如是则显示"Allowed"，如否则显示"Prohibited"。

15. 货物在运输途中是否允许转运（43T：Transshipment）。如是则显示"Allowed"，如否则显示"Prohibited"。

16. 装船、发运或接受监管的地点（44A：Loading on board/Dispatch/Taking in charge at/from…）

17. 货物装于至最终的目的地（44B：For Transportation to）。

18. 最后装运日（44C：Latest Date of Shipment）。表明该证项下的货物不能迟于此日期出运。

19. 货物描述及/或交易条件（45A：Description of Goods and/or Serice）。显示该证项下货物名称、规格、单价、数量等具体情形及相关交易条件。

20. 应具备的单据（46A：Documents Required）。表明该信用证要求提交哪些单据及对单据制作的要求，受益人所递交的单据和内容应符合的要求。

21. 附加条款（47A：Additional Condition）。通常是受益人的补充要求，有的需要在相关单据中显示出来，有的则是非单据化条件，需要受益人认真审核、对待。

22. 费用（71B：Charges）。表明受益人承担的信用证费用，如果该项目缺省，则表明除了议付费、转让费外，所有费用由开证申请人承担。

23. 交单的期限（48：Period of Presentation）。受益人向银行交单的期限，该项目是可选项目，如果缺省，按《跟单信用证统一惯例》规定，交单的期限为提单出单日后的21天内，但是无论如何不能超过信用证的有效期。

24. 该证有无被开证行要求加具保兑（49：Confirmation Instruction）。

25. 该证有无偿付行（53A：Reimbursing Bank）。

26. 开证行对付款行、承兑行或议付行的指示（79：Instruction to the Paying／Accepting／Negotiating Bank）。

（五）SWIFT 信用证样本

SWIFT 信用证样本如图 14-8 所示。

HONGKONG & SHANGHAI BANKING CORP

Incorporated in Hong Kong with Limited Liability

P. O. Box 085-151,

186 Yuan Ming Yuan Road，Shanghai

To：

CHINA ARTEX SHANGHAI IMPORT AND Our ref：464311

EXPORT CORPORATION 04 OCT 2011

18 XIZANG NORTH ROAD

SHANGHAI，CHINA

Dear Sirs，

IRREVOCABLE DOCUMENTARY CDEDIT NO TH5391

In accordance with the terms of Article 7a of UCP600 we advise,

without any engagement on our part，having received the following

Teletransmission，Dated 03 OCT. 2011

From ISRAEL DISCOUNT BANK OF NEW YORK

NEW YORK BRANCH

MT 700

40A FORM OF DC：	IRREVOCABLE
20　DOC. NO：	TH5391
31C DATE OF ISSUE：	03 OCT. 2011
31D EXPIRY DATE AND PLACE：	30 NOV. 2011 CHINA
50　APPLICANT：	THE ABCDE GROUP，INC.

445 KENNEDY DRIVE

　SAYREVILLE，NEW JERSEY

图 14-8　信用证样本

59	BENEFCIARY：	CHINA ARTEX SHANGHAT IMPORT AND EXPORT
		CORPORATION 18 XIZANG NORTH ROAD
		SHANGHAI, CHINA
32	DC AMT：	USD12，400.00
41D	AVAILABLE WITH/BY：	ANY BANK IN CHINA BY NEGOTIATION
42C	DRAFTS AT：	SIGHT
42D	DRAWEE：	OURSELVES FOR 100.00PCT INVOICE VALUE
43P	PARTIAL SHIPMENT：	ALLOWED
43T	TRANSSHIPMENT：	ALLOWED
44A	LOADING/DISPATCH AT/FROM：	CHINA
44B	FOR TRANSPORTATION TO：	NEW YORK
44C	LATEST DATE OF SHIPMENT：	10 NOV 2011

45A DESCRIPTION OF GOODS AND/OR SERVICE：

100% COTTON BABY GARMENTS

SPEC.	QNTY	UNIT PRICE	AMOUNT
1）JERSEY BABY'S OVERALL	2,000PCS	USD3.00/PC	USD6,000.00
2）JERSEY BABY'S BEATLE	2,0000PCS	USD3.20/PC	USD6,400.00

UNDER SALES CONTRACT GD-11ATX2509

TERMS CIF NEW YORK

46B DOCUMENT REQUIRED：

√COMMERCIAL INVOICE IN QUINTUPLICATE, MENTIONING COUNTRY OF ORIGIN, AND ALSO STATING "THIS IS TO CERTIFY THAT THE ABOVE MENTIONINGS ARE TRUE AND CORRECT".

√PACKING LIST IN TRIPLICATE.

√INSURANCE POLICE AND/OR CERTIFICATE IN IN DUPLICATE ENDORSED IN BLANK FOR 110 PCT OF THE INVOICE VALUE INCLUDING THE INSTITUTE CARGO CLAUSES<A>, THE INSTITUTE WAR CLAUSES, IN-SURANCE CLAIMS TO BE PAYABLE IN USA IN THE CURRENCY OF THE DRAFTS INDICATING INSURANCE CHARGES.

√FULL SET OF ON BOARD MARINE BILLS LADING MADE OUT TO ORDER OF ISRAEL DISCOUNTBANK OF NEW YORK N. Y. L/C TH5391 MARKED FREGHT PREPAID AND NOTIFY APPLICANT.

√CETIFICATE OF ORIGIN ISSUED BY CIQ.

49 CONFIRMATION INSTRUCTION：WITHOUT

48 PERIOD FOR PRESENTATION：

DOCUMENTS TO BE PRESENTED WITHIN 15 DAYS AFTER DATE OFSHIPMENT BUT

WITHIN THE VALIDITY OF THE CREDIT.

47A ADDITIONAL CONDITIONS：

+THE GOODS TO BE PACKED IN EXPORT CARTONS.

+EACH SET OF DISCREPANT DOCUMENTS WILL BE ASSESSED USD70.00

PRESENTING OUR FEES FOR HANDLING DISCRPANCIES. THESE FEES ARE FOR THE

BENEFICIARYS ACCOUNT AND WILL BE AUTOMTICALLY DUDUCTED FROM THE PROCEEDS OF THE PAYMENT

WHEN EFFECTED.

+ALL DRAFTS MUST BE MARKED DRAWN UNDER ISRAEL DISCOUNT BANK OF NEW YORK, NEW YORK STAT-ING THE DOCUMENTARY CDEDIT NUMBER AND THE DATE OF THIS CREDIT.

图 14-8 信用证样本（续1）

```
71B   ALL BANK CHARGES OUTSIDE USA AND INCLUDING REIMBURSEMENT COMMISSION ARE FOR ACCOUNT OF
      BENEFICARY.
78    INFO TO PRESENTING BK:
      +ALL DOCUMENTS ARE TO BE DESPATCHED TOUS AT 511 FIFTH AVENUE NEW YORK, NY 10017 IN ONE LOT
        BY AIRMAIL
      James C M Wong                              Rapheal Z F YIN
           (0687)                                      (4431)
      Except so far as otherwise expressly stated, this documentary credit is subject to Uniform Customs and Practice for Documentary
Credit (2007 Revision), International Chamber of Commerce Publication No. 600.
```

图 14-8　信用证样本（续 2）

二、汇票

国际贸易货款结算，作为支付工具使用的有货币和票据。货币用于计价和支付。票据用于结算和支付。在实际业务中，以现金结算货款使用较少，仅限于小额交易，大多采用票据进行结算。票据是以支付一定金钱为目的，可以转让流通的证券。票据有汇票、支票和本票三种。在国际货款结算中，以汇票的使用最为广泛。

（一）含义和作用

汇票（Bill of Exchange，简称 Draft 或 Bill），属于资金单据，是一种很重要的有价证券，可以代替货币进行转让或流通。《票据法》对汇票的定义是："汇票是出票人签发的，委托付款人在见票时或者在指定日期无条件支付确定金额给收款人或者持票人的票据。"

按照各国广泛引用或参照的英国票据法所下的定义，汇票是由一人签发给另一人的无条件书面命令，要求受票人见票时或于未来某一规定的或可以确定的时间，将一定金额的款项支付给某一特定的人或其指定人，或持票人。

汇票从不同角度可进行多种分类，就其作用而言都在于支付流通，具体如下：

1. 由银行出票的银行汇票，银行既是出票人，也是付款人。在国际结算中，银行签发汇票后，一般交给汇款人，由汇款人寄交国外收款人向指定的付款银行取款，汇付结算方式中的票汇属于这种情况。

2. 出票人如果是工商企业或个人，属于商业汇票。在国际贸易托收方式结算中，使用商业汇票居多，通常由出口人开立委托银行向国外进口人收取货款使用。如果开立汇票后再附有货运单据，称为跟单托收。

3. 在信用证结算业务中，受益人（出口人）也需要根据信用证的要求开立以银行为付款人的汇票取得资金收益。仅要求受益人出具汇票的信用证称为光票信用证，而要求出具汇票并附有货运单据的信用证则属于跟单信用证。

4. 汇票作为一种有价证券具有流通性，在国际金融市场上可以通过"背书"转让汇票。汇票一经背书，汇票上的收款权利就转让给了受让人，汇票可以多次转让，直至付款期限到达，付款人付款。因此，收款人可将远期汇票向银行押汇。

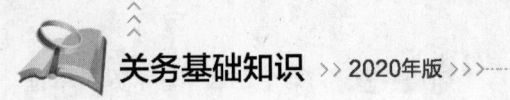
（二）内容

国际贸易中使用的汇票并无统一的格式，但必须按国际票据法的规定记载有关内容。根据《票据法》规定，汇票必须记载下列事项：表明"汇票"的字样、无条件地支付委托、确定的金额、收款人名称、出票日期、出票人签章。未记载规定事项之一的，汇票无效。汇票的主要内容如下：

1. 出票条款。注明出票人开立汇票的依据，一般应具备以下三项内容：

（1）开证行名称、地点（Drawn Under）；

（2）信用证编号（L/C No.）；

（3）信用证的开证日期（Dated）。

出票条款是说明开证行在一定期限内对汇票的金额履行保证付款的法律依据，是信用证项下的汇票不可缺少的主要内容之一。如采用托收方式结算货款，该栏列明有关买卖合同编号。

2. 利息条款（Payable With Interest@…%…）。汇票金额的利率，应根据双方事先约定列明。

3. 汇票号码（No.）。由出票人自行编号列明，在实际业务中，一般都以相应的发票号码据作汇票号码。

4. 汇票的金额（Exchang for）。

5. 出票地点和时间（Place and Date of Issue）。汇票的出票地点一般在汇票上印就，如"Shanghai China"。汇票必须注明出票地点，表明汇票的生效和适用以该地点所在国的法律为依据。汇票的出票时间是所有单据中开立最晚的，一般为到银行交单议付的日期。

6. 付款期限（At…Sight）。通常为即期付款和远期付款两种。没有付款期限的汇票是无效的。

7. 收款人（Pay…）。注明受款人（Payee），即汇票的抬头人，通常有三种形式。

（1）限制性抬头，如"Pay…Co. only"；

（2）指示性抬头，如"Pay to the Order of…"或"Pay…Co. or Order"；

（3）持票人抬头，如"Pay to Bearer"。

实际业务中，汇票的收款人较多地采用指示性抬头。信用证项下，通常以议付行（出口地银行）为受款人，亦可做成受益人为收款人。托收项下的汇票，一般以托收行或出口方为收款人。

8. 汇票金额的大写（The Sum of）。汇票的金额有大小写之分，大小写金额必须保持一致。

9. 付款人的名称和地址（To…）。信用证规定付款人的，按信用证规定填入。信用证未做规定的，则列明开证行为付款人。托收项下汇票的付款人为进口方。

10. 出票人签名（Signed）。托收和信用证项下，汇票的出票人均为出口方。

（三）汇票样本

汇票样本如图14-9所示。

Bill of exchange

Draw under ISRAEL DISCOINT BANK OF NEW YORK AER YORK BRANCH   L/C No.   TH5301

Dated 03 OCT. 2011   Payable with interest@ ×××   % _____

No. ATX051212   Exchange for   USD12，400.00   Shanghai China   Oct. 18 2011

At.   * * * sight of this SBCOND of Exchange（First Exchange Being Unpaid）

Pay to the order of Bank of China，Shanghai Branch

The sum of U. S. DOLLARS TWELVE THOUSAND FOUR HUNDRED ONLY

To ISRAEL DISCOUNT BANK OF NEW YORK

　NEW YORK BRANCH _____

CHINA ARTEX SHANGHAI IMPORT AND EXPORT CORPORATION

WANG LIQIN

图 14-9　汇票样本

【复习思考题】

1. 何谓 SWIFT 信用证？

2. SWIFT 信用证电文由哪些栏目组成？

3. SWIFT 信用证的项目分为哪两大类，分别表明什么？

4. 试述 SWIFT 信用证各项目描述内容的含义及电文表现形式。

5. 试述汇票的作用、内容及英文表现形式。

第六节　其他单证

【学习目标】

本节旨在让学习者更多地了解与国际货物买卖有关的相关单证，以供学习者在办理通关事务中参考、借鉴。

完成本节学习，学习者应取得以下成果：

1. 了解原产地证书、保险单的类型，熟悉其内容及英文表现形式；

2. 掌握原产地证书、保险单各栏目的内容；

3. 了解检验检疫证书等其他单证的种类和作用。

【基本概念】

原产地证书、保险单、检验检疫证书、舱单

【建议学习时间】

1 课时

一、原产地证书

(一) 含义、种类和作用

原产地证是证明货物生产地或制造地的具有法律效力的书面文件。在国际贸易中原产地证书通常是应进口国（地区）政府或进口商的要求，由出口商向出口国（地区）政府的签证机构申请取得后，向进口商提供的。各国（地区）通常依据进口货物原产国的不同而提供不同的待遇。原产地证书签发的依据称为原产地规则。目前，我国对出口货物所签发的原产地证书主要如下：

1. 一般原产地证书

一般原产地证书（Certificate of Origin），简称"产地证"，又称"普通产地证书"，通常用于不使用海关发票或领事发票的国家（地区）。根据《原产地条例》的规定，一般原产地证书主要适用于实施最惠国待遇、反倾销、反补贴、保障措施、原产地标记管理、国别数量限制、关税配额等非优惠性贸易管理措施及政府采购、贸易统计等活动对进出口货物原产地的证明。

我国一般原产地证书（Certificate of Origin of the People's Republic of China），根据进口商的不同要求可由检验检疫机构或中国国际商会签发，有时进口商认可，由出口商、生产厂家出具的厂商产地证，也属于一般原产地证书范围。

2. 普惠制原产地证书

普惠制原产地证书（Generalized System of Preference Certificate of Origin），简称"GSP 产地证"，又称"FORM A"（格式 A）。

普遍优惠制度是发达国家给予发展中国家出口制成品和半制成品（包括某些初级产品）普遍的、非歧视性的、非互惠的一种关税优惠制度。普惠制原产地证书是一种受惠国有关机构就本国出口商向给惠国出口受惠商品而签发的用以证明原产地的证明文件。

目前，给予我国出口产品普惠制待遇的国家共有 39 个，出口商在对给惠国出口可受惠商品时，不管信用证是否要求提供普惠制原产地证书，都应申领此证交收货人，使其能享受普惠制待遇。普惠制产地证书由各口岸的海关办理签证、发证和管理工作。

3. 专用原产地证书

专用原产地证书是基于我国与有关国家（地区）签订的单边或多边优惠贸易协定，按要求和格式签发的，专门用于享受优惠贸易协定税率的原产地证明文件。该原产地证书由我国海关签发。

(二) 原产地证书的内容

一般原产地证书和普惠制原产地证书的栏目有较多相同之处，但普惠制原产地证书根据普惠制原产地规则，对原产地标准的描述方式是该证书的核心项目，故本节主要介绍该证书的相关项目。

1. 货物发运信息（Goods Consigned from…）。此栏具有强制性，必须列明出口商全称、详细地址和国家（地区）。

2. 货物运至信息（Goods Consigned to…）。一般应列明在给惠国的收货人名称，中间转口商不得填入。

3. 运输方式和路线 [Means of Transport and Route（as far as known）]。记载本批货物的装运港、目的港或到货地点，并说明运输方式，如运输路线后面加注 "By Vessel/Air/Train" 等。如果中途需要转运还应加上转运港，如"Via Hongkong"等。

4. 发证机构根据需要作批注（For Official Use）。

5. 内容序号（Item Number）。对同一批出口货物有不同品种的，可按品种、发票号分别列明"1""2""3"等，只有单项商品，此栏可为空。

6. 包装件号和唛头（Marks and Numbers of Packages）。应按发票列明完整的唛头和包装件号。若货物无唛头，则显示"No Mark"或"N/M"。

7. 包装种类及件数、货物描述（Number and Kind of Packages；Description of Goods）。列明货物的包装件数值及大写，货物描述应完整、具体。此栏内容缮制完毕后应注上结束符号"＊＊＊＊＊＊"，以防添加其他内容。

8. 原产地标准（Origin Criterion）。此栏是给惠国海关审核的重点项目，应如实列明。有关规定简要说明如下：

（1）"P"——完全产自于出口国，无进口成分；

（2）"W"——含有进口成分，但已经出口国充分加工或制作，符合原产地标准；

（3）"F"——出口加拿大的商品，含有进口成分（占产品出厂价的40%以下）。

9. 毛重或其他数量（Gross Weight or other Quantity）。填写完毕后应注上"＊＊＊＊＊＊"符号，表示结束。

10. 商业发票号码和签发日期（Number and Date of Invoice）。

11. 签证当局的证明（Certification）。此栏加盖海关的公章，并由授权的签字人手签。

12. 出口商声明（Declaration by the Exporter）。出口国填"China"，进口国必须是给惠国，应与收货人的目的港及其国别一致。此栏应加盖出口公司的公章，并由公司授权的人手签。

（三）原产地证书样本

1. 一般原产地证书

一般原产地证书样本如图 14-10 所示。

1. Export		Certificate No. CERTIFICATE OF ORIGIN OF THE PEOPLE＇S REPUBLIC OF CHINA		
2. Consignee				
3. Means of transport and route		5. For certifying authority use only		
4. Country/region of destination				
6. Marks andnumbers	7. Number and kind of packages；description of goods	8. H. S Code	9. Quantity	10. Number and date of invoice
11. Declaration by the export The undersigned hereby that the above details and statements are correct，the al goods produced in China and that they comply with the Rules of the People's republic of China.		12. Certification It is hereby certified that the declaration by the export is correct.		
Place and date. signature of authorized signatory		Place and date，signature of certifying authority		

图 14-10　一般原产地证书样本

2. 普惠制原产地证书

普惠制原产地证书样本如图 14-11 所示。

ORIGINAL

1. Goods consigned from (Exporter's business name, address, country)	Reference No.
	GENERALIZED SYSTEM OF PREFERENCES CERTIFICATE OF ORIGIN (Combined declaration certificate) FORM A Issued in THE PEOPLE'S REPUBLIC OF CHINA (country) See Notes overleaf
2 Goods consigned to (Conignee's name, address, country)	

3. Means of transport and route (as far as known)	4. For official use

5. Item numbers	6. Marks and Numbers of packages	7. Number and kind of packages; description of goods	8. Origin criterion (see Notes overleaf)	9. Gross weight or other quantity	10. Number and date of invoice

11. Certification It is hereby certified, on the basis of control carried out, that the declaration by the export is correct. Place and date, signature and stamp of certifying authority	12. Declaration by the exporter The undersigned hereby that the above details and statements are correct ; the all goods produced in China and that they comply with the origin requirements specified for those goods in the Generalized system of Preference for goods exported to (importing country) Place and date. signature of authorized signatory

图 14-11　普惠制原产地证书样本

二、保险单

(一) 含义、作用和种类

保险单 (Insurance Policy) 又称"大保单",是被保险人与保险公司订立保险合同的一种正式证明。

保险单的作用在于,当保险标的发生保险责任范围内的损失时,保险单是被保险人依保险条款向保险公司进行索赔的凭证,也是保险公司按保险责任进行理赔的依据。

除了保险单以外,我国进出口业务中还使用以下三种保险单据:

1. 保险凭证 (Insurance Certificate),又称"小保单"。实质上是一种简化的保险单,法律效力与保险单相同。

2. 预约保险单 (Open Policy)。适用于经常有相同类型货物需要装运的保险,可简化逐笔签订保险合同的手续。

3. 保险批单（Endorsement）。保险公司在保险单出立后，根据保险人的要求，对保险内容补充或变更而出具的一种凭证，是保险单的组成部分。

（二）主要内容

海上保险单在国际贸易保险业务中使用最为广泛，其内容也比较详尽，各家保险公司根据自身印制的固定格式和投保要求制作保险单，但就其内容而言基本相似。本节以中国人民保险公司中英文格式保险单为例，由于其各栏目内容及相关条款已经较为清晰，此处仅就个别栏目做相应介绍。

1. 被保险人（Insured），又称保险单的抬头人，通常有以下几种列明方式：

（1）托收、T/T 汇款或信用证无特别规定时，列明出口商（受益人），并由出口商在空白处背书。

（2）如果信用证规定保险单背书给特定方，则此栏列明出口商，并在背书中注明 "claims, if any, payable to order of. …（特定方）"。

（3）如果信用证规定某特定方为被保险人，则此栏列明出口商（受益人）名称，后接 "held in favour of…（特定方）"，或直接显示 "in favour of…（特定方）"，受益人不需要背书。

（4）如果信用证要求做成指示式抬头，则列明 "To Order"，再由受益人背书。

2. 保险货物描述（Description of Goods）。因随附发票，此栏的商品可列统称，与提单保持一致。

3. 保险金额（Amount Insured）。保险人承担赔偿或者给付保险金责任的最高限额，是保险费计收的基础。保险金额应按合同和信用证上的要求列明，至少是货物 CIF 或 CIP 价的 110%。如信用证规定投保金额加成比率的，则按信用证规定。所计算出的保险金额有小数的，按 "进一法" 取整。

4. 承保险别（Conditions）。列明合同或信用证上保险条款选用的险别、加成率，并写明保险公司保险条款的名称。

5. 赔款偿付地点和赔付货币名称（Claims Payable at/in…）。通常将运输目的地作为赔偿地点，以合同规定的币种作为赔偿货币。

6. 保险单签发日期和地点（Date and Place）。保险单签发日期一般在货物装上运输工具之前。

（三）保险单样本

保险单样本如图 14-12 所示。

中国人民保险公司
THE PEOPLE'S INSURANCE COMPANY OF CHINA

| 总公司设于北京 | 一九四九年创立 |
| HEAD OFFICE: BEIJING | ESTABLISHED IN 1949 |

| 发票号码 | 保险单 | 保险单号次 |
| INVOICE No. | INSURANCE POLICY | POLICY No. |

中国人民保险公司（以下简称本保险公司）
This Policy of Insurance witnesses that People' Insurance Company of China（hereinafter Called "The Company"）
根据＿＿＿＿＿＿＿＿＿＿＿＿＿＿＿＿＿＿＿（以下简称被保险人）的要求，由被保险人向本公司缴
付约定的保险费，按照本保险单承保险别和背面所载条款与下列条款承保下述货物运输保险，特立本保单
At the request of ＿＿＿＿＿（hereinafter called "the Insured"）and in consideration of the agreed premium paid
to the company By the Insured undertakes to insure the undermentioned goods in transportation subject to the condition
of this policy as per the clauses printed overleaf and other special clauses at attached hereon.

标记	包装及数量	保险货物项目	保险金额
Marks & Nos.	Quantity	Description of goods	Amount Insured

总保险金额
Total Amount Insured ＿＿＿＿＿＿＿＿＿＿＿＿＿＿＿＿＿

| 保费 | 费率 | 装载运输工具 |
| Rate: As arranged | Rate: As arranged | Per conveyance S. S |

开航日期　　　　　　　　自　　　　　　　　至
SLg. on or abt ＿＿＿＿＿＿　From ＿＿＿＿＿＿＿　To ＿＿＿＿＿＿＿

承保险别：
Conditions

所保货物，如遇出险，本公司凭本保险单及其他有关证件给付赔款
Claims, if any, payable on surrender of this Policy together with other relevant documents
所保货物，如发生本保险单项下负责赔偿的损失或事故，应立即通知本公司下述代理人查勘
In the event of accident whereby loss or damage may result in a claim under this Policy immediate notice applying for
Survey must be given to the Company's Agent as mentioned hereunder
赔款偿付地点：　　　　　中国人民保险公司上海分公司
Claims payable at/in　　　THE PEOPLE'S INSURANCE CO. OF CHINA
日期　　　地址　　　　　SHANGHAI BRANCH
Date ＿＿＿＿　Address ＿＿＿＿＿＿＿＿＿

图 14-12　保险单样本

三、检验检疫证书

海关对出口商品检验检疫或鉴定后，根据不同的要求和项目，签发各种检验检疫证书。

（一）种类

国际货物买卖中，常见的检验检疫证书有：

1. 品质检验证书（Inspection Certificate of Quality）；
2. 重量检验证书（Inspection Certificate of Weight）；
3. 数量检验证书（Inspection Certificate of Quantity）；
4. 包装检验证书（Inspection Certificate of Packing）；
5. 产地检验证书（Inspection Certificate of Origin）；
6. 植物检疫证书（Inspection Certificate of Phytosanitary）；
7. 卫生检验证书（Inspection Certificate of Sanitary）；
8. 动物卫生证书（Inspection Certificate of Animal Health）；
9. 熏蒸/消毒证书（Fumigation/Disinfection Certificate）；
10. 兽医检疫证书（Veterinary Inspection Certificate）。

在实际业务中，究竟提供何种检验检疫证书，买卖双方应根据货物的实际情况事先加以确定，并在合同中加以明确。

（二）作用

检验检疫证书的作用主要表现为：

1. 作为买卖双方交接货物的依据；
2. 作为结算货款的依据；
3. 作为索赔、理赔的依据。

我国现行外贸业务中使用的检验检疫证书统一单证抬头名称，参照国际通行的做法，加注了免责条款，采取了手签名方式，并按照责权一致的原则，一律由实施检验检疫的海关签发单证并承担法律责任。

经检验检疫合格发给检验证书或者通关单的出口货物，应在规定的期限内装运出口，超过期限的应重新报检。

（三）品质检验证书样本

品质检验证书样本如图 14-13 所示。

中华人民共和国出入境检验检疫
ENTRY-EXIT INSPECTION AND QUARANTINE
OF THE PEOPLE'S REPUBLC OF CHINA

品质证书   编号 No.

QUALITY CERTIFICATE

发货人 Consignor	×××进出口有限公司 ××× IMPORT & EXPORT COMPANY LTD	
收货人 Consignee	××××	
品名 Description of goods	100%棉染织物 44" 108×5 & 21×21 100% Cotton dyed fabric	标记及号码 Marks & Nos.
报检数量/重量 Quantity	−12000−码 −12000−yds	
包装种类及数量 Number and type of Package	全幅卷筒，每卷用聚乙烯袋装 Full width rolled on tube, each roll in an poly bag	××××××× C/No. 1−120
运输工具 Means of Conveyance	货车 By Truck	

检验结果

RESULTS OF INSPECTION：

从全批货物中，按×××标准抽取样品并按×××标准规定进行检验，结果如下：

From the whole lot of goods, sample were drawn according to Standard ××× and inspected according to the stipulation of standard ×××× with the results as follows：

幅宽（英寸）：   经纬密度（根/英寸）：

Width（inch）：44   Density of warp & weft（per inch）：116.9×56.6

经纬断裂强力（牛顿/5厘米）   水洗尺寸变化（%）：

Breaking strength of warp & weft（N/5cm）：1210×90B   Dimensional change after washing（%）：0.8×0.1

耐洗色牢度（等级）：   耐摩擦色牢度（等级）：

Color fastness to washing（grade）：cc：3；cs：4   Color fastness to rubbing（grade）：dry：4−5；wet：4

原料成分：100% 棉

Appearance：Grade A

外观（等级）：A 级

Composition（%）：100% cotton

结论：上述检验结果符合×××标准对 A 级产品的要求。

Conclusion：The above result of inspection in conformity with requirement of Standard ××× grade A products.

本证书印刷号：×××××××××××

印章 签证地点 Place of Issue <u>GUANGZHOU</u>   签证日期 Date of Issue <u>05 APR. 2010</u>

Official Stamp

授权签字人 Authorized Officer ＿＿＿＿＿   签名 Signature ＿＿＿＿＿

图 14-13 品质检验证书样本

（四）数量检验证书样本

数量检验证书样本如图 14-14 所示。

中华人民共和国出入境检验检疫

ENTRY-EXIT INSPECTION AND QUARANTINE
OF THE PEOPLE'S REPUBLC OF CHINA

数量检验证书

QUANTITY CERTIFICTE

发货人：

Consignor ABC IMPORT & EXPORT CORPORATION

收货人：

Consignee ·········WHITE BROWN & SONS CO. , LTD. ···············

品名：

Description of Goods ······100% COTTON DISHCLOTHS   报检数量/重量

Quantity/Weight Declared 33350DOZ/19911KG······

包装种类及数量：

Number and Type of Package 367 BALES······

运输工具：

Means of Conveyance ······MOON RIVER V. O63······

检验结果：

Result of Inspection 14" ×14" PACKED IN 80 BALES OF 200 DOZ. EACH

　　　　　　　　　　15" ×25" PACKED IN 60 BALES OF 100 DOZ. EACH

　　　　　　　　　　22" ×32" PACKED IN 227 BALES OF 50 DOZ. EACH

　　　　TOTAL：33350 DOZENS

　　　　TOTAL：367BALES

　　我们已尽所知和最大能力实施上述检验，不能因我们签发本证而免除卖方或其他方面根据合同和法律所承担的产品数量责任和其他责任。

　　All inspection are carried out conscientiously to the best of our knowledge and ability. This certificate does not in any respect absolve the seller and other related parties from his contractual and legal obligations espetially when product quantity is concerned.

Chuang Yunjie

JUN. 15. 2011

图 14-14　数量检验证书样本

延展阅读

四、舱单

进出境运输工具舱单（Manifest）指进出境船舶、航空器、铁路列车、公路车辆等运输工具负责人或其代理人向海关递交或传输的真实、准确反映运输工具所载货物、物品情况的纸质载货清单或电子数据。

舱单包括原始舱单、预配舱单和装（乘）载舱单。原始舱单是指舱单传输人向海关传输的反映进境运输工具装载货物、物品或者乘载旅客信息的舱单。预配舱单是指反映出境运输工具预计装载货物、物品或者旅客信息的舱单。装（乘）载舱单是指反映出境运输工具实际配载货物、物品或者旅客信息的舱单。

【复习思考题】

1. 试述原产地证书的种类、作用、内容及英文表现形式。
2. 试述保险单的种类、作用、内容及英文表现形式。
3. 试述检验检疫证书的种类、作用、内容及英文表现形式。